东北大学资助

国学基础二十四讲

毕宝魁　卞地诗　著

东北大学出版社

·沈阳·

ⓒ 毕宝魁　卞地诗　2014

图书在版编目（CIP）数据

国学基础二十四讲／毕宝魁，卞地诗著 . — 沈阳 ：东北大学出版社，
2014.7（2024.8重印）

ISBN 978-7-5517-0734-3

Ⅰ . ①国… 　Ⅱ . ①毕… ②卞… 　Ⅲ . ①国学—基本知识 　Ⅳ . ①Z126

中国版本图书馆 CIP 数据核字（2014）第 175679 号

出 版 者：东北大学出版社
　　　　　地址：沈阳市和平区文化路 3 号巷 11 号
　　　　　邮编：110004
　　　　　电话：024—83687331（市场部）　　83680267（社务室）
　　　　　传真：024—83680180（市场部）　　83680265（社务室）
　　　　　E-mail：neuph @ neupress.com
　　　　　http：// www.neupress.com
印 刷 者：廊坊市新阳印务有限公司
发 行 者：东北大学出版社
幅面尺寸：170mm×240mm
字　　数：382 千字
印　　张：19
出版时间：2014 年 9 月第 1 版
印刷时间：2024 年 8 月第 4 次印刷
责任编辑：刘　莹　潘佳宁　　　　　　责任校对：王艺霏
封面设计：唯　美　　　　　　　　　　责任出版：唐敏志

ISBN 978-7-5517-0734-3　　　　　　　　　定　　价：55.00 元

前　言

　　国学正在升温，但本书决不是赶时髦之作，这是在我心中酝酿已久，是充分准备积累了二十余年的一个选题。我研究生毕业后，专心于高等学校教学与科研，未曾离开讲台半步，始终沉浸在古代文学的研究之中，对于国学中的核心——经学、史学、文学——一直投以极大的关注。在学校一直从事古典文学的教学与科研工作，并从2006年开始在辽宁大学开设国学基础课程，为中文系本科生和全校研究生公共选修课两个层次讲授。

　　十几年来，我又被东北大学聘任为外聘教授，一直讲授素质教育课程。最近几年讲授的便是"国学基础"。以前使用沈阳出版社2006年出版的拙著《国学基础知识》一书为教材，使学生在听课时有所遵循，课后有书可以阅读。但去年年末该书已无，给讲授课程带来很大困难。于是在东北大学教务处领导和东北大学出版社领导的支持下，在原有基础上进行了增补，重新编写，使本书内容更加丰富。因为工作量比较大，故邀请卞地诗女士共同参与。原书是十五讲，进行一些增删，但基本内容保留。新增九讲，共二十四讲。新增部分由卞地诗女士执笔，大约十五万字，全书由我统稿。

　　"国学"首先是国人灵魂的载体，国学的最本质要义是对于古人高尚精神的再现，是一种人格美，是一种生存智慧。而这种人格美和生存智慧便包含在传统的经学、史学和文学中。正是这种精神传承，使中华民族成为了世界上最伟大的民族之一。本书撰述之目的就是将国学最基本的知识和如何入门用最简明的语言叙述出来，起到抛砖引玉之效，如能够引起学生和读者对于国学的兴趣，则善莫大焉。

　　国学的范围是经、史、子、集，国学的核心是文、史、哲，国学的基石是文字。因此前两讲便从文字说起，因为没有文字学的基础知识，就无法问津国学。然后从文献学方面进行介绍，包括"书籍制度""目录学"、"版本校勘学"三方面内容，这是治国学必不可少之知识，是学习国学之门径。其后开始进入国学的殿堂进行大致的浏览。"百家争鸣"等三讲是对于经学的大体扫描，对经学的缘起及其主要内容都有所涉及。其后五讲便是史学和文学，但都蜻蜓点水，将最主要知识和核心内容纳入其中，给读者一个总体印象，但也可给读者提供系统的线索与清晰的脉络。最后一部分是关于国学的相关知识，如治国学必须具备的古代教育、天文历法、历代职官、古代地理、古代饮食、古代服饰、古代婚姻等知识都包含其中。总之，全书可以分为四大部分，即文字、文献、史学与文学、国学相关之古代文化常识，由内到外，将国学最基础的知识进行了简明扼要的叙述。由于篇幅限制，还有一些常识不得不忍痛割爱，请读者诸君体谅。

本书主旨是为东北大学讲授素质选修课而编写的。但适用的范围不仅仅局限于此，本书既可以作为具有中等文化程度之国学爱好者入门的津梁，也可以作为讲授此类课程之教师的参考。故本书不仅仅是校园里的书籍，也适应广大社会读者阅读，但愿本书能够为弘扬国学起到微薄的作用。

本书之出版，得到东北大学教务处王宁女士的大力支持与鼓励，东北大学出版社的刘莹女士精心编辑与设计，为本书付出大量的劳动。在此一并表示深深的谢忱。

作者

2014 年 5 月 17 日撰

目　录

第一讲　奠定国学的基石——汉字 ·············· 1

　　第一节　永远流传的语言符号 ·············· 1

　　第二节　仓颉造字与李斯统一文字 ·············· 2

　　第三节　带有表情的文字 ·············· 4

　　第四节　六书与小学 ·············· 5

第二讲　汉字的演变 ·············· 7

　　第一节　从甲骨文到篆书 ·············· 7

　　第二节　从隶书到魏碑 ·············· 8

　　第三节　楷书与行书 ·············· 10

　　第四节　草　书 ·············· 11

第三讲　古代书籍制度 ·············· 12

　　第一节　了解书籍制度的重要 ·············· 12

　　第二节　书籍的产生 ·············· 12

　　第三节　甲骨与金石时代 ·············· 14

　　第四节　简册书籍 ·············· 16

　　第五节　卷轴制度 ·············· 20

　　第六节　册页制度 ·············· 21

第四讲　古代目录学 ·············· 24

　　第一节　何谓目录学 ·············· 24

　　第二节　我国目录学的发展概况 ·············· 25

　　第三节　系统目录的建成 ·············· 26

　　第四节　《七略》的内容 ·············· 27

　　第五节　《汉书·艺文志》的编订 ·············· 29

　　第六节　《七志》与《七录》的编订 ·············· 30

　　第七节　中古时期四分法目录的建立 ·············· 31

　　第八节　《隋书·经籍志》的编订 ·············· 32

第九节　历代各朝的史志目录 ················· 33
第十节　清代的官修目录 ················· 34
第十一节　《四库全书》的内容 ················· 35
第十二节　《四库全书》的收藏 ················· 36
第十三节　《四库全书总目提要》的编订 ················· 37
第十四节　私家藏书目录 ················· 38
第十五节　私人撰写的目录 ················· 39
第十六节　张之洞《书目答问》 ················· 40
第十七节　小说、丛书、类书目录概貌 ················· 42
第十八节　目录知识的运用 ················· 43

第五讲　版本学与校勘学 ················· **45**

第一节　要有一定的版本知识 ················· 45
第二节　为避免错字的麻烦 ················· 45
第三节　避免删节的问题 ················· 46
第四节　各种版本的名称 ················· 47
第五节　有关版本的术语 ················· 49
第六节　关于版本的其他问题 ················· 51
第七节　何谓校勘学 ················· 52

第六讲　学术思想的发端与百家争鸣 ················· **54**

第一节　阴阳观念与术数 ················· 54
第二节　阴阳五行学说 ················· 55
第三节　筮卜与龟卜 ················· 57
第四节　百家争鸣的出现 ················· 58
第五节　老子及道家 ················· 59
第六节　墨翟及墨家 ················· 61
第七节　韩非子与法家 ················· 63

第七讲　孔子与《论语》 ················· **65**

第一节　孔子的生年与生日 ················· 65
第二节　孔子的生平 ················· 66
第三节　孔子儒家思想的来源 ················· 68
第四节　周礼依然是社会制度的主流 ················· 69
第五节　鲁国是保存礼乐文化最完备的国家 ················· 70
第六节　孔子时期确实面临礼崩乐坏的严重危机 ················· 72

第七节 《论语》的成书 ……………………………………… 74

第八节 孟子与荀子 ………………………………………… 75

第八讲 五经四书简说 78

第一节 "五经四书"概念的由来 ………………………… 78

第二节 《诗经》 …………………………………………… 79

第三节 《尚书》 …………………………………………… 80

第四节 《礼经》 …………………………………………… 82

第五节 《易经》 …………………………………………… 83

第六节 《春秋》 …………………………………………… 85

第七节 《四书》 …………………………………………… 88

第九讲 博大精深的史学（上） 89

第一节 自觉的历史意识 …………………………………… 89

第二节 先秦史籍 …………………………………………… 90

第三节 史书里程碑——《史记》 ………………………… 91

第四节 第一部断代史——《汉书》 ……………………… 93

第十讲 博大精深的史学（下） 95

第一节 编年体史书 ………………………………………… 95

第二节 纪事本末体 ………………………………………… 96

第三节 政书类 ……………………………………………… 97

第四节 传记类 ……………………………………………… 99

第十一讲 浩如烟海的文学（上） 101

第一节 文学的概念 ………………………………………… 101

第二节 上古神话 …………………………………………… 101

第三节 诸子散文与历史散文 ……………………………… 102

第四节 屈原与楚辞 ………………………………………… 103

第五节 汉代的辞赋和政论散文 …………………………… 105

第六节 两汉乐府诗 ………………………………………… 106

第七节 建安风骨 …………………………………………… 108

第八节 正始之音与"竹林七贤" ………………………… 108

第九节 太康繁荣 …………………………………………… 109

第十节 田园诗鼻祖陶渊明 ………………………………… 111

第十一节 山水诗先驱谢灵运 ……………………………… 112

第十二节 永明体之价值 ·························· 113

第十二讲 浩如烟海的文学（中） ···························· **114**

第一节 辉煌盛世的文学 ···························· 114

第二节 盛唐诗歌 ···························· 115

第三节 中唐诗歌 ···························· 116

第四节 晚唐诗歌 ···························· 117

第五节 韩柳古文 ···························· 117

第六节 传奇及唐前小说 ···························· 118

第七节 宋代婉约词的嬗变 ···························· 119

第八节 宋代豪放词的嬗变 ···························· 120

第九节 宋代诗歌 ···························· 121

第十节 宋代散文 ···························· 121

第十三讲 浩如烟海的文学（下） ···························· **123**

第一节 元 曲 ···························· 123

第二节 明代小说 ···························· 123

第三节 清代小说 ···························· 125

第四节 明清戏剧 ···························· 126

第五节 明清诗文 ···························· 127

第六节 近代文学 ···························· 129

第七节 近体诗格律常识 ···························· 130

第十四讲 古代教育 ···························· **135**

第一节 原始教育状况 ···························· 135

第二节 夏、商、周三代的学校 ···························· 135

第三节 学在官府 ···························· 137

第四节 私学的兴起 ···························· 138

第五节 汉魏六朝的太学 ···························· 139

第六节 魏晋南北朝的官学 ···························· 142

第七节 唐代教育的全面繁荣 ···························· 142

第八节 宋代书院的兴起与体制 ···························· 144

第九节 书院的发展与演变 ···························· 145

第十节 书院的教学活动 ···························· 146

第十一节 书院的学风 ···························· 147

第十二节 元明两代的教育概貌 ···························· 149

第十三节　清代的学校教育 …………………………………… 150

第十四节　私学与启蒙教育 …………………………………… 151

第十五讲　选士与科举 …………………………………… **153**

第一节　原始社会的选贤授能 ………………………………… 153

第二节　奴隶社会的举贤才 …………………………………… 154

第三节　两汉的"察举"与"征辟" ………………………… 156

第四节　晋南北朝的"九品中正"制 ………………………… 157

第五节　隋唐的科举取士 ……………………………………… 158

第六节　唐代进士考试全过程 ………………………………… 161

第七节　宋代对科举的改革 …………………………………… 164

第八节　元明清的科举 ………………………………………… 165

第九节　明清的八股文 ………………………………………… 167

第十六讲　古代职官 ……………………………………… **170**

第一节　要基本掌握职官制度 ………………………………… 170

第二节　"治天事"之"官" ………………………………… 170

第三节　商王朝的内外职官 …………………………………… 171

第四节　西周的"内服"和"外服" ………………………… 173

第五节　西周及春秋时的官职 ………………………………… 175

第六节　春秋战国时的世官制 ………………………………… 176

第七节　秦的职官制度 ………………………………………… 177

第八节　两汉的中央官制 ……………………………………… 179

第九节　魏晋的职官制度 ……………………………………… 180

第十节　隋代对官制的改革 …………………………………… 181

第十一节　唐代的三省六部 …………………………………… 181

第十二节　宰相制与宰相机构 ………………………………… 184

第十三节　御史台与九寺五监 ………………………………… 185

第十四节　隋唐的地方官制 …………………………………… 186

第十五节　宋至清的中央官制 ………………………………… 186

第十六节　监察官员与馆阁大学士 …………………………… 188

第十七节　宋至清的地方行政长官 …………………………… 189

第十七讲　天文与历法 …………………………………… **191**

第一节　对天地起源的思考 …………………………………… 191

第二节　对日、月、星辰的认识 ……………………………… 192

第三节　对天体结构的认识 ·························· 193

第四节　三种宇宙图形 ····························· 194

第五节　观象授时 ······························ 196

第六节　对日月星的观测 ·························· 197

第七节　阴阳合历的形成 ·························· 199

第八节　二十八宿与分野 ·························· 201

第九节　古代纪年法 ····························· 202

第十节　月日表示法 ····························· 204

第十一节　一天内记时法 ·························· 206

第十八讲　古代地理 ······························· **208**

第一节　自然地理与人文地理 ······················ 208

第二节　《禹贡》分天下为九州 ····················· 208

第三节　行政区划的形成过程 ······················ 210

第四节　西周的五服与乡遂制 ······················ 211

第五节　州郡制——秦至南北朝的行政区划 ············ 212

第六节　道路制——隋、唐、宋的行政区划 ············ 213

第七节　行省制——元、明、清的行政区划 ············ 215

第八节　古代地理沿革资料的利用 ··················· 217

第九节　有关古代地理应注意的几个问题 ············· 218

第十九讲　古代服装与佩饰 ·························· **221**

第一节　冠　饰 ······························· 221

第二节　服　饰 ······························· 223

第三节　履　类 ······························· 226

第四节　佩　饰 ······························· 227

第五节　炊具与食器 ····························· 227

第六节　饮酒器 ······························· 229

第二十讲　古代节日习俗 ···························· **232**

第一节　元　日 ······························· 232

第二节　人日与上元 ····························· 233

第三节　社日、寒食与清明 ························ 234

第四节　上巳与端午 ····························· 236

第五节　伏日与七夕 ····························· 237

第六节　中元与中秋 ····························· 238

第七节　重　阳 ……………………………………………… 239

第八节　冬至与腊日 ………………………………………… 240

第九节　除　夕 ……………………………………………… 241

第二十一讲　古代的居处与车马……………………………… **243**

第一节　传说中的巢居与穴处 ……………………………… 243

第二节　原始社会中的民房 ………………………………… 243

第三节　商周时代的民房 …………………………………… 245

第四节　古代宫室与贵族住宅 ……………………………… 246

第五节　堂与室 ……………………………………………… 247

第六节　庭院与室内 ………………………………………… 248

第七节　都邑与城郭 ………………………………………… 250

第八节　古代车马略谈 ……………………………………… 252

第九节　车上的主要部件 …………………………………… 253

第十节　战车与车战 ………………………………………… 254

第十一节　御者及其他车上人员 …………………………… 255

第二十二讲　古代饮食………………………………………… **257**

第一节　古人就餐习俗 ……………………………………… 257

第二节　米饭类主食 ………………………………………… 258

第三节　面食与点心 ………………………………………… 259

第四节　副食中的肉 ………………………………………… 261

第五节　副食中的羹 ………………………………………… 262

第六节　饮料与酒 …………………………………………… 263

第七节　唐代的酒 …………………………………………… 264

第八节　饮茶习俗漫谈 ……………………………………… 265

第九节　陆羽与《茶经》 …………………………………… 266

第十节　唐人饮茶方式与习俗 ……………………………… 266

第二十三讲　古代常用器物…………………………………… **268**

第一节　圭表与日晷 ………………………………………… 268

第二节　漏　刻 ……………………………………………… 269

第三节　香篆与其他计时器 ………………………………… 271

第四节　席与筵 ……………………………………………… 272

第五节　床榻与几案 ………………………………………… 273

第六节　幕帐与屏风 ………………………………………… 275

　　第七节　镜与镜台 ·················· 276

　　第八节　旗与剑 ···················· 277

　　第九节　十八般兵器概说 ·············· 280

第二十四讲　古代婚姻·················· **281**

　　第一节　古代婚姻形式的演变 ············ 281

　　第二节　母系向父系氏族制转化时期的婚姻 ···· 283

　　第三节　从一夫多妻制到一夫一妻制 ······· 284

　　第四节　古代婚姻的社会作用 ············ 285

　　第五节　封建婚姻对妇女的迫害 ·········· 287

　　第六节　封建婚礼的主要形式 ············ 288

　　第七节　古代婚姻的类型 ·············· 290

第一讲　奠定国学的基石——汉字

▶▶▶▶　第一节　永远流传的语言符号

文化传播最重要的载体是文字，中国文字的产生及其特点是构成国学的最深厚的基础。要真正接触古人的灵魂，真正理解国学的精髓，则必须理解古文字。纵观历史，每次学术思想发生重要变化时，一定会伴随文字学的深入研究与传播。东汉后期发生古今文之争，许慎的《说文解字》便是应运而生的第一部文字学专著；王安石变法时也要对文字学进行一番新的解释，亲自著《字说》；清代乾嘉学派时出现的古文字研究热也可以看出文字的重要。可见，要与古人思想接轨，便非要识字不可。我们先说文字的载体和流传情况，再概括介绍文字产生的过程和中国汉字本身的特点。

中国的汉字适于永久性的流传。先不说字形和字体，只看传播文字的载体便可以感受到中国先民杰出的智慧。就现存史料来说，最早的汉字是甲骨文，殷商时的知识分子把占卜的结果以文字形式用刀雕刻在龟甲或大块兽骨上，然后集中存放，可能是想用来验证占卜的准确性，肯定也有长期保存、流传后世的意识。其结果真的流传下来，致使三千余年后的人们从土里将其挖掘出来后基本还能认识，能读懂大体的意思，堪称奇迹。

流传至今最早的甲骨文是河南安阳小屯出土的殷墟文字，距现在已有三千六百多年。这不但是中华民族的瑰宝，也是全世界的瑰宝，殷墟已被列入世界文化遗产，可以看出其重要地位。西周时期，古人依然使用甲骨记录文字，1954 年在山西洪洞县首次发现西周甲骨文，其后在扶风、岐山两县间周原遗址也有发现，单字超过四千五百多个（参见于省吾《古文字研究的若干问题》，载《文物》1973 年第 2 期）。从现在考古学来看，考证最重要的依据依然是古文字，在诸多出土文物或墓葬中，只有看到相关文字，才能最后确定墓葬主人的身份和其他问题，由此可见文字的重要性。

中国人历来有不朽意识，即使肉体消亡，也希望灵魂永生，希望自己的名字和事迹永载史册，于是便千方百计地通过文字将其记录下来，并希望永远流传。在甲骨文之后，一些地位显赫的大贵族便把自己的名字和一些大事（包括刑法等）铸在青铜器上，这便是金文。大型青铜器中适合于铸造出文字的主要是钟和鼎，因此这类文字又称"钟鼎文"。最初的钟鼎铭文往往只有几个字或一两句话，到西周后期字数逐渐增多。周成王时的令彝一百八十七字，周康王时的小盂鼎三百九十字，周宣王时的毛公鼎三十三行、四百九十七字，是目前发现的最长的钟鼎铭文。

其后，人们便把文字镌刻在石头上，所谓的勒铭、立碑、石鼓文均属此类。稍有地位和影响的人物死后，后人一定要请名人撰写墓志铭并刻碑。诸如此类的举措，目的都是一个：永远流传。另外，用朱漆写在简牍上、用墨写在宣纸上等方式，也可以长久保存。近现代不断出土的竹简，敦煌保存的唐代人写的卷轴，都是一千多年前的文字，至今依然清晰完整。

甲骨文也好，钟鼎文也好，石鼓文也好，只要是汉字，今人便能够看明白绝大多数，确实达到了流传的目的。我们中华民族之所以能够比较系统地连贯地记载三千余年的有文献可证的历史，文字和记载文字的形式是关键性因素之一。应当说，中国历史所谓的"分久必合"，汉字和汉语言的文化传承是重要的因素之一。2006年8月初公布的2008年北京奥运会会徽的创意便来自篆字，其中许多项目图标的确很有篆字的神韵，可见汉字生命力之强大。

文字的产生是人类文明进步的重要里程碑，是文学流传下来的前提。那么，文字是如何产生的呢？下面简单介绍汉字产生的过程。

▶▶▶ 第二节 仓颉造字与李斯统一文字

汉字的产生肯定是一个漫长的过程，也必然会出现一些对其产生作出过重要贡献的人，但我们又不能总是笼统地说是劳动人民创造了汉字，因为那样也不符合实际。通过大量阅读古代文献，可以梳理出一条大致的轨迹。

一般的说法是，仓颉造字，李斯规范统一文字。但文字最早的发明人是谁呢？《尚书序》开篇说："古者伏羲氏之王天下也。始画八卦，造书契。以代结绳之政，由是文籍生焉。"孔颖达疏曰："代结绳者，言前世之政用结绳，今有书契以代之。则伏羲时始有文字以书事，故曰'文籍生焉'。"可见前人认为文字的发明人是传说中的伏羲氏，但究竟是什么情况，已无从考证。仓颉造字的说法同样无法证明，因为仓颉距离我们太遥远，这个人物传说的成分更大，难以证实。

孔子曾说，夏代和商代的礼乐他也能解释，但年代久远，文献资料不足，因此只能以周代的文化为规范。连两千五百多年前的孔子都无法说清楚夏商两朝的事情，仓颉比夏商还早，我们就更说不清楚了。但李斯统一文字的说法则是可以证实的，而这两种说法又是有联系的，故一并述之。

先说关于仓颉造字的问题。《荀子·解蔽》《韩非子·五蠹》《吕氏春秋·君守》都有这方面的记载。司马迁的《史记》据《世本》说仓颉是黄帝史官。秦始皇统一天下后，为统一文字，废除其他六国文字，命丞相李斯作《仓颉篇》，仓颉与文字的联系就更加紧密了。那么，文字到底是不是仓颉造的呢？

下面就这一问题作以简单讨论。

荀子在《解蔽》篇中说："好书者众矣，而仓颉独传者，一也。好稼者众矣，而后稷独传者，一也。好乐者众矣，而夔独传者，一也。"后稷、夔均是虞舜时的官员，仓颉与他们并称，应当是同时代人。从荀子的话来体会，与仓颉同时爱好书写的人很多，但唯独仓颉写的字流传下来，是因为他精神专一。可知与仓颉同时便有许多人爱好书写文字，那么，文字便肯定不是仓颉创造的。在仓颉以前，文字已经成形并流传开来，成为比较普遍的交流工具。仓颉只能是同时代人中写字最好最全的，同时也可能创造了一些新的文字，对于文字的流传与推广有重要贡献。

韩非是荀子的学生，他在分析字义时说："古者仓颉之作书也，自环者谓之私，背私谓之公。公私之相背也，乃仓颉固以知之矣。"认为仓颉创造文字时注意到"私"字和"公"字意义方面的对立，没有论述仓颉造字的情况。《吕氏春秋·君守》篇说："奚仲作车，苍颉作书，后稷作稼，皋陶作刑，昆吾作陶，夏鲧作城。"是叙述一些发明家时连类而及的。与仓颉同时代的发明家奚仲、后稷、皋陶等人也都是虞舜时代的人物，与荀子的说法基本一致。高诱注曰："仓颉生而知书写，仿鸟迹以造文章。"高诱注则有神秘色彩，认为仓颉天生就会写字，但后面紧跟着说是观察模仿鸟爪在地面留下的痕迹而发明了文字。说仓颉"生而知书写"是不可信的，但推测"仿鸟迹以造文章"却有一定道理。

至于《说文解字·叙》说："秦始皇帝初兼天下，丞相李斯乃奏同之，罢其不与秦文合者。斯作《仓颉篇》。"则只能说明秦始皇统一天下后，采纳李斯的建议要统一文字，而采用了"仓颉"这一"品牌"而已。

将上述材料综合一下，可以大致推测出文字产生的过程：在漫长的社会历史中，由于生产能力的提高和交流记忆的需要，人们逐渐用一些符号来记载事物，随着符号的增多和共同使用，数量日多，使用范围日广。到伏羲时代，他开始用文字记载来代替结绳记事，文字出现。到仓颉时期，文字已经基本成形，由于仓颉的专门书写，再进行一些创造，使之进一步规范和便于掌握。又经过数百年甚至上千年的流传、增广，文字数量更多。

秦始皇统一天下，为统治的方便，必须统一文字，于是由当时文化水平最高又掌握实权的李斯来统一书写，使天下文字完全统一起来，这便是篆书，也称"小篆"。其后经过隶书化和楷体化，文字便一直流传下来，发展成为世界主要的几种文字之一。大量的古代文献通过文字流传下来，浩如烟海的古代文学作品也是通过文字流传下来的，成为我们享用不尽的精神食粮。

笔者曾写诗概括文字产生与发展的过程说："伏羲仓颉复李斯，草创成型规范之。甲骨金石简牍纸，文明华夏尽由兹。"这样便于记诵。

第三节　带有表情的文字

　　就人类认识和交流的过程来说，肯定是先有语言后有文字。人类的童年和每个人的童年相仿，肯定有一个由形象思维逐步向抽象思维发展的阶段。中国古代先民是感情极其丰富的人，他们也同样适用于这一规律，长于形象思维而不习惯抽象思维，因此在文字产生之初，是以象形为基础的。最开始的文字基本是图画。如"牛"字，最开始是一个牛头，笔者估计在牛头之前，还会有一段时间可能画全牛的形状，由全牛到牛头就是一种巨大的进步。如打猎获取三头牛，可能就画三个牛头。随着岁月的流逝，人们越来越追求简化，便把牛角和耳朵的双钩形状简化为线条，中间依旧是牛的脸。但再进一步，则将脸的形状也简化为线条，这样，一个向上弯曲的形状是双角，一个基本平的直线则是双耳，一个竖线是牛脸，经过非常漫长的岁月，"牛"字可能就这样形成了。这样，最开始的文字都是与人们生活密切相关的事物形状。可以想象，日月山河，鸟兽虫鱼，花草树木，人本身的各个器官与动作，都是造字的原材料。这样，描画这些身边最熟悉的事物便是最初的文字。如马、牛、鱼、鸟、人、山、日、月等都是按照形象描画下来的，最原始的文字一写出来，就会被广泛认同，这样的文字便是象形字。应当说，象形字不但是出现最早的文字，而且是其他文字之母。

　　有的意义比较抽象，如"上""下""刃"等，用象形无法表现，人们便用强调某一部分或加一点表示出位置。如先画一条横线，象征地平线，在上边点一点则是"上"，在下边点一点则是"下"。在刀的刃口上点一点就成了"刃"字，这类依靠在一定形象上加点来强调某一方面或某种意义的字被称为"指事字"。稍加分析便可以看出，"指事字"也是在象形字的基础上产生的。这两类字不能分开，属于独体字，主要靠描画来完成，被称为"文"。

　　在文的基础上，开始大量繁衍新字。最主要的手段有两种，即"会意"与"形声"。将两个独体字的意义合在一起而产生一个新的意义，这便是"会意字"，如人疲乏时往往靠在树上歇一会儿，于是人靠树木便是休息的"休"字；人被关在一个密封的屋子里便是囚徒的"囚"；停止挥动武器便是真正的"武"，因此"止戈"为武。用一个独体字表示意义，另一个独体字表示声音，这样两个独体字合作而成为一个新字，就叫做"形声字"。这样创造的字数量相当大，如凡是木字旁的字都与树木有关，加"公"就是松树的"松"，加"白"就是柏树的"柏"，加"俞"就是榆树的"榆"。草字头、三滴水、玉字旁、金字旁的字大部分都是形声字。会意字和形声字称做"字"，与文不同，字是两个文或几个文合成后产生的新语言符号，因此称做"字"。"字"之形，是在屋子里有小孩。本意有生养繁殖的意思。"文"就是花纹的意思。这样，便清楚"文"和"字"的区别了。通过许慎的《说文解字》，我们也就清楚其准确含义了。

由于汉字的这种造字方式，字形与表达的意义便产生了内在的联系。具体的名词比较好理解，虚化的词也是由具体的名词转化来的。下面举两个例子。如表示量词的"斤"，它最原始的意义是斧子。但当人们需要进行交换时，便需要一定的计量单位，于是要用一定重量的东西表示最基本的单位，而人们经常使用的斧子轻重大体合适，于是便用斤作为重量单位。时间一长，人们习惯斤的重量单位作用，便重新给斤造一个字，于是在斤的上边加个"父"字表示声音，这样，斤作为砍伐工具的意义逐渐淡化。其实，在战国时期，这两个字还经常互用，如孟子就不止一次地说"斧斤以时入山林"的话。再如"難"，通过偏旁可以知道是一种短尾巴鸟。可能是这种鸟大，飞得高，难以射猎，故称其名为"难"。后来，遇到不易之事时，便说"难"，久而久之，本意丢失而只留下虚化的困难之义。这样，人们看到文字的字形往往就能够猜测出其大致的意义。好的书法，尤其是篆书写出来很优美，好像带有表情一样。于是，书写汉字便成为一种艺术，这便是源远流长的书法，也是中国的国粹，在后面要单列章节介绍。

▶▶▶ 第四节 六书与小学

上面在介绍文字创造过程时已经接触了创造文字的四种方式，再加上两种用字方法，就构成了常说的"六书"，即象形、指事、会意、形声、转注、假借。《孙氏重刊宋本说文序》云："仓颉之始作，先有文，后有字。六书：象形、指事多为文，会意、谐声多为字。转注、假借，文、字兼之。"这段文字对于理解"文"和"字"的区别很有帮助。前四种属于造字方法，转注和假借并不产生新字，而是字与字之间的相互借用和解释。如"老"字，《说文解字》解释曰："考也"；同书同页对于"考"字的解释说："老也"。这样用老和考两个字相互注释，即转相注释，就叫做"转注"，但这类字数量不大，此处不多说。"假借"就是借用别的文字表达另外的意义。一般假借分为两种情况：一种是同音或谐音假借，如"无"假借为"勿""毋"，"与"假借为"欤"等；另一种是字形相近假借，如"胡"假借为"故"等。

这样看来，应当说，转注与假借属于训诂即注释古书的用字方法，不属于造字法。但前人将其列入六书之中，可能自有原因。清代学者孙星衍对于转注便有不同的看法，他说："转注最广，建类一首，如：祯、祥、祉、福、祐，同在示部也。同义相受，如：祯，祥也；祥：祉福也；福，祐也。同义转注以明之，推广之。……同意相受，后人泥考老二字有左回右注之说。是不求之注义而求其字形，谬矣！"他此处所说的转注便是我们理解中形声的一部分。但如果仔细分析，孙星衍说的不无道理。如果这样，转注便成为造字最常用的手段了。那么，"假借"怎么也可以理解为造字法则呢？可能与名词虚化为字有关系，如前文提到的"斤"本来就是实物中的斧子，但因为其重量合适，又比较固定，因此被借用为表示重量的"斤"；"難"本来是飞得高而快且难以射猎的猛禽，但为表示困难之难，假借其字来用。可以说，所有的虚词都是假借实词，多半是由名词创造出来的。这样造出的字说是"假借字"也未尝不可，因为这样的字，音、形与义没有什么内在联系，纯粹是假借而成。若此，六书便都是造字的方法了。

因为汉字的音、形、义之间有联系，每个汉字都要掌握这三个方面，因此关于汉字的学问也就分为这三个方面，从字音入手研究者为"音韵学"，从字形入手研究者为"文字学"，从字义入手研究者为"训诂学"。而训诂学也要涉及音韵学和文字学的知识。音韵学、文字学、训诂学统称为"小学"。古人认为这是做学问的基础。在古代，只要入学便接触小学，孔子教育学生便有"书""数"两科，古书上称之为"六书""九算"。六书便是文字学和音韵、训诂。九算具体是什么内容不清楚，可能就是基础数学吧。古代也需要会计和统计，子贡长于经济，不会算账是不可能的。

小学中，文字学是基础，应用较广。文字学的基础是东汉后期许慎的《说文解字》。该书是为古文经学张目而写作的，古文经学最后取代今文经学便是因为不脱离经书文字古意进行训诂讲解，可信度当然高。《说文解字》在中国学术史上的地位极其崇高，因为此书为我们认识解读上古文字搭建了一座桥梁，走过这座桥，就可以进入古文字的高雅辉煌的殿堂，可以去辨别各种文字了。关于这一点，孙星衍在《孙氏重刊宋本〈说文〉序》中说："唐虞三代五经文字毁于暴秦而存于《说文》。《说文》不作，几于不知六义，六义不通，唐虞三代古文不可复识，五经不得其解。《说文》未作以前，西汉诸儒得壁中古文书，不能读，谓之逸十六篇"。的确，没有《说文解字》这部书，我们要想认识甲骨文、石鼓文、钟鼎铭文等几乎是不可能的。因此，要学习文字学，便非要从此书入手不可。主要是掌握五百四十偏旁部首。反复揣摩和书写，因为一切文字都是由这些部首构成的。部首仿佛是"零件"，熟练掌握这些零件，看到文字，包括篆字，马上就可以知道是由哪几个零件组成的，解读认识书写便都不在话下了。

第二讲　汉字的演变

第一节　从甲骨文到篆书

甲骨文，大篆、小篆，钟鼎文等文字形体，可以归属一类。甲骨文是我们现在见到的最早的文字。甲骨文的字体有些是象形字，有些繁缛些，类似籀文，有些与钟鼎文相近。其书法与篆书同属一种类型，当然，在结构上，长短大小略有差异。笔法有肥笔、瘦笔，也有圆笔、方笔，而方笔居多，因圆笔刻起来困难，把图画文字向前推进一步。从书法的整体看，具有雄伟、谨饰、劲峭、严谨等不同的风格。

大篆，又叫籀文。许慎在《说文解字》序言中说："宣王太史籀著大篆十五篇，与古文或异。"是周宣王叫籀的史官所创造的书体，故称"籀文"。有人不同意这种说法，这里不去多讨论了。周宣王是西周后期天子，从时间上看，这种说法是合理的。大篆是从甲骨文演变而来的。甲骨文里面有很多和大篆相同或近似的字体，这就是大篆从甲骨文演变而来的痕迹，大篆十五篇早已遗失，但《石鼓文》的书体确是未变小篆以前的文字，属于大篆的体系。

钟鼎文，即铸在青铜器上的文字，《左传·襄公十九年》："季武子以所得之兵。铸林钟，以铭鲁勋。"毁掉兵器而铸钟，钟上铸有记载功勋的文字，故又称之为"铭文"、"金文"或"钟鼎款识"，字凹下的为款，凸出的为识（同誌）。有象形、古文、大篆、六国异文等字体。从大盂鼎（见《愙斋集古录》卷四、《周金文存》卷二）的字体和书法看，是由商周甲骨文蜕变到大篆的时候，风格与甲骨文相近。起笔处多用逆锋，收笔处多用回锋。间架结构、点画疏密严谨得当。毛公鼎（见《愙斋集古录》）标志着大篆已到成熟时期，表现了圆转委婉的特点。

小篆是从大篆省改而来的，改大篆为小篆的有三人，即李斯、赵高、胡毋敬。三人中最主要的是李斯，他"取史籀大篆或颇省改"，即简化了大篆的繁缛，号称"玉筋篆"，秦始皇的玉玺上的"受命于天，既寿永昌"即是李斯写的，其他如泰山刻石、琅琊台刻石（现存北京历史博物馆）都出于李斯手笔。"篆尚婉而通"，李斯小篆便有"婉通"的特点，并具有摹形写意会神的特色，结体行次整齐又有端庄之美，可以说李斯是我国历史上第一个大书法家。小篆与大篆相对而言，把籀文称做大篆，秦篆便成了小篆，由此可见李斯对文字发展和书法发展方面所做的贡献。

7

篆书虽然一直流传，不绝如缕，但流传不如其他书体广泛。李斯之后，汉代有篆书碑文流传，比较有代表性的是《袁安碑》和《袁敞碑》，二碑似出一人手笔，直接继承秦篆，严谨工整，结体宽博，更显遒丽丰腴之美。可惜书写者失考，无法知道这位篆书大师的生平。其后人们追求新变，很少有潜心钻研书写篆书者，直到唐代李阳冰，才把篆书向前推动一大步。其代表作是《城隍庙记》和《三坟记》，笔法灵活飞动，法度精熟，可见其文字学功力颇深，书风淳朴，为后世学习篆书之典范。宋、辽、金、元、明时期工篆书者寥寥，唯金之党怀英、元之赵孟頫、明之李东阳差强人意，但不足以成家。至清代，尤其是乾嘉学派，强调考据，多研究金石之学，篆书大放光芒。篆书名家辈出，最著名者是邓石如、杨沂孙、吴熙载、吴昌硕等人。康有为在《广艺舟双楫》中说："吾尝谓篆法之有邓石如，犹儒家之有孟子，禅家之有大鉴师。使人自证自悟，皆有广大神力，以为教化主。天下有识者当自知之。"可谓个中人说个中话，对邓石如给予极其崇高的评价。康有为非溢美，邓石如之篆书足以当之也。应当说，欲学篆书者必须从文字学入手，应当先反复学习揣摩《说文解字》。所谓法度，就是规则，就是字形的基本结构。首先不能写错，因此必须对部首精熟，没有任何字形结构的障碍。有些文字部首好像一样，实际相差甚远。如"春""秦""泰"三个字，从表面看，三个字的上半部分部首相同，但实际上，三个字的上半部分部首有三种写法，若不从文字学上解决，则提笔就迷糊。连字应当怎样写都不清楚，还谈什么艺术？

▶▶▶▶ 第二节　从隶书到魏碑

隶书的创始人在古书记载中有二人。兹录于下，《水经注卷十三》漯水条："郡人王次仲，少有异志，年及弱冠，变仓颉旧文，为今隶书。秦始皇时，官务烦多。以次仲所作文简，便于事要，奇而召之。三征而辄不至，次仲履真怀道，穷术数之美，始皇怒其不恭，令槛车送之。次仲首发于道，化为大鸟，出在车外，翻飞而去。落二翮于此山，故其峰峦有大翮、小翮之名矣。"其他各书也有类似的记载。唐代张怀瓘《书断》说："下部人程邈者，始为衙县狱吏。始皇幽系云阳狱中，覃思十年，益大小篆方圆，而为隶语三千字奏之。始皇善之，以为隶人佐书，故曰隶书。"王次仲条有些神异色彩，程邈条比较切实可信，因而学者多取程邈之说。但王次仲条指出"官务烦多"的形势，并指出"所作文简，便于事要"的隶书特点。

秦始皇统一六国后，全国上下统一，政令繁冗，官狱纷杂，这是当时的政治形势。为了适应这种政治需要，必然要在文字上进行改革，利用书写比较简便的隶书代替篆书是一种进步。但隶书把篆书的圆转改为方折，这是由圆笔到方笔的一个巨大改革，是中国方块字的正式形成，是一件大事，所以把王次仲神异化了。大家多采用程邈造隶书的说法，因为程邈是狱吏，他在公务繁忙之中体会到篆字书写的不便，于是把大小篆的笔画和结体作了简化，又把圆笔改为方笔，力求简化，便于书写，秦始皇当然也有这种心理上和实际上的要求，便积极地接受了这种改革。因为当时办公文的小官叫做"徒隶"，所以称这种字体为"隶书"。这也是从实践中创造出来的。不见得是什么人一手造成的。这种字体在秦时并未普及，到汉代才比较齐备、通用，故有汉隶之称。

汉代极重视隶书，是因为它便于汉代政治、军事、经济、文化繁盛的需要。西汉的隶书还有些秦隶的遗意；东汉的隶书日渐趋于工巧精美，结体扁平，笔画间出现了波磔，形成汉隶的楷模。晋唐以后直至近代，虽然楷书盛行，但隶书不废，为书法家所喜爱，就是由于汉隶结体用笔富有变化、风格多样且艺术性强的缘故。

现在能见到的秦隶，只是在秦代遗留下来的权（秤锤）、量（斗斛）上所刻的统一权、量的诏书。其字体全用折笔，不用转笔，结体则是长方大小不一。这种字体，前人叫做篆书兼古隶。到了汉代，字体渐有点画波尾，已趋成熟阶段，与秦隶没有点画波尾的写法已完全不同。到了汉和帝永元（公元89年）年间，点画波尾显明，已脱尽篆意，演变成真正的汉隶。到东汉末期，字体更为方整，灵活的意味却少了。隶书至魏晋，更加平板方正，削弱了汉隶的神韵。

再提一下隶与分的分别，这是一个众说纷纭、没能统一的问题。有人把隶和分说成两种字体，但多数学者却认定隶与分是一种书体，只是命名的角度不同罢了。所谓"八分"，是指到东汉顺帝以后，隶到了成熟阶段，比之秦隶产生了俯仰之势，字画上增添了波磔之美，形成了定型的汉隶，正如清代翁方纲所说："八分之义，'八'别也，言其字左右分别，若相背然。"显然是就字体的形态而言，称做"八分"。所以说"八分"就是"汉隶"。

汉隶不只是我国书法史上一次较大的变革，而且其影响也极其巨大和深远，它上承秦篆，下启魏晋、隋、唐楷书的风范，也是草书、行书产生和发展的基础，是我国书法的转折期。此时期留下的碑文，即所谓汉碑，成为后人学习汉隶的典范。

汉碑也是丰富多彩的。有笔画从容秀雅、工整精细的，如史晨碑；有笔画瘦劲刚健、飘逸秀丽的，如礼器碑；有厚重古朴的，如樊敏碑；有方劲高古的，如景君碑；有奇纵恣肆的，如石门颂；有字体方整、中规入矩的，如熹平石经，等等。形式风格多种多样，并各具趣味与神韵。

第三节 楷书与行书

楷书即真书，又叫"楷隶"或"今隶"。晋卫恒《四体书势》说，"上古王次仲善隶书，始为楷法。"王愔《文字志》说："王次仲始以古书方广少波势，建初（后汉章帝年号）中，以隶草作楷法，字方八分，言有楷模。"都说楷书是王次仲创始的。楷书的形体是从隶书、隶草演变而来的，从晋代的木简看，其字体和笔法已在隶草中渐次具备楷书的雏形。楷书始于魏而盛于晋。《吴衡阳郡太守葛府君碑》是用楷书写的，这是书法史上第一个用楷书书写的石碑，极具学术价值。它标志着中国书法发展到魏，在形体上又掀起了一次大变动，由汉代隶书转变为楷、行、隶并行。东晋是楷书最流行的时期。

南北朝时期，文化有南北各自的风格特点，书法也分为南北两派。南派的书法家代表为王羲之、王献之父子（东晋），王僧虔（南齐），僧智永（陈，王羲之七代孙）等；北派的书法家代表为索靖（晋）、崔悦（后赵、学卫瓘）、卢谌（晋，学钟繇）等。清代阮元说，南派长于书牍，北派长于碑版。南派风度婉丽清媚，富有放逸流走之气势；北派风度雄奇厚朴，具有豪迈雄伟之气魄。

北魏碑刻较多，留给后世的遗产非常丰富，书法体态风格也丰富多彩。既有古朴庄茂的韵度，又有奇逸高美的风姿。康有为在《广艺舟双楫》一书中评魏碑有十大美，即魄力雄强，气象浑穆，笔法跳越，点画峻厚，意态奇逸，精神飞动，兴趣酣足，骨法洞达，结构天成，血肉丰美。学习书法的人可以从中探讨隋唐以前楷书的结体和笔法，对于打好书法艺术的基础，是非常有益的。

行书，相传是后汉末年颍川人刘德昇所创。但他的书体并未见流传。唐张怀瓘《书断》上说："行书即正书（楷书）之小伪，务从简易，相间流行，故谓之行书。"这里说的行书在楷书之后。但也有人认为这种说法不对，行书是由隶书演变来的，在楷书之前。行书有真行（又叫行楷）和行草两种，行草是真行带草书合成。真行近于楷书，行草则近于草书。行书没有一定的规则。写的工整一点就近于楷书，即行楷；写的放纵一些就接近草书，即称为行草。介于楷、草之间，极为实用，因为它较楷书简便，又不像草书那样难认，所以容易通行。善于书法的人没有不工行书的，以王羲之、钟繇、王献之、张芝最为出名。王羲之的《兰亭序》为天下第一行书。

▶▶▶ 第四节 草 书

草书包括章草、狂草、今草三种。章草是汉元帝时的黄门令史游所创。他的名作叫《急就章》，取其章字，称之为"章草"，这是一种说法。另一种说法是东汉章帝喜欢杜度的草书，命令他上奏书时用草书写，因用做章奏，故而称做"章草"。有人认为很早就有草书，卫恒《四体书势》说："汉兴有草书，不知作者姓氏。"否定了史游创章草的说法。章草名字的由来是对今草而言，为了区别，把前一种草书叫做章草。两相比较，"章草"之名来自"急就章"比较合理。

根据许慎、卫恒等人的说法，章草起于秦代末年和汉朝初年。它解放隶体，使其趋于简便。东汉张芝最善于写章草，当然他也善于写今草。章草各字独立，不相连绵，仍沿隶书体式，横画上挑，左右波磔分明，旋转处不但转圆，而且细笔如丝，有如今草。它既有隶的古朴，又有今草的圆活流宕。

今草，即连绵草，是王献之变王羲之的草法，而为之破体书，故又名破草。又一说法是东汉张芝从章草演变而来的，所以今草的许多写法是以章草作为根据的，章草是今草的基础。今草的运笔特点是滑利连绵，字字相连，没有距离，书写便利迅速，但不易辨认，且日流于俗，即今天所说的草书。

狂草，是唐代张旭所创。据说张旭酒醉后写字，有时用头发濡墨写字。书法同今草，但过于狂放奔纵，故名狂草。其实汉代张芝就写过这样的草书，称为"一笔书"，即一笔连绵不断地写下来。张旭是学张芝的，故称张芝为"草圣"。虽然不易辨认，但细细体味，笔锋中有顾盼呼应之势，贯通奔放之神。怀素也属于狂草派。

要学草书，必先学章草，最好学智永的"千字文"。因章草有法度，不致误入连绵俗套。书法最关键的还是要有基本功，功到自然成。苏东坡《题二王书》曰："笔成家，墨成池，不及羲之即献之。笔秃千管，墨磨万锭，不作张芝作索靖。"强调的就是要下工夫苦练。在《柳氏二外甥求笔迹》中说："退笔成山未足珍，读书万卷始通神。"要求书法家要多读书，要有很深的文化底蕴，才可能有自己的精神气魄在书法之中。功夫在书外，光练写字是不可能有很高的成就的。

第三讲　古代书籍制度

▶▶▶▶　第一节　了解书籍制度的重要

古代文化最主要是通过文字流传下来的，而记载文字最好的形式是图书，保存文献最集中、最主要的形式便是收藏图书，我国历朝历代都很重视图书的收藏保管校订工作。唐宋之后，私人收藏图书的事业也开始兴起，出现许多著名的私人藏书家。随着科学技术尤其是涉及图书方面的科学技术的不断发展，书籍形式也在不断演变。汉代以前没有纸张的时候，人们只能将文字写在木片和竹简上，因此当时的书籍便只能是用皮条或丝绳把一根根木片或竹简编排起来，那个阶段只能如此。唐以前没有印刷术的时候，书籍的形式主要是卷轴，依靠人工书写的方式。书籍是很珍贵的，故私人都很重视保存收藏图书。

书籍制度的发展是我国文化发展史中非常重要的一个方面。书籍形式作为物质实体，是研究其发展过程的主要对象。书籍的作用和保留价值主要在于它的内容——知识，思想内容必须通过物质形式才能发生作用，因此对于书籍的研究永远都是内容与形式的统一。

远古的结绳记事也是一种记忆和交流的手段，但还谈不上什么书籍。以后逐渐产生了书契、绢帛、纸叶子、甲骨、木片和竹简，然后便长足发展，一直发展到今天这样规格的书籍，经历了三千五百多年漫长的时间，形成了每个历史时期的特点。这不仅在内容上是当时社会意识形态的反映，而且在形式上也必然是当时社会生产水平和文化水平的反映，是我国人民智慧的结晶。

了解书籍制度发展演变的历史，基本掌握各个时期书籍形式的特点，尤其是印刷术发明之后，不同时期、不同地方印刷的书籍版式不同，而书籍的内在质量也有很大差异。阅读或搞研究，版本的选定是非常重要的。使用版本如何甚至可以看出学识水平，如果把麻沙本当做善本来用，是会误事的。那么，什么是麻沙本？什么是善本？什么叫天头？什么叫双栏？这些知识都与书籍制度有关。因此，学习国学，掌握书籍的基本知识是非常必要的。

▶▶▶▶　第二节　书籍的产生

书籍起源于文字。在没有文字的时候，人们只能利用语言来表达思想、传授知识。在历史的进程中，逐渐创造出利用实物表达思想的方法。如结绳等。《易·系辞下》记载："上古结绳而治，后世圣人易之以书契。"这是说我国远古时期有个结绳记事的过程。据说大事结个大结，小事结个小结。我国古时处于渔猎时代，在捕获鱼虾或猎取禽兽需要记数时，便在弋绳上打个结。所以古文字一、二、三等数字写成"弌"、"弍"、"弎"，都以"弋"字作偏旁，这种帮助记忆的结绳法是可信的。但它记的弋获物是鹿，是雁，还是鱼，只有结绳者本人才会知晓，起不到交流思想的作用，因而不能算文字。

那么，这位"易之以书契"的圣人是谁呢？前文提到，就是伏羲氏。《尚书序》说："古者伏羲氏之王天下也。始画八卦，造书契。以代结绳之政，由是文籍生焉。"此处明确使用"文籍"一词，虽然不是书籍，但意义非常接近。中国古书上还记载刻木记事的史实。《北史·魏本纪》记述魏的先世时说："射猎为业，淳朴为俗，不为文字，结绳刻木而已。"另《唐会要》吐蕃条记载："无文字，刻木结绳以为约。"结绳刻木孰先孰后不得而知，但二者同为帮助记忆的工具，也可成为最原始的契约，这一点是可以相信的。云南省博物馆存有佤佤族的刻木，深刻的痕迹表示重大事件，浅刻的痕迹表示轻微事件。在每年第一次吃新米的时候，全村人聚集起来，由族长拿出刻木向大家解说所记的内容。这种古老的形式保留下来，便可证明结绳刻木确实是古已有之的制度，当然它要配合说明才能起到文字的作用。

这种用实物表达思想的方式自有其不便之处，随着社会的进步，人们创造出用实物图画来代表实物的办法，以表达思想。殷代以前就是这样，按照实物的形状画得很逼真。鹿，便画个鹿形；象，便画个大象的形状；鱼，便画一条正面或侧面的鱼。无论谁看上去，一眼便能识别出所画的物象，不会混淆。起初用肥笔，即用粗线涂黑，如豕，便画个肥肥的黑猪。后来觉得肥笔费事，便开始简化，把肥笔变成瘦笔，用细线画轮廓，不涂黑。在画某一实物时，着意在某一物的特点上加工，如画象或鹿，就突出画它们的鼻或角，在形象上不那么逼真，偏重于象征而不去写实，只求人们能够认识就可以。这样的图画算不算文字，学术界有些争论，有人说这是图画，不能认为是文字；有人说应算为文字，起码应该算做图画文字。其实算不算文字要看画者作画的目的是什么。如果他是为了表达思想而画，便是文字；如果单纯描绘图像，便不是文字。

结绳只是为了帮助记忆，有时不慎绳端只结一结，恐怕结绳本人也要弄错，因而它不是文字。但画条鱼，谁看见了都知道画者所表达的概念是鱼，而不是别的。再如"人"字，我们现在所能看到的画法多达十五六种，有肥笔涂黑，有瘦笔轮廓；有正面而立，双手下垂；有正面而立，左手下垂，右手上举；有的五官、乳、脐都画出来了。但无论怎么画，别人一看便知道是

13

"人形"，代表人的概念，应该视为象形文字的前身，不能算作图画。我们肯定这点，就是肯定劳动人民创造文字这个事实，绝不是什么四目灵光的仓颉造字。仓颉有无其人尚不能肯定，即使他是黄帝的史官，也只能做些整理文字的工作。某一个人的能力是无法创造出大量文字的。中国文字究竟起源于什么年代，尚无法断定。

▶▶▶ 第三节　甲骨与金石时代

甲骨文的发现具有非常重要的意义。所谓"甲骨"，即指乌龟的腹甲和牛的肩胛骨。商王朝是游牧民族，生产是否顺利的偶然性比较大，因此迷信鬼神，相信上天，遇到疑难之事都要用甲或骨来占卜。占卜人将占卜的情况，如占卜什么事、结果如何、谁占卜的等信息都刻在甲骨上，这种文字是当时通行的文字，也是中国目前发现的最古老的文字。研究这种文字的学者都称它为"甲骨文"或"卜辞"。

甲骨文的发现还有一个有趣的过程。清代光绪年间，北京国子监祭酒名叫王懿荣，字廉生。光绪二十五年（公元 1899 年），他因病从药房买回一味名叫"龙骨"的药，发现上面多有刀刻皱纹的，都是篆体。王懿荣大为惊异，他有文字知识，便亲身到药房去询问"龙骨"的来处。药房告诉他采自河南安阳。

安阳市西北五里小屯村北面、洹河两岸和附近一些地方，距今三千多年前，在商代后半期，从商王盘庚迁都以后直到纣王灭亡的 273 年间，是国都所在地。商代灭亡后，这里就成为废墟，后人称它为"殷墟"。《太平御览》说："盘庚徙都殷，始改商曰殷。"商周之前的国家没有固定称号，随都城所在地来称呼，契建都在商丘称为商，迁都于殷便称为殷，因而又称做"殷墟文字"，墟又写做虚，因此用刀刻的又称做"殷虚书契"。在殷虚这个地方出土如此大量的甲骨文字，是因为这里是当时政治文化的中心，当然就是保存档案的处所。新中国成立后，在郑州南郊二里冈、洛阳东关、陕西邠县、济南大辛庄、山西洪赵县都陆续有所发现。

据专家统计，现在已搜集十六万多片甲骨文，约有单字四五千个，经过整理，已认识的有一千字左右。王懿荣派范维卿和赵允中两位古玩商到河南收购千余片。他的甲骨后来被刘铁云得到，刘铁云又继续搜集。罗振玉在刘铁云家见到甲骨文，劝刘铁云拓印出来，以供研究，书名《铁云藏龟》，这是最早的甲骨文集。刘铁云就是晚清"四大谴责小说"之一《老残游记》的作者。

罗振玉与王国维又继续研究搜集，得三万片，印成《殷虚书契》八卷。梁思永、董作宾又继续发掘，先后印成《殷虚文字甲编》和《殷虚文字乙

14

编》。1955年中国科学院编成《甲骨文合集》，集其大成。

可以说刻在龟甲和兽骨上的字是我国最早的书。当然，此处的书字更主要的还是书写的意思。而把单片的甲骨文理解为单页或单本的书也未尝不可，这样集中堆放甲骨文的屋子当然就具备图书馆的功能了。

甲骨文之后就是钟鼎文。中国号称礼仪之邦，中国的祭礼最重视的是礼器，而祭必专器，因而有钟、鼎、彝、尊、罍、卣、敦、豆、爵、匜、盘、壶、瓠、角，等等。商周时代，我们的祖先也曾把文字铸或刻在青铜器上。青铜是铜和锡的合金，呈青灰色，故名。我国古代普遍用铜铸造剑器和钟鼎等祭器，《左传·襄公十九年》："季武子以所得之兵，铸林钟，以铭鲁勋。"古时毁兵器铸礼器，表示偃武修文之意。"以铭鲁勋"是在礼器上铸造记载鲁国功勋的文字，因而称这种文字为"铭文"。当然也记载有关祭祀、战争、农事和朝里大事的内容。又因为古人称铜为"吉金"，所以又叫"金文"或"吉金文字"。因为祭器中，钟和鼎的体积大，可以容纳很多文字，故多在这两件器物上铸造文字，故称之为"钟鼎文"。

钟鼎文是对甲骨文直接的继承和发展，甲骨文中的一些字，有的照原样保存下来，有的简化了，有的改变了原来的结构和形状，还有不少被废弃了，又增添了不少新字。有些和甲骨文的字体一样的钟鼎文，原来的意义已经消失，并具备了新的解释。例如，殷代农具只有"耒"，没有"犁"，春秋初年，开始用牛耕田，"犁"字便产生了，"耒"字逐渐被废弃。"犁"先是名词，后来被引申兼作动词，如犁田。

钟鼎文里许多字体不固定，一个字往往有多种写法，如"寿""辛""金""永"等，写法多达五六种。这说明社会在发展，人类在进步，许多新的制度逐步建立，新的风尚逐步形成，新的事物不断产生，人类的语言也一定要逐步丰富，作为记录语言符号的文字，当然也要随之发展和演变。

钟鼎文虽然不能算做书籍，但它作为文字的载体而存在着，与甲骨文一样，也可以起到书籍的作用。它的内容同样能反映当时社会的制度、风俗、语言等，同样起着书籍的作用，这一点是不容忽视的。

钟鼎文之后出现石刻文。我国的上古社会，同全人类其他民族一样，很早便开始使用石器，这是无可争议的。《越绝书》中说："神农赫胥之时，以石为兵。"神农和炎帝时，就以石头作兵器了，后来也逐渐用做书写文字的一种载体。但刻石记事到底起于何时，学术界的意见不统一。朱建新《金石学》说："三代之间，有金而无石；秦汉以后，石多而金少，而金亦无足轻重，故欲究三代之史莫如金（及近代出土之甲骨），究秦汉以后之史莫如石。"马衡《凡将斋金石丛稿》则说："自周室衰微，诸侯强大，名器寝轻，功利是重。于是以文字为夸张之具，而石刻之文兴矣。"

《墨子》说："镂于金石。"可见石刻大概起于周室衰弱的春秋战国时期。

15

那时的刻石文，今天很难见到。现在能看到的最早刻石文是唐初在陕西凤翔发现的"石鼓文"。其实是十块圆鼓形的刻石，共十枚，文体是大篆，全文七百多字，其内容是记述打猎的四言诗。其中一个石鼓上面的文字看不清了。从字体来看，多数学者认定是秦穆公时的刻石文。但石鼓文与前面提到的甲骨文和钟鼎文一样，还不具备书籍的作用。后来出现的石刻经文却有书籍的作用，而且有工具书的性质。

在印刷术发明以前，书籍都靠人书写，这样就难免出现笔误，很多经书也就会出现文字不统一的情况。为了制订统一标准，作为学子们学习的依据，因而各代官府多有刻石证经的举动。宋代王应麟在他的《困学纪文》中说："石经有七，汉熹平则蔡邕，魏正始则邯郸淳，晋裴頠，唐开成唐元度，后唐孙逢吉等，本朝则嘉祐杨南仲等，中兴高庙御书。"

王应麟介绍了七个石经，其实比这还要多。这里值得一提的是熹平石经。《资治通鉴（卷五十七）》载：东汉后期灵帝熹平"四年春，三月，诏诸儒正五经文字，命议郎蔡邕为古文、篆、隶三体书之，刻石，立于太学门外。使后儒晚学，咸取正焉。碑始立，其观视及摹写者，车乘日千余辆，填塞街陌"。蔡邕把《诗》《书》《易》《仪礼》《春秋》《公羊传》《论语》等儒家经典，经过文字校订，刻在石碑上，竖立在首都洛阳的太学门前。因为当时没有印刷的书籍，学子们便不辞辛苦地到这个国家公布的标准读本前，抄写或校正自己的读本，碑前每天车水马龙，多时一天就有上千辆马车，可见当时繁盛的景象，这也从侧面反映出当时人们对于知识的渴望与追求。这部石经因为刻成于熹平年间，所以被称"熹平石经"；又因为正文都是用隶书体刻成的，因此又称之为"一字石经"。可见熹平石经还真有《现代汉语词典》的性质，成为当时经学的标准版本。

其次是三国时期魏明帝正始年间，在洛阳太学刻的石经，是邯郸淳书写的，只刻《尚书》、《春秋》和半部《春秋左氏传》，这部石经使用籀文、小篆和隶书三种字体，所以称之为"三体石经"，但这些石经都被毁掉了，只有唐文宗时刻的开成石经至今还保存在西安碑林中。

在一定的历史时期，甲骨文、钟鼎文、石刻文起到了书籍的作用。但它是零散的，还不能算做严格意义上的书籍。石刻上的经文字体是多种多样的，各代各家的字迹都有所反映。石鼓文的古篆、汉碑的隶书、魏碑的过渡风格、唐碑的楷书等应有尽有，可以说对中国书法艺术的流传和影响，都起着极大的作用。

▶▶▶ 第四节　简册书籍

《尚书·金滕》中有"史乃册祝"、《洛诰》中有"史乃命册"的话，《尚书》的内容多是有关处理政事的文书或文告。册，即策，即古时的策封、策命等。其实，"册"本身是象形字，原来的字型是四竖两横。四竖象征长形竹简或木牍，两横象征横着编排竹简的皮绳。"策"也是竹字头，是从内容角度来称呼的。而策命之类的文件由史官掌握，古时史官有五，即大史保藏国家的法典和文书，小史掌管诸侯国内的历史纪实，内史掌管王的法令，外史掌管抄写文书和外国书籍，御史掌管法令和四方文书。可见这些史官既是文字、书籍的制订者，又是保存者，同时也是法令和文化教育的执行者与宣传者。

春秋后期，社会产生剧烈变化，各种思想、各家学派兴起，为了宣传自己学派的主张，便著书立说，以求得到更多人的支持。这是私人著述的开始。墨翟周游列国时，曾看见一百二十国"宝书"，也称做"百国春秋"。孔子修订六经等，这些都打破了官家垄断著述权的惯例。虽然许多书都散佚了，但这时书籍的繁盛是可以想见的。文化的发展促进了书籍的发展。

中国最早的正式书籍是那些用竹木为材料写出的文字记录。古人把写书的竹片称做"简"，也称为"策"。蔡邕《独断》说："策，简也。"另一种书写材料是木版，称做"牍"，也叫做"方"。《礼记》中说："文武之道，布在方策。"古人说"方策"等于现代人说"书籍"一样。策是竹简相连的称谓，所以也写做"册"。《尚书》《诗经》《左传》等古籍中都曾出现"册"字。《说文解字》里说："册，符命也。"像札，一长一短相排比，用编绳扎上，作为一种传达王命的东西。

一般地说，单片的称为"简"，竹制的为竹简，木制的称木简。后来为了区分，把竹制的称为"简策"，木制的称为"版牍"。简策主要用来写书，版牍主要用来写公文或画地理图，"版图"一词就是这样来的。但这种区分不是十分严格，很窄的木牍也称做木简，也用来写书。但竹简受到原料限制，不可能太宽，需要图形或画地图时，当然版牍更合适，两者使用时在某些方面还是有区别的。

制作方法是先把竹木裁成短段，把竹子破成片，称做"牒"，刮削平整，成为长方形的写书版。由于新竹容易生虫朽烂，凡制竹简，都要先把竹子在火上烘干，叫做"汗青"，又将竹上青皮刮去，名为"杀青"。因为竹简是用来写经史的，于是就把"汗青"借做史册之义。如唐代刘知几说："头白可期，汗青无日"，文天祥《过零丁洋》诗："人生自古谁无死，留取丹心照汗青。"吴伟业《圆圆曲》："一代红妆照汗青"等，都是借做史册之义。木制的刮平叫版，版上写了字叫"牍"，尚未制成版的叫"椠"，椠劈成了木片就叫"札"。

简策的长度，各个历史时期不尽相同。春秋战国时期，最长的简是二尺四寸，用以书写经书、国史和法律。郑玄注《论语》序文说："易、诗、书、

17

礼、乐、春秋策，皆二尺四寸；孝经谦半之；论语八寸策，三分居一，又谦焉。"可见儒学正统经书的地位，孝经、论语二书当时还未被提高到经学的地位，当时属子书，所以用短简写。战国时，八寸为一尺，因而把法律称做"三尺书"，把子书和传记称做"尺书"或"短书"。汉朝的简，最长的二尺，其次一尺五寸，又次一尺，最小的五寸。木制的版多用来写信，一尺长，故称"尺牍"。一尺二寸的常用做写官府文告，称做"檄"。长五寸的，多用作凭证，称做"传""关照"，即出入关卡城门的凭证，小说里叫"腰牌"。

一根简，一般都写一行字，最多三十余字，最少的八个字。通常在二十二字到二十五字之间。因此一篇文字就要用很多的简，而简就必须编连成册，串连简册的绳子叫做"编"，有麻绳、丝绳、牛皮绳之分，丝的叫"丝编"，牛皮绳的叫"韦编"。孔子晚年喜读《易经》，由于频繁翻简，曾把牛皮绳折断三回，故有"韦编三绝"的说法。陆游时，已不使用竹简书了。他在《寒夜读书》诗中还说"韦编屡绝铁砚穿"的话，即以"韦编"代指书籍。

上古的简是用漆写的。陶宗仪《辍耕录》上说："上古无墨，竹挺点漆而书。"《后汉书·杜林传》记载："先于西州，得漆书古文尚书十卷。"从这些记载中，可以想见古时先用漆，所以写错了可以刮去重写。"孔子作春秋，笔则笔，削则削，""笔"就是写，削是改动，即将字刮掉重写，古时官吏随身佩带笔袋，内盛刀笔，人们便称之为"刀笔吏"。

简牍上的字体也因为历史时代和地域的不同而有所差异。简策是传抄的，而古今字体又有多种变化。传抄时，当代人又往往将古体字变成今体字，像我们今天印古籍时把繁体字印成简体字一样，汉人就愿把战国时的字体改写成当时通行的隶书，因而很难在字体上确定简策的时代。

简策用绳编排连贯起来，编绳留有多余的部分，即把简卷起来，用多余绳头一捆。最前面留下两根空白的简作保护，称为"赘简"，赘简背面写上书名或篇名，这可以说就是后世书籍封面的起源。一部书往往一捆捆不完，便分成两捆，即上编和下编，简的外面再用布帛或竹帘包起来，称它为"帙"，成语"卷帙浩繁"即由此而生。

正文开始的前面是一篇文章的篇名，如果这一编简不只是一篇文章，就要在篇名下另外写出全书的总名。写法是小题目在上面，大题目在下面，古人称篇名为小题，书名为大题，如《乡党篇第十·论语》。

公文、账簿、书信等各有各的捆法，与书籍不同。以书信为例，先在版上写好内容，一块版或多块版，看信的内容长短而定。把几块版摞在一起，上面用一块空白版盖上，掩住信版上的字迹，然后用绳子拦腰捆起来。上面空白版叫做"检"，上面书写收信人和寄信人的官爵、姓名，叫做"署"，署名一词即由此而来。绳子打结处怕被别人拆开，用一块经过加工的黄泥把绳结粘住，泥团上面盖上官印，这种黄泥是专用的，既干得快又结实，轻易不能破损。这个泥团叫做"封泥"，也叫做"封"，因是盖印用的，故又称印泥。整个一捆叫做"函"，这是一个象形字。正像一个完整的封函，一封也就是一函。整体也叫"信封"，即封起来的书信，今天还沿用这一名词。

字写在简策上，需极多之竹简，翻检、携带极为不便。编绳一旦断开，诸简错落，须重新编排，次序颠倒，后人难以精读，这就叫做"错简"。如果保存不好，简烂了，缺了一段文字，便称为"烂简夺文"。搬动、存放又十分笨重，于是，古语有"汗牛充栋"的说法。文士出门时，要把简策用牛车载运，因而有"汗牛载籍"之说。战国时学者惠施出外游学，用五辆牛车运载自己的著作，于是出现"学富五车"的成语，同时也流行"读五车书开五石弓"的说法。赞扬秦始皇为政勤奋，说他每天批阅一百二十斤重的公文。其实一百二十斤公文，在今天来说并没有多少内容，恐怕仅有几十页书吧。放在衣服口袋里便可携带。社会在前进，科技在发展，书籍也从笨重型向轻便型转化，简策制度逐渐向卷轴制度过渡。

从出土文物来看简策制度。据文献记载，新中国成立前，发现古代简策的遗存共七处。新中国成立后，发掘出土二十多处。最早的发现是在汉武帝末年，鲁共王刘馀扩建孔子故宅，在墙壁中发现了一批古简，有《尚书》《礼记》《论语》《孝经》等，这些简是战国时的人抄的，叫蝌蚪文，即古篆、古文，每简有二十字至二十五字不等。另一次是在晋武帝太康二年，即公元281年，河南汲县有个人盗掘魏安厘王，一说魏襄王的坟墓，墓中有十几万根竹简，古体字，残简断札，十分零乱。晋武帝叫荀勖等人连缀前后次序，用今文写出，称为《纪年》，通称《竹书纪年》，包括《易经》《国语》《穆天子传》等十六部书。

可惜这两次发现的竹简都丢失了。但荀勖在《穆天子传序》中提供了一点情况，说简长二尺四寸，用墨写，每简四十字，编绳是素丝的。

新中国成立后，武威出土的汉简《仪礼》是汉末抄写的最早的古书写本，简的长度不一，近一尺；湖北睡虎地第11号墓地简长一尺二寸；山东临沂银雀山2号墓地简将近三尺；西汉早期马王堆3号墓出土二百枚竹木简，有三种长短。现在出土的《急救篇》长一尺五寸，《相马经医方》长一尺，《元康三年历书》长一尺五寸，《永兴元年历书》长一尺。显然，这些出土实物与文献记载不尽相符。西汉桓宽《盐铁论·贵圣编》说："二尺四寸之律，古今一也。"这种说法是不正确的，先秦与西汉初期似无定例，西汉后期才开始形成一种制度。

简册有几道编绳？《说文解字》说："册：符命也，诸侯进受于王也。像其札一长一短，中有二编之形。"其意是说"册"是诸侯从天子那里得到的任命书，象形，其中的木版一长一短，中间有两道编绳。1930年在甘肃居延发现的简册有二编之形，与许慎之说相符，人们便确定二道编绳。但山东临沂银雀山出土的《汉元光元年历谱》有四道编绳，《孙膑兵法》有三道编绳。江陵凤凰山167号汉墓的木简只有一道编绳。当然，一般来说，还是两道编绳的居多。编绳多少是根据简的长短而定的。

最后一简用做轴心，马王堆3号墓二百枚医简，出土时，分别卷成两卷，"卷"并不始于帛书，也不一定专指帛书。

随着文物的不断发现，对简策制度的认识也在不断地丰富。

▶▶▶ 第五节　卷轴制度

《墨子·明鬼篇》中说："书之竹帛，传遗后世子孙。"这里"竹帛"并提，足见战国初年便开始用绢帛写书了。帛书的出现确实是当时书写的需要。战国时代，出现了许多以图画来做说明的新学问，如军事学、天文学、地理学等，这些知识需要画地图，简策就难以胜任了，而且简策笨重，携带不方便。《论语》说："子张书诸绅"，子张把备忘的内容写在自己绢帛的大带子上，也是求其携带方便，这确实是客观形势和文化发展的需要。《云麓漫钞》卷七记载说：

上古结绳而治，二帝以来，始有简策，以竹为之，而书以漆，或用版，用铜画之，故有刀笔铅椠之说。秦汉间用缣帛，如胜广以帛纳于鱼腹，高祖书帛以射城上，是也。至中世，始渐用纸，赵后传所谓赫蹏书，其实亦缣帛耳。蔡伦传，用缣帛者，谓之纸，缣贵而简重，并不便于人。伦乃用树麻皮等为纸，则古之纸，当即缣帛，故其字从系云。

这段文字不但说清楚了结绳、简牍、缣帛的前后顺序，而且说明秦汉时已大量使用缣帛。陈胜、吴广用丹砂在帛上写"陈胜王"三个字，并放在鱼腹中，用来号召群众起义。赵飞燕用名叫"赫蹏"的小纸包药丸用，可见无论战场或者床头都普遍使用缣帛了。《蔡伦传》说："自古书契，多编以竹简，其用缣帛者谓之为纸。"可见当时的纸就是缣帛，《说文解字》说："纸，絮箔也，从系氏声。"是说制丝时在水中漂洗，漂的丝絮用竹帘托上来，晒干就成方形的絮，古人说："方絮曰纸。"其质地是丝絮的，形状是方形的。用缣帛书写便于携带、收藏，而且幅度长短随意而制，从战国到两晋，一直是书写的材料。至于后汉蔡伦造纸说，是他改造了纸的质地，即用树皮、麻皮、破布、破鱼网等为原料，降低纸的成本，使纸的使用更加普及。所以魏代张辑在《字祜》里写成"帋"字，与古纸相区别，以"系"与"巾"的偏旁来区分质地的不同。质地不同自然有贵贱之分，因帛昂贵，麻纸便宜，魏晋时代即逐渐以麻纸代替缣帛了。

帛书的形制是怎样的呢？因为缺乏充分的文献资料，历来难以确定，只能依据纸卷的形制来推测。《汉书·艺文志》著录图书时，篇、卷并列，当时又是竹、帛兼用，所以后代学者便依此断定，"篇"指简册，"卷"指帛书。

用帛作书，可以随书写内容来裁截缣帛，帛很轻便而容易上下翻动，故又称做"幡纸"。书写完就从匹帛上裁下来卷成一束，卷时用细木棒作中心，叫做"轴"，因此称做"卷轴制度"。

1942年在长沙楚墓曾出土一件帛书，折叠为八幅，学术界认为是孤证没引起重视。1974年长沙马王堆3号墓出土二十多种帛书，出土的原始状态，除少数卷在二三厘米宽的竹木条上以外，大部分折叠为若干幅的长方形，都没有轴。这种形制弥补了文献记载的不足与缺失。由纸书推测帛书可能有失误之处，纸的质地厚而且又坚实，可以卷成卷轴，绢帛柔软光滑，不易卷轴而易折叠，是可以想见的。退一步说，至少自战国到西汉初期，帛书多是折叠，其中少数用竹木条卷起，并未形成卷轴，可以看做由折叠向卷轴的过渡阶段。

书籍发展到竹帛阶段，才出现现代意义的书，《说文》说："著于竹帛谓之书"，竹，易得；帛，轻便。书写材料的进步和容易获取，为学者著书提供了极大的方便，这也是战国时期诸子百家蜂起的一个原因。

帛上写字，首先织成"栏"，然后根据栏上下距离画成直行，称做"界"，栏和界有红黑两色，红色的称朱丝栏，黑色的称乌丝栏。卷子的开端为防止破损，留一段空白，并接以另色绢帛，称它为"首"或"褾"。帛上的文字有时用朱、墨两色，目的在于区别不同的文字。敦煌发现的《道德真经疏》，经文是朱色，注疏是墨色的。为什么要用两色套写？因为书籍流传久远，辗转抄写，正文和注释容易相混，用不同颜色书写，以示区别。这可以说是套版印刷的前身。马王堆出土的帛书大部分是朱丝栏，驻军图不仅用朱色画出军事要塞，墨色画山脉，还用蓝色表示河流，三色写本。可见朱墨写本在战国时就出现了。文字配图画的书籍最早出现在我国，使书籍图文并茂，所以又称做"图书"。

卷轴制度到了唐代已发展到极盛，同时由于社会生产力的发展，文化教育事业的繁荣，加之佛经大量传入，传抄难以满足整个社会的需要，在这种形势下，便促进了印刷术的发展。另外，由于展读卷子也十分困难，尤其是查阅典故之类的工具书。如《初学记》《白氏六帖》等，为查找一个典故，需展开一半或整个长卷子，使用起来极不方便，这样，册页制度就应运而生了。

▶▶▶ 第六节　册页制度

在公元8至9世纪产生了经折装和旋风装，唐人将这两种形式称为页

21

子，这便标志着册页制度的产生。隋唐之际，我国发明了称为"文明之母"的印刷术，并逐渐出现了雕版与活字版，促进了书籍制度的发展。

经折装（也叫梵夹装），是将一长幅纸向左右反复折叠成一个长方形的折子，再在前后加上两张硬纸板，作为前后封面。因为它的外表像印度的梵文佛经，便称做梵夹或经折。这种装帧可以免除舒展卷子的麻烦，比较方便。缺点是容易折断书页。

旋风装，是经折装的变形，因经折装容易散开、折断，于是把经折装的前页和后页粘于一张完整的纸上，对折起来，简单地说，即是把经折装两张硬皮粘连起来，成为一个装皮。这样翻阅起来就不会有散开折断书页的危险。从第一页翻起，直翻到最后，仍可接连翻到第一页。回环往复，不会间断，宛如旋风，因此称做"旋风装"。

另一种说法是以现在北京故宫博物院的《唐写本王仁昫刊谬补缺切韵》一书的装帧实物作为说明。全书五卷，共二十四页。除首页单面书写外，其余二十三页均两面书写，共四十七面。是以一长条纸作底，首页裱在底纸上，其余二十三页逐页向左鳞次相错地粘裱在首页末尾的底纸上，好似鱼鳞，错叠相积。收藏时，从首至尾卷起，外表完全是卷轴的装式。打开后，除首页粘在底纸上不能翻动外，其余均可逐页翻转。南宋张邦基在《墨庄漫录》中说："成都古仙人吴彩鸾善书小字。今蜀中导江迎祥经藏，世称藏中佛本行经十六卷，乃彩鸾所书，亦异物也。今世闻所传唐韵犹有，皆旋风页。"已将此种形式明确为旋风装了。至于吴彩鸾唐韵，是对唐代韵书的统称，具体指的就是王仁昫的《刊谬补缺切韵》。后一种说法是可信的，可见旋风装不来自经折装，而来自卷轴，经折装是对卷轴装的改进，旋风装仅仅是卷轴装向册页装转化的初期形式，而经折装已经是书册了，可见旋风装早于经折装，因似龙鳞，故称为"龙鳞装"。

蝴蝶装，大约到五代时，已经开始采用散页装订形式。人们把雕版印刷的书页反折，即印字朝外，无字一面朝内对折起来，再把中缝的背口一级级粘在一张包背的厚纸上。这样装订，只要把书一打开，整个书页便呈现眼前。书页的中心粘在书背上，像展开双翅的蝴蝶，故称为"蝴蝶装"，简称为"蝶装"。

阅读蝶装时，读完一页须连翻两页，仍嫌麻烦。于是把书页折起来，把印字的一面完全露在外面，折叠起来，逐页粘在包背纸上，省去了翻空页的麻烦，这种包背装很接近现在的平装书。

线装，包背装因把书页粘在包背纸上，翻阅久了，仍易散开，于是用纸捻把书页订起来，使其不脱散。到了明代，又改用线来装订。过去放书时，书口朝下，故用硬皮支撑，宋代《册府元龟》便是这样存放。到明代改为平放了，于是将硬皮改成软皮，并与书页合订在一起。明代中叶的线装一般只打四针孔，称四针眼装，较大的书在上下两角另打一眼，以求牢固，就成六针眼装了。

清代以后，随着印刷术的发展，出现了今天的平装和精装，其后又经历了不断革新的过程。

蝴蝶装、包背装和线装三种形式，都是积页成册的，所以称它们为册页制度。整张纸上印刷的部分，即印版所占的面积，称为版面。版面上首的余纸叫天头，下边叫地脚，左右边叫边，中央部分即书页折叠之处称版心，也名中缝。版面四周叫做版框，构成版框的线叫边栏。只有一条线的边栏叫做单边或单栏；有两条线的叫双边或双栏；有一细一粗线者称文武栏。界行居中的一行即是版心。版心用鱼尾分成三栏，鱼尾形如"丙"字。单个的叫单鱼尾，两个的叫双鱼尾。宋元雕版书的书名刻在上鱼尾的下面，明刻本书名则在上鱼尾的上面。相反者颇少见。鱼尾分叉处是版面的中线，也是书页对折的标准。关于书籍及版式方面的名词，后面有专节讲述，此处不赘。

书成册后，装订的一边叫做书脑，也叫书脊。最下端叫书根，最上端叫书头。书册前面的封页叫做书皮，书皮内前面有一空白页叫护页或副页，再一页是题书名的一页叫扉页或叫内封面，再后便是序、目和正文。

线装书大多用书套包装起来，叫书衣或帙。唐代皎然答韦应物有"书衣流埃积，砚石苔藓生"的诗句，这里的"书衣"一词指的就是书套。

线装从明代中叶直到今天，是我国手工业印本书籍的最后形式。在机械化印刷术初被采用之时，书籍形制就完全模仿线装。19世纪末才出现铅字双面印字的杂志和图书，装订也改用西法，出现了平装书。20世纪初便出现了横排版向左开的书，并开始有了精装书。图书形式产生巨大变化。进入21世纪以来，各种规格的图书争妍斗奇，图书市场极其发达，但最常见和最适用的依然是16开本和大32开本的图书。如今电子版图书大量涌现，书籍形式正在进入一个新的时代。

23

第四讲　古代目录学

古时没有目录之名，"目录"一词最早见于刘向《别录》一书中。什么是目录呢？目，即篇目、条目的意思；录，即著录、记载。目的本义是眼睛，眼睛是看东西的；录则是刻木的意思。这个词的实际意义是把书籍篇名刻录下来，使之更加醒目。应当指出，目录最初的意义是对于某种图书的自然情况的记录，与现今每本书前的目录不同，两者的含义有很大差别。

"目录"作为一门学问，是指记载图书的条目记录。中国真正的图书目录形成于汉代的刘向。《汉书·艺文志》说："至成帝时，以书颇散亡，使谒者陈农求遗书于天下。诏光禄大夫刘向校经传、诸子、诗赋，步兵校尉任宏校兵书，太史令尹咸校数术，侍医李柱国校方技。每一书已，向辄条其篇目，撮其旨意，录而奏之。会向卒，哀帝复使向子侍中奉车都尉歆卒父业。"梁阮孝绪《七录·序》说："昔刘向校书，辄为一录，论其指归，辨其讹谬，随竟奏上，皆载在本书。时又别集众录，谓之《别录》，即今之《别录》是也。子歆撮其旨要，著为《七略》。"可知刘向、刘歆父子先后校对书籍，分别著成《别录》和《七略》。

古籍目录的作用首先在于掌握"类例"。宋代郑樵在《通志·校雠略》中指出："学之不专者，为书之不明也；书之不明者，为类之不分也。有专门之书，则有专门之学；有专门之学，则有世守之能；人守其学，学守其书，书守其类；人有存没而学不息，世有变故而书不亡……类例分则百家九流各有条理，虽亡而不能亡也。"这段话说明了书籍分类的重要意义。各类图书以类相从，使学术和图书专门化，使专门之书形成专门之学，这才便于学习、使用和收藏，目录学的作用就在此。

我国古籍记载目录的方式大致可以分为四种情形：一是把书籍分别布局排比一下，如经、史、子、集等；二是不仅分类，而且把好的版本记载下来；三是不只记载版本，而且作校勘工作，鉴别版本的异同；四是在记录书名的同时，还要叙述学术源流，钩玄提要，指其途径，分别先后，所以说目录中的解题、提要是我国目录学的优良传统。好的图书目录往往兼有这四个方面。

在古代，学者们在传授学问时，便对古籍作品有简单的说明，用来揭示主题，如《诗经》的大序和小序就有这方面的作用。汉代刘向发展了这方面的特点，他为所著录的每一种书籍写一篇叙录，以"撮其指意"，阐明大义。中国目录学的独特之处就是有解题和提要。

总之，著录、题解、提要、摘要、书评等，都是揭示图书相关内容的，也是目录学所研究的内容，它可以使读者因类以求书，因书以究学。它分类布局，做出解题，学者要研究某一门学问，不仅可找到同类之书，还可以了解一代之学术、一派之宗旨和这一流派存在的问题，这门学科的过去、现状和发展趋势。因而不能把目录学理解成单纯的目录索引，而是揭示图书有关资料的钥匙，是辨章学术、考镜源流的门径。

▶▶▶ 第二节　我国目录学的发展概况

殷商时代，巫史是有文化的人，他们掌管占卜和文献记录等工作。从殷墟发掘的实物看，出土的每一个穴窖里的甲骨都有一定的年代，经常是以一个帝王在位的时期为断限，也有极少几个帝王的混合穴窖。甲骨入葬都有一定的方法和手续，甲骨上刻有"人""示"字样和一些数码，这就是经过编排的记号，可以认为这是我国目录学的胚胎时期。

到了简策时代，史官与巫卜有了分工，图书文字与占卜文字分藏。写在简牍上的历史文献放在金匮里面，保存在宗庙或官府中。周代有大史、小史、内史、外史、御史等官，都是掌管文化典籍的。《左传·昭公十五年》记载周襄王问籍谈的话："且昔而高祖孙伯黡司晋之典籍，以为大政，故曰籍氏。及辛有之二子董之，晋于是乎有董史，女，司典之后也。何故忘之？"这是周王对籍谈的谈话，说籍谈的祖先孙伯黡曾管理晋国的书籍，这是重要的职务，所以你才姓籍，以后辛有的两个儿子又继续管理，于是晋国才有董史这个官职。董，是管理之义。可见当时管理图书是件大事。《左传》还有一段记载，鲁哀公"三年夏五月辛卯、司铎火，火逾公宫，桓僖灾，救火者皆曰：'顾府'，南宫敬叔至，命周人出御书。……子服景伯至，命宰人出礼书……季桓子至，命藏象魏，曰：'旧章不可亡也。'"古人藏书的地方称盟府或故府。鲁公宫殿发生火灾，大家救火，先后来了三个大夫，其中两个大夫命令抢救藏在府内的御书、礼书，一个大夫命令抢救象魏，即法令等。可见当时的藏书已经分类了。

孔子编订和解释六经的时候，创造性地推动了目录学的发展。他和弟子们给一经（如《易经》）或一经中的各篇（如《尚书》、《诗经》）做出必要的说明，即后世所说的大序、小序，对读者起总的指导性作用，是儒家学派对于各经或其中各篇章的理解。其后，其他学者也提出了自己的观点和学说，出现了百家争鸣的局面。一般都是通过大序、小序形式阐述自己的主张，大序、小序或自序都是以宣传图书著作为目的的，这是我国古代目录学在形成过程中的重要发展阶段。

六经中的《易经》序卦是说明六十四卦的排列次序和内在联系的叙录；《书》《诗》中的小序是说明各篇"作意"的叙录，起揭示主题的作用。如《伐檀》诗序说："伐檀，刺贪也。在位贪鄙无功而受禄，君子不得进仕尔。"这是说那些"在位"者是贪鄙的，他们无功受禄，尸位素餐，占据官位，而有修养的君子却不得进身仕途，这大概是失意君子发的牢骚。其所揭示的主题不一定十分准确，是那个时期的观点。以今天的观点看，可能是奴隶不堪忍受奴隶主的残酷剥削而发出的反抗呼声。

古书多散佚，诸子自序大多数散佚了，现存最早的一篇自序是公元前 2 世纪（公元前 239 年）《吕氏春秋》的"序意"，但篇章已经残缺。最早最完整的一篇自序是《淮南子》的"要略"，题为《淮南鸿烈要略》，是对《淮南子》作意的说明，即目录解题。

司马迁的《太史公自序》和班固的《汉书叙传》都是很好的自序。司马迁在自序中对被压迫人民和农民领袖及排难解纷的游侠，都给予最大的同情和肯定。

总之，我国古代的图书目录是从孔子校书的大序小序开始的，经过战国秦汉诸子百家著书的自序，到刘向的校书叙录，可以看出我国古代目录中的提要或题解从发生、发展到形成的整个过程。那些大序小序和自序，在当时实际上起着提要目录的作用。

▶▶▶ 第三节 系统目录的建成

我国图书系统目录的建成是在公元前 1 世纪的末年，即刘向父子的《七略》。古代书籍多以单篇流传，如风、雅、颂都是单独流传的。秦王所看见的《韩非子》是"孤愤""五蠹"两篇。有的序也仅是单行的，据说书序和诗序是孔安国和毛公把它附入每篇之首，才变成了篇章的解题。《七略》是群书的共同目录，是有系统的、严密的学术思想体系的目录书。这个目录系统建成以后，不但推进当时学术思想的发展，而且对于我国整个封建社会时期的图书目录事业也起着典范的作用。

汉代初期采用"与民休息"的政策，政治、经济、军事、文化都出现了繁荣兴盛的景象。汉武帝采用"罢黜百家，表章六经"和"定儒学于一尊"的文化政策，在太学中，设置五经博士，规定今文经为讲本。当时汉武帝有"书缺简脱，礼坏乐崩"的慨叹，于是"建藏书之策，置写书之官"，把经书、诸子书"皆充秘府"。后又"广开献书之路"，在全国范围内，征求遗书。但此时只编出一部《兵录》，没有做出对全部藏书的整理与编目的工作，系统目录并未建成。

文化教育事业在西汉元、成二帝时期出现了繁盛景象。河平三年（公元前26年）建立了国家图书馆。据《太平御览》（卷二百三十三）记载，因为当初"武帝广开献书之路，百年之间，书积如丘山，故外有太常、太史博士之藏，内有延阁、广内、秘室之府。"从公孙弘作丞相广开献书之路，到河平三年建成图书馆时，正好一百年，国家收藏的图书竟如山丘般。有的藏在官府，如"太常、太史博士之藏"；有的藏在宫内，如"延阁、广内、秘室之府"。这样分散收藏，没有统一目录，既不能适应日益发展的文化教育事业的需求，也不能显示出一代典籍之盛。换言之，连总的藏书数量和篇目都无法统计，所以汉成帝任命刘向领导校书编目工作，建成一个中央政府图书馆，并编出一套系统的藏书目录。

刘向曾官谏议大夫，精通经学、谷梁学和阴阳五行学，他曾经热衷于政治，但在官场政治斗争中屡遭挫折，于是转向文化典籍方面。从河平三年开始，他具体领导校书编目的工作，做出了杰出的贡献。

刘向的校书思想在当时情况下是很进步的。当时今文经学是正统学派，今文博士一致排斥古文经学。刘向在编目中正面表扬了古文经学的优点，其子刘歆还向皇帝请求立古文经学博士。此外，汉朝"罢黜百家，独尊儒术"的政策把"治申、商、韩非、苏秦、张仪之言"都认为是"乱国政"，刘向却肯定了诸子百家的重要意义，认为是"六经之支与流裔"，学习它们"可通万方之略"，把诸子放在仅次于六经的地位。他每校完一书，则"条其篇目，撮其指意，录而奏之"，写出该书题目和内容提要，缮写清楚，最后编撰成叙录。

编撰的叙录内容有三部分：

（1）新校订本的篇目目录；

（2）记述校订过程，包括所依据的各种书本，书本的一般情况，如来源、篇数、文句差谬脱误等情况；

（3）概念大意，包括著作者事迹、时代背景、辨别真伪、评述等。

刘向的叙录是通过吸收了孔子校书的大序、小序和自序的优点，又结合自己校书编目的情况而创造出来的，这就产生了目录学上的评价图书的叙录体。这种叙录体今天被称为解题、提要、评述、出版说明等。

▶▶▶ 第四节　《七略》的内容

刘向把书籍分成六艺、诸子、诗赋、兵书、数术、方技六大类。《汉书·刘歆传》说："集六艺群书，种别为七略"，大类叫"略"，小类叫"种"。共著录图书三十八种，六百零三家，一万三千二百一十九卷。另有"辑略"一篇，是全书的叙录，说明每个大类和小类的内容和意义。

六类三十八种分类表如下。

（1）六艺略：易、书、诗、礼、乐、春秋、论语、孝经、小学；

（2）诸子略：儒、道、阴阳、法、名、墨、纵横、杂、农、小说；

（3）诗赋略：屈原赋之属、陆贾赋之属、孙卿赋属、杂赋、歌诗；

（4）兵书略：兵权谋、兵形势、兵阴阳、兵技巧；

（5）数术略：天文、历谱、五行、蓍龟、杂占、形法；

（6）方技略：医经、经方、房中、神仙。

《七略》以六经为首，诸子以儒家为首，都体现出汉武帝尊崇六经，定儒学于一尊的思想。刘向把诸子列为诸子略，在小类中把九家与儒家并列，并给予较高的评价，看成是六经的流裔，这在"罢黜百家"的文化专制思想下，确实是极大胆的论断。《七略》是我国第一部系统分类提要目录，标志着我国较高的学术水平。它有下述几方面的成就和影响。

（1）严密的编制目录的方法和形式，它不但对书籍作系统著录，而且评论古代重要文化典籍，为后代建目录起到典范作用；

（2）有广泛的参考价值，东汉学者班固、王充等都善于利用七略，开拓眼界。即便看不到原著，凭借目录也可以做到"虽不尽见，指趣可知"，同样能提高学术水平；

（3）对图书的流通起到积极作用，刘向校订新本，把叙录抄在新本上，对宣传图书、指导阅读具有重要意义；

（4）在学术思想上有很大影响，由于刘向注意发掘旧藏的古文经，宣传古文经的优点，并且其子刘歆提出为《左传》《毛诗》《周礼》《古文尚书》立博士的请求，使得古文经逐渐在民间流传；

（5）对于正史艺文志的影响也颇大，班固撰写《汉书》时，把《七略》编成了《艺文志》，以记西汉一代藏书之盛。《七略》基本保存在《汉书·艺文志》中。

范文澜先生在《中国通史简编》第二编中说："西汉后期，继司马迁而起的大博学家刘向、刘歆父子，做了一个对古代文化有巨大贡献的事业，就是刘向创始，刘歆完成的七略。"肯定了《七略》的辉煌成就。

刘向校书时，所编辑的《叙录》全文汇编在一起，有二十卷之多，叫做《七略别录》，简称《别录》。唐代散佚了，现有洪颐煊、严可均、马国翰、顾观光、姚振宗五家的辑本。《别录》即是把新校本上的《叙录》另抄一份，汇编起来，以便于阅读。

第五节 《汉书·艺文志》的编订

东汉前期的明帝、章帝两朝，大约在公元62—82年，班固在兰台东观校书编目的同时，修成了西汉一代的断代史《汉书》一百卷。当他修改《史记》八书为《汉书》十志时，根据刘向的《七略》编成了《艺文志》，作为《汉书》十志之一，以记西汉一代藏书的盛况，从而开辟了正史中艺文志这一类型，并隐示了《艺文志》的做法和意义。直到今天，《汉书·艺文志》仍然是我国目录学中一部最古老的经典著作。一千八百多年来，《汉书·艺文志》所起的历史影响和参考作用是极其巨大的，在学术史上居极其重要的地位。

《后汉书·儒林传序》说："光武迁都洛阳，其经牒秘书，载之两千余辆。自此以后，叁倍于前。"说明东汉初期刘秀把西汉政府图书馆由长安搬到了洛阳。书籍都收藏在兰台，而把东汉建都后新收的书籍藏在东观和仁寿阁。经过汉明帝、汉章帝两朝继续收藏，书籍数目达到了西汉的3倍。于是命班固、贾逵、傅毅等人整理。

兰台是西汉旧藏，有《七略》的目录可供使用。东观和仁寿阁是新书，按照《七略》体系编出了新目，即《东观新记》和《仁寿阁新记》两部目录。校书地点最初在兰台，明帝时转移到东观，渐及于仁寿阁。从此以后，东观成为全国的学术中心，成了古文经师会聚的地方。

《汉书·艺文志》的体例和内容。班固自称他根据《七略》改编《艺文志》是"删其要，以备篇籍"。他的删取方法如下。

把《七略》的六略三十八种分类体系和著录的图书，基本上不加以变动地记录下来，而且在凡有删改、移易、补充的地方，都在自注中加以说明。

把"辑略"中的大序、小序散附在六略和三十八种书的后边。对于《七略》中图书的简单说明（提要），必要时截取来作为《艺文志》的自注。有的自注是自己根据资料做出的，如春秋类"夹氏传十一卷"的自注说："有录无书"，这是查阅兰台藏书而得出的结论。

《七略》中，凡是班固认为著录重复、分类不妥的地方，都做了改动。剔出的在总数下注明"出"若干家、若干篇；重复而省去的，注"省"若干家、若干篇；增入的注明"入"若干家、若干篇。既修正了《七略》的内容，又基本保存其本来面目。《艺文志》各大类、小类的家数、卷数往往与总数不合，原因不明。不知是因为我们不了解它的计算规律，还是数目字有误，有待研究解决。

《汉书·艺文志》同样把六经列为各略之首，在《诸子略》中也把儒家放在首位。仍然是定儒学于一尊的精神。

《六艺略》著完数目以后，还有篇总论，开首说："凡六艺一百三家，三千一百二十三篇。入三家，一百五十九篇；出省十一篇。六艺之文，《乐》以和神，仁之表也。《诗》以正言，义之用也……"介绍经学的作用和演变源流。他的观点从仁、义、礼、智、信五常观念出发，无疑是为封建统治阶级服务的。但在《诸子略》十家中，虽然把儒家放在首位，以示尊崇，但能把为时人所轻的小说家与儒家并列，不能不说是一个大进步。尤其是各类的大序、小序很有学术价值。

《汉书·艺文志》的影响。班固说："刘向司籍，九流以别。爰著目录，略序鸿烈。"说明他肯定了刘向的功绩，同时也表明他自己认识到目录的重要意义，要记一代藏书之盛，就要通过目录的方式将其反映出来。典籍的盛衰体现着政治史的盛衰，于是他根据《七略》编成了《汉书·艺文志》，提高了文化教育的地位，影响巨大。后代的史书都设有艺文志或经籍志，把这些史志连缀起来，就反映了我国历史上各个时期的藏书情况，是很好的书籍沧桑史。把它们汇集在一起，就是古代书籍的大目录，是我国文化遗产中的宝贵资料，《汉书·艺文志》创始之功是不可泯灭的。

《汉书·艺文志》的分类体系不但给学者讨论学术带来方便，而且能反映一个时代的学术思想。尤其是在《六艺略》内，除了《易》《书》《诗》《礼》《乐》《春秋》六经之外，还要加上《论语》《孝经》《小学》而成为九种。因为这三科在汉代也被列入学子必学之科，所以把它们提高到经学的地位。《论语》表现尊儒，而且前人研究学习六经时也一定要阅读《论语》，这样对于理解其他经书大有益处。提升《孝经》地位，表明以孝治天下。《小学》是解经的入门课，对汉学的形成不无影响。这种做法不但反映统治阶级的统治思想，也可以看出古人治学的规模次第。

清王鸣盛在《十七史商榷》里引用金榜的话说："不通《汉书·艺文志》，不可以读天下书，《艺文志》者，学问之眉目，著述之门户也。"可见它在学术界的影响是多么深远和广泛。

▶▶▶▶ 第六节　《七志》与《七录》的编订

南朝齐梁时代，也是我国图书事业发展较盛的时代。刘宋王朝的秘书丞王俭以私人的力量，按照七分法的体例编订《七志》，它在我国目录学史上占有一定的位置，也具有一定的学术价值。《南齐书·王俭传》中说："依《七略》撰《七志》四十卷，上表献之。"其纲目如下。

经籍志：纪六艺、小学、史记、杂传；

诸子志：纪古今诸子；

文翰志：纪诗赋；

军书志：纪兵书；

阴阳志：纪阴阳、图纬；

术艺志：纪方技；

图谱志：纪地舆及图书；

附道经；

附佛经。

《七志》在六略的基础上，增添了图谱志，又把后出的道经、佛经做了两个附志，实际内容是九志。卷首的"九篇条例"阐述九志的内容和分类意义。九篇条例已经和《七志》一同散佚，但在《隋书·经籍志》序中保存了一些片段言辞，可以看出更改类名的理由。它著录了极其丰富的现实书籍，即所谓今书，并且采用了传录体叙录，便于读者阅读。于每一书名之下，立一小传，起到揭示图书内容、反映作者意图的作用，提高了系统目录的参考使用价值。但在排列顺序上，王俭把《孝经》列在"经籍志"的五经之首，这与当时的社会风气有关，那是个非常虚伪的以孝治天下的时代。当权者不断篡夺政权，当然不能用忠来要求天下了，于是便把孝放在首位。从他的"百行之首，人伦所先"的思想可以看出这种风习。这样，用目录学为封建统治阶级服务的倾向更加明显。此书虽然已经亡佚，但在目录学发展史上也起到一定的作用。

《七录》作者阮孝绪所处的齐梁时代是目录事业最繁盛的时代，他是一个很有学识的人。他根据官修目录撰写成比《七志》更为丰富、分类更有条理的《七录》，使《七录》达到了这一时期综合性系统目录的最高峰。

《七录》分为内篇和外篇。内篇五录，下分四十六部；外篇二录，下分九部。顺序是：

经籍录（内篇一），包括易至小说九部；

纪传录（内篇二），包括国史至簿录十二部；

子兵录（内篇三），包括儒至兵十一部；

文集录（内篇四），包括楚辞至九章四部；

技术录（内篇五），包括天文至杂艺十部；

佛法录（外篇一），包括戒律至论记五部；

仙道录（外篇二），包括经戒至符图四部。

《七录》的成就超过了《七志》。在阮孝绪之后，隋代许善心编有《七林》、唐代怀素编有《续七志》。以上是七分法的大概情况。

▶▶▶▶ 第七节　中古时期四分法目录的建立

《魏中经簿》与《晋中经簿》——四分法的开端。三国魏元帝时，秘书监郑墨根据当时藏书，编成了《魏中经簿》，它只是对图书简单登记性的藏书目录。没有太大的参考价值，但在著录分类上，它是四分法的开端。魏晋时代以后，文学和史学书籍大量增多，兵书和阴阳数术书籍相对减少，就使七分法体系不再适用，于是荀勖便做了很大的改进。

晋武帝时代秘书监荀勖依照郑墨的体系，对图书进行分类，开创了目录中的四分法，即把六略改为四部，以适应并包括新的文化典籍，称之为《晋中经簿》。其分类如下。

甲部：纪六艺及小学等书，相当于《七略》中的六艺略诸子；

乙部：有古诸子家、近世子家、兵书、兵家、数术，相当于《七略》的诸子略、兵书略、数术略和方技略中的一部分；

丙部：有史记、旧事、皇览簿、杂事，是新著的史书和类书；

丁部：有诗赋、图、赞、汲冢书，相当于《七略》的诗赋略，且范围扩大了。

《晋中经簿》著录的书籍相当丰富，所以直到唐代，许多学者都用其作为证验当时图书的书名、卷书、撰写人的标准目录。有时还根据《晋中经簿》的著录与否来证明当时有无传本，来辨明图书的真伪。这部目录信实可靠。但荀勖没有撰写提要或解题，与我国传统的解题目录相比，是不足之处。

荀勖《晋中经部》甲、乙、丙、丁四部次序是经、子、史、集。东晋时李充编《四部书目》时，调换了子、史的次序，即乙部为史，丙部为子。自从李充确定经、史、子、集的四分法部次，以后相继沿用，一千余年相沿不改，可见其有相当的合理性。

▶▶▶▶ 第八节 《隋书·经籍志》的编订

《隋书·经籍志》是魏征等人根据隋代藏书旧目录，又参考了唐代开国初年秘书监所整理的隋代遗书而编订的。它的分类、著录、编写大序和小序的方法与方式，一直影响着唐代的官修目录。

姚名达在《中国目录学史》中说："今存古录除汉志外，厥推隋志。亦惟此二志有小序，自后诸志则不复继述，故并见尊于世。"肯定了它与《汉书·艺文志》有同等的学术价值。魏征仿照《七略·辑略》作《隋书·经籍志》的总序、大序和小序，将各个部类与学术发展史的关系，各个部类内图书的沿革、内容和意义，都做了历史的分析和理论的阐述，把四部分类的方法和理论又提高一步。同时也容易使学人掌握，对唐宋目录学的发展有重大影响。

《隋书·经籍志》分为四部四十二类，《唐六典》给每个类目都下了定义性质的说明。

《隋书·经籍志》不但记隋代藏书之盛，而且记述了六朝时代图书流通的情况。其书原名为《五代史志》，限于梁、陈、齐、周、隋五代，把这五代的官私目录都包括在内，采用"梁有……今无"的反映方法，表示作者的选取。有异于班固全录《七略》的方法。不足之处是开启了后世任意废书的恶习。

《隋书·经籍志》对唐以前的书籍做了全面的介绍，它在大序、小序中不但谈到了书籍的源流沿革，而且涉及了目录学的演变过程，很有历史价值和学术价值。它的不足之处是重复和芜杂。所著录的图书在类与类之间，有重复出现的现象，有的一类之间前后重复，有的正文与注文重复。

▶▶▶ 第九节　历代各朝的史志目录

在班固《汉书·艺文志》体例的影响下，历代史志大部都列有一朝的书录。隋代如此，唐代也如此。唐代的书录是《旧唐书·经籍志》《新唐书·艺文志》，虽然两书撰述的时代有先后，但著录的书有一大部分是相同的。从两部书的《艺文志》中，可以看出唐朝藏书的概况和古籍至唐代为止的散佚情形。除汉志、隋志外，它是现存最早、最完备的史志书目。

唐朝藏书最盛时期是开元时期。唐玄宗开元九年（公元721年），由马怀素、元行冲相继领导编出了《开元群书四部录》，共二百卷。共著录图书两千六百五十五部，四万八千一百六十九卷。其后毋煛又节略为四十卷，名曰《古今书录》，共收书五万一千八百五十二卷，二书都散佚了。《旧唐书·经籍志》与《新唐书·艺文志》的来源大致都以《古今书录》为底本。二志前面都有总序，论述学术的源流，著录时用的也是四分法。

《宋史·艺文志》为元人脱脱撰修，是宋代藏书的一个史志总书目。它根据《崇文总目》《秘书总目》和南宋《中兴馆阁书目》《续书目》编撰而成，并有增补，部数和卷数比这四部书目的数量大得多。体例是四分法，共收书九千八百一十九部，十一万九千九百七十二卷。

从《汉书·艺文志》开始，正史中书志及编著者如下。

史志目录表

《汉书·艺文志》	汉·班固
《后汉书·艺文志》	清·姚振宗
《三国志·艺文志》	清·姚振宗
《晋书·艺文志》	清·文廷式
《隋书·经籍志》	唐·魏征

《旧唐书·经籍志》	五代·刘昫
《新唐书·艺文志》	宋·欧阳修
《五代史·艺文志》	清·顾櫰三
《宋史·艺文志》	元·脱脱
《辽金元·艺文志》	清·钱大昕
《明史·艺文志》	清·黄虞稷、张廷玉
《清史稿·艺文志》	清·朱师辙

▶▶▶ 第十节　清代的官修目录

《四库全书》的编订。清初很多年，各地人民反对满族统治的情绪一直很高，有一些知识分子则通过他们的作品来反抗统治。到了乾隆时期，中国作为统一的多民族国家已经进一步巩固。但乾隆仍不放心，对知识分子采用两种办法：一是怀柔政策，开博学鸿词科，集中笼络知识分子校勘十三经、二十一史；二是采用镇压政策，禁毁书籍，杀戮，大兴文字狱。

在高压政策下，很多学者回避现实，集中精力整理古籍，对代表儒家思想的经书进行了训释、校勘和辑录佚文的工作。人们把这种学术流派称为"汉学"。当时学术思想有三种趋势：一是厌恶宋学，宋学家空言义理，至明末厌恶者更多，清初标榜宋学者虽然有不少有志之士，如孙奇逢等，但也有一些缺乏气节之士，不足为训；二是厌恶类书，当时汉学家厌恶它的芜杂，即使是宋学家也鄙视它的浮华，有一种求读原书的要求；三是辑佚书，当时汉学家一面研究经史，一面考订古书，又将类书中散见的篇章归还原本，风靡一时。乾隆利用此种学术潮流，在乾隆六年下诏征求天下遗书，准备编撰一部空前的大丛书。

他编写这套大丛书的目的有三：一是想借纂修全书的机会，将历代图书做一次审查、评价和总结；二是想借修书之机，进一步抑明扬清，搜集暴露明代缺点的书籍，宣扬明之恶，另外提高清朝作品的地位，与典籍并存不朽；三是借修书机会，宣传清朝文字之盛，唐代《艺文类聚》、宋代《太平预览》《册府元龟》《文苑英华》、明代《永乐大典》等都是巨制大书，只有康熙的《古今图书集成》可与之比拟。乾隆要编一部压倒一切的大丛书，以表示他的文治威力。

乾隆三十七年下令各省采集书籍，并从《永乐大典》中辑录古书，经过校对内容优劣，写出评语，放在卷首，亲自定书名为《四库全书》，成立《四库全书》馆，馆址设在翰林院内，并在武英殿设缮书处。

修书所用书籍来源有三：一是政府藏书；二是各地公私进呈的图书，称为各省采进本；三是从《永乐大典》中辑录佚书。因为《永乐大典》是在永乐五年成书，所以元代以前的佚文秘典往往全部收入。

各地呈送的图书由《四库全书》馆校对每一书的版本异同，写出考证，并在书前写一篇提要，叙述作者的事迹和源流得失，然后摘录简明要点，提出应刻、应抄、应存的意见。对所谓违碍书籍，还要提出应全毁、抽毁的意见，最后由皇帝裁决。应抄书，审定合格后，抄入《四库全书》；应刻书，不但抄入《四库全书》，另外还要刊刻印刷，广为通行流传；应存书，被认为不合格的书籍，仅保留书名，所以也叫做"存目书"。四库存目书共六千七百九十三种、九万三千五百五十一卷，比四库收录的书多出将近1倍。

全毁书目有两千四百多种，抽毁书目有四百多种，销毁的总数在十万部左右，可参阅《清代禁毁书目》和《清代禁书知见录》。

▶▶▶ 第十一节 《四库全书》的内容

四库全书共收录著作三千五百多种。分经部、史部、子部、集部，每部下面又分若干类，各部类名称如下。

（1）经部十类：易类、书类、诗类、礼类、春秋类、孝经类、五经总义类、四书类、乐类（古代的《乐经》已经失传，这一类收录的是关于古代音乐理论和古乐器的著作）、小学类（包括研究字义、字形和音韵的著作）。

（2）史部十五类：正史类、编年类、纪事本末类、别史类、杂史类、诏令奏议类、传记类、史钞类、载记类（记载各据一方的王朝或外国历史的著作）、时令类、地理类、职官类、政书类、目录类、史评类。

（3）子部十四类：儒家类、兵家类、法家类、农家类、医家类、天文算法类、术数类、艺术类、谱录类、杂家类（当时认为不能归入其他各类学派的书，其中包括墨家，没把墨子学派单列一类，这是当时的偏见）、类书类（摘录各书按照一定方式进行分类和排列，便于检查应用的书籍）、小说家类、释家类（有关佛教的书，但不包括佛教的经典）、道家类（有关老子、庄子学派和道教的书，但不包括道教的经典）。

（4）集部五类：楚辞类、别集类、总集类、诗文评类、词曲类（曲类只收录关于曲的理论、格式和音韵的书，但不收曲文）。

在上述四十四类中，有十五类又划分为若干细目，叫做"属"，这十五类共分六十六个"属"，例如，史部目录类下分经籍之属、金石之属。子部的艺术类下分书画之属、琴谱之属、篆刻之属、杂技之属等。

负责编书的有正、副总裁及下属官员三百六十人。总裁于敏中，副总裁金简出力较多，下设总纂官，由纪昀担任。全书总目分类，四部的总叙、类叙和各部类中书籍的先后排列，都是他经手。总纂官下设四个纂修官，分管书籍的编纂、审订、辑佚书、编写提要、查勘违碍书籍等工作。担任这个职务的都是著名的学者，有戴震、邵晋涵、周永年、朱筠、姚鼐、陈际新等。戴震是经学家，擅长考证，对于算学、历法、地理等科颇精通，邵晋涵是博学强记的史学家。

▶▶▶ 第十二节 《四库全书》的收藏

乾隆参照宁波天一阁建筑的特点，在北京、沈阳、热河（今河北承德）、扬州、镇江五处建七所藏书楼阁。各阁样式一致，外表是二层楼阁，内部藏书实为三层。

乾隆三十九年（公元 1774 年）于北京紫禁城内建文渊阁，专贮《四库全书》。设文渊阁领阁事、直阁事等官进行管理。后又缮写三份，分别贮于北京圆明园的文源阁、承德避暑山庄的文津阁和盛京（今辽宁沈阳）的文溯阁。又因江浙一带文人学士甚多，"自必群思博览"，乃于乾隆五十三年（公元 1788 年）再次缮写三部，藏于扬州大观堂的文汇阁、镇江金山寺的文宗阁和杭州圣因寺的文澜阁，所以有"内廷四阁"之称，也称"北四阁"，"江浙三阁"也称"南三阁"。"内廷四阁"只许大臣在阅读翰林院所藏底本遇有疑误时，须经领阁事批准，方可查对。一般文人士子不准入内，只能到翰林院参阅底本。"江浙三阁"准许文人士子到阁内抄阅，但不得私自携带出阁，以防遗失。

最早修成的文渊阁本 1925 年移交故宫博物院保管，抗日战争爆发后，被运到四川重庆。1948 年被国民党运往台湾。文源阁本在咸丰十年（公元 1860 年）英法联军侵入北京时，同圆明园一起被焚毁。承德文津阁本被运回北京，交京师图书馆，现藏北京图书馆，是最完整的。文溯阁本几经辗转，现存甘肃省图书馆。江浙三阁中，文宗阁本在鸦片战争中遭到英国侵略军的破坏。太平天国革命期间，咸丰三年（公元 1853 年），文宗阁本和文汇阁本两部全书连同藏书楼在战火中一起被焚毁。文澜阁全书在咸丰十一年（公元 1861 年）11 月太平军第二次攻克杭州时，由于建筑物倒塌，当地流民趁火打劫，散书于市上。当时杭州藏书家丁丙、丁申兄弟二人大力收购，得八千一百四十册，1880 年地方官重修文澜阁，丁氏兄弟把收书送回阁中，又补抄残缺部分，大体复原，现收藏在浙江图书馆内。

除上述七阁外，翰林院还存一份底本。英法联军入侵北京，翰林院与各国使馆邻近，联军把图书携出焚毁。光绪二十六年（公元 1900 年）重经八国联军之役，书籍被劫。由海船运往国外三万六千本，《永乐大典》也在其中，现多藏于英国万国藏书楼。

现在回到国家手中的文津、文溯、文渊三部《四库全书》都保管得很好。有关图书馆还为学者提供了研究上的方便，使它发挥更大的作用。

《四库全书》收录的书，总的来说，突出了儒家文献的地位，有利于封建统治。但对敢于批评四书五经，反对道学、礼教的书籍便不予收录，如明末李贽的著作，不但被列为禁书，而且指责为"非圣无法"，"其人可诛，其书可毁"，再如对明末黄宗羲的具有民主色彩、反对君主专制的《明夷待访录》，不但不予收录，反而禁毁。另外对生产技艺的书籍极不重视，除农、医、天文、算法外，所收科学技术书籍是很少的。如明末宋应星《天工开物》一书，总结工艺方面的种种成就，竟然不予收录。这些是全书的不足之处。

▶▶▶ 第十三节 《四库全书总目提要》的编订

四库全书馆将著录与存目之书开列书名，缮写成总目。每目之下写一篇提要。叙述作者事迹，书籍原委，版本异同，内容大意及其得失，使读者一目了然。乾隆下令将著录的书和存目书的提要汇编成为一部"总目"。经总纂官纪昀审订修改，成为专书，定名为《四库全书总目提要》，凡二百卷。或称《四库全书总目》，或简称《四库提要》。

对于《四库全书总目提要》的编订过程，李慈铭在他的《越缦堂日记》中说得十分清楚："四库总目，虽纪文达（昀）陆耳山（锡熊）总其成。然经部属之戴东原（震）、史部属之邵南江（晋涵）、子部属之周书昌（永年）皆各集所长……然文达虽名博览，而于经史之学则实疏，集部尤非当家。经、史幸得戴、邵之助，故经则力尊汉学，识诣既真，别裁自别。史则耳山本精于考订，南江尤为专门，故所失亦尠，则文达涉略既遍，又取资贷园，弥为详密。惟集颇漏乖错，多滋异议。""贷园"是周永年的别号。这段话说出了当时撰写总目提要的实际情况，评价很公允。每类书原有提要，经纪昀增删考订，使它成为有体例、有组织、有见解的一部目录书，其成就是巨大的。特别是对于存目书，意义更巨大。因为这些书没有被收入全书，但这些书的提要也都编在这部总目内，其中许多书失传了，后人可以从存目提要中了解这些书的主要内容，这确实是一个伟大的功绩。

《四库全书总目提要》二百卷同样按照经史子集分类，经部用青绢包装，史部用赤绢，子部用白绢，集部用黑绢，象征春夏秋冬四季之色。每部前面有总序，每类前面有小序。详细介绍各部各类发展原委和中心要旨，以及著书人的爵里、经历等，极便于读者查找。就各书来说，也介绍了该书的形成，以及各派的争论得失，发挥了序言的作用，从中也可以了解到收书的指导思想。

在每类的后面还有跋语，即如凡例上所说"如其义有未尽，例有未该"者，在后面再加以说明。有时在子目下还加按语，也如凡例所说："则或于子目之末，或于本条之下，附注案语，以明通变之由。"注明一书的始末变化。

综上所述，可以看出全书结构整齐、系统连贯，正合于章学诚所说："著录部次，辨章流别，将以折衷六艺，宣明大道，不徒为甲乙记数之需。"（《校雠通义》）《四库全书总目》辨章学术，宣明大义的作用非常突出。

《四库全书总目》是我国最大的目录书，也是研究目录学的重要参考书。中国目录书，失的失，残的残，到今天完整存在的除《史志艺文》外，也只是宋晁公武的《郡斋读书志》、明焦纮的《国史经籍志》、清黄虞稷的《千顷堂书目》、周中孚的《郑堂读书记》几种，故《四库全书总目》在目录学上的史料价值更高。

《四库全书总目》在史料鉴别上具有科学态度。编著者在著录一种书时，认真分析原委，评论其价值所在。参考各方面书籍，具有实事求是的科学态度。仅以辨伪一项而论，编者们投入了很多的劳动，对于现存的古书，一般都给予一番考订审查的工夫，指出谁真谁伪，及其真伪程度。梁启超极为肯定他们的成绩说："《总目提要》所认为真的未必便真，所指为伪的一定是伪，我敢断言。"（《中国近三百年学术史》）看来这部书是有很大参考价值的。

▶▶▶ 第十四节　私家藏书目录

南宋时期，学术繁荣兴盛，目录学也取得很大发展，出现了郑樵的《通志·艺文略》和马端临的《文献通考·经籍考》等别史目录，这种综合性系统目录的出现，压倒了当时的官修目录，在学术研究方面具有很高价值。

我国史学、目录学中史料学、编纂学的历史，发展到南宋时期，已经达到在"会通"意义的要求下编纂通史的程度。会通，即观众理会聚处而通贯之，强调系统性。通史中的系统目录可以归属到史志目录的范畴之内，但它不是记一代之藏书，而是"总古今有无之书"，这一流派是在杜佑《通典》影响之下，开始于郑樵的《通志·艺文略》，大成于马端临的《文献通考》。

《通志·艺文略》的编订及体例。南宋郑樵主张书本知识要与实际相结合，并从中找出规律，说："善为学者，如持军治狱，若无部伍之法，何以得书之纪？若无核实之法，何以得书之情？""部伍"即用概括求规律，即他所主张的"类例"法；"核实"，即书本知识与客观实际相结合，他的部伍方法与核实精神，对后世学术思想的影响是巨大的。

他根据《群书会记》编写了《通志·艺文略》，其内容分为十二大类，每类又各分子目，因内容太多，且非本书之要点，故略而不录。

《文献通考·经籍考》的编订。《文献通考》三百四十八卷，其中《经籍考》大体上是依据晁公武的《郡斋读书志》和陈振孙的《直斋书录解题》两大目录书，另外兼取《汉书·艺文志》《隋书·经籍志》《新唐书·艺文志》等有关文字。《经籍考》共七十六卷，为《通典》所无，是马端临所增修的一个文化典籍组成部类。这是由于当时图书目录事业兴盛繁荣的结果。郑樵倡导于前，马端临和之于后，把史志目录扩展成为别史艺文志，是时代的客观反映。

《经籍考》是按照四部分类的，四部及其子目都是"先以四代史志列其目"，即以汉、隋、唐、宋四代正史艺文志列其目，引用四代史志的大序、小序作为经籍考的大序、小序，并把四代史志著录的图书数列其后，以显示图书流传盛衰情况。

▶▶▶ 第十五节　私人撰写的目录

宋代最著名的私人藏书目录是晁公武的《郡斋读书志》和陈振孙的《直斋书录解题》。《郡斋读书志》的作者晁公武是北宋时的著名藏书家。远祖赐第京师昭德坊，所以这部书又称做《昭德先生郡斋读书志》。他考中进士后，做了四川转运使井度的属官。井度，字宪孟，因籍贯南阳（今属河南），世称"南阳公"，是一位风雅大吏，绍兴十一年出任四川转运使。当时四川五十多州没有遭受战火的洗劫，书籍多但残缺者不少，他努力搜求。晁公武说："（井度）天资好书，常以俸之半传录，时巴蜀独不被兵，人间多有异本，闻之未尝不力求，必得而后已。"说明井度好收藏异本书，他还刻了眉山七史，罢官后，把五十箧书籍都赠给了晁公武。南宋风尚，把刻书藏书当成装点门面的"风雅"，世族、官吏都爱藏书。晁氏自有藏书二万四千五百余卷。他在帮助井度写书、编书、刻书，以及自己校书、著书。在接近五十岁时，编出了《郡斋读书志》，陈振孙评价说："其所发明，有足观者。"

《郡斋读书志》的体例和内容分为经、史、子、集四部，四十四类。

（1）经部十类：易、书、诗、礼、乐、春秋、孝经、论语、经解、小学，凡二百五十五部，三千二百四十四卷。

（2）史部十三类：正史、编年、实录、杂史、伪史、史评、职官、仪注、刑法、地理、传记、谱牒、目录。凡二百八十三部，七千三百八十八卷。

（3）子部十八类：儒、道、法、名、墨、纵横、杂、农、小说、天文、星历、五行、兵、类书、艺术、医、神仙、释书。凡五百五十五部，七千七百六十卷。

（4）集部三类：楚辞类，别集类、总集类。集部不载部数、卷数。

前面有总序，各部有总论，即大序，每类也有小序，但不单独标志出来，而是编在每类第一部书的提要之内，或介绍作者之始末，或论述书中之要旨，或叙述学派的渊源，多偏重在考订方面。

《直斋书录解题》作者陈振孙，号直斋，南宋时的著名藏书家。约在嘉定末年（公元1224年前后）做县官时，便开始收藏图书。后调任兴化军通判，兴化军主官是楼昉，楼昉是一个博学的古文家，兴化即福建莆田，是出版事业很兴盛的地方，藏书家很多。他在江西、福建、浙江做了二十多年的官，这些地方出书事业很盛，他在京城又看了国子监和秘书省的书。于是编写了《直斋书录解题》这部目录书。

《直斋书录解题》一书在宋代末年就引起了社会上的重视。它的体例大致仿照《郡斋读书志》，但《直斋书录解题》不标经、史、子、集之名，而是把著录的书籍分为五十三类。详细叙述每书卷帙之多寡，作者的名氏，品评其得失，所以叫做"解题"。此书虽没有标示四部之名，然就所分五十三类看，仍然是按照经、史、子、集四部分的。

《直斋书录解题》全书分为经、史、子、集四录，这是"书录"二字的由来。在分类和解题的编写方式和方法上，参考了当时的官修目录和私人藏书目录。共著录图书五万一千一百八十卷，超过了南宋政府的官藏书目。中兴馆阁书目著录图书四万四千四百八十六卷，加上续书目一万四千九百四十三卷，才仅比《直斋书录解题》多出八十卷。在使用上，比中兴馆阁书目为优，使私人藏书的质与量都压倒了官修目录。

《宋史·艺文志》不载其书，马端临《经籍考》虽撴采其说很详尽，而《经籍考》目录内也未著录。《宋史·艺文志补》载入陈振孙《直斋书录解题》五十六卷。《四库全书》从《永乐大典》辑录出经过校定，分为二十二卷，已非原书的全貌。《直斋书录解题》中的品评得失还是公允的。《四库全书总目提要》说："古书之不传于今者，得藉是以求其崖略，其传于今者，得藉是以辨其真伪，核其异同。"这个评语也是很中肯的，它保留了许多书，所以与《郡斋读书志》一起被视为重要的目录书。有清乾隆三十八年（公元1773年）武英殿聚珍版印本，上海商务印书馆印《万有文库》《丛书集成》本。

▶▶▶▶ 第十六节　张之洞《书目答问》

清代私人目录影响最大的是张之洞的《书目答问》。这本目录书是张之洞应弟子门人询问要籍而作的。它和一般目录书不同。一般目录书都是把所藏之书著录下来而成，《书目答问》却不是著录所收藏之书的，而是一个读书要籍目录，实际是给学生开列的一个读书目录。

这本目录书既列出重要书籍，也指出某一书有什么好版本，哪个是足本，哪个是精校本。另外列出了次一等的参考书，低一格排列，标明必读书目和参考书目。

《书目答问》初刊于光绪二年（公元1876年），张之洞曾做过四川学政，为回答生童之问，一下列举了两千二百种左右的书，目的性很明确，就是作为治学门径的书。其分类也是分经、史、子、集四大部，每部又分若干类，类的分合不完全依照《四库全书》，子部变动较大。每类书中以时代先后为次序，其中小类不另立名目，只是加一"乚"号以示区别，实际上起到分类作用。每一部书名下注明作者姓名、版本出处、卷数异同，择其重要书籍加简单按语。如郝懿行《尔雅义疏》下面注解说："郝胜于邵。"意思说郝懿行的《尔雅义疏》比邵晋涵的《尔雅正义》好，读时应该选择。如朱骏声《说文通训定声》下面注云"甚便初学"，都起到指导学习的作用。

书后附有清代著述家姓名略，分类列举著名学者的姓名、籍贯。这虽然是当时的选择标准，未必完全妥当，但从中可以窥出清代的学术大概，也是有益的事情。

《书目答问》的优点有三：一是给读者指出门路来源。如楚辞，列出宋洪兴祖补注，朱熹集注，《离骚草木疏辨证》和《山带阁注楚辞》等，这就把离骚的主要注释本都列出来了。再如《诗经》，他列出陈奂的《毛诗传疏》、马瑞辰的《毛诗传笺通释》、陈启源的《毛诗稽古编》，这三部书对毛诗的注是最好的了。陈奂对典章文物制度考证最详，马氏则偏重通其大义，也重名物制度，陈启源注释具有科学的语言精神，他看到词义的变化和时代性。这三种注本各有所长，会帮助我们全面了解诗经的精神。二是举出精校本，如《荀子》举王先谦集解；《韩非子》举王先慎集解，这都是最完备、最精详的校刊本。三是注明足本，如《杨诚斋集》注明四部丛刊本为足本。丛刊为一百三十二卷，较四部备要本多五十卷。丛刊本除诗外，尚有文赋辞等。

《书目答问》成书于光绪初年，虽在一些纰漏错误，但学术新著也是向前发展的。近人范希曾撰写《书目答问补正》一书，既包括《书目答问》全部内容，又为之补正，纠正了书名、作者、卷数、版本、内容等方面的错误，补录书漏记的版本，也补光绪二年以后补刊的版本。同时凡《书目答问》所称的"今人"，一概补足姓名，补收一些和原书性质相近的书，绝大部分是后出的书，直到1930年为止。《书目答问补正》一书印于1931年，蒙文通又加了一些按语，实际上是补正的补正，"蒙按"只限于经部，所补卷数、版本及刊书年月也未——注明，是其不足之处。

41

第十七节　小说、丛书、类书目录概貌

除了系统目录和史志目录以外，为了便于学习，还有一些分类目录，如小说目录、丛书目录等。

《中国通俗小说书目》作者为近人孙楷第。全书十卷，共收书八百一十三种，以语体旧小说为主。自宋起至清末 1912 年止，入民国者一概不收。其书体例仿鲁迅先生《中国小说史略》，分为宋元部、明清讲史部、明清小说部甲、明清小说部乙四部。第四部又分为四类，即烟粉第一、灵怪第二、说公案第三、讽谕第四。除讲史之外，其他一概以作者时代先后为次序进行排列，凡是讲一类故事的都排在一起，讲史则按照朝代排列。现存者注一"存"字，未见者注"未见"。内容丰富，为研究白话小说提供了丰富的材料。

程毅中的《古小说简目》记汉魏以来至五代的古小说，以志怪、传奇为主。明代晁瑮的《宝文堂书目》所收小说、戏曲较多。钱遵王的《也是园书目》收杂剧最丰。商务印书馆把书中孤本一百四十四种刊行，曰《孤本元明杂剧》。为研究中国戏曲的必要参考书。董康的《曲海总目提要》也是研究戏曲的有价值的参考书。

丛书目录。汇刻群书而成一书者曰丛书，也称丛刊或丛刻。上述所介绍之目录书均具有丛书性质，但有些丛书目录使用价值更为突出集中。宋宁宗嘉泰二年（公元 1202 年），俞鼎孙编《石林燕语辨》《演繁露》《嬾真子》《考古编》《扪虱新语》《萤雪集说》六种，为《儒学警悟》四十卷，为我国第一部丛书。宋左圭编的《百川学海》凡十卷，收唐以来的短书小记与宋人之诗话笔谈谱录小品等。明陶宗仪的《说郛》一百卷，收集经史及百氏杂说汇成丛书，影响极大。明商濬的《稗海》收录唐宋诸家笔记颇为精审。清曹寅的《楝亭十二种》收文字、音韵、艺文、杂著等有关方面书籍，都有一定的学术价值和参考作用。

类书目录。类书，是把许多性质相同的材料，从各种不同的书籍里按句按段摘录下来，分门别类地综合在一起编成的一套书。为读者提供使用上的方便。类书有两大作用：一是提供诗文典故的出处，二是可供辑佚和校订古书之用。因类书是原封不动地照抄古代各种文献编纂而成，便于学者做"钩沉"佚书的工作。鲁迅编的《古小说钩沉》是从《太平御览》和《太平广记》里辑录出来的。

唐代虞世南的《北堂书钞》是最早的类书。唐欧阳询的《艺文类聚》也是体例较好的类书。唐徐坚编的《初学记》是最便于使用的类书，全书共分二十三部。先是叙事，次为事对，最后是诗文。《初学记》里保存了许多唐

42

以前的古赋、古诗、古文，因而引起辑佚者的重视，如严可均的《全上古三代秦汉三国六朝文》和丁福保的《全汉三国晋南北朝诗》，其中不少诗文就是从这本书里辑录出来的。《四库提要》评论该书说："在唐人类书中，博不及《艺文类聚》，而精则胜之，若《北堂书钞》及《六帖》，则出此书之下远矣。"

宋李昉《太平御览》引用古书达两千五百七十九种，引书比较完整，材料丰富，查找诗文典故最为详赡。《太平广记》保存了大量的古小说资料。宋王钦若的《册府元龟》以经史为主，不录小说。高承的《事物纪源》也有较高的参考价值。

明代的《永乐大典》可以说是我国历史上一部卷帙宏富、前所未有的大类书，采集古今图书七八千种，各类具备，无所不有。

清张玉书的《佩文韵府》、张英的《渊鉴类函》内容均十分丰富。清康熙、雍正时陈梦雷、蒋廷锡编的《古今图书集成》一万卷，是我国历史上现存搜罗最博，内容最丰富，规模最宏大的一部类书。共一亿六千万字，保存明代文史资料特多。外国人称之为《康熙百科全书》，它比《大英百科全书》多三四倍。但该书资料多数是转抄其他类书，不是摘自原著，因此对原著有删节和错落字的毛病。使用时，要参照后面附的考证，还须核对原书。

▶▶▶▶ 第十八节　目录知识的运用

我国古籍浩如烟海，我们读书是离不开目录的，好像航海远行，必须要有灯塔、舵手和指南针。如果没有这些条件，就会迷失航向，甚至会触礁翻船，很难到达彼岸。要想扬帆书海，就离不开灯塔和指南针，而这个灯塔和指南针就是书目。书目的作用主要有以下几点。

第一，利用目录书可以了解古代学术源流。清人金榜说："不通《汉书·艺文志》，不可以读天下书。艺文志者，学问之眉目，著述之门户也。"《汉书·艺文志》之所以可贵，在于它给古籍分辨了源流。此外《隋书·经籍志序》《旧唐书·经籍志序》《文献通考·经籍志序》等，对经学的源流都进行了较为详尽的阐释。我们从这些目录书籍的体例上，可以了解到学术的发展脉络和流别。

第二，目录书可以指示读书门径。余嘉锡说："治学之士，无不先窥目录之学，以为津逮，较其他学术，尤为重要。"我国目录学的特点在于解题提要，叙述作者爵里、真伪、内容、评价、存在问题，等等，这就使读者在读该书之前，先有个大概了解。它可以告诉读者什么书该读，什么书不该读；什么书该精读，什么书该泛读；什么书有哪些家的注解，何注为优，何注为劣。目录学常标出哪一注本好，这很便于参考。如一本书有几个本子，哪个本子是足本，在目录上都可以找到答案，可以指示善本。

第三，目录书可以指示二书名异实同。我国古籍常以不同的版刻出现不同的书名，如记载隋炀帝荒淫暴虐内容的小说，有一种名叫《大叶拾遗记》的书，另外还有《南下烟花录》和《隋遗录》，其实是一本书。《四库提要》小说家类存目提要上说："《大叶拾遗记》二卷，一名《南下烟花录》。"明高儒《百川书志》上说，《南下烟花录》又名《大叶拾遗记》，又名《隋遗录》。再如《书目答问补正》告诉我们，吴伟业的《绥寇记略》又名《鹿樵记闻》。

目录书可以使我们知道书籍流别、学术源流、版本真伪优劣，因此目录学是很关键的学问，从古代起，便有人提倡，清代则得到很大发展。凡善治学之士，必善治所学之书目，首先知书目，然后求其书而读之，循序渐进，才能收到事半功倍的效果。在基本掌握目录学知识后，还要懂版本学和校勘学的基础知识。

44

第五讲　版本学与校勘学

▶▶▶▶ **第一节　要有一定的版本知识**

当我们基本了解古代书籍制度和目录学知识后，还要涉及版本学和校勘学的问题，因为这也是治国学者必须了解的领域。当我们要了解某一学说的来龙去脉，或者解读某一文人的作品时，选择善本和足本是最关键的。尤其是要进行校勘注释时，这一工作更是成败之关键。

所谓版本，就是传抄之稿本和刻版印刷之书本的合称。在印刷术发明以前，有"本"而无"版"。刘向在《别录》中说："一人持本，一人读书，若怨家相对。"此处的"本"和"书"是同实异名，本就是书，因为这时的书都是手写的。印刷术发明之后，出现木板雕刻印刷出来的书，才出现"版本"之名词。对于版本的重要，宋代叶梦得在《石林燕语》中说："版本初不是正，不无讹误。世既以版本为正，而藏本日亡。其讹谬者，遂不可正，甚可惜也。"此处所说的"版本"就是指木刻版图书，是与手写本相对而言的。当然，叶梦得在这里所说的意思是指刻版印刷的书本出现以后，人们都以此为标准本，反而忽略了木刻本赖以刻版的原稿本，如果木刻本不对照原稿进行校正，那么难免出现错误。这种错误如果不及时纠正，等原稿本没有了，便无法纠正了，这是非常可惜的。通过他的话我们可以想象印刷术发明之初人们重视印出来的书而忽视原稿本的倾向。

此处的版本是狭义的，专指木板雕刻印刷出来的书本。元明之后，版本的含义扩大，原稿本、传抄本、写本、活字本等各种图书都可称为版本。

何谓版本学？顾名思义，版本学就是研究图书制作和图书现状的学问。内容包括各种版本的形式，即图书长宽、每页行数、每行字数、卷数、版心、边栏、封面、使用纸张、装订、收藏何处、各种版本的流传经过、优劣、真伪、各种版本比较等。研究这些内容的意义何在？主要有两方面，下面分别述之。

▶▶▶▶ **第二节　为避免错字的麻烦**

学术问题的第一要义是求"真"，清代桐城派学者提出治学要"考据""义理""辞章"并重的观点，虽然在具体操作过程中可以各有侧重，但三个方面是不可或缺的。考据的第一点就是版本要可靠。版本容易出现的问题有

45

两个方面：一是校对不精，有讹误之处，即使出现一个错字，有时候也会造成很大的麻烦，甚至无法解释；二是删节问题。

由于年代久远，在没有印刷术之前，许多古书反复传抄，难免出现衍文、夺字、错别字等情况。而印刷术出现后，有些常用书则又不断翻刻翻印，在这些过程中，也难免出现衍文、夺字、倒字、错别字等情况。刘向在《战国策·续录》中说："或字误以尽为进，以贤为形，如此者众。"这是因声近而误的例子。但这还不至于有笑话。北齐颜之推在《颜氏家训·勉学》中记载了这样一件事：

江南有一权贵，读误本《蜀都赋》注，解："蹲鸱，芋也。"乃为"羊"字。人馈羊肉，答书云："损惠蹲鸱。"举朝惊骇，不解事意。久后寻迹，方知如此。

"蹲鸱"是左思《蜀都赋》中的词语，据注解说："蹲鸱，大芋也，其形类蹲鸱。"可这位官员阅读的《蜀都赋》注解中把"芋"错写为"羊"了。因为这两个字字形相近，所以才闹出这样的笑话。这就是版本不好的结果。但颜之推时代没有刻本，因此可以断定是抄本的错误。刊刻本的错误同样误人。宋代朱彧《萍州可谈》记载这样一则故事，更发人深思：

姚佑元符初为杭州学教授，堂试诸生，《易》题出"乾为金，坤亦为金，何也？"先是福建书籍，刊版舛错，"坤为釜"遗二点，故姚误读为金，诸生疑之，因上请。姚复为臆说，而诸生或以诚告。姚取官本视之，果釜也。大惭曰："佑买着福建本，升堂自罚一直。"其不护短如此。

因为买的书有错误，将"釜"字漏刻两个点，姚先生误以为是"金"字，因此出错了题，闹出笑话。

笔者在校注《九梅村诗集》的时候，也走过弯路。以前阅读该书时，遇到"牡丹阙"一词，百思不得其解，查遍所有工具书，也查不到这个词，只好作为一个问题存在心里。但在其后的读书中，再也没有遇到"牡丹阙"一词，当然也谈不上理解了。笔者手头的《九梅村诗集》只有民国十四年铁岭第二职业学校翻印本，未见到过其他版本。后来当对该书进行校注时，找来原版光绪元年的"红杏山庄本"进行校勘，才发现"牡丹阙"的"牡"字，光绪年的"红杏山庄本"是"壮"字。这才恍然大悟。一字之差，害得笔者苦苦思索，查阅各种工具书，浪费了很多精力和时间。

▶▶▶▶ 第三节　避免删节的问题

古代刻书，有的是出于商业目的，为了节省成本，对于书籍进行删节；有的是因为没有足本，只能刻印删节本。无论哪种情况，结果都一样。如果不能看到完整的版本，对于研究成果是会大打折扣的。这样，首先要知道所见到或者自己使用的书籍是不是完本（也可称足本）。若是删节本，则一定要看到完本才可以深入研究。下面举例说明。

宋代江少虞《事实类苑》记载许多宋代典章制度和传闻轶事，是研究考察宋代历史的一部非常重要的书籍。该书最初是二十六卷，后来改编为七十八卷，二十八门。"二十八门"是该书《自序》所言，当然可靠。但此书到清代时已经没有完本，通过《四库全书总目》可以知道这种情况。该书条目说：

《事实类苑》六十三卷（两淮马裕家藏本）。……其书成于绍兴十五年，以宋代朝野事迹见于诸家记录者甚多，而畔散不属，难于稽考。因为选择类次之。分二十二门，各以四字标题。……自序作二十八门，盖传录之伪也。……王世祯载此书作四十卷，今本实六十三卷，检勘诸本皆同，疑为世祯笔误，或一时所见偶非完帙欤？

可知当时所见到的各本都是六十三卷，清初王世祯所见到的版本是四十卷，因此编录者认为王世祯或者笔误，或者所见之版本不是完本。对于原书《自序》所说"二十八门"，也猜测是"传录之伪"。

那么该书到底是什么情况呢？如果没有足本，人们只能存疑或者相信《四库全书总目》的说法。幸运的是现在台北图书馆有三部日本元和七年（明天启元年，公元1621年）据宋代绍兴二十三年（公元1135年）麻沙本排印的活字本，就是七十八卷，二十八门。这样，可以知道四库全书本不是足本。两相对照，可以知道足本最后四门，即"诙谐戏谑""神异幽怪""诈妄谬误""安边御寇"被删节，或者说散佚也可，因为这种情况不一定是刻本人有意删节，或者当时就无法弄到完本也未可知。总之，四库全书本已经不是足本，而足本还存在。如果研究该书者不看到足本，就无法进行充分的研究。

另外，如果进行某一方面的研究或整理，最主要的是资料占有要全，尽可能将所有相关资料都搜集到。笔者在校注《九梅村诗集》时，除现在可以查到的"光绪本"和"民国本"两个刻本外，还搜集到魏燮均一个手稿本，这是诗人的手迹，比刻本多出二百多首诗，还有一些注释。同时，诗人其他碑志作品等也全部搜集到手。只要现在可以找到的，都无遗漏。这样才可以放心校注。但后来在长春又发现其手稿本，是《九梅村诗集》刻印出版后诗人的作品，更有价值，待日后再版时补充进去。

►►►► 第四节 各种版本的名称

版本学本身也是一门比较复杂的学科，若不搞专门的研究，则不必掌握所有的名称和术语，但一些常用的版本名称还是应当基本了解的；否则，看

47

到这样的学术术语时，就会迷惑不清。下面把最常见的一些版本名称简单列出。

（1）卷子本：唐代以前，印刷术未出现，学人都将诗文书写在长长的纸上，然后装裱，卷起来保存流传，这样形式的古籍称为"卷子本"。

（2）写本：以手写方式完成的图书，如《永乐大典》。一说字体工整的手抄本也可以称为"写本"。

（3）抄本：也作钞本。是根据底本抄写而成的书，如《四库全书》。其实，写本和抄本有相通之处，即都是手写而成。但抄本强调的是有原书，在原书底本基础上抄写而成，不是创作。而"写本"很大成分是指创作的原书是手写而成的。

（4）刊本：又称刻本、椠本，即木版刻印本。某时代所刻，则加上朝代统称之。如宋刊本、元刊本、明刊本、清刊本，若是外国刊刻的，则称某国刊本，如朝鲜刊本、日本刊本、越南刊本等。

（5）原刊本：又称原刻本、初刻本，指首次刻版刊印的本子。

（6）覆刻本：又称翻刻本，指按照原刻本的字体、版式进行刻印的本子。

（7）活字本：北宋庆历年间，毕昇发明活版印刷。其后用这种技术印刷的古籍版本就叫活字本。有泥活字、木活字、铜活字、铅活字、锡活字等。乾隆皇帝认为活字本不高雅，因此下诏改名为"聚珍本"。故清乾隆之后，"活字本"又称聚珍本。但也有习惯继续称活字本的。

（8）石印本：指用石材制版印成的书。这是1796年奥地利人施纳费尔德发明的制版印刷术。方法是使用胶着性强的药墨，把字画写在特制的药纸上。略干后，将药纸覆铺在平整的石板上，使药纸均匀地贴在石板面上，然后揭去药纸，用水拂拭，趁水未干时，滚上特制的油墨，然后铺纸压印，有水处不着油墨，有字画处则着油墨，效果很好。这样印出来的书籍或图画又称"水印"。

（9）三朝本：南宋国子监所收藏的官刻书版，元代时被运藏到西湖书院，明代初年，又被运到南京国子监。因为这些原版辗转流离，历经三个朝代，所以用这些书版印成的书称为"三朝本"。在某种意义上说，三朝本可以看做"宋版"。因为这个版本的原版是宋代制成的。当然，元明时印刷的书，因为纸张、所用油墨等是后代的，故与纯粹意义的"宋版"毕竟不同。

（10）巾箱本：实际就是小开本，一般相当于现代的六十四开，甚至更小。可以放在巾箱中，便于携带。也可以放在衣袖中，因此又称做"袖珍本"。现代普遍都称"袖珍本"了。

（11）监本：指历代国子监刊刻的书籍。国子监是国家最高学府，书籍质量比较有保证。明代南京、北京都有国子监，故又有南监本、北监本之称。

（12）经厂本：明代内府刻印书籍，由司礼监的经厂负责。经厂有汉经厂、道经厂。汉经厂专刻印经、史、子、集四部图书。但凡是由经厂刻印之书，不论是经、史、子、集，还是佛经、道经，都称"经厂本"。

（13）坊刻本：坊，指书坊，或称书肆、书林、书堂、书铺、书棚，有书店兼出版的性质。宋代以来，以建阳、苏州、杭州、金陵、北京等地的书坊最著名。书坊刻印之书，均可称为"坊刻本"，有时加上定语，则更明确。

（14）麻沙本：指福建阳县麻沙镇所刻印的书籍。该地盛产榕树，榕树之木材质地松软，容易雕刻，因此刻版印书者多聚居此地。从南宋以来，该地刻板印刷业很发达，但因多数出版人以赚钱为目的，故粗制滥造，书籍质量很差。明代弘治年间，朝廷曾经派专人前去打击整治。后来，旧时凡雕刻不精、粗糙之书籍，均称之为"麻沙本"。实际上，有些书并不出自麻沙。

（15）高丽本：又称朝鲜本。中国宋代时韩国称高丽，明洪武二十五年（公元1392年），李氏朝鲜成立，改称朝鲜。古代韩国所刻印的中文书籍，统称"高丽本"。

（16）日本本：指日本在清代以前所刊印的中文书籍。

（17）影印本：指用现代照相技术印行的书。目前有许多较大型工具书是影印本。如上海商务印书馆的《四部丛刊》诸编、台北商务印书馆的《文渊阁四库全书》都是影印本。

（18）缩印本：指用现代照相技术，将原版图书进行缩小后印行的书籍，如《二十五史》就是上海古籍出版社、上海书店印制的缩印本。

另外，还有"影抄本""写刊本""旧抄本""旧刊本""书帕本""邋遢本""监本""局本""家刻本""浙本""蜀本""建本"等名称，有的一看就知，且不能产生歧义，如"旧刊本"就是破旧的刊刻本，年代久远的书籍。"蜀本"就是蜀地刻版印刷的书籍等。或因应用不多，故不再介绍。

▶▶▶ 第五节　有关版本的术语

对于一些有关版本的术语，我们也应当适当了解，这样在没见到原书时，经过文字描述，就可以知道该书的样式。这些版本术语主要指以前的线装书。

（1）版框：指书版的四周。本来指印刷时版面的大小，但通常指装订后书之表面的四周。一般称"长""宽"，计算单位是厘米。此概念类似现代书籍的开本。

（2）边栏：指文字周围的墨线，一道墨线的称"单栏"；四周有两道墨线的称"双栏"；上下是一道墨线，左右两道墨线的，称"左右双栏"。

（3）版口：又称"版心"或"书口"，指书页的正中间折叠的地方。版口正中有墨线的，称"黑口"，墨线粗的称"大黑口"，细的称"小黑口"，没有墨线的，称"白口"，无墨线而刻有文字的（通常是书名），称"花口"。

（4）鱼尾：指版心中缝，刻有鱼尾状图形，用来作折叠书页时的标志。有"单鱼尾""双鱼尾"，多至"三鱼尾""四鱼尾"者。墨色的鱼尾称"黑鱼尾"，未填墨色的称"白鱼尾"，以图案构成的称"花鱼尾"，以线条构成的称"线鱼尾"，鱼尾方向相同的称"顺鱼尾"，鱼尾方向相对的称"对鱼尾"。

（5）象鼻：指版口上下两端中缝的墨线（即大黑口或小黑口），似大象的鼻子又细又长而得名。

（6）牌记：也称木记、书牌、书牌子。通常放在序文或目录中，有的放在封面的内面或卷末，其内容通常是书坊名称、刻书年月或刻书经过，有些书上还刻有"版权所有，翻刻必究"一类文字。其作用类似现代图书的版权页。

（7）界格：指书页上的行格栏线。如果是抄本，黑色界格称"乌丝栏"，红色界格称"朱丝栏"，蓝色界格称"蓝格"，绿色界格称"绿格"。

（8）天头与眉批：书页上端空白的地方称"天头"，又称"书眉"，上面写的批注文字叫"眉批"。（按："书眉"有时也指书衣上题写书名的书签，在遇到这一名词时，要稍加思考，区别对待。）

（9）地脚：又称"下脚"，与"天头"相对，指书页下端的空白处。

（10）墨围：在一些使人注意的文字周围加上墨线围起来，也就是加黑框。一般用在"注""疏"这样的地方。阅读古书时，经常可见。

（11）墨钉与墨盖子：墨钉又叫"墨等""等子"，表示等于一个字的位置，此字属于阙文，即在原稿上阙失或无法辨认的文字。"墨盖子"指在墨钉中刻有文字，实际相当于印章中的阴文，其作用与"墨围"相同。

（12）大题与小题：大题指书名，如《史记》，小题指篇名，如《李将军列传》。

（13）书衣：俗称"书皮"，指包在全书最外层的厚纸，或用绢绫制成，主要是用来保护书的。

（14）封面：通常放在书衣的次一页，其作用与现代图书封面近似，通常要有三行字，中间是书名，右边是选集或编著者姓名，左边是藏版处所或刊刻者姓名。

（15）书脑与书背：线装书的装订线后面的空白部分称"书脑"，实际是一小条，还经过分割了。清学者孙从添《藏书纪要》说："订书眼要细，打得正而小，草打眼亦然，又须少，多则伤书脑。"因"书脑"一词容易产生歧义，故引证说明之。书册的背脊部分称"书背"，又称"书脊"。

（16）书根：指书册的下端。因线装书平放，书根朝外，故而藏书人通常在书根处写上书名和卷次，便于索取。

（17）书签：指在书衣上所贴的纸签，也有用丝织品制成的，用来题写书名。书签又可称"书眉"。

另外，关于书籍的装订形式，有"卷轴装""蝴蝶装""包背装""线装""旋风装""龙鳞装"等术语，可参考第三讲，而且专业性太强，现在一般用不到，不再介绍。

▶▶▶▶ 第六节 关于版本的其他问题

以上我们对于为何要掌握一定的版本学知识、常见的版本名称和版本术语进行简明的介绍，下面再集中谈其他问题。

一是我们要基本了解古籍版本发展的过程，这样对于初步判定书籍产生的年代是有帮助的。先秦到两汉基本是简策，汉末到隋唐五代期间基本是卷轴、写本与抄本，宋代以后才出现刻本和活字本，其后各种版本相继出现，书籍出版业蔚为大观。

二是要能够辨别善本与麻沙本。无论是阅读还是研究，版本的选择都很重要，因此能够选定善本书是很重要的。什么是善本书呢？清代张之洞在《輶轩语·语学篇》"读书亦求善本"条下说："'善本'非纸白、版新之谓，谓其前辈通人用古刻数本，精校细勘，不伪不阙之本也。"又说："'善本'之义有三：一曰'足本'（无缺卷，未删削）；二曰'精本'（一精校，二精注）；三曰'旧本'（一旧刻，二旧抄）。"对于善本的这种定义，是可以完全接受的。即要具备三要素：一是内容要完整，不能有残缺；二是校对注释要经典简明；三是时代要古，越古老越好。因为现在古本太少，所以有人把明末清初的版本都称为善本，这种称呼似值得商榷，这样的书籍称"古本"更好，其中还应分出是否善本。

可以看出，"善本"的概念完全着眼于内容，与形式无关。装帧精美，各种豪华本图书不断出现，但那只能算豪华本，不能算善本。

有些书籍流传久远而广泛，版本问题也很复杂。以韩愈集为例，因为宋元时期儒学很受重视，韩愈以倡导儒学而颇受学者青睐，因此宋代就有"五百家注韩"之说，韩愈版本大量涌现，注释本也多。其后不断翻刻重印，又不断出现新的版本，到现在，版本源流已经不太清楚了。今人刘真伦花费很大精力，对韩愈集的版本源流进行了梳理，撰写《韩愈集宋元传本研究》一书，经过极其艰苦细致的工作，确认现存宋元韩愈集本十三种，失传的宋元韩愈集本一百零二种，并将宋代韩集之流传梳理为三大系统：北宋监本系统、南宋监本系统和方朱校理本系统。韩集之传承系统，由此才得以正本清

51

源，从而理清各种版本之间的相互关系，对于韩愈研究颇有补益。

>>> 第七节　何谓校勘学

校勘，又称校雠，是用科学的方法，纠正图书在篇章、句读、文字等方面的错误，使之成为完整、正确的文献资料。前文提到过，所谓的"善本"，其中有一项重要的内容，就是经过精确校勘的书籍。

古代书籍在长期流传过程中，不断传抄或翻刻，每次传抄或翻刻都会出现一定的差错，这是可以理解的。因此，经过一段较长的历史时期，有些书籍就需要进行校勘，即使是经书，尤其是新出土的古书或流传久远而以前没有经过专家精校过的书籍，这方面的工作更重要。

中国古代非常重视对于古代经典的校勘。几次石经就属于这种情况。仅以开成二年为例。当年因九经文字出现不同，为统一规范经典文字，朝廷在国子监创立石经，将九经经过仔细校勘后，刻在石经上。其后将校对纠正的文字统一列表，这样其他地方学者即使不亲自到长安，通过此表，也可以知道哪些文字进行了校改。根据主持此项工作之唐元度所上的《九经字样序表》中"撰成《新加九经字样》一卷，凡七十六部四百二十一文"的记载，共改正 76 个部首 421 字。

狭义的校勘就是对于文字和句读的校对勘正，而广义的校勘则包括对于书籍的真伪，篇章、段落、句子顺序的正误，甚至竹简排列顺序的正确与否，文字的认读解释等全面进行审视校对，然后全面进行整理解说。

从刘向对于《列子》一书的校勘便可以看清这一问题。今以《列子叙录》为例：

《天瑞》第一

《黄帝》第二

《周穆王》第三

《仲尼》第四

《汤问》第五

《力命》第六

《杨朱》第七

《说符》第八

右新书定著八章。

护左都水使者、光禄大夫臣向言：所校中书《列子》五篇，臣向谨与长社尉臣参校雠。太常书三篇，太史书四篇，臣向书六篇，臣参书二篇，内外书凡二十篇以校。除重复十二篇，定著八篇。中书多，外书少，章乱布在诸篇中。或字误以尽为进，以贤为形，如此者众。及在新书有栈，校雠从中书。已定，皆以杀青，书可缮写。

列子者，郑人也，与郑缪公同时，盖有道者也。其学本于黄帝、老子，号曰道家。道家者，秉要执本，清虚无为，及其治身接物，务崇不竞，合于六经，而《穆王》、《汤问》两篇，迂诞恢诡，非君子之言也。至于《力命篇》，一推分命；《杨朱》之篇，唯贵放逸，二义乖背，不似一家之书。然各有所明，亦有可观者。孝景帝时，贵黄老术，此书颇行于世。及后遗落，散在民间，未有传者。且多寓言，与庄周相类，故太史公司马迁不为列传。谨第录，臣向昧死上。护左都水使者、光禄大夫臣向所校。

《列子》书录。永始三年八月壬寅上。

这是完整的关于校勘《列子》的说明。其中有关于篇章的确定，从二十篇中删除重复的，最后确定八篇。然后是关于文字的校勘，对于错别字的纠正，最后是对于作者、该书主要思想倾向和价值的简单介绍。可谓全面、广义的校勘。

再如1972年，山东临沂银雀山1号汉墓出土竹简一千九百余枚，其中有《孙膑兵法》三十卷，引起学术界注意。1975年银雀山汉简整理小组整理出版解释本。辽宁大学教授张震泽发现其中有一些问题，于是全面梳理，撰写《孙膑兵法校理》一书（中华书局《新编诸子集成》第一辑）《例言》第一条就说："本书以文物出版社原简影印《孙膑兵法释文注释》线装大字本为底本进行校理，善者采之，疑者正之，缺者补之，间出己见，立说务求有据。"该书不但对于字句词语进行全面校理，而且对于竹简原来编排的顺序也进行了一些调整，《例言》第三条说："每篇之后附以简短说明，略述本篇残存情况，简文、简次、断简缀合之调整变动及有关问题。"这种方法便属于广义的校勘。关于如何校勘，是很专门的学问，这里就不介绍了。

校勘的主要任务一是纠正文字的错误，二是根据文义准确断句。古书没有标点，也没有句读，有些句子用不同的句读方式就可以有不同的理解和意思。如《论语·乡党》篇有这样一章：

厩焚子退朝曰伤人乎不问马

这句话起码有两种断句方式，所表达的意思就不同。

（1）厩焚，子退朝，曰："伤人乎？"不问马；

（2）厩焚，子退朝，曰："伤人乎？""不。"问马。

前一种断句法表现孔子重视人，马圈失火，他只问是否伤人，而不关心财产损失。后一种则先关心人，在听说人没有受伤后，才关心马，马也是生命嘛！这两种断句法都可以通顺。这叫两可原则。这种情况就没有必要一定要坚持只有自己的正确，而且意义没有大的差别。因此校勘进行标点时，应当仔细体会。

第六讲　学术思想的发端与百家争鸣

我们现在经常标榜的国学，其核心是一种精神，是一种学术思想，是教导人如何安身立命的学问，即人应当如何对待自己，应当如何对待自然，应当如何对待社会等问题。因此，探讨古代哲人的学术思想，把握各个时期学术思想的精髓，是国学研究的首要任务。

中华民族具有极其悠久的历史，先民的哲学思想一定产生很早，但由于年代久远，最遥远的学术思想已无法知道。无徵不信，没有文献资料的任何说法都不能令人信服。因此，我们只能从现有文献或地下出土的实物出发，来阐释这一问题。

司马迁在《五帝本纪》末尾说："学者多称五帝，尚矣。然＜尚书＞独载尧以来，而百家言黄帝，其文不雅驯。荐绅先生难言之。"可见司马迁时代关于黄帝的说法已经五花八门，诡怪奇异之说多，司马迁认为"不雅驯"，即不合情理，不令人信服。连事迹都搞不清楚，更谈不上思想了。因此关于五帝时期的学术思想只能阙如。我们研究的起点只能是在《尚书》《春秋左传》《国语》和春秋诸子这些史料和言论集里，从其中的只言片语寻觅思想的灵光。

原始社会，生产力水平极其低下，人们抵抗自然的能力极其弱小，对于自然界尤其是赖以生存的天地产生畏惧心理，对于严重的自然灾害就会更加恐惧害怕。于是人们便认为有一个超自然的力量即鬼神在主宰天地万物与人类。崇拜鬼神的观念应当存在很长时期，为求助鬼神保佑，便经常举行各种祭祀活动。《周礼·大宗伯》中有几段关于祭祀的规定，我们可以看到对一些祭祀的要求："以禋祀祀昊天上帝，以实柴祀日月星辰。以槱燎祀司中、司命、风师、雨师。"很明显，这里祭祀的都是天上神灵。"以血祭祭社稷、五祀、五岳，以埋沉祭山林川泽，以疈辜祭四方百物。"这里祭的是地神。"以肆献祼享先王，以馈食享先王，以祠春享先王，禴夏享先王，以尝秋享先王，以烝冬享先王。"这里祭祀祖先的神灵。可见天、地、人都要祭祀。

既然相信鬼神能够主宰祸福吉凶，当然就要想办法与之沟通，以便探听鬼神的意见，按照鬼神的安排行事，这样就可以避祸趋吉，于是占卜、算卦等术数便都出现了，并在一定时期成为社会生活的主要内容。班固在《汉书·艺文志》中说术数有六种，即天文、历谱、五行、蓍龟、杂占、形法。

如果仔细分析，这六项内容至今仍在流传。天文指观察日月星辰变化走向和一切天体的规律，属于天文学范畴。历谱指按照日月运行规律而安排四季，确定二分二至，即春分、秋分、夏至、冬至，然后确定正朔、三统和服色等，主要属于历法。这两种属于用科学来指导生活的范畴，学问非常高深和专业，我们姑且略而不论。杂占属于除占卜、算卦外其他方式的算命术，如什么扶乩、相面、占梦等。形法是根据地形相貌来预测吉凶，实际大体上相当于今天的看风水，即相阴阳宅。其实，我们也不必将其全部斥之为迷信，其中有环境科学的内核，值得我们深入探讨。这些术数也很复杂，充满神秘色彩，难以说清，也略而不论。下面分别阐释对后世产生重要而深远影响的是五行和蓍龟两项。

▶▶▶ 第二节 阴阳五行学说

阴阳五行学说出现比较早，最早记载五行之说的是《洪范》。《洪范》据说是殷商贵族箕子所作，文中说《洪范》是上天赐给大禹的。这些是否属实，暂不必考究，但《洪范》确实是极其古老的文字则不必怀疑。周武王克商拜访箕子，请箕子参加自己的政权建设，箕子没有同意，但将《洪范》献给武王，成为武王建国的大纲。《洪范》将五行列为大纲之首，可见五行观念之悠远。

但《洪范》说得比较笼统，将其系统化，使之成为一种宇宙观和人生观的则是战国末年齐国"稷下学派"的驺衍。当时，各国诸侯都骄都淫逸，战乱频繁，百姓困苦。于是驺衍"乃深观阴阳消息，而作怪迂之变，《终始》、《大圣》之篇，十余万言。其语闳大不经，必先验小物，推而大之，至于无垠。"（《史记·荀孟列传》）他运用阴阳五行的观点，形成一种宇宙观。他的方法是"先验小物，推而大之，至于无垠"，时间上从当时推到黄帝，再从黄帝推到天地；空间上从中原推到天下，从天下推到海外的大九州，推到无限。要求统治者顺应天时，要注意"符应"和"禨祥制度"，而归结到"仁义节俭，君臣上下六亲之施"上来，正式提出"五德终始"的历史循环论，对于汉代董仲舒的天人感应论和后世的学术思想都产生非常重要的影响。

驺衍的书没有流传下来，但在其后不久成书的《吕氏春秋》，在《应同》篇中叙述得很清楚：

凡帝王之将兴也，天必先见祥乎下民。黄帝之时，天先见大螾大蝼。黄帝曰："土气胜。"土气胜，故其色尚黄，其事则土。及禹之时，天先见草木，秋冬不杀。禹曰："木气盛。"木气胜，故其色尚青，其事则木。及汤之时，天先见金，刃生于水。汤曰："金气胜。"金气胜，故其色尚白，其事则金。及文王之时，天先见火，赤鸟衔丹书集于周社。文王曰："火气胜。"火气胜，故其色尚赤，其事则火。代火者必将水，天且先见水气胜。水气胜，故其色尚黑，其事则水。

从黄帝到即将统一天下的秦王朝，中间有夏商周三代，共五代，与五行之数相符。我们将其简化，看得便清楚了。从黄帝开始，每一代用两个字表现其五行与五色，结果这样：黄帝：土（黄）—夏禹：木（青）—商汤：金（白）—周文王：火（赤）—秦：水（黑）。再简化成一个字，则是：土→木→金→火→水。这样，五行都具备了，而这样的顺序便是五行相生，即土生金，金生水，水生木，木生火，火再生土……。这样循环，各个朝代便永无休止地发展循环下去。其实，我们稍加动脑，用生活常识的笨理也能够记住，请这样思考：土壤可以生植物，植物之代表为树木，故土生木；而木可以烧火，故木生火；火燃烧可以熔化提炼出金属，故火生金；金属熔化便成为液体，液体水状，故金生水。水过后留下的泥沙便是土，故水能生土。

这样的顺序反过来便是五行相克，即土←木←金←火←水←土。古人认为，历朝历代都是这样相生相克过来的。而每个朝代属于五行中的一德，由这种德确定服色，即崇尚什么颜色。秦朝为水德，服色尚黑，因此官服的主色调为黑色。百姓没有冠，只能包块黑色头巾，因此称之为黔首。汉朝取代秦朝，按照顺序是土德，因此汉代尚黄色。以次类推，我们可以理解古代许多常识。

阴阳生万物，万物又可概括为五行，换言之，五行是构成世界的五大元素，由此而派生出许多"五"的观念，如五声、五色、五常、五伦、五脏。四季、四方不是五，也要加一而为五，以便与五行相匹配。这样，五行观念在中国古代可以说无所不在。为了看清楚，将五行和各种与之相关的"五"列表如下。

《洪范》中的五事、庶征、五福与五行对应如下。

五行	五事	庶征	五福
水	貌	雨	寿
火	言	阳	富
木	视	燠	康宁
金	听	寒	攸好德
土	思	风	考终命

这是《洪范》中关于五事、庶征、五福与五行相配的情况，但因年代太久远，故现代人一般不太了解，我们在一般古籍中也不常看到。但五行观念已经深深扎根于国人心中，春秋时诸子百家言论中关于"五"的概念特别多，后世逐渐增广，于是五行与很多"五"相配而成为一种信念，下面将应用面比较广的五行匹配列表如下。

五行	水	火	木	金	土
五方	北	南	东	西	中
五味	咸	苦	酸	辛	甘
五声	羽	徵	角	商	宫
五色	黑	赤	青	白	黄
五常	智	礼	仁	义	信
五脏	肾	心	肝	肺	脾
五官	耳	舌	目	鼻	口
五季	冬	夏	春	秋	中枢

五行观念影响广泛而深远，在古代诗文中经常运用，我们如果不了解这些知识，在阅读时，将会遇到很多障碍。如骆宾王《在狱咏蝉》说："西陆蝉声唱"，西陆与秋对应，便是说秋天。秦观《鹊桥仙》说："金风玉露一相逢"，五行中金对应秋，因此金风实际就是秋风。七夕在初秋，当然是秋风了。用字准确而精彩。欧阳修《秋声赋》的后半篇几乎全需要五行知识才能解开，可见其重要性。

▶▶▶ 第三节　筮卜与龟卜

蓍龟即算卦和占卜。算卦用蓍草，故也称筮；占卜用龟甲，故也称龟卜。《左传·僖公四年》里便有"筮短龟长"的话，可见这是我国古代最常用的两种筮术。古人遇到自己不得理解、不能克服的疑难，便去占卜，以便事先知晓吉凶，决定取舍。一般事情便用筮卜，比较简便；遇有大事大典，则用龟卜，古人认为龟是灵物。

筮卜，即用蓍草来占卜。原理是宇宙万物均由阴阳相合而生。一长横象征"阳"，称阳爻，阳爻中间断开成为两个小短横，象征"阴"，称阴爻。阴阳两爻进行各种组合可得"八卦"。其中任何两卦合成一起就是综卦，即完整的卦象。其程序是筮者取五十根蓍草，先取出其中一根放在一边不用，然后任意把其余四十九根分成两部分，再每四根组成一组，依次作三遍，最后根据三次分组所出现的情况断定每卦的爻，再查爻辞来断定吉凶祸福。筮卜和爻辞主要保存在《周易》一书中。这种形式上的数列组合对后世的数学有一定的影响，据说对电子计算机的发明也有一定的启迪。后来，为了简便，也有用钱卜的，情形类似于蓍卜，即用三个大钱，摇六遍，每次出现一个爻。六爻出现后，三爻为一个卦象，六爻便有上下两卦，是完整的一卦。再根据两卦构成和各爻的位置情况进行综合观察解说。

龟卜用于大典，程序较复杂，占卜的材料主要是乌龟的腹甲。人在占卜时，首先在龟甲上刻一个小凹洞，然后用燃烧着的荆木枝烤灼龟甲和骨版，甲骨受热便爆成裂纹，这种裂纹就是"兆"，也就是卦象。占卜者按照裂纹的走向，长短、宽窄等因素来判定吉凶，把占卜的事情和占卜的结果用铜刀刻在甲骨上。这个"卜"字既像甲骨的裂纹，又有甲骨爆裂的声音。这种文字是当时通行的文字，也是目前我国发现最早的文字。研究这种文字的学者都称它为"甲骨文"或"卜辞"。这种占卜材料留传下来，被称做"卜辞"或"甲骨文字"。因出土于殷朝的废墟，故又称做"殷墟书契"。其中保留了有关畜牧业生活、农业生活、奴隶制度、战争、祭祀、农作物名称等方面的内容，是我们研究古代社会政治、经济和文化的宝贵资料，是重要的历史文献。

▶▶▶ 第四节　百家争鸣的出现

所谓"百家争鸣"，是指春秋战国时期面对"礼崩乐坏"的混乱局面，众多思想家纷纷提出自己的主张，都为如何对待现实、改变现实提出自己的见解，为病态的社会开出自己的药方，故相互争论辩驳，后世便称这种局面为"百家争鸣"。这一过程起始于春秋末期，结束于秦始皇统一天下。

三代以前人们关注的是天命与鬼神，但到春秋时期，随着生产力的发展，农业生产已相当发达。故人们的观念逐渐向人事转移。如果从总体看，周朝建国后，便开始重视农业，重视人事，文化重心已经从殷商贵族以相信鬼神上天为主而向相信人事为主转移。制订礼乐和掌管政权者只注意如何统治天下，并没有注意人伦教化，而"学在官府"的状态又使绝大多数社会成员没有文化。可以推测，当时能够认识字的人很少。即使有思想，也无法表达出来，更不要说流传了。

平王东迁之后，出现了诸侯强横、天子失去尊严的局面，乃至出现天子和诸侯交换儿子为人质的怪事，史称"周郑交质"。到春秋中后期，社会进一步混乱，原有的秩序被破坏。面对现实，一些哲人从天命和鬼神的束缚下解放出来，开始考虑人事的作用。春秋后期，礼崩乐坏，社会秩序极度混乱。周王朝建立的礼乐制度形同虚设，等级制度面临全面崩溃，天子控制不了诸侯，诸侯管不住大夫，小的诸侯国随时可能被灭掉，一些诸侯和士大夫时刻面临国破家亡的危险。

面对如此复杂多变的局面，许多哲人和思想家纷纷发表看法，提出拯救衰败局面的良法美意。最开始提出解决社会问题的是孔子，但由于他始终不在位，也没有得到任何诸侯的真正重用，因此他的学说无法得以推行。但孔子非常注意教育弟子，故其学说在当时便产生了巨大的影响。在孔子死后一百多年，许多思想家对于孔子学说进行批评并提出自己的思想，互相辩难，出现百家争鸣的局面。而这场争鸣说是以孔子提出自己的学说为开端也未尝不可。

诸子中，最有价值而且对后世影响最大者是四家，即儒、道、墨、法。儒家主要代表是孔子、孟子、荀子；道家主要代表是老子、庄子；墨家代表人物是墨翟；法家代表是韩非和李斯。法家是战国末期才出现的，而此前影响巨大者是前三家。就三家思想最主要倾向看，儒家是维护旧制度者，而道家和墨家是否定这种制度者。从这个意义上说，孔子也是百家争鸣的引发者。因为若没有他不遗余力地维护周礼，就不会出现反对这种制度，否定周礼的学说。即使从时间上看，也可以证明孔子学说和他的教育事业是争鸣的开端。

在四家代表人物中，老子和孔子是同时代的人，老子的年龄比孔子还大，但为什么说孔子是百家争鸣局面的开创者呢？因为老子虽然有很深刻的思想，有很渊博的学问，但他很消极，对于社会前途没有信心，实际也没有提出解决社会问题的任何办法。而且他不带学生，也不向外宣扬自己的思想，因此老子在世时，他的思想并没有传播开，也没有产生影响。

孔子则不然，他一直以天下为己任，对于如何改变当时混乱不堪的局面提出了自己全面而明确的主张。当自己的政治主张在本国无法实施时，孔子便果断地到外国去推行，并带着自己的得意弟子周游列国。长达十四年，游历十几国，这种坚韧不拔的精神本身就十分可贵。虽然他的政治主张一直不被统治者采纳，但他并不灰心退避，而是积极培养学生，要通过教育，将自己的思想和主张流传下去，以期对于社会和百姓产生好的作用。

孔子死后，社会更加混乱，每况愈下。孔子的学说并没有解决实际的社会问题，于是许多思想家对其产生质疑，而各个不同阶层、不同利益集团的代表人物便纷纷批评在社会上有广泛影响的儒家学说，提出自己的主张，于是形成百家争鸣的局面。

▶▶▶ 第五节　老子及道家

孔子与儒家我们开设专讲，故这里不说。在先秦诸子中，道家对后世的影响仅次于儒家。道家的创始人是老子，继承并发扬光大者是庄子，后世合称"老庄"。关于老子的生平籍贯，司马迁在《史记·老子韩非列传》中说：

老子者，楚苦县厉乡曲仁里人。姓李氏，名耳，字聃，周守藏室之史也。孔子适周，将问礼于老子。老子曰："子所言者，其人与骨皆已朽矣，独其言在耳。且君子得其时则驾，不得其时则蓬累而行。吾闻之，良贾深藏若虚。君子盛德，容貌若愚。去子之骄气与多欲，态色与淫志，是皆无益于子之身。吾所以告子，若是而已。"孔子去，谓弟子曰："鸟，吾知其能飞；鱼，吾知其能游；兽，吾知其能走。走者可以为网，游者可以为纶，飞者可

59

以为赠。至于龙吾不能知，其乘风云而在天。吾今日见老子，其犹龙邪！"

关于老子其人，学术界争论很大，众说纷纭。对于这段记载，学术界也有一些不同意见。但这是正史上关于老子最早的文字，司马迁学识渊博，史德高尚，在没有其他坚实的反面材料之前，我们还是相信司马迁的说法。

孔子见老子的事，司马迁在《孔子世家》中也有记载，内容大致相同。通过这些资料，我们对于老子有个大致的印象：他姓李名耳字聃，是周王朝负责保存管理国家图书档案的官员。为人深藏不露，比孔子年龄大，起码应当大十岁以上。他对孔子很器重，也很关心。关于老子的归宿，司马迁说：

老子修道德，其学以自隐无名为务。居周久之，见周之衰，乃遂去。至关，关令尹喜曰："子将隐矣，强为我著书。"于是老子乃著书上下篇，言道德之意五千余言而去，莫知所终。（同前书）

老子思想博大精深，其行踪神秘莫测，他对于宇宙意识的感悟是同时代的人难以企及的，许多精彩的语言至今依然精辟。那位守大门的尹喜很了不起，强迫老子把自己的主要思想写出来，这才有《道德经》五千言传世，否则将是中华民族乃至整个人类的损失。至于老子的具体生活状态，我们更难以测知，不敢妄说。而老子思想的精髓，则非本书所当论。

老子是史官，故注意天人之变，探究人与自然之关系，生活在自然环境好而不忧衣食的楚国，且在洛阳东周政权下当官，故对于现实没有过多注意，而更多的注意力在探讨宇宙生成等问题，其学问高深玄虚，故称"形而上"。

老子思想的核心是"道"，认为宇宙万物都由道生成，故道可为万物之母。"道生一，一生二，二生三，三生万物。"一是太极，二是阴阳。因天地无心而万物生长，故老子提倡无为，顺应自然，反对人为，在社会政治方面反对孔子的仁义学说，提倡小国寡民的自然经济与自然部落状态。其社会理想是："小国寡民，使有什佰之器而不用，使民重死而不远徙。虽有舟舆，无所乘之。虽有甲兵，无所陈之。使民复结绳而用之。甘其食，美其服，安其居，乐其俗。邻国相望，鸡犬之声相闻，民至老死不相往来。"让人再退回到"结绳而治"的原始状态，显然是不可能的。

可以说，老子在社会政治理想方面没有提供任何有价值的思想。但老子是对社会政治状况失望，从统治者道德虚伪的实际出发，进行尖锐批判，故极其深刻犀利。后来的庄子说得更明白彻底，"窃钩者诛，窃国者为诸侯。诸侯之门，而仁义存焉。"（《庄子·胠箧》）谁当上诸侯谁就把持舆论，谁就有话语权，都标榜自己是仁义。老子在方法论方面有突出贡献，特别强调事物的变化和相互转换，充满辨证思想的光辉。

老子不带学生，当然没有弟子门人。一百多年后，庄子出现。从《庄子》和同时期其他文献看，庄子似乎也是孔子后学的学生，最起码是深受孔

60

子后学的影响。韩愈在《送王秀才序》中说："吾常以为孔子之道大而能博，门弟子不能遍观而尽识也，故学焉而各得其性之所近，其后虽散处诸侯之国，又各以其所能授弟子，原远而末益分。盖子夏之学，其后有田子方，流而为庄周，故周之书，喜称子方为人。"

但庄子选择老子思想，对其发扬光大。当时儒、墨是显学，而庄子对于纷乱的社会采取消极逃避的办法，坚决不与统治者合作，对于黑暗的社会现实、虚伪的道德说教进行尖锐的批判。关于庄子生平大略，司马迁在《史记·老子韩非列传》中有简略的记载：

> 庄子者，蒙人也，名周。周尝为蒙漆园吏，与梁惠王、齐宣王同时。其学无所不闚，然其要本归于老子之言。故其著书十余万言，大抵率寓言也。作《渔父》《盗跖》《胠箧》以诋訿孔子之徒，以明老子之术。

庄子名周，是宋国蒙（今河南商丘）人，生活时代与孟子大体相同，比屈原早大约三十年。学问广博，无所不窥，著书十多万言，阐明老子之说来批驳儒家。仔细品味庄子的话，他对于孔子还是很敬重的，只不过认为孔子学说对于混乱的世道没有什么帮助罢了。《庄子》一书大部分采用寓言的形式，语言汪洋恣肆，想象奇崛，意象阔大，富有浪漫色彩。庄子不与统治者合作的态度是非常坚决的。可以说，庄子是很早看清政治凶险、官场腐朽黑暗的哲人。

庄子的生存智慧和精神世界为中国士人能够摆脱儒家伦理责任的束缚，在理想与现实的矛盾中寻找缝隙而心安理得地生活，提供了最为广阔的自由空间。庄子思想是中国士人隐逸的理论根据和自我解脱的良方。这种思想比儒家的"穷则独善其身"更有意义。以后的中国文人便可以在仕与隐，在社会责任与适性逍遥中进行自由选择，再也不必为不能尽社会伦理责任而痛心疾首，这也是通常所说的"儒道互补"的一种体现。

61

▶▶▶ 第六节　墨翟与墨家

《淮南子·要略》中说："墨子学儒者之业，受孔子之术，以为其礼烦扰而不悦，厚葬靡财而贫民，久服伤生而害事，故背周道而用夏政。"墨子学派确实是在儒家学派影响下产生的，但墨子是代表最下层百姓利益的学者，是当时小手工业者和最广大的农民利益的代言人，是地地道道的代表贫苦大众利益的思想家。他在《公孟篇》中说：

> 儒之道足以丧天下者四政焉：儒以天为不明，以鬼为不神，天鬼不说，此足以丧天下；又厚葬久丧，重为棺椁，多为衣衾，送死若徙，三年哭泣，扶然后起，杖然后行，耳无闻，目无见，此足以丧天下；又弦歌鼓舞，习为声乐，此足以丧天下；又以命为有，贫富、寿夭、治乱、安危，有极矣，不

可损益也，为上者行之，必不听治矣，为下者行之，必不从事矣，此足以丧天下。

从这段话可以看出墨子主张的主要内容及与儒家思想的根本分歧。简言之，墨子主张兼爱，反对有等级远近的爱，反对战争，反对厚葬，主张节俭，主张尊重贤人，反对音乐活动。从这些主张可以看出墨家学派的平民意识。

与儒家和道家不同，墨家学派表现出一种独特的精神风貌。行侠仗义，反对以大欺小，恃强凌弱，反对战争，以天下为己任，并能身体力行，不辞辛苦地去实践，这是墨家精神风貌的一个方面。《墨子·公输》中记载一个生动的故事，足以显示这种精神。有一位叫公输般的高级木工，即通常所说的鲁班，发明了一种攻城器械。楚王聘用公输般制造这种玩意，准备攻打比较弱小的宋国。墨子听说后，亲自到楚国去劝说楚王不要发动战争。为了说服楚王，墨子说他有破解公输般攻城器械的器械，并提出要和公输般当场较量。公输般进攻九次，都被墨子化解，黔驴技穷，而墨子的招法还没有用完。

接着是二人的心理战，墨子再次破解对方。从这则故事可以看出，墨子不但是一个仁者，而且是一个智者，还是一个高级工程师，若他不能在表演中化解对方的进攻，则无法说服楚王，也无法救助宋国。他的弟子禽滑厘一下子就能带三百人去帮助宋国守城，可见墨家学派的队伍是很大的。虽然不能排除这里有夸张的因素，但这一学派组织庞大，纪律性强，很有战斗力是可以肯定的；否则，楚王不会被说服。

墨家对后世的影响则不怎么明显，但在当时却是社会影响非常大的思想流派，而其对于后世的影响是通过儒家体现的，故不为人所注意。墨家学派在战国中后期影响非常大，可以与儒家学派平分秋色。

墨家与儒家有许多联系和一致之处。如二者都主张积极入世，都提倡和平，反对战争，都主张尽伦理责任。儒家主张对于人之爱有远近亲疏之别，因为这种爱建立在当时宗法制的社会现实之上，又符合人性的最基本要求，故有深远的影响，提倡礼乐，三年之丧；墨家则主张兼爱，对一切人平等的爱，反对礼乐，提倡节用节葬。对于儒家与墨家的分别，冯友兰有一段很精辟的论述：

孔子对于西周的传统制度、礼乐文献，怀有同情的了解，力求以论理的言辞论证它们是合理的，正当的；墨子则相反，认为它们不正当，不合用，力求用简单一些，而且在他看来有用一些的东西代替之。简言之，孔子是古代文化的辩护者，……墨子则是它的批判者。孔子是文雅的君子，墨子是战斗的传教士。（《中国哲学简史》）

有的学者认为，墨家学派的成员多出身于游侠。墨家学派有很严格的组织纪律，带有浓厚的宗教性质。《淮南子·泰族训》说："墨子服役者百八十人，皆会使赴火蹈刃，死不还踵，化之所致也。"可见这一团体的成员很有战斗性和侠义精神。这一团体的首领叫"钜子"，对下属成员有绝对的权威，甚至有生杀大权。墨子是墨家学派的第一任钜子。从有首领、有章程规矩及下级绝对服从上级等方面来看，墨家学派确实有宗教帮会的性质，冯友兰关于"传教士"的评价是很准确的。

▶▶▶ 第七节　韩非子与法家

韩非子和秦国宰相李斯都是荀子的学生。春秋末期到战国，思想界百家蜂起，韩非子前如管仲、商鞅、申不害、吴起、慎到等政治主张和执政方针最接近法家，但他们都没有建立一整套的以法立国、治国的系统理论，因此只能算是法理学者。韩非子从荀子霸道思想和礼治理论出发进行发挥，吸收前代法理学者思想与实践之精华而建立起完整、系统的法家理论。

韩非子学说的主要内容包括如下几点。

第一，进步的历史观。以前学者都将古代设想为美好的社会，认为社会历史越来越糟糕。赞美尧、舜、禹、汤等古代明君和美好政治，想把古代仁政与现实联系起来思考问题，于是极力提倡仁政，以恢复到以前的社会去。韩非子在《五蠹》中说：大禹时期取火已比较容易，如果谁再用钻木取火的古老方式，一定会被人耻笑；在商汤时代已经建筑一定规模的城市，如果谁再用挖沟来守卫自己家园，则一定被人耻笑。"是以圣人不务循古，不法常可。论世之事，因为之备。"对于"取法先王"的理论进行坚决的驳斥。

第二，提出明确的法治主义。他认为以法治国是最可靠的。儒家的人治思想太脆弱。如果是圣君贤相，政治则清明，国家就会兴旺，但如果出现昏君，则政治立即就完蛋了。这样就会"人存政举，人亡政息"，没有制度保障。仔细推敲，韩非子的理论是很深刻的。王安石变法时，王安石所要进行的也是制度建设，而苏东坡提出人更主要的观点。但韩非也罢，王安石也好，他们遇到的是同样的问题，即皇帝一人控制绝对权力的封建制度下，真正的法治是不可能建立起来的。他认为，人治远不如法治好掌握，在《用人》篇中说："释法术而任心治，尧不能正一国。去规矩而妄意度，奚仲不能成一轮。……使中主守法术，拙匠执规矩尺寸，则万不失矣。"道理说得简明透彻。

第三，君主要执掌大权，有绝对权威和权势，严格赏罚制度。只有这样，才能保证法治制度的推行。他在《二柄》中说："明主之所导制其臣者，二柄而已矣。二柄者，刑德也。何谓刑德？曰：杀戮之谓刑，庆赏之谓德。为人臣者，畏诛罚而利庆赏，故人主自利其刑德，则群臣畏其威而归其利矣。"这样，根据历史的发展而改变政治制度，不必尊法先王，建立完整的

63

法治制度，君主紧紧掌握权势，掌握二柄，即赏罚大权，那么天下就可以稳稳地掌握在手中。因此有人将韩非的法家思想概括为"法""术""势"的有机结合，是完整、系统的治国理论，是很准确的。

韩非子的文章和他的思想一样，深刻犀利，简明扼要，但显得冷酷严峻而缺乏人文关怀的色彩。

除以上重点介绍的几家外，还有纵横家、名家、农家等，因为影响不大，所以不再介绍。

第七讲　孔子与《论语》

▶▶▶　第一节　孔子的生年与生日

中国文化热即将来临，而且会越来越热。中国文化的核心是国学，国学的核心是四书五经，四书五经的关键人物是孔子，了解孔子的关键是《论语》。因此本讲重点介绍孔子与《论语》。

首先，孔子的生年与生日便是值得探讨的问题。孔子生日是一个非常实际与迫切的大问题，因为这关系到到底把哪一天作为孔子诞辰纪念日的问题，许多活动都与此有关。目前孔子生日的普遍说法是 9 月 19 日，近来又有 10 月 9 日的说法。

那么，孔子生日到底是哪天呢？我们必须到古代文献中去寻找答案。越古老的资料，距离孔子越近的资料越有权威性。最原始的资料莫过于《春秋三传》。但《左传》上没有记载孔子出生的字样。笔者仔细阅读过《春秋左传注疏》，感觉孔子似乎参与了，最起码是阅读过甚至发表过意见。因为《左传》中孔子的议论很多。经常出现"仲尼曰"的精彩点评。左丘明是怎么知道孔子对那些事情的看法的？因此，《左传》中不出现孔子的出生字样完全在情理之中。

晚出的《春秋穀梁传》和《春秋公羊传》都有孔子出生的记载。而这两传都是孔子高徒子夏传授下来的。《春秋公羊传》传承脉络如下：子夏→公羊高→公羊平→公羊地→公羊敢→公羊寿→胡毋生、董仲舒→嬴公→睦孟→庄彭祖、颜安乐→阴丰、刘向、王彦→……何休→……徐彦。即由子夏传给公羊高，其后四传至公羊寿，才正式书写成册。胡毋生、董仲殊都是公羊寿弟子。

《春秋穀梁传》也是子夏传授给谷梁赤。由谷梁赤传承下来。作为弟子，当然应该尊师而把老师的诞辰记载在自己传承的著述中。子夏应该知道老师的生日，因此这种记载是可靠的。那么，我们只要把《春秋公羊传》和《春秋穀梁传》中关于孔子生日的记载考证解释清楚，孔子的生日就可以确定了。

先看《春秋公羊传》（卷二十）上说：

鲁襄公二十一年。冬，十月，庚辰，朔。日有食之。曹伯来朝。公会晋侯、齐侯、宋公、卫侯、郑伯、曹伯、莒子、邾娄子于商任。十又一月，庚

65

子，孔子生。

再看《春秋榖梁传》上说：

鲁襄公二十一年。冬，十月，庚辰，朔。日有食之。曹伯来朝。公会晋侯、齐侯、宋公、卫侯、郑伯、曹伯、莒子、邾子于商任。庚子，孔子生。有的学者认为两传有矛盾，公羊传上说"十又一月"，很明确是十一月的"庚子日"孔子诞生。而榖梁传上是十月，月份不同。但如果我们仔细思索，就会发现，公羊传只比榖梁传多"十又一月"四个字，其他文字基本都同。那么，如果我们以"庚辰朔"，孔子"庚子"日生来推断，两传则完全一致。

因为如果以"庚辰"为朔，即初一来推，都推到庚子日，那么，孔子的生日按照公历就可以推出来了。依据张培瑜编著的《三千五百年日历天象》一书，鲁襄公二十一年十一月是庚辰朔，本日公历是 9 月 19 日。这样，从庚辰顺推到庚子日，正好是公历 10 月 9 日。因此，孔子的生日可以确定在这一天。

"十又一月"当是衍文。何休在本句下说："庚子孔子生，传文上有十月庚辰，此亦十月也。一本作十一月庚子，又本无此句。"何休当时看到的两个版本《春秋公羊传》中，另一个就没有"十又一月"的字样。而且如果十月朔日是庚辰，第一个庚子日便是十月十一，下一个庚子日到十二月中旬了。而十一月根本就没有"庚子"日。这样推断，两传对于孔子生日的记载就完全一致了。至于两传均记载"十月庚辰朔"，而对应《三千五百年日历天象》的月份是十一月，那是另外的历法问题，因为春秋时期历法未严格，夏商周三正并用，有时混乱。因此这一问题我们可以忽略。只要牢牢抓住"庚辰朔""庚子"生这两个最关键日期就可以。而当年的庚辰朔那天就是 9 月 19 日。这样，孔子的生日就可以确定了。

又《春秋左氏传》鲁襄公二十一年中记载的诸侯会同的大事与两传悉合，孔子出生在本年，即公元前 552 年便确定无疑。而以前最多的说法是公元前 551 年，这也是应该纠正的。

子夏是孔子最喜欢的学生之一，也是传播孔子学说最有力度的弟子，他传授的两传对于孔子生日记载完全一致，没有比这更可靠的资料了。因此我们可以确定：孔子出生在鲁襄公二十一年十月庚子日，公历为前 552 年 10 月 9 日。其他说法都应该放弃。孔子的生平也应当重新改写，尤其是年谱。

孔子去世之日记载非常明确，为鲁哀公十六年四月己丑，四月戊寅朔，己丑是四月十二，初一为 2 月 26 日，则孔子卒日为 3 月 9 日。

▶▶▶▶ 第二节　孔子的生平

孔子（前551—前479）名丘，字仲尼，春秋时期鲁国陬邑人（今山东曲阜)。孔子是没落贵族，先祖是宋国宗室，本来可以当国君，将君位谦让给了弟弟。其后几代忠诚于朝廷，但依然被排挤陷害。曾祖孔防叔逃亡到了鲁国。父亲孔叔梁纥死时孔子很小。孔子尚未成人母亲也去世了。虽然家境寒素，但孔子自幼好学礼乐，身材魁梧，仪表堂堂。孔子早熟，十几岁时便得到鲁国上层贵族的注意，并取得了一定的社会声望。鲁国三大贵族之一并有很大权力的孟僖子对孔子更是极端推崇，使孔子在二十岁左右曾到东周即洛阳进修访学，期间见到老子，向老子问礼，这是中国文化史上一次非常重要的会面，二人的语言被记录下来，是我们研究和理解老子与孔子的最关键的文献材料。

这次访学是孔子进一步提高的关键，回到鲁国后，便真正开始了私人教育事业。三十五岁到五十五岁这二十年是其教育事业的巅峰时期，学生人数众多，远近皆至。五十六岁到七十岁这段时间周游列国，广泛传播自己的学说和主张，是其思想大传播时期。七十岁回到鲁国，渡过其人生的最后时光，是其教育生涯的总结时期。

由于教学的需要，孔子整理《诗》《书》《礼》《易》，并作为教材讲授。亲自撰写《春秋》，这便是后来流传久远的儒家"五经"，是中国历代考试必考内容，也是古代学生的必修内容之一。

孔子本人没有专门文学著述，他生前只独自删削历史著作《春秋》，实际也不能看做他自己的专著，而是在原来鲁国国史的基础上修改润色而成。《论语》是孔子死后弟子及再传弟子集体编撰而成的。最后的总编辑当是曾子。因《论语》中有曾子死前语言和行为的记录，曾子比孔子小 46 岁，孔子死时曾子才 27 岁。因此，《论语》的编订成书肯定是孔子死后四十多年的事。

孔子是没落贵族出身，本人又生活在周文化氛围最浓的鲁国，因此他对周文化和政治制度极其推崇。他曾说："周监乎二代，郁郁乎文哉！吾从周。"（《论语·八佾》）又说："如有用我者，吾其为东周乎？"（《论语·阳货》）他反复强调"克己复礼"，提倡"兴灭国，继绝世，举逸民"，都是要恢复原有的社会秩序。可以用一句话概括孔子的主张：通过社会各阶层人士的克己复礼，恢复西周的社会秩序。可见孔子是贵族代言人，是在原有社会制度上进行改良的保守主义者。

但孔子对各个阶层的人如何做都提出了要求，其中包括如何承担社会责任，如何承担家庭责任，每个人都要做好自己本分的事，孔子最精确的话就是："君君，臣臣，父父，子子。"这样整个社会就和谐了。

孔子这些伦理方面和个人修养方面的论述极其精彩，是我们最宝贵的精神财富。以仁爱为内核，从宗法制出发，推行仁政，关心百姓，富民爱民，提倡孝悌，诚信，尊重知识，尊重历史，这些都是儒家思想的精华。那么，

67

孔子这些思想和政治主张是否有现实依据呢？

〉〉〉〉 第三节　孔子儒家思想的来源

我们应该清楚地看到，孔子思想的形成是有很深刻的历史渊源的，并不是他的独创。孔子反复强调自己是"述而不作"，是继承传述前人的优秀文化和思想，并不是自己独创的。这确实是他本人的认识，实际也可以这样理解：礼乐制度和仁政思想是从夏、商、周三代逐渐形成与完善的，仁政思想与宗法伦理观念是三代以来的主流意识形态。孔子可谓集三代文化之大成者。我们还是用历史事实来证明。

《尚书》《周易》《周礼》中思想的主要特征都是宗法制的等级观念和民本思想及仁义道德观念。这些思想因素都是构成孔子仁政思想的来源。而在孔子生前和他生活当世众多政治精英的仁政民本思想则为他的政治主张提供了更直接的可以感知的鲜活思想元素。

鲁隐公三年是公元前720年，距离孔子出生还有近一百七十年。卫国大臣石碏在劝谏国君不要纵容公子州吁时说："且夫贱妨贵，少陵长，远间亲，新间旧，小加大，淫破义，所谓六逆也。君义臣行，父慈子孝，兄爱弟敬，所谓六顺也。"这里的六逆六顺无论是从思想观念上，还是从语言风格上，都很像孔子的话，是典型的儒家思想。如果我们说孔子在表述自己伦理观念时，吸收这里的思想，借鉴这里的语言形式，也是可以说得通的。

《左传·鲁僖公十四年》（公元前646年）记载"冬，秦饥，使乞籴于晋。晋人弗与。庆郑曰：'背施无亲，幸灾不仁。贪爱不祥，怒邻不义。四德皆失，何以守国。'虢射曰：'皮之不存，毛将安傅？'庆郑曰：'弃信背邻，患孰恤之？无信患作，失援必毙，是则然矣。'"讲求信义，主张以邻为善，也是儒家思想的内容，都是孔子思想形成的基础。

很有意思的是鲁僖公二十七年（公元前633年）时，晋国集结军队准备战争，挑选主帅，居然非常重视将帅的文化水准。执政大臣赵衰说："郤縠可臣，亟闻其言矣。说礼乐而敦诗书，诗书，义之府也。礼乐，德之则也。德义，利之本也。《夏书》曰：'赋纳以言，明试以功，车服以用。'君其试之。"熟读诗书，明礼乐，讲道德，便具备统帅的素质，这种要求与孔子提倡的仁义、礼乐、诗书、道德不是完全一致吗？这年距离孔子出生还有八十多年，而作这种议论的还是晋国的大臣。这就说明诗书、礼乐、道德在孔子出生二三百年前便是上层有识之士的共同主张。这种主张并非停留在理论上，而是体现在现实的社会生活中，连挑选武将也因为其诗书礼乐水平高而优先，不就更说明问题吗？

在鲁僖公三十三年（公元前627年）时，晋国大夫臼季出使去访问，看见冀缺在耨草，他的妻子到田间送饭，夫妻相敬如宾。回去后对晋文公曰："敬，德之聚也。能敬必有德。德以治民，君请用之。臣闻之：'出门如宾，承事如祭，仁之则也。'""出门如宾，承事如祭"可能是当时的成语。孔子弟子仲弓请教孔子什么是仁的时候，孔子回答说："出门如见大宾，使民如承大祭"，可以说孔子是对前面成语的借鉴。

齐国的政治家管仲提倡仁政爱民，发展经济以富民。军事家孙武在《孙子兵法》中也提倡爱民、仁义，以少杀害敌我双方的生命，甚至以不伤害为武装斗争的最高境界，即"不战而屈人兵"为最高标准。郑国贤相子产正在政治舞台上，他比孔子早十余年，还有晋国的叔向、卫国的蘧瑗、鲁国的季文子都是著名人物，他们思想的主流都是仁政爱民，也都是孔子赞美的人物。

简言之，从孔子出生以前的几百年一直到孔子生活的时代，凡是有作为的政治家，都极力提倡维护周礼和周礼这一政治制度下建构起来的仁义道德的意识形态，孔子思想是对于前期历史文化道德观念的集大成和提纯之后积累建立起来的，是对于前此历史思想资料和文化资料的集中与升华。

▶▶▶▶ 第四节　周礼依然是社会制度的主流

孔子生活的时代，礼崩乐坏并没有到达无法修复的程度，当时许多诸侯国在处理国家政治、国与国关系中所遵循的依然是周礼。而社会主流对于人物之评价，对于是非之判断，甚至对于一些政治要人进行审判的依据也是周礼。周礼依然是社会衡量是非曲直的准则，具有普遍遵守的法规意义。实行周礼文化的华夏民族诸侯国基本是这种情况。因此孔子提倡"克己复礼"是有现实依据的，也是有现实可能性的，并不是绝对的"不可为"。

鲁僖公八年（公元前652年），周太子召集几位有影响的诸侯商议，取得他们的支持，然后发丧，宣布自己即位，这便是周襄王。可知当时诸侯还是支持并愿意帮助周王室的。但换个角度看，王室的地位和权势都在下降，太子即位还要事先取得诸侯的同意和支持。

鲁僖公十一年（公元前649年），周天子召见晋国大臣，派内史去赐给晋侯玉，晋国大臣态度很怠慢，内史回来向周天子汇报说："晋侯其无后乎？王赐之命，而惰于受瑞。先自弃也已。其何继之有。礼，国之干也，敬，礼之舆也。不敬则礼不行，礼不行则上下昏。何以长世？"认为晋国大臣如此怠慢天子赐给的玉，是一种自己放弃的行为。并明确地说，礼是国家的根本，恭敬是礼的必要表现，没有恭敬的态度则不可能实行礼乐，没有礼乐上下就都会昏聩，那么国家就不可能长久。这种言论是很有代表性的。以"礼"为治国之主干预大纲，是那个时代多数有作为政治家的共同认识。这

69

是在孔子出生将近百年前的事情。

鲁僖公十二年（公元前648年）冬，"齐侯使管夷吾平戎于王，使隰朋平戎于晋。王以上卿之礼享管仲。管仲辞曰：'臣，贱有司也。有天子之二守高国在，若节春秋，来承王命，何以礼焉。陪臣敢辞。'王曰：'舅氏，余嘉乃勋，应乃懿德，谓督不忘。往践乃职，无逆朕命。'管仲受下卿之礼而还。君子曰：管氏之世祀也，宜哉！"管仲作为有大功于天下的齐国大臣，为保卫周王室立下大功。周王招待他时，用上卿之礼节，而管仲则坚决不肯接受，认为自己级别不够，最后只接受下卿之礼，受到有德君子的赞美。可知当时之贤士，都能够自觉遵守周礼。

鲁昭公五年（公元前537年），孔子十五岁了。这一年，鲁昭公到晋国访问，自从进入晋国接受招待，到离开晋国最后告别赠送国礼，都中规中矩，完全符合礼制的规范，没有丝毫差错。晋侯对大臣叔向夸奖鲁昭公知礼。叔向认为从这点不能认定鲁昭公知礼善礼。晋侯不理解，反问道："何为？自郊劳至于赠贿，礼无违者，何故不知？"叔向回答说："是仪也。不可谓礼。礼所以守其国，行其政令，无失其民者也。今政令在家，不能取也。有子家羁，弗能用也。奸大国之盟，陵虐小国。利人之难，不知其私。公室四分，民食于他。思莫在公，不图其终。为国君，难将及身。不恤其所，礼之本末，将于此乎在？而屑屑焉习仪以亟。言善于礼，不亦远乎？"

其大意说，鲁昭公所表现的是礼的仪式，并不是礼制的实质。礼是用来守护国家、推行政令的，不能失去对于百姓的实际统治。而鲁国如今是政令在家，即在季孙氏、孟孙氏、叔孙氏三位大夫之家，国君并不能直接掌管政治权力，只是在这些琐碎的礼仪形式上做文章，有什么实际意义呢？又怎么能够算是善于礼制呢？这段话非常深刻。孔子也曾经反复强调礼乐的实质性。孔子在《阳货篇》中说："礼云礼云，玉帛云乎哉？乐云乐云，钟鼓云乎哉？"与叔向的议论是完全一致的。可知在孔子生前和他生活的时代，许多有见识、有社会地位的贤达之士不但在形式上遵守礼乐制度，而且在社会生活的实际中，也提倡坚持周礼的本质。这些都为孔子思想的形成和信念的坚定提供了宝贵的资源。

总之，春秋时期礼乐制度仍然是许多诸侯国遵守信奉政治典章制度，依然具有国家体制的法规意义和士人心理判断是非善恶之价值观的标准意义。

▶▶▶▶ 第五节　鲁国是保存礼乐文化最完备的国家

春秋中叶到后期，鲁国一直是坚持周礼的模范国家。正因为其坚持周礼，国家根本没有动摇，才使其没有被灭掉，而一直延续到周赧王五十九年（公元前256年），与周朝同一年被灭国，算是历史比较长的诸侯国了。鲁国是西周建国便受封的第一批诸侯国，但到东周后，国力一直没有强盛起来，始终处在第二流诸侯国偏下的地位，即所谓千乘之国。但因为始终坚持以礼乐治国，故寿命还算很长。

在鲁闵公元年（公元前661年），正是管仲辅佐齐桓公齐国最强大的时代，齐国出兵救助被狄人攻伐的邢国。当时鲁国内部也很混乱，齐桓公问管仲，是否可以顺便攻伐鲁国。管仲回答说："不可，犹秉周礼，所以本也。臣闻之，国将亡，本必先颠，而后枝叶从之。鲁不弃周礼，未可动也。君其务宁鲁难而亲之。亲有礼，因重固。间携贰，覆昏乱，霸王之器也。"

鲁国这一时期正是所谓"庆父不死，鲁难未已"的时期，庆父兴风作浪，鲁国内部政治混乱，如果齐国出兵，鲁国当没有抵抗能力。但是管仲认为鲁国还在秉承周礼，国家根本没有动摇。只要根本不动，国家就不可能灭亡，因此劝齐桓公一定要帮助鲁国安定内乱，要亲近鲁国。"国将亡，本必先颠，而后枝叶从之。鲁不弃周礼，未可动也"的判断很精彩。这是孔子出生前一百多年发生的事。

其后，齐国一直保持和鲁国的友好关系。在鲁僖公三十三年（公元前627年）时，齐国曾派使臣进行友好访问，从进入鲁国到赠送礼品都非常恭谨，完全符合礼数，于是"臧文仲言于公曰：'国子为政，齐犹有礼。君其朝焉。臣闻之：服于有礼，社稷之卫也。'"臧文仲也是一位很有名的大臣，他建议鲁僖公去齐国回访，进一步加强两国的关系。"服于有礼，社稷之卫也"的话很有价值，说明当时主流社会还是依据周礼的。

在孔子生活的时代，鲁国依然是保存礼乐文化最完备的国家，当时有许多关于礼的问题，其他诸侯国的大臣都要到鲁国来参观学习。鲁昭公二年（公元前540年），孔子刚刚十二岁时，晋国派韩宣子来访问，一是礼节性的访问，二是来告知韩宣子代替赵武成为晋国的首席执政大臣。

韩宣子开始掌握晋国的大权，首先来鲁国访问，便说明对于鲁国的重视。到鲁国后，他到太史那里参观鲁国的史书，参观《易经》、卦象系辞和《鲁春秋》，然后深有感慨地说："周礼尽在鲁矣。吾乃今知周公之德，与周之所以王也。"鲁昭公设宴招待，宴席上，"季武子赋《绵》之卒章。韩子赋《角弓》。季武子拜曰：'敢拜子之弥缝敝邑。寡君有望矣。'武子赋《节》之卒章。既享，宴于季氏，有嘉树焉，宣子誉之。武子曰：'宿敢不封殖此树，以无忘《角弓》。'遂赋《甘棠》。宣子曰：'起不堪也，无以及召公。'"这段相互用诗经对答的话很有深意，说明晋鲁两国的首席执政大臣对于诗经的把握和理解都十分熟悉与到位。韩宣子到鲁国来的主要目的是学习礼乐知识的，回国当然要在晋国实行。

联系"子入太庙，每事问"的记载，可以知道孔子生活的环境非常优越，因为鲁国的太庙里保留着礼乐祭祀的器物和文献，是当时全天下最权威的地方。孔子后来说"文王既没，文不在兹乎"的话，认为文王已经死了，文化就在他这里，不是狂妄，而是事实。

►►►► 第六节　孔子时期确实面临礼崩乐坏的严重危机

在春秋中叶以后，礼乐制度面临很大的挑战。孔子生活的时代确实到了天下存亡的关键时期，所谓存亡，主要表现在文化存亡上。当时全天下的文化状况大体是这样的：奉行华夏民族文化的诸侯国与奉行自己独特文化并不遵从周礼的戎、狄、夷、蛮等主要少数民族的国家与部落犬牙交错，并非都在周边地区，中原地区奉行这种文化的国家与地区也很多。这些国家并不奉行周礼，各自有其祭祀、节日、丧葬、服饰等文化形态。

还要指出，即使在当时，华夏与夷狄的区分在文化而不在血缘与民族，如杞本是夏禹之后，邾本曹姓，论出身都是华夏，但因为奉行夷狄之文化而不遵守周礼，便被视做夷狄。平王东迁时，周大夫辛有到伊水，"见披发而祭于野者，曰：'不及百年，此其戎乎？其礼先亡矣。'"辛有看到披散头发在野外进行祭祀，便断言这是戎人，预言一百年后这里的周礼将要衰亡。可见当时人们最关注的是文化形态。

这些国家或部落也有很强的力量和势力范围，如鲁宣公十一年，"晋郤成子求成于众狄"，强大的晋国主动要求和几个狄国结盟，可见奉行狄文化的部落与国家还是有相当势力的。而当时很强大的赤狄就在今山西省南部，所谓的骊戎主要区域在今河南，距离洛阳和郑州都不远。而有的夷狄之国轻易就可以灭掉几个奉行周文化的小国。每到这种时候，晋国、齐国或鲁国等军事强大的诸侯国便派出军队将那些被灭之国政权重新恢复，实际就是文化之争。孔子坚持克己复礼是很强烈的坚持继承优秀的先进文化的自觉意识。

在鲁隐公三年（公元前720年），"郑武公、庄公为平王卿士，王贰于虢，郑伯怨王，王曰：无之。故周郑交质。王子狐为质于郑，郑公子忽为质于周。"郑武公和郑庄公是父子，他们俩一直是周平王的卿士，平王死后，周桓王立。一朝天子一朝臣，桓王想要重用虢公而疏远郑庄公，郑庄公很生气，质问桓王，桓王说没有这种事。于是二人交换儿子做人质。这便是历史上多次提到的"周郑交质"，被史学家看成周天子地位下降的重要标志。

下面的事件就更过分了。"（周桓王）十三年（公元前707年），伐郑，郑射伤桓王，桓王去归。"（《史记·周本纪》）因为郑庄公没有朝拜周天子，桓王便发动陈、蔡、虢、卫四国联军讨伐郑国，郑英勇抗击，打败联军，郑国大将祝聃用箭射中了桓王的肩膀。诸侯国的军队公然抗击天子之兵，大将敢于向天子放箭，天子尊严扫地矣。这件事被史家大书特书，因为是典型事例，是周天子对于天下失控的标志，也是礼崩乐坏开端的标志。

再过不久，齐桓公称霸。其后，五霸迭出，标志天子已成为摆设。其后，局面更坏，礼崩乐坏已经不可逆转。我们举发生在孔子身边的事件来看，因为这些情况孔子是亲身感受的，更有深刻的认识和痛楚。

本来是天子之专用的"八佾"之舞，身为大夫的季氏却在自己的庭院中公开欣赏，令孔子大为恼火，说："是可忍也，孰不可忍也？"这样僭越的事都忍心干，还有什么事情不忍心干呢？但生气归生气，无可奈何。

鲁国三大家族孟孙氏、叔孙氏、季孙氏在举行大典时都采用"雍"的乐舞来结束仪式，而这种乐舞本来是天子专用，其中有这样的歌词曰："相维辟公，天子穆穆"，出席和主持仪式的是诸侯卿相，天子很严肃端庄，三家哪来的卿相？哪来的天子？但他们都用，谁都拿他们没有办法。

其他诸侯国莫不如此。晋国六卿权势甚重，国君形同傀儡。齐国大臣崔杼杀死齐庄公，而继位的齐景公提拔其为相。齐景公后期，田氏势力崛起，无法抑制，最后发生"陈恒弑齐君"，田氏从此掌握齐国大权的局面。孔子曾请求出兵干涉而未果。

诸侯国中，权臣当政，国君被架空的情况非常普遍。鲁昭公忍受不了这种局面，便发兵讨伐当时最霸道的季友，结果在最关键的时候，孟孙氏和叔孙氏不但不帮助国君，反而帮助季孙氏，将国君的军队打败，昭公流亡，几年后，死在国外。这是孔子亲身经历的事件。

上行下效，大夫家中也同样僭越，季氏家臣，很有名的阳货曾经将季桓子软禁过，后来失败而逃往齐国，在齐国不安分被发现又逃往赵国。而家臣叛乱的事情更不是新鲜事，仅在《论语》中便明确记载两个人，一是"公山弗扰以费畔"，二是晋国大夫赵简子的属下中牟县宰"佛肸"叛，于此可以看出当时天下的大势。

孔子说："事君尽礼，人以为谄也。"按照礼的要求来侍奉国君，他人却认为是谄媚，可以从另一个角度看出其他人都不按照礼的要求来侍奉国君了。一旦到社会反常的时候，便是非颠倒，黑白颠倒，善恶颠倒。正是在这样的情况下，孔子依旧汲汲终生，周游列国，宣传推行自己的政治主张：克己复礼，为政以德，人要有忠恕之道，一以贯之。

可以看出，当时确实出现了严重的社会危机，周的礼乐文化面临丧失的危险。但礼乐还在被许多诸侯国奉行，很多有识之士还在提倡坚持礼乐制度，最起码在表面还承认其正统性。也正因为当时礼乐文化并没有完全被抛弃，如果几个大国出现几名开明有魄力的国君，如果周天的传承中出现一两个政治明星，周文化中兴还是有一定可能性的。而孔子是当时掌握礼乐文化最全面最权威的人，面临周文化被夷狄戎蛮文化取代的危险，孔子才坚决站出来，拯救华夏文化，避免文化的灭亡。如果从文化角度思考，孔子的目的达到了。他提倡的克己复礼虽然没有成功，但他创建的儒家文化却成为对中国封建社会影响最大的文化，难道这还不是最大的成功吗？我们应该认识到，文化的影响力是长久的深刻的，与政治和经济不同。

>>> 第七节 《论语》的成书

孔子的思想与智慧最主要的精华都保存在《论语》之中。《论语》一书在孔子死后半个世纪后才编辑定稿。三国时期何晏的《论语集解》是现在流传的最早的《论语》版本，也是后代学者注疏的底本。关于《论语》的流传是很复杂的学术问题，此处不深入介绍。

《论语》是孔子弟子和再传弟子经过半个多世纪煞费苦心编辑出来的书。成书过程我们难以确知，但其大致过程能够推测出来。《论语》第一稿应该是子贡编订的。翁中和在《人天书》中论证《论语》出自子贡之手，举出十条理由，颇有说服力。但断定出自子贡编辑，子张校勘则有难解之处。即《论语》记述曾子死时之情景的语言断非子贡所见所知，亦非子张所见所知，因为子张虽然小于曾子，但他却比曾子早亡。因此说《论语》初稿出自子贡之手可以接受，但其后有子、曾子及其弟子门人有所增补。《论语》之编辑定稿，起码在孔子去世半个世纪以后无疑。应该说，《论语》编辑的体例和基本框架、主要内容是子贡与子张等人共同确定及完成的，其后不断补充完善，最后由有子、曾子及其弟子定稿完成。因这不是本书论题，故不赘言。这里只想说《论语》的编排经过孔门那么多高徒、那么长时间的仔细斟酌，篇章之间编排体例上一定有内在规律性，但初学者不易察知，不苦心思索难以发现。

翁中和早就指出："吾既深于《论语》，后渐悟其书，章句次序之美，首《学而》，终《尧曰》凡二十章，莫不备具至完美之条理。"南怀瑾说得更明确："在我认为，《论语》是不可分开的，《论语》二十篇，每篇都是一篇文章。……整个《论语》二十篇，连起来，是一整篇文章。"

这种见解无疑是正确而深刻的，也是我们阅读讲解《论语》时必须注意的问题，尤其是解读有歧义章句时的一个重要参照，即将其放在前后章句的意义中来思考，其基本意义不会相差很远。

古今关于《论语》的书很多，但适合今日初学者准确简明理解《论语》的书实在不多。现在比较通行的《论语》注本早一点的有何晏的《论语集解》，后经北宋学者邢昺疏成为流传最广之版本（《十三经注疏》中便是此书）；刘宝楠的《论语正义》（《诸子集成》中是此书）在清代影响很大，但此二书注释很繁琐，又没有译文，不太适合一般读者阅读，可以说除专门研究者外，无人读此书。新近出版影响较大的有钱穆的《论语新解》、李泽厚的《论语今读》、杨伯峻的《论语译注》和南怀瑾的《论语别裁》。《论语新解》解说部分过于简单，《论语今读》理论性强，而杨伯峻先生的《论语译注》注释平实，各有千秋，但因各有侧重，也各有不足。南怀瑾之《论语别裁》则随意性较大，发挥太多，不简明。为正本清源，笔者花费两年时间，将全部论语翻译注释评析一遍，撰成《论语精评真解》一书，2010 年 2 月由世界知识出版社出版，欢迎读者诸君指正焉。

儒家思想的主要内容是"克己复礼""为政以德"；追求"和而不同"的政治局面；提倡"以仁为本"的博大之爱；提倡"己所不欲，勿施于人"的处世准则；推行"老吾老以及人之老，幼吾幼以及人之幼"的伦理关系。体大精深。可以说孔子是贵族的代表，孔子文化是典型的雅文化。孔子思想对于士人品格产生极其广泛而深远的影响。

当我们综合考虑所有文化因素时，就会发现，儒家思想对于解决这些问题是最好的观点，它温情脉脉，具有最强烈的最普遍的人文关怀色彩。反对暴力，反对强权，反对战争，提倡仁义礼智信，提倡天人合一，提倡和谐中庸，没有民族偏见和种族偏见，而孔子便是儒家思想的开创人和集大成者，《论语》是研究儒家思想的最根本的文献。

▶▶▶ 第八节　孟子与荀子

孔子死后，七十子散处各地，其后儒家内部分裂，影响渐小。至孟轲出，儒学才得到振兴。孟子死，儒学再度衰微；至荀子出，儒学再振。因此，孟子和荀子是儒家道统中两个极其重要的人物。

孟了（前 372—前 289），名轲，字子舆，战国中期邹国人。曾子是孔子晚年最得意的弟子。曾子直接传授孔子的孙子子思。孟子则是子思门人的弟子，是儒学嫡派传人，孔子之后儒家学派的主要代表。他提倡法先王，主张施仁政，行王道，倡导"民为贵，社稷次之，君为轻"的民本思想，坚决反对战争，反对暴政虐民，积极主张发展经济，保障百姓的温饱生活。认为在此基础上，再加强文化教育，国家便可以发展强大。

孟子具有很高的人格魅力。他到处奔波，游说诸侯的目的是想要制止战争，消除纷乱，解民倒悬，使百姓过上安居乐业的幸福生活，并不是追求自己的荣华富贵。正是这种以天下为己任的使命感，这样高尚的精神世界，才使他敢于藐视权贵，刚正不阿，具有伟岸的大丈夫气节，也使他在辩论时气盛理足，非常有气势。孟子的忧患意识和人文关怀对后世影响甚大。后世许多知识分子从孟子身上汲取很多精神力量。这主要表现在以下三个方面。

一是孟子积极入世，关怀民生疾苦的仁者情怀。孟子一生在为天下太平，百姓安康忙忙碌碌，那种"如欲平治天下，当今之世，舍我其谁也"的自信给人以鼓舞和力量。

二是孟子的浩然正气，藐视王侯、鄙视权贵的伟岸气度和保持独立完整人格的精神气质为后人提供了鼓舞和力量。

孟子提出一种与王侯平等交往的理由，即所谓的以德抗位、以德抗爵。孟子认为，诸侯国君都是统治百姓的，是俗世的官爵，也叫"人爵"，而我孟子以及众位士人，尤其是那些道德高尚、学识渊博、坚持道义的士人是上天给予的才能和德行，是"天爵"，天爵当然不比人爵低，因此你国王虽然是国君，但并不比我高。他说："天下有达尊三：爵一、齿一、德一。朝廷莫如爵，乡党莫如齿，辅世长民莫如德。恶得有其一以慢其二哉？"天下普遍尊敬三种人，第一是爵位，第二是年龄，第三是道德高。在朝廷最重视爵位，在乡里最重视年龄，辅佐天下养育百姓最重视道德。齐王只有爵，而我有齿和德，他怎么可以用一个爵来傲慢我这样有德的年长者呢？基于这种认识，孟子始终以平起平坐的姿态和王侯交谈辩论。

三是明确提出"舍生取义"的人生价值观和理想观，明确提出"贫贱不能移，威武不能屈，富贵不能淫"的口号，为坚持真理和正义宁可舍弃生命，这种价值观、人生理想观对后世产生极其深刻的影响。而他所说的义是在民本思想基础上的义，他评价统治者，也以此为标准。商汤伐夏桀，周武伐商纣，如果从身份和地位讲，都是臣伐君。按照当时的忠君观念，这是以下犯上，以臣弑君，是大逆不道的。如何看待和评价这种事件，是从春秋到汉代一直在争论的问题。孟子也没有办法避开，他的弟子便很明确地向他提出了这个疑问。孟子回答得很干脆："贼仁者谓之贼，贼义者谓之残"，"吾闻汤武诛一独夫，未闻弑君也。"暴君也是君，但孟子根本不承认桀、纣是"君"，而是独夫，那么汤武诛杀罪恶多端的独夫当然没有什么不对的。判断的标准就是其不仁且残害百姓，依然是民本思想。

毫无疑问，这三方面都具有进步意义，而在人格方面也为后世士人和一切正义力量提供了思想武器。

《孟子》七篇各分上下，共十四篇，是孟子与其弟子万章等人所著，是研究孟子事迹和孟子思想的主要资料。宋代起被列入"四书"之一，成为当时小学生的教材，与"五经"并列，是士人必读之书。韩愈在《原道》所列儒学道统，孔子后只列孟子一人，可见其承认孟子是儒家代表，是纯正的儒家，而认为荀子和扬雄是"大醇而小疵"。

荀子名况，赵国人，曾在当时学术中心齐国稷下三为祭酒。后被楚国春申君黄歇重视，任命为兰陵县令，著书讲学而终老。他的思想主流是儒家的，但与孔子和孟子有一些差异。荀子学术思想主要有如下几方面：①天论。孔子和孟子谈到天，充满神秘色彩，认为是宇宙之主宰。而荀子则将天解释为自然运行，认为其与人事无关。②性恶说。孔子没有明确论述人性，孟子则认为人性是向善的。这一观点一直是主流观点。《三字经》开篇就说："人之初，性本善。"可见其流传之广。但"向善"与"善"还是不同的。荀子认为："人之性恶，其善者伪也。"（《性恶》）③正因为性恶，才更需要学习加以改变，才更需要礼乐的约束和剪裁。④政治。荀子认为，社会发展到当时的阶段，不可能再倒退回"小国寡民"的原始部落阶段，既然"人生不能无群"，就必须加强社会组织，提高组织的执政能力。组织的最高形式就是国家，国家则必备四个要素：土地、人民、法治、君主。荀子所言之礼，本来就含有政治与伦理两重意义。他在《王霸》中说："国无礼则不正。礼之所以正国也，譬之犹衡之于轻重也，犹绳墨之于曲直也，犹规矩之于方圆也。"可见此处的礼与后世的法治的法基本同义。而从《王霸》的篇名已经看出和孟子的不同，孟子只主张王道，坚决反对霸道。荀子强调礼法，提出先霸道取得政权，再推行王道的设想，强调国君对于国家的重要意义，其中都有很强的现实针对性，对于当时的诸侯国国君确实能够起到提示和指导作用，蕴涵着韩非子法家思想的因子。剧烈的社会变化，连续大规模的兼并战争，残酷的现实，都促使韩非子畸形发展了荀子的礼法思想而成为法家思想。

第八讲　五经四书简说

▶▶▶▶ ## 第一节　"五经四书"概念的由来

笔者童年时，若有人夸夸其谈，便有人讽刺说："读完四书五经了吗？就开讲了？"说话的往往就是普通农民，有人还是文盲。那时就开始知道"四书五经"的概念了，但其中都包括哪些内容却懵然不知。可见"四书五经"是旧时学校的必读书目，如果不读四书五经，就连当小学老师的资格都没有。

的确，四书五经作为全国通用教材，就算从南宋末年算起，也有七百余年的历史。而单说五经的话，汉代便已经是学生必修之课，是科举必考之科了。

"经"之称呼是从汉代开始的。汉朝建立，政权稳定后，统治者开始重视文教，创办学校。经过秦始皇的焚书坑儒，学术和教育受到致命的打击。汉代重新开办学校，属于草创，一切都要从头开始。学校硬件即校舍教室等都好办，有钱就可以建造，但软件即教师和教材则不好筹措。于是，朝廷便广泛征召天下学者，凡能通一经者均可应召。于是才出现"五经八经师"之说。教师和教材的问题便都解决了。

所谓的"五经八经师"是后世学者对于司马迁一段话的概括。司马迁在《史记·儒林列传》中说：

> 及今上即位，赵绾、王臧之属明儒学，而上亦乡之，于是招方正贤良之士。自是之后，言诗于鲁则申培公，于齐则辕固生，于燕则韩太傅。言尚书自济南伏生，言礼自鲁高堂生，言易自菑川田生，言春秋于齐自胡毋生，于赵自董仲舒。

这样，"五经"的名目就确立了。即《诗经》《书经》《礼经》《易经》《春秋经》。后来简称为《诗》《书》《礼》《易》《春秋》。八经师是：诗经：申培公、辕固生、韩婴；书经：伏生；礼经：高堂生；易经：田生；春秋：胡毋生、董仲舒。

但司马迁叙述的是汉代经学的起始人，并不是某一经学真正意义的开创者，我们沿着这五经八经师向前追溯，就可以将各经学的传承理清了。四书之确定，则是南宋理学家朱熹。他在实际教学中，为了完善儒家学说，建立系统的包罗万象的理论体系，在原有五经的基础上，把《论语》和《孟子》也提升到"经"的地位，再从《礼记》中分出《大学》《中庸》两篇，与

《论语》《孟子》并列，合称"四书"，从此，"四书五经"一词才正式出现，并被后世广泛应用。虽然这一名词出现在宋代，但四书五经之书则都是先秦的。《礼记》之书，有人怀疑其中一些篇章出自汉人，但这两篇当是先秦作品。下面分别介绍之。

▶▶▶ 第二节 《诗经》

《诗经》不但是中国文学史上的奇迹，也是世界文学史上的奇迹。三千多年前的诗歌，居然能够通过结成三百多篇的总集，一直流传到今天，而且现代的人依然能够读懂，真是奇迹。

《诗经》所收诗歌除《商颂》中有殷商祭祀诗外，基本上是西周时期的作品，是农业文明时代的产物。中国历史在商周之际变化最快，社会结构产生飞跃式的发展。生产方式的改变带来社会结构的变化，社会结构的变化又促成意识形态的变化和整个文化的变化。中国人的文化品格和心理特征便是在这一时期形成的。由于以农业为立国之本，所以必须定居土著化，定居土著则必有秩序，定秩序则必有规则，于是以家族血缘为基础的宗法制确立，这就要求与之相适应的制度建设，周公姬旦制礼作乐，并以礼乐规范社会行为，维系礼乐制度的核心是道德。

《诗经》的成书、内容、流传都以这种社会现状为基础。《诗经》共三百零五篇，另外六篇有题目无内容，题目是《南陔》《白华》《华黍》《由庚》《崇丘》《由仪》。这六篇据说是笙诗，有声无词，即有曲调而无歌词，因其文学内容不可知晓，故不在我们研究范围之内。《诗经》所收之诗是从西周初年到春秋中叶大约五百年间的作品，从地域范围看，基本是黄河流域，大体相当于今陕西、山西、山东、河南、河北及湖北北部地区。

司马迁说，古诗三千多首，孔子删削保留三百篇，对于此说，学术界意见历来不同。但有一点应当肯定，即孔子对《诗经》进行过整理加工，尤其是对其音乐，孔子几乎全面整理修订。孔子在《论语·子罕》篇中说："吾自卫返鲁，然后乐正，雅、颂各得其所。"孔子对《诗经》进行过加工是可以相信的。孔子当时教学，《诗经》是基础课程，课时数不能少，可能边讲边唱边讨论，应该很有趣味。正是孔子的教学活动，才使"诗三百"得以流传，因其弟子对于诗均能背诵，而其再传也如法炮制，代代口耳相传，只要有一名嫡传弟子徒孙存在，《诗经》便可流传。后来的社会实际便证明了这一点。汉代所谓"三家诗"的出现，便与这种教学模式有关。因此，孔子对于《诗经》的保存和流传功劳巨大。

《诗经》还有"六义""四始""四家诗"之说。六义指风、雅、颂、赋、比、兴。一般认为，风、雅、颂是按照音乐的不同分类，风是地方音乐，雅是卿大夫宴会或社交礼仪上的贵族音乐，颂是宗庙祭祀之乐。如果从诗经创作本身看，赋、比、兴可以理解为三种不同的表现手法。赋是叙事与描写，即所谓的铺陈其事，比就是打比方，兴是"先言他事以引起所咏之词"，即先说别的事物借此引出要说的事来。如果从先秦时期对于诗经的运用看，赋、比、兴则是运用的三种方式和功能。在《春秋左传》中有许多关于运用诗经进行外交活动和社会交际的记载，那个时代不会诗经是无法在重要场合表现自己的，有时连外交事务都办不成。

所谓"四始"，是指《诗经》四体中的开始之篇，即《关雎》为国风之始，《鹿鸣》为小雅之始，《文王》为大雅之始，《清庙》为颂之始。

《诗经》先秦时称《诗》或《诗三百》。汉朝时，传诗者分齐、鲁、韩、毛四家，均出自子夏，而子夏为孔子得意弟子之一，故孔子当然为祖师爷。前三家为今文诗经，毛诗晚出，为古文诗经。到东汉时，毛诗盛而前三家衰。流传至今最完整者便是毛诗。就汉朝看，四家诗的传承是这样的：

齐诗：辕固生—夏侯始昌—后苍—翼奉；

鲁诗：浮丘伯—申培公—王臧、赵绾、孔安国；

韩诗：韩婴—韩商—涿韩生—赵子—蔡谊；

毛诗：大毛公亨—小毛公苌。

关于《诗经》的内容，在文学部分还要介绍，故此处从略。

▶▶▶▶ 第三节　《尚书》

《尚书》产生的时间跨度与甲骨文和铜器铭文接近，可知先民在能够运用文字时，便已经充分发挥其作用了。可以说，《尚书》是我国纪事文学的源头。

《尚书》之名也是后起的，先秦典籍中，只有《墨子·明鬼》篇说："故《尚书》、《夏书》，其次商、周之书。"可见此处之《尚书》不是专书之名，而是指上古之书。而这恰恰是《尚书》得名的源头，而且将《尚书》之名理解为"上古之书"也更切合实际。另外，还有将"尚"解释为"上天"，认为《尚书》好像天书一般，表示尊崇（纬书，郑玄赞《易》）；或将"尚"解释为君长，《尚书》乃"上所为，史所书，故曰《尚书》"。（王充《论衡》）相对比较，还是第一说更容易理解。

《尚书》是商周时期的史料汇编，包括《虞书》《夏书》《商书》《周书》四部分，是我们了解上古三代历史的重要资料。其中《商书·盘庚》是可靠的当时文字，可谓我国记言之祖。

由于秦始皇焚书坑儒，项羽将咸阳宫殿和当时的国家图书馆、档案馆都放火烧掉，使大量图书失传。汉朝时虽然努力恢复文化，但有的经书还是失传了，如原来"六经"中的《乐经》便再也不见天日，《诗经》靠孔子嫡传的徒子徒孙们口耳相传流传下来。《尚书》的流传则是伏生冒杀头之罪保存下来的，表现出当时知识分子的胆识和远见。

关于伏生，司马迁在《史记·儒林列传》中记载简略，但却描画出大体轮廓：

> 伏生者，济南人也。故为秦博士。孝文帝时，欲求能治《尚书》者，天下无有，乃闻伏生能治，欲召之。是时伏生年九十余，老，不能行，于是乃诏太常使掌故朝错往受之。秦时焚书，伏生壁藏之。其后兵大起，流亡。汉定，伏生求其书，亡数十篇，独得二十九篇，即以教于齐鲁之闲。学者由是颇能言《尚书》。诸山东大师，无不涉《尚书》以教矣。

伏生富有传奇色彩，只因年代久远，我们已无法确知。司马迁在《史记·儒学列传》中提到过的五经八经师中，数伏生资历最老，他是秦朝的博士。在那残酷镇压知识分子的年代，能够全身而退，回乡隐居，肯定经过一些波折。从藏书的时间推测，他是在焚书坑儒发生之前离开咸阳的。这就更突出了他的先见之明。

无独有偶，另一部《尚书》也是在墙壁的夹缝中保存下来的。汉景帝时，鲁恭王想拆掉孔子旧居建造新宅，在墙中发现《古文尚书》四十五篇，比《今文尚书》多出十六篇。可惜的是到西晋末年，《古文尚书》便失传了。东晋初年，豫章内史梅赜奏《古文尚书》五十八篇，将《今文尚书》析成三十三篇，又多出二十五篇，流传至今。《十三经注疏》中的《尚书》便是这种情况。据学术界考证，其中的二十八篇今文尚书是可信的，其他篇可能是伪书。这便是《尚书》流传的两个源头。

可见，无论是《古文尚书》，还是《今文尚书》，都是收藏在墙的夹壁中才得以保存下来的。孔子住宅夹藏的《尚书》现在恐怕已无法考知是何时藏进去的。如在当时仔细考察，并不太困难。那么，我们便可以知道是谁有如此的远见，预先将难以背诵的《尚书》早早藏在墙壁中。当然，藏书的上限无法确定，但下限肯定是焚书坑儒之前。笔者估计，可能是秦朝文化专制制度已经很严厉，但还未焚书坑儒之前的事，因搜书焚书开始时，孔子住宅肯定是搜查的重点，现砌墙盖房恐怕就来不及了。

伏生冒着杀头灭门的危险保存古籍，孔子的后人也是要担风险的，但他们都能置危险于不顾而千方百计地保存古籍、保存文化，这种精神本身便是难能可贵的。

《尚书》在汉代分古文和今文两种，在汉代的传承分别是：

《今文尚书》：伏生—晁错、张生、欧阳生。晁错被腰斩；张生—百子侯都尉—夏侯始昌—夏侯胜—夏侯建；欧阳生—倪宽—欧阳生子—欧阳高。

《古文尚书》：孔安国—倪宽、都尉朝、司马迁。倪宽和司马迁没有弟子，都尉朝—庸谭—胡常—徐敖—涂恽—贾徽—贾逵。

另外，还有《伪古文尚书》，也简单说明一下。《古文尚书》伪本有两种：一是西汉张霸伪造的一百零二篇，已经失传；二是东晋豫章内史梅赜伪造的二十五篇。梅赜将伏生所传的《今文尚书》二十九篇分成三十三篇，另外古书中所引《尚书》内容，伪造二十五篇，共五十八篇，流传至今。宋代吴棫、朱熹、元代胡澄等人都曾怀疑过这二十五篇是伪造，但未能详细考证。清代阎若璩经过严密详细考证，举出一百二十八条证据证明其伪，撰写《古文尚书疏证》一书，被学术界广泛认同。

▶▶▶▶ 第四节 《礼经》

"礼"当初本指祭祀鬼神的一种仪式，后来引申其意义，将社会上一切交往的礼节仪式均称为"礼"，再推广开来，人们日常生活中的一切举止言谈，行走坐卧都被规范起来，这样，"礼"便无所不在了。尤其是待人接物，参加各种社交活动，更是人们实行"礼"的最关键场合。孔子教育学生，最主要的一个方面就是要遵照礼的要求来做人，要在实践中实行"礼"，要"非礼勿视，非礼勿听，非礼勿言，非礼勿动。"可见礼是无时无处不在的，而每个人又都时刻处在礼的规范中。

为规范各阶层的人在各种特定场合的行为，就需要一种行为准则，制订记录这种准则的书便属于礼书。有的记载具体规定，如《周礼》《仪礼》，有的则侧重阐释礼的观念和思想理论，这就是《礼记》。

如上所述，《礼》包括《周礼》《仪礼》《礼记》三部分，一般称"三礼"。春秋时，礼崩乐坏，但孔子在极力维护西周的礼乐制度，并亲自到东周首都洛阳观礼，著名思想家老子亲自接待，当时在鲁国和洛阳都应该存在礼书。孔子讲课内容也有"礼"，但礼书比较烦琐枯燥，根本不可能背诵。因此在孔子死后，儒学不断走向低潮，到焚书坑儒后，礼便失传了。汉初，鲁高堂生传授《士礼》十七篇，即后来的《仪礼》。文帝时，鲁徐生善为颂，但不能通经。经三传到后苍时，才正式立学官。宣帝时，后苍弟子戴德、戴圣都立学官。即招生开设课程。河间献王与鲁恭王共得《礼记》二百一十五篇。戴德删为八十五篇，世称"大戴礼"，其后戴圣又将八十五篇删为四十九篇，世称"小戴礼"。这部分便是《礼记》。又《周礼》本名《周官》，李氏献《周礼》五篇，缺《事官》一篇，用《考工记》补上，以备六官之数。到王莽时，刘歆始将其立学官。《仪礼》《周礼》传承如下：高堂生—萧奋—孟卿—后苍—闻人通汉、戴德、戴圣、普庆。《周礼》共分六篇，即《天官冢宰》《地官司徒》《春官宗伯》《夏官司马》《秋官司寇》《冬官考工记》，主要内容是记述各种典章制度的。现在我们所看到的《十三经注疏》中收的

《周礼注疏》是最早的注释本，汉代郑玄注，唐贾公彦疏。清代学者孙诒让的《周礼正义》八十六卷，内容丰富，是研究《周礼》必读之书。

《仪礼》是介绍礼仪形式的，其中介绍的都是士这一阶层的各种礼仪，如《士丧礼》《士昏礼》等，此书有残缺。汉朝初年，高堂伯在鲁国教授礼学，所传十七篇，其中的《士丧礼》一篇据说是孔子授予弟子孺悲的；《丧服》篇上有子夏的传，可知此书的内容来源相当早。《十三经注疏》中的《仪礼注疏》也是郑注贾疏，另外清代《仪礼正义》四十卷也是研究此书的重要资料。

《礼记》是儒家礼学的一种论文集，所收的论文是一些从战国到西汉初期的关于礼的论著。汉代的礼学有三家，即大戴、小戴、庄氏。大戴是戴德，小戴是戴圣，他们都汇编了礼学的论文集。我们现在所看到的《礼记》基本上是"小戴礼"。"小戴礼"是对"大戴礼"加以删节后选定其中的四十六篇而成（"大戴礼"原有八十五篇），后来马融又加上三篇，共四十九篇。《礼记正义》是郑玄注，孔颖达疏。清代孙希旦的《礼记集解》六十一卷是研究此书较为重要的资料。"大戴礼"也存传本，称做《大戴礼记》，但只存四十篇，北周学者卢辩作的注。

《礼记》有很高的学术价值，对于认识儒家思想之流传过程以及在战国秦汉之际的风貌有重要意义。梁启超说："欲知儒家思想及其蜕变之际，则除《论语》、《孟子》、《荀子》外，最要者实为两戴记。而《礼记》方面较多，故足供研究资料者亦较广。"而其中的《学记》为教育原理，《大学》为政治哲学，《中庸》为人生哲学。都是极其重要的思想资料。《中庸》和《大学》被列入"四书"中，可见其重要。

以上介绍的"三礼"及有关的书，是古代礼学的渊源，也是我们研究古礼的主要依据。当然，在现代社会中已经无需这些繁缛的礼制了。但如能进一步研究清楚这些古礼的实质、形成的原因、具体的详赡的内容，对于我们更正确而深刻地理解古人的生活情况、思想观念及文化特点，都是很必要的。

>>>> ## 第五节 《易经》

《易》为卜筮之书，不在禁毁之列，故能顺利流传。

"易"字的本义，《周易·系辞传》说："《易》者，象也。"《说文解字》引"纬书说"云："日月为'易'，象阴阳也。"这两种解释与《易经》的原始意义相合，《易》确实是在对于自然现象的观察揣摩中经过长期积累而形成的一门学问。到汉代以后，学者们对于"易"的含义进行引申，于是《易》便产生三义，即简易、变易、不易这三种意蕴。宇宙万物与人生，永

83

远处在不停的变化之中，自然界的沧海桑田，人类社会的一切祸福、顺逆都会变化，没有一成不变的事物和东西。这就是变易；而无论如何变易，都有一定的运动轨迹，有一定的法则，天高地低，春夏秋冬，幼少青老，春荣秋枯，一切事物都按照固定的法则运行，永远不会改变，这就叫不易；而此种变化规律、此种道理，最简单明了，谁都可以认识清楚，这就叫简易。其实，从《易经》中确实可以体会出这三种意蕴。

《易经》虽然是卜筮之书，但在解释卦象、谈论休咎时，却有非常深奥的哲理，是一部极其古老的哲学著作。

这种占卜方式起源于何时，已难考证，八卦图形在商代的陶器和兽骨上已多次出现。《易》确实是非常古老的书，其各个部分的作者也有不同说法。大体来说，最普遍看法是：八卦是传说中的伏羲氏画的。《周易·系辞传》说："古者包牺氏之王天下也，仰观象于天，俯则观法于地，观鸟兽之文，与地之宜，近取诸身，远取诸物，于是始作八卦。"

将八卦重叠而成重卦进行占卜谁是原创，则有四种说法，魏时的王弼认为是伏羲本人所创，汉郑玄认为是神农氏所创，晋孙盛认为是夏禹所创，汉司马迁认为是周文王所创。至于其他内容由谁原创，也都有不同说法，此处不俱谈。

《易》是推演八卦意义的书，古时有三种，即《连山》《归藏》《周易》。据说《连山》最先出，是夏代之书，以艮卦为主。郑玄说："《连山》者，象山之出云，连连不绝也。"此书今佚。《归藏》相传为商代之书，以坤卦为首。郑玄说："《归藏》者，谓万物莫不归藏于其中也。"当是母系世族社会人们观念的产物。今也佚。传世的只有《周易》一书。

《周易》成书于什么时代，在学术界尚无定论，但一般都认为成书于西周前期，因在《春秋左传》和《国语》中多见占卜的记载，说明当时已经有很多人在用这本书。《周易》在焚书时未被焚毁，保存较好。到汉代之后，由于经学开始兴盛，易被列入经学，故也随着开始出现兴盛的局面。从孔子始，《易经》传承为：

孔子—商瞿—桥庇子庸—馯臂子弓—周丑—孙虞—田何—王同—杨何—京房—丁宽—田王孙—施雠、孟喜、梁丘贺。

汉初传《易经》者是田何，田何再传杨何时始立博士。宣帝时，田何三传弟子施雠、孟喜、梁丘贺，始立学官。其后，又有京房、费直等学派。但当时研究《易》理，多数不离象、术之学。到三国曹魏时，随着诸多经学的解放，人们的思维也大解放，王弼一反汉代易学家的学说，不谈象、数，专门在义理上发挥，大做文章。由于当时儒学统治已经土崩瓦解，人们开始深入探讨哲学问题，于是清谈之风大盛。易学与《老子》《庄子》合称"三玄"，成为当时玄学家清谈的主要话题，因此王弼的《易注》大盛。到唐朝时，孔颖达用王弼注作《五经正义》，成为官方版本，从此，王弼注本便成为流行版本，现在通行本《十三经注疏》中的《周易正义》即是此本。

北宋仁宗朝，随着学术空气变化，各种经书都出现新的注本。理学家程颐的《伊川易传》也是以王弼注本为底本，只是去掉其中的老庄色彩，得到后世的高度评价。其后，南宋朱熹在此基础上，撰写了《周易本义》一书。由于其后程朱理学被确定为官方正统思想，这两本易学著作同样获得正统的地位。

《易经》为卜筮之书，其理在于上通天道，下明人事，哲理深奥渊博，观察论断宇宙变化，推演存亡治乱兴衰之迹，对于人之智能，大有启迪。孔子晚年对此书颇为喜欢。乃至于读书造成"韦编三绝"的程度，并对其有所著述。《周易正义·卷首·第六论夫子十翼》说："其彖象等十翼之辞，以为孔子所作，先儒更无异论。但数十翼，亦有多家。既文王易经本分为上下两篇，则区域各别，彖象释卦亦当随经而分，故一家数。十翼云：上彖一，下彖二，上象三，下象四，上系五，下系六，文言七，说卦八，序卦九，杂卦十。郑学之徒，并同此说，故今亦从之。"孔子十翼，集中体现了孔子思想，也是易经被列为群经之首的关键，因其体现孔子思想，故易经乃儒学之一。一般来说，《周易》经过三位圣人之手，即伏羲氏画八卦，文王创造重卦进行占卜，孔子写作十翼进行整理解释，因此其中保留的古代先贤的思想更深刻而丰富。

《易经》中记载许多有关古史的资料，如"既济"九三爻辞："高宗伐鬼方"；"泰六"五爻辞："帝乙归妹"。这些记载多为其他古史所不载。这些都是极其珍贵而且可靠的古史资料。《易经》对于我国天文、历法、算术的影响更加深远。如《河图》《洛书》，邵雍"先天图"等，其思想源头都是《易经》。中医的理论基础也可追溯到《易经》，其阴阳平衡理论在很大程度上根据《易经》而来。当然，中医的源头是《黄帝内经》，也是一部宝贵的古书，对于人类养生与治疗疾病都有独到的见解，是养生学与医学的宝库。

▶▶▶ 第六节 《春秋》

徐彦《公羊传疏》说："《春秋》者，道春为生物之始，而秋为成物之终。故云始于春，终于秋，故曰《春秋》。"认为春秋是取一年四季中最主要的两个季节来代表年或岁，古时说"春秋高"就是说年纪大，便是这种含义。孟子在《离娄下》说："晋之乘、楚之梼杌、鲁之春秋，一也。"认为这三种图书都是一样的史书。自从孔子著《春秋》以来，则成为专书之名。

《春秋》是孔子根据鲁国原有的史书润色修改而成的，按照鲁国国君在位的顺序进行编年。此书不但记载鲁国大事，而且记载当时天下各诸侯之间的战争、外交等一切大事。其主旨是尊周天子，按照礼法制度的要求来衡量是非，进行褒贬，每一个字都很有讲究，即所谓的"微言大义"。总的倾向是尊崇周王，尊崇国君，所谓"春秋成而乱臣贼子惧。"后被列入儒家经典"五经"或"六经"之一。

关于孔子撰《春秋》，孟子在《离娄下》中有一段话说得很清楚："王者之迹熄而《诗》亡，《诗》亡然后《春秋》作。晋之乘、楚之梼杌、鲁之春秋，一也。其事则齐桓、晋文，其文则史。孔子曰：'其义，则丘窃取之矣。'"因为诗经反映当时社会政治如何黑暗，统治者如何骄奢淫逸，百姓如何困苦，使后人可以看到社会问题。但周代衰微，采诗制度废止，通过诗歌来观民风就不可能了，于是孔子才不得不作《春秋》来记载历史，寄托自己的褒贬之意。

孟子在《滕文公下》中进一步说："世道衰微，邪说暴行有作，臣弑其君者有之，子弑其父者有之。孔子惧，作《春秋》。《春秋》，天子之事也。是故孔子曰：'知我者，其惟《春秋》乎？罪我者，其惟《春秋》乎？'"可知孔子撰《春秋》确实有很深刻的思想，有强烈的历史意识。

《春秋》有很高的价值，司马迁在《史记·太史公自序》中说："万物之聚散，皆在《春秋》。《春秋》中，弑君三十六，亡国五十二，诸侯奔走不得保其社稷者，不可胜数。"记载春秋时期的历史大事，且是编年体史书之滥觞，也是孔子的一大贡献。

但《春秋》记事特别简略，于是出现解释《春秋》之书。通常说"春秋三传"，那是汉朝以后的情况。据说此前《春秋》还有《邹氏传》和《夹氏传》两家。但此二家在汉朝建立前已失传。汉朝建立后，公羊先出，谷梁次之，左传最晚出。

《公羊传》由子夏传给公羊高，其后四传至公羊寿，才正式书写成册。胡毋生、董仲舒都是公羊寿弟子。公羊传的传承如下。

子夏→公羊高→公羊平→公羊地→公羊敢→公羊寿→胡毋生、董仲舒→嬴公→睦孟→庄彭祖、颜安乐→阴丰、刘向、王彦→……何休→……徐彦。

《穀梁传》也是子夏传授给谷梁赤。由谷梁赤传承下来。

《左传》据说是左丘明所著。左丘明事迹不可考，大约与孔子同时，因为孔子曾经提到过他，并对他的观点表示赞同。孔子说："巧言、令色、足恭，左丘明耻之，丘也耻之。匿怨而友其人，左丘明耻之，丘也耻之。"（《论语·公冶长》）可见左丘明与孔子生活在同一时代，二人岁差不会太大。从孔子对其服膺的程度看，左丘明在当时已有相当知名度。

还有一事，吾感觉疑惑，不敢断定，今提出供诸生参考。即左丘明与孔子同时，孔子在修《春秋》时，左丘明可能也在作《左传》，而孔子也参与了一定的意见。因为在对一些大事或历史人物的评价中，多处出现"仲尼

86

曰"的字样和孔子的评价，有的意见在其他地方见不到。左丘明是怎么得到这么多孔子的意见呢？因此笔者在仔细通读《春秋左传注疏》的过程中，便产生这样一种想法：孔子曾经参与其中，或者与左丘明议论过一些大事或人物。当然，这需要进一步论证。

左传从先秦到汉代的传承情况如下。

左丘明→曾申→吴起→吴期→铎椒→虞卿→荀卿→张苍→贾谊→贾嘉→赵人贯公→贯长卿→张敞、张禹→尹咸、翟方进→刘歆→贾徽→贾逵→郑众、马融→服虔、郑玄。

《左传》记事较具体生动，且绝大部分与《春秋》同，故有学者说《左传》是为解释演述《春秋》，故称该书为《春秋左氏传》或《左氏春秋》，后来的许多书籍将两书合并在一起注释解说，同一件事《春秋》在前，标示"经"，《左传》在后，标示"传"。如开篇第一件事，"经"上只一句话："鲁隐公元年，郑伯克段于鄢。""传"则记载了兄弟母子矛盾的起因、深化、总爆发的经过及结局，生动逼真。

《左传》叙事简明生动，逼真传神，最擅长描写战争，场面描写和细节描写都有精彩之处。该书记载大大小小几百次战争，其中的"崤之战""城濮之战""鞌之战""长勺之战""鄢陵之战""邲之战"等都写得有声有色，有的描绘战争进行中的激烈场面，有的交代战争的起因、战争准备的过程及结果，各有侧重。

《左传》人物众多，称霸一时的雄主如秦穆公、晋文公、齐桓公、宋襄公、楚庄王这"五霸"人物性格鲜明，郑庄公姬寤生形象也很突出。此外还有许多贤士能人，如郑国的子产，齐国的管仲、晏婴，都是具有民本思想，主张施行民主政治的著名政治家，在具体矛盾冲突中，将人物形象塑造得极其丰满，有血有肉。另外，如忠于国君，直言进谏的赵盾，大义灭亲的石碏，清廉不贪的子罕，外举不避仇、内举不避亲的祁奚等都是性格鲜明，具有某种美好品质的杰出人物。

《左传》在叙事方面很有特点，语言简明，善于剪裁。如前文提到的《郑伯克段于鄢》一文，在交代矛盾冲突起因及逐渐激化的过程中，花费许多笔墨，但写战争时却极端简略，突出了人物性格。使庄公、共叔段、姜氏三个主要人物形象的主要性格凸现出来。庄公的老谋深算、胸有成竹；共叔段的贪婪昏聩，狂妄愚蠢、姜氏的乖戾孤僻都表现得淋漓尽致。这对于后世散文尤其是叙事文学创作有深远影响。

总之，《左传》是我们了解春秋时代社会风云变幻的最可靠最直接的材料，成为后世文学创作的重要来源。

《四书》指《论语》《孟子》《中庸》《大学》。

世界历史文化名人的前五名中一直有中国的孔子，随着世界文化交流速度的加快、东西方文化的交融，孔子的地位将会越来越高。应当说，孔子的思想主要保存在《论语》中。《论语》在前面已有专讲，这里不再重复。

关于孟子的师承，有不同说法。司马迁的说法较可信，即孟子是孔子孙子子思门人的学生。一说孟子直接师承子思，但从年代上考证，孟子不可能是子思的学生。《孟子外书》引用孟子自己当年的话，说他的学问出自子思的儿子子上。即孟子是孔子曾孙的学生，但没有其他证据。如果真是这样，孟子本人不可能在《孟子》一书中没有说法。

《孟子》七篇各分上下，共十四篇，是孟子与其弟子万章等人所著，是研究孟子事迹和孟子思想的主要资料。宋代起被列入"四书"之一，成为当时小学生的教材，与"五经"并列，是士人必读之书。

《孟子》还有"外四篇"。司马迁在《孟子荀卿列传》中说："作《孟子》七篇。"但应劭《风俗通》则说："孟子作书，中外十一篇。"赵岐在《孟子题辞》中说："又有外书四篇，《性善》《辩文》《说孝经》《为政》，其文不能宏深，不与内篇相似，似非孟子本真。"赵岐的意见是对的，从思想境界、气度和篇名设置几个方面考察，确实与《孟子》七篇有很大差别。有人臆断为刘歆伪作，恐怕也未必。此问题有待于深入研究。

《中庸》与《大学》是《礼记》当中的两篇独立文章，宋以前并没有受到重视。汉朝以来，儒家只推重孔子之书。唐代韩愈出，提出欲求圣人之书，必从孟子开始，于是孟子的地位迅速上升。至北宋理学大师二程兄弟（程颢、程颐）开始，又开始特别强调《中庸》和《大学》，从此学界认为《大学》是"初学入德之门"之书，《中庸》是"孔门传授心法"之书。其实，二程如此重视这两篇文章，主要是用其言心性的学说与佛家言心性之学来抗衡。后来南宋朱熹继续高度表彰《大学》和《中庸》，朱熹死后，朝廷将《论语》《孟子》《中庸》《大学》训说立于学官，成为官方教材，"四书"之名正式出现。

第九讲　博大精深的史学（上）

　第一节　自觉的历史意识

中国古人历来有很强的历史意识，即记录事实流传后世的意识。这种意识出现很早，而且非常自觉。殷墟的甲骨文便是这种意识的体现，如果不是有意识流传下来，何必集中存放？甲骨文中的"史"字很像人握笔书写，这就是商朝专管记事的史官。以后的内史、外史、左史、右史都是史官的称谓。《礼记·玉藻》中说："动则左史书之，言则右史书之。"这就是所谓的"左史记事，右史记言"，说明当时便已经非常注意记载君主的言行，而且有明确的分工。这样，商、周两朝的史官为后世留下了丰富的历史档案和典籍。

鲁庄公二十三年（公元前 671 年），庄公想到齐国参观社祭典礼，曹刿认为违反礼乐制度，劝谏其不要作违礼之事，道："君举必书，书而不法，后嗣何观。"很明确，国君的举动史官是必须记载的，而被记载下不遵守礼法的事情，后人将会怎么看你啊！很多人受到制约，便是因为不愿意在历史上留下污点。可见中国古人对于历史责任的认识很深刻，也非常重视。

孔子在当时便能看到殷商和西周的历史档案，在比较之下，他选择周的文化，是因为夏商两代的文献资料不完整了，而且周代的礼乐制度比前两代有进步。孔子明确说自己"述而不作，信而好古，窃比我于老彭。"据古注可知"老彭"就是殷商的史官。孔子本意就是整理、叙述继承历史而不自己创造，因此他用来教书的教材基本是整理当时已有的文献资料而成。《诗》《书》《礼》《乐》《易》都是现成的典籍。而他自己亲笔修撰的只有《春秋》一书。《春秋》是最早的编年体史书，成为后世编年体史书的滥觞。其后出现的春秋三传即《左传》《穀梁传》《公羊传》都是春秋系统的史书，极大地丰富了《春秋》的内容。

司马迁则依据殷商时流传下来的资料写成世界文化史的奇观——《史记》。应当说，司马迁的《史记》之所以最可靠，就是他一定见到过最原始的文献资料。举例来说，殷商朝代世系，距离司马迁已经过千年，他怎么能知道殷商国君前后顺序呢？没有历史档案资料是不可想象的。明清时代曾有人怀疑其真实可靠性。但 20 世纪初出土的甲骨文证明了司马迁记载的准确性。

另外，中国古人忠实记载信史的精神也非常宝贵，受到孔子称赞的晋国

89

史官董狐，不怕杀头，敢于秉笔直书，而且还带有是非判断的因素在内。赵盾是执政大臣，为人干练有才能，国君晋灵公要谋杀他，他被迫出走，未出国境，他的族弟赵穿杀死晋灵公。他返回京都。董狐记载此事曰："赵盾弑其君。"赵盾认为不是自己杀的国君，质问董狐。董狐认为赵盾是执政大臣，"亡不出境，返不诛国乱"，罪责难逃。赵盾没有办法反驳，只好听之任之。孔子著《春秋》便有微言大义，完全按照周礼的规定判定是非，这种史官精神一直被后世继承着。

其后，对于历史的记载更受重视，从唐代开始，便有《实录》一体，即每位国君死后，继位的国君就要组织专门学者修前朝《实录》。因为是当代人记载当代事，故比较可靠。如王叔文革新过程的许多史实，就是靠韩愈的《顺宗实录》保存下来的。每个朝代结束后，下一个朝代都要组织专门的班子为前朝作史。因此隋以后历代史书都是官修的，可见古人对于记载历史的重视。初唐宰相薛元超在临终说自己有"三大憾事"，其中之一就是未能"修国史"，可见士人对于参与修史的重视。

对于历史记载和历史研究，最重要的准则就是要求真、存真、传真。真实和实事求是是历史学家的第一追求。这一点与文人不一样，文人之文，最怕不出于自己之胸臆，因为那样就不会感人；而历史学家之文，最怕出自自己之胸臆，因为那样容易失去客观公正性。这是文人和史家的最大区别。修史之人只求叙述事件，不能加入自己的主观感情。唐朝刘知几《史通》中提出史家必须具备三个条件，即史才、史学、史识。清代章学诚的《文史通义》中在这三项要求之上有加一个史德。确实，无论是修史，还是研究历史、评论历史，史德都是第一位的。因此梁启超认为史德最重要，其次是史学，再次是史识，最后是史才。

▶▶▶▶ **第二节 先秦史籍**

中国正史系统是从司马迁的《史记》开始的。但司马迁的《史记》是在大量采纳先秦史料的基础上写作的。换言之，如果没有先秦的大量丰富的史料文献，《史记》是不可能完成的。前文提到的殷墟甲骨文就属于这种史料。可以推测，除了近现代出土的甲骨文外，司马迁时代肯定还有另外的资料，因为这些甲骨文司马迁可能看不到。《尚书》也有史料汇编的功能，司马迁《史记》的前五篇本纪即《五帝本纪》《夏本纪》《殷本纪》《周本纪》《秦本纪》中取自《尚书》的史料便很多。但真正属于历史散文的则是《左传》《国语》《战国策》三部书。

前面提到，孔子的《春秋》是按照鲁国国君在位的年代顺序编著的编年体史书，但该书记事过于简略，汉代将其提升到经学的地位，并将三传按照年代附在其后，每年前面是经，后面是传，附《左传》的就称《春秋左传》，附《公羊传》的就称《春秋公羊传》，附《穀梁传》就称为《春秋穀梁传》，一般称"春秋三传"。这就极大地丰富了《春秋》的内容，更翔实生动地记录了春秋时期的历史事件，成为重要的历史文献。而且《春秋左传》最擅长描写战争，记录许多次激烈的战役，使我们今天读来仍然栩栩如生，认识价值很高。该书文笔生动简洁，人物形象鲜明，叙事详略得当，情节紧凑，对后世的叙事散文有很大影响。《春秋左传》是了解春秋时期政治军事文化等大事件和当时的社会风貌不可或缺的经典，研究中国历史与文化必须仔细阅读这部书。

《国语》侧重记载当时君臣和士大夫的言论，采取分国记事的方式，是最早的国别体史书。《国语》记载了许多《左传》中没有的历史事件，尤其是吴越之间触目惊心的争霸经过，在中国历史上有重要影响的越王勾践卧薪尝胆的故事、西施的故事等都出自这部书。因此，《国语》的地位也是不可替代的。

《战国策》是一部分国记事的国别体杂史，属于史料汇编。原来有《国策》《修书》《国事》《事语》《长书》等许多名目。全书分十二策，共三十三篇。十二国是秦、齐、楚、燕、韩、赵、魏、西周、东周、宋、卫、中山。从原来书名杂乱的情况可以推断，该书没有一个统一的作者，当时是出自史官之手，具体作者已不可考。现在流传的版本是由汉代学者刘向整理而成的，书名也是他定的。

《战国策》记事从周贞定王十四年（公元前255年）开始，到秦始皇三十一年（公元前216年）结束，前后共二百三十九年，记载这一历史时期中谋臣策士游说各国或互相辩难的言论和行动。所记多信史，很多被司马迁使用，但也有夸大虚构之处。

《战国策》不但是记载战国历史的重要文献，也是一部优秀的散文总集，文笔优美恣肆，笔锋犀利深刻，语言流畅，善于运用寓言故事和生动的比喻来阐述道理，描绘人物生动传神，文学意味极其浓厚，对后世的史传文学和政论文学都有深远的影响。《史记》记载战国时期的历史，多取材于此书。

▶▶▶▶ 第三节 史书里程碑——《史记》

司马迁的《史记》乃发愤而成，故其中蕴涵着强烈的是非判断和追求正义的价值取向，又具有强烈的流传后世的意识，因此馨尽心血，使该书成为中国史学史上一座光辉的里程碑。

《史记》采取纪传体的形式，记叙从传说中的五帝到司马迁生活的汉武帝太初年间三千年的历史。如此长的时间，如此纷纭复杂的历史，采用什么样的体例才能既全面记叙历史而又不枯燥乏味呢？司马迁经过深思熟虑，采取了纪传体的方式，这样既有清晰的历史发展线索，又有生动具体的人物形象和复杂的历史事件。他采取五体来结构全书，即本纪、表、书、世家、列传。这是极其精密科学的结构，是伟大的创造。下面我们简单介绍一下。

《本纪》共十二篇，可分两类，前五篇因史料太少，只能采用合纪，五帝为一篇，其后夏商周秦每代一篇。其后到秦始皇才开始每个帝王一篇。项羽虽然没有登基为帝，但他在推翻秦朝建立汉朝期间是实际主宰天下者，故司马迁将其列为本纪。吕太后没有皇帝的名号，但她实际执掌了惠帝时期的政权，故司马迁列《吕太后本纪》而没有《惠帝本纪》，可以看出其实事求是的精神。这样，将所有的本纪前后联系起来，中间绝无断绝间隔，实际上是历史发展之根本，是全书之总纲纪，故称做本纪。其作用是展示清晰的历史线索，等于是全书的编年部分。

《表》共十篇，也分两类：一类是大事年表，"年经事纬，纵横互订"，是记载春秋战国时期及秦汉之际历史不可缺少的工具。另一类是人物年表，与列传相互补充。有些名人《史记》有传，有些人物虽然不够设传，但有些事迹不可埋没，于是在表中记载之，这样既能不遗漏重要人物，又能节省笔墨，而且眉目清晰。

《书》共八篇，是系统记述典章制度的体裁，可以说是分类史，开后世政书之先河。《律书》《天官书》《平准书》《河渠书》等分别记述法律、天文历法、度量衡、水利建设等历史资料，都是研究古代历史不可或缺的资料。

《世家》共三十篇，是用来记述诸侯各国世系的。因春秋战国存在许多大的诸侯国，汉初也有诸侯国，凡有子孙世袭爵位的便列入此系列。实际是小型的本纪。世家中只有二人是特例。一是陈涉，陈涉起义最后失败，并没有传之子孙，但司马迁将其列为世家，是对其推翻暴秦之历史功绩的高度肯定，也便于记载其起义的整个过程。另一个是孔子，孔子无爵位，后人也无位，但武帝尊崇儒术，司马迁对于孔子也非常敬仰，因此将其列为世家，便于记载其后代的世系发展。

《列传》共七十篇，可分两大类四种类型。第一大类是人物列传，分三小种：一是一人一传，如伍子胥、商鞅、孟尝君等。二是几人一传，可称合传，如管仲、晏婴合为一传；孙武、吴起合为一传；屈原、贾谊合为一传等。还有四人合为一传的，如廉颇、蔺相如、赵奢、李牧都是赵国大臣，便合为一传。三是以类相从，可称"类传"，如《刺客列传》《游侠列传》《酷吏列传》等。第二大类是周边少数民族历史，也称《列传》，如匈奴、朝鲜、东越等，是记载这些民族的历史及中原政权与周边少数民族关系的重要史料。

《史记》这五种体例虽然各有分工，但又是一个有机的整体，因为最能体现本书叙事特色的是本纪、世家、列传三体，而世家在以后的史书中因历史状态的变化而不再需要，被舍弃，主要阅读者则是本纪、列传两体，故简称为"纪传体"，以后史书，虽然名称有所不同，但基本都采纳这种体例。因此说《史记》是中国史学史上的里程碑。司马迁要"究天人之际，通古今之变，成一家之言"的写作目的得到实现。班固评价《史记》说："不虚美，不隐恶，其言直，其事核。"鲁迅评价说："史家之绝唱，无韵之离骚。"都是很精彩的评语。

《史记》的注本今存三家，南朝刘宋裴骃《史记集解》八十卷，唐司马贞《史记索隐》三十卷，唐张守节《史记正义》三十卷。三书虽然名称不同，实际都是《史记》注本。今中华书局版《史记》已将三注合在一起，分别标注在正文之后，是最通行的版本。日本人泷川龟太郎《史记会注考评》一书广取博收，资料最为丰富。

▶▶▶ 第四节　第一部断代史——《汉书》

中国学术界经常称"前四史"，认为这四部史书出自私人著述，一是比较客观，二是简明生动，不但是著名史学著作，而且很有文学价值。"前四史"当然指正式史书的前四部，除《史记》外，还包括《汉书》《后汉书》《三国志》。下面只简单介绍《汉书》，其他两种就不介绍了。

《汉书》一百卷，东汉班固撰。记载西汉二百二十九年的历史，起自汉高祖元年（公元前206年），终王莽地皇四年（公元23年），是我国第一部纪传体断代史。

班固（32—92），字孟坚，扶风安陵（今陕西咸阳市东）人。父亲班彪，是著名学者、史学家，想要继承《史记》写作史书，作《后传》六十篇。班彪死后，班固继承父亲遗志，继续写作。有人诬告班固私改国史，班固下狱，弟弟班超上书争辩，被释放，召为兰台令史。受诏完成父亲之书。殚精竭虑二十余年，书主体部分完成。后因故下狱死。他妹妹班昭及妹夫马续补写八表和天文志。可见，《汉书》中有四个人的心血，即班彪、班固、班昭、马续。但最主要部分是班固完成的。

《汉书》和《史记》有部分内容是重复的，即汉武帝以前的汉朝人物和事迹司马迁已经写入《史记》，作为断代史，又必须写这些内容，于是班固便进行了一番调整和增补。主要在三个方面：第一，增加篇目。《史记》附入别人传中而事迹较多分量较重的人物，《汉书》单列出来，独自成传。如卷四十五的《蒯通传》，材料来自《史记·张耳陈余列传》和《淮阴侯列传》。第二，增加事实。传名相同，但写作时增加一些新内容，如卷三十四《韩信传》、卷三十六《楚元王传》、卷三十九《萧何传》等内容都有所增益。第

93

三，增加文章。同样传主的传记，《汉书》比《史记》增加一些文章。如《贾谊传》增加《治安策》，《晁错传》增加《贤良策》等，有一些文章就是借助《汉书》才保存下来的。

关于《汉书》的篇目，按照标号来看，与《史记》相同，只是把十表减为八表，八书增加为十，改书为志。因没有三十世家，故一百卷。但因为有的卷太长，分上下，有的甚至分上、中、下，这样在一些图书目录中对其卷数便有不同的说法。《隋书·经籍志》《旧唐书·经籍志》《新唐书·艺文志》均作一百十五卷。唐颜师古注本作一百二十卷。分卷虽然不同，但内容没有变化。

班固以《汉书》的实绩赢得与司马迁并称的光荣，后人经常"班马"连称。以后的正史都是纪传体形式，乾隆年间钦定"二十四史"，目前出版界将《清史稿》加入，便称"二十五史"了。列入其中者便为正史，否则就是别史、野史。

第十讲 博大精深的史学（下）

▶▶▶ 第一节 编年体史书

《史记》之后，正史均采用纪传体，而《汉书》后的史书基本都是断代史，只有《南北史》不属于断代史。司马光的《资治通鉴》则是编年体通史。而且在写作目的上，与正史有所不同，是为统治者治理天下提供历史经验和借鉴而编撰的，具有特殊的意义。

《资治通鉴》二百九十四卷，目录三十卷，考异三十卷，司马光编著。从周威烈王二十三年（公元前403年）至后周世宗显德六年（公元959年）止，共记载一千三百六十二年的历史，是编年史中包含时间最长的一部巨著，影响极其深远。

司马光是一位争议颇多的人物，争议的焦点主要是其历史上政治作用问题。这不是我们讨论的问题，故不赘言。司马光（1019—1086），字君实，陕州夏县（今山西夏县）人，进士出身。王安石变法时，他是坚定的反对派，神宗死，哲宗即位，太皇太后执政，起用他尽废新法，引起新旧党争，直到北宋灭亡。尽管司马光的政治作用争议颇多，但对《资治通鉴》则都是充分肯定的。

《资治通鉴》从宋英宗四年开始修撰，此前，司马光先完成战国到秦朝八卷的编年史，名曰《通志》，进呈英宗。英宗看后，大为赞赏，命他继续往下修撰，并设置专门书局。第二年，神宗即位，亲自为此书作序，并赐名为《资治通鉴》。不久，王安石变法开始，司马光反对变法无效，便到洛阳专心编撰此书，历时十九年，直到元丰七年（公元1084年）成书。司马光编撰《资治通鉴》的年代，从他本人来看，是从四十八岁到六十六岁期间，正是学问成熟、精力充沛、人格定型的时期，再加上几名助手都是学识渊博的学者，这就保证了该书的精品性。几名同修者是刘攽、刘恕、范祖禹。三人均是当时的著名学者，《宋史》都有传。司马光极其谨慎，他曾说："视地而后敢行，顿足然后敢立"（《答刘蒙书》），而且十九年间"臣之精力，尽于此书"（《进通鉴表》），可见此书是司马光及其编著者集体花费大量心血凝结而成。

《资治通鉴》的史料价值极高，是非常可信的，比较好的本子是南宋胡三省注本。

《资治通鉴》后，陆续出现一些编年体的史书。南宋李焘的《续资治通

95

鉴长编》，五百二十卷，记载北宋九朝史事，可惜所传之本有残缺。英宗、神宗两朝有缺失，徽宗、钦宗两朝全无，这是很遗憾的。但尽管如此，本书的史料价值依然是无法替代的，研究宋史者不可不读此书。

徐梦莘的《三朝北盟会编》二百五十卷，是专记徽、钦、高宗三朝宋金交涉历史事件的编年体史书。徐梦莘（1126—1207），字商老，绍兴二十四年进士，嗜学博闻，多著述。本书以记宋金外交史事为主要内容，史料价值很高。

《建炎以来系年要录》二百卷，南宋李心传撰，专记南宋高宗朝历史的编年体史书。此书材料以国史、档案等为主，参考案牍、奏议及碑铭、文集、各家野史等，材料极其丰富，《四库全书总目》评价此书云："文虽繁而不病其冗，论虽歧而不病其杂，在宋人诸野史中，最足以资考证。"

《续资治通鉴》二百二十卷，清毕沅撰，上接《资治通鉴》，下迄元末，为编年体宋、辽、金、元史。毕沅（1730—1797），字秋帆，江苏镇洋（今太仓）人。乾隆二十五年进士。《续资治通鉴》虽然没有《资治通鉴》学术价值高，但对于了解这几朝的历史，也是极其方便的书籍。

►►►► 第二节　纪事本末体

在南宋初期，袁枢编撰成《通鉴纪事本末》一书，从此中国史书又多一体，即"纪事本末体"。袁枢（1131—1205），字机仲，建安（今福建建瓯）人，进士出身，曾兼任国史院编修，出任过国子祭酒。《通鉴纪事本末》四十二卷。袁枢创作此书，就是为了解读《资治通鉴》，因为《资治通鉴》是编年体，一个事件断断续续多少年，缺乏连贯性。分散在不同的卷里，阅读起来也不方便。尤其是要了解一个人物或一个事件的始末缘由，阅读《资治通鉴》确实很麻烦，而袁枢很喜欢此书，多次阅读，于是便按照事件，将书中的内容分别择录出来，时间顺序一仍其旧，只是把属于同一个事件的文字原样照抄，并把司马光关于这件事的评论也都照抄下来。这样，一个事件虽然在原书中分散在数卷中，但这样择录后就成为一卷了。再加一个题目，于是一个事件的全部经过包括司马光对其的评价都很清晰地展示出来，而且篇幅不大，阅读起来极其方便。

全书共编撰二百三十九条，题目非常明确，如《光武平赤眉》《孙氏据江东》《王莽篡汉》《祖逖北伐》《太平公主谋逆》等，看题目便可以知道该卷的内容。这样，此书确实给研究了解历史事件提供了极大的方便。而全书又都录自《资治通鉴》原文，学术价值和史料价值都没有任何折扣，更提高了本书的学术品味，出现后立即得到社会的广泛认同和高度评价。

该书刚修成，参知政事龚茂良见到后，上奏给孝宗皇帝。孝宗读后大为赞赏，将其赐给太子以及诸位将帅，命令他们仔细阅读，说："治道尽在此矣。"著名诗人杨万里给此书作的序。宋本《通鉴纪事本末》四十二卷，明末张溥在此书每件事后作一篇评论，就附在原文之后。张溥文章著名，又是文人组织复社领袖，在文坛颇有地位，后来便把该书分为二百三十九卷。此本流行后，四十二卷本反而少了。但两书的区别非常明显，一看是否有张溥之论便可知晓。《通鉴纪事本末》出现后，因其体例好，受到欢迎，同类史书便不断出现。下面简介其中影响较大的几种。

《宋史纪事本末》二十六卷，明陈邦瞻撰。陈邦瞻（？—1623），字德远，高安（今江西高安）人，万历进士。据史料记载，礼部侍郎冯琦曾经草创此书，但没有完成就去世了。陈邦瞻在冯琦的基础上完成此书。此书共纪事一百零九篇目，其中包括辽、金、元十二篇目。此书虽曰《宋史纪事本末》，但其中内容不局限于宋史，兼收辽、金、元史。写法也与《通鉴纪事本末》不同，是据原史料而重新写作。陈邦瞻除《宋史纪事本末》外，还著有《元史纪事本末》四卷，二十七事。

《续通鉴纪事本末》一百一十卷，清末武威人李铭汉撰，实际是一百一十篇，共八十九卷。然此书多出自《宋史纪事本末》和《元史纪事本末》，价值不大。

《明史纪事本末》八十卷，清谷应泰撰。谷应泰（1620—1690），字赓虞，丰润（今河北丰润）人，顺治进士。此书刻于顺治十五年，有傅以渐序，谷应泰自序。可见此书之成尚在《明史》之前，这是此书与前几种纪事本末大不相同之处。故此书之资料来源当然不能出自《明史》。这样，其史料价值相对更高。

《左传纪事本末》五十三卷，清高士奇撰。高士奇（1644—1703），字澹人，号江村，钱塘（今浙江杭州）人，是康熙朝重臣。此书是以南宋章冲《春秋左氏传事类始末》为基础编撰的。章冲字茂深，与袁枢同时。他对于左传颇有研究，取各国事迹，以类相从，使首尾连贯。共五卷，高士奇在此书基础上增广加工，以列国事迹，分列专题，又杂采诸书附于正文之末，增加了本书的学术价值。

除上述五种纪事本末外，还有张鉴的《西夏纪事本末》三十六卷、李有棠的《辽史纪事本末》四十卷、《金史纪事本末》五十二卷、杨陆荣的《三藩纪事本末》四卷，合起来共九种，在印刷界和学术界，也称之为"九朝纪事本末"。

▶▶▶▶ 第三节　政书类

所谓政书，是指记述历代王朝政治制度、经济制度和各种典章制度的书。其编撰目的是为从政者提供参考，故曰政书。此名称不见于古目录学，是清代修《四库全书》时开始使用的。

在正史中，有《书》《志》之体例，也是分门别类地记载典章制度的，这就为政书的编撰提供了原料。除《史记》的八《书》外，其他史书均是断代史，与之相适应，"志"也是断代的，即只记载本朝的典章制度。将这些断代的"志"前后联系起来进行综合叙述，便可以得到一条历史演进的轨迹，这便是编撰政书者们的主要工作方向，也为后人提供了解某一专门知识到发展历程提供极大的方便。政书类最著名的是"十通"。

所谓的"十通"，是以《通典》为首的十部大部头政书。前三通价值最高，也最有学术价值。因此我们只简单介绍前三通，其他附带而已。

《通典》二百卷，唐杜佑撰，是记载古代各种制度沿革的大型工具书，上起传说中的尧舜，下迄作者生活的中唐之世，历史久远，卷帙浩繁，是学术价值极高的著作。杜佑（735—812），字君卿，京兆万年（今陕西西安）人。中唐名相，杜牧祖父。早年即注意兴衰治乱之迹，学识渊博，花费三十多年心血，著成此书。

《通典》共分九门，每门卷数如下：（1）食货，十二卷；（2）选举，六卷；（3）职官，二十二卷；（4）礼，一百卷；（5）乐，七卷；（6）甲兵，十五卷；（7）五刑，八卷；（8）州郡，十四卷；（9）边防，十六卷。每门下边各有子目。每门前有总序，后面多有议论。与正史中"志"的排列顺序不同，杜佑将"食货"放在首位，表明他对于经济发展的重视。因为中唐经过安史之乱后，民生凋敝，经济问题极其突出，杜佑对于现实是很关注的，同时也可以看出他的胆识。

《通典》史料翔实，政治见解高明，历来受到学者的好评。《四库提要》评此书说："博取五经群史及汉魏六朝人文集、奏疏之有裨得失者，每事以类相从。凡历代沿革悉为记载，详而不烦，简而有要，元元本本，皆为有用之实学，非徒资记问者可比，考唐以前之掌故者，兹编其渊海矣。"该书对于了解唐代典章制度，尤其重要。因为杜佑本身是实际参与统治的最高层官员，故其记载唐代的各种制度，极其详明而可信。

《通志》二百卷，南宋郑樵撰，上起三皇，下迄隋代，是综合历代史料而成的通史。郑樵（1104—1162），字渔仲，兴化军莆田（今福建莆田）人，因其年轻时在夹漈山下苦读三十年，故学者称夹漈先生。郑樵非常自负，曾写信给南宋当政官员，说"使樵直史苑，则地下无冤人。"晚年专心整理《通志》，书成进呈，授翰林院编修。郑樵主张通史，反对断代。因此，他的《通志》很大篇幅是本纪列传，这部分没有什么价值。其主要价值在二十略五十一卷方面，全书之精华也体现在此。其实，《通志》二十略才真正属于政书，是典章制度的叙述与钩沉。但郑樵没有当官执政，对于当朝之典章制度与经济状况以及政策不了解，故其见解与杜佑不可同日而语，虽然被列入"三通"，实际逊色于另外二通。但此书也并非一无可取，《四库全书总目》评此书曰："宋人以义理相高，于考证之学罕能留意。樵恃其该洽，睥睨一世，谅无人起而难之，故高视阔步，不复详检，遂不能一一精密，致后人多所讥弹也。特其采摭已浩博，议论亦多警辟，虽纯驳互见，而瑕不掩瑜，究非游谈无根者可及。至今资为考镜，与杜佑、马端临书并称'三通'，亦有以焉。"其能够从学术史、文化史方面扩大史学的研究范围，是很突出的贡献。

《文献通考》三百四十八卷。元马端临撰。马端临是南宋末年宰相马廷鸾之子，学识渊博。用大半生之力修撰此书。该书编辑方法与《通典》相同，其门类为二十四，从数字上看，是《通典》2倍多，但实际不然，该书是把《通典》中的一些门又细化了。故其中的十九门为《通典》之旧，只有经籍、帝系、封建、象纬、物异五门为新设。《文献通考》是自古至宋系统叙述典章制度沿革的专书，其价值与《通典》相同，为后代学者所器重。

清代乾隆时，又连续修撰"六通"，分别续"三通"，即《续通典》一百四十四卷；《续通志》五百二十七卷；《续文献通考》二百五十卷；《清通典》一百卷；《清通志》二百卷；《清文献通考》二百六十六卷。清末民初刘锦藻又撰《续皇朝文献通考》，合在一起则为"十通"。

▶▶▶▶ 第四节　传记类

自从司马迁《史记》问世以来，中国官修的史书便都设"列传"一体，实际就是人物传记。而从中国文学来看，司马迁的人物传记已经非常成熟，有许多精彩篇章，因此司马迁可以称做中国人物传记之开山祖师。以后传记类历史资料便层出不穷，至唐宋后，又有墓志类传记加入，更是蔚为大观。

传记类史籍大体可分以下四类。

分类专书：按照历史人物的不同类型进行分类编纂。如《列女传》《高僧传》《唐才子传》《高士传》等。

以朝代为主的传记，将同一朝代的名人按照先后顺序编纂起来。如《宋名臣言行录》《元名臣事略》等。

地方性人物传记，按照同一地区进行编纂。目前这种传记屡见不鲜，对地方文化建设颇有意义。古籍如《陈留耆旧传》《襄阳耆旧记》《百越先贤志》等。

个人专传，编辑形式有家传、年谱、行状、别传等。

前三种形式对于史学价值较高，尤其是第一种，是某一方面研究最重要的资料之一。今简单介绍几种。

《列女传》八卷，汉刘向撰。刘向是汉宗室子孙，本有政治志向，但当时政治黑暗，他因政治斗争下过监狱，后专心治学，是著名的大学者，目录学之开山祖师。当时赵飞燕姊妹秽乱后宫，刘向列举古代贤德女子，意在讽谏。北宋曾巩序说："列古女善恶所以致兴亡者以诫天子，此向述作之大意也。"

《四库提要》将《列女传》八卷分为两部分，前七卷为刘向所著，后一卷题曰《续列女传》，作者不详。刘向所撰七卷，每卷十五人，共一百零五人，俱有颂。刘向将这些女性分七类，即母仪、贤明、仁智、贞顺、节义、辨通、孽嬖。前六类是正面典型，都是赞颂之词；最后一类是反面典型，多批评之语。此书对于研究中国古代女性事迹非常有价值，受到后世高度重视。

《高僧传》十四卷。梁释慧皎撰。慧皎是梁武帝时名僧，武帝萧衍笃信佛教，且佛教进入中国已经四百余年，其间高僧辈出，但缺乏权威记载，于是慧皎编纂此书。《高僧传》共分十门，分门别类记载，十门是译经、义解、神异、习禅、明律、亡身、诵经、兴福、经师、唱异。共记载自汉明帝永平十年（公元 67 年）至梁初天监十八年（公元 519 年）四百五十三年间高僧二百五十七人，旁出附见者二百余人。人数众多，搜集资料宏富，不但是研究佛教不可或缺之资料，对于研究中西交通史，也颇有史料价值，还可以补充史传之不足。

《续高僧传》四十卷，唐释道宣撰。体例仿《高僧传》，所记载僧人七百余。

《唐才子传》十卷，元辛文房撰。辛文房，字良史，西域人，生平不详。唐代诗歌繁荣，然诗人事迹多有失传者，故此书对于了解唐代诗人生平极其重要，现代颇受学术界重视。目前最好注本是傅璇琮主编，中华书局出版的校释本。

第十一讲　浩如烟海的文学（上）

国学的范围一般都确定在传统的《四库全书》方面，即经、史、子、集四部。先秦两汉经学包括文、史、哲三个部分，文学尚未独立，包含在经学、史籍和诸子之内。因此四部中其实都包括文学。经部中的《诗经》《春秋左传》都属于文学。史部中的《史记》是传记文学的典范，而《战国策》《吴越春秋》等杂史文学成分也很大。子部中也有文学，如《孟子》《庄子》《韩非子》等，《世说新语》的文学贡献更大，成为世情小说的鼻祖。集部基本属于文学。故文学研究的主要部分在集部中。最早有意识进行文学创作的人是战国时期的屈原，文学观念和文学批评的出现则是魏晋时期的事。

文学是用语言为工具，通过文字形象反映生活的一种艺术。通常的文学主要是散文、诗歌、小说、戏曲四大门类。下面还可以分许多小的种类。由于先秦两汉的文学包裹在经学和史学之中，故我们在叙述这部分时，如遇在前面已经交代过的内容则从略，以免重复。而对于内容之交代也是蜻蜓点水，点到为止。总之，以既不重复又不遗漏主要内容为原则。为理清眉目，我们依旧采取按照历史发展脉络的顺序依次道来。

先秦文学如果高度概括的话，可以分为五大部分，即神话、诗经、诸子散文、历史散文和楚辞。诗经前面已经讲述过了，故这里不再重复。诸子散文和历史散文尚未总体交代，故两者合在一起简单交代。而主要介绍上古神话和楚辞。

▶▶▶　第二节　上古神话

中华民族历史悠久，当然有自己的神话，但中国神话比较零散，而且不成系统，与我们的历史文化不相匹配，但我们的神话传说也有自己的特点。

中国神话研究专家袁柯提出"广义神话"的观点，他在《上古神话》中说："一是神话最根本的属性是文学，文学是神话的主旋律；二是除了原始社会能够产生神话，进入阶级社会尤其是进入封建社会的历史长河中也能产生神话。"并进一步阐释说："我们从广义神话的观点出发，认为神话的界说大致应该是：以原始思维为心理背景，创造出来的带传奇色彩的神异故事。"

从现存资料看，以汉民族为主的中国，上古神话显得很单薄，资料少，内容零乱，相互之间缺乏内在的联系，不成体系和系统。这既有主观方面的原因，也有客观方面的原因，两者相互影响，互为因果。

概括来说，中国的上古时代，各部族部落林立，黄帝时号称万国，殷商时可能会有几千个各自独立的部落群，周朝所谓诸侯国也有上千个，很难说有一个具体的数量，而且经常处在动态中。这样，每一部族往往有自己的图腾和神灵崇拜，所以很零碎。等周王朝统一，建立礼乐典章制度，以农业文明构建整个文明的基石，这就要求对自然进行现实、客观、理性的把握，所以中国的天文学、历法学发展较早，两至、两分、二十四节气出现都非常早，这是汉民族神话较早退出人们思维的主观原因。

另一方面，中国史学发达过早，用理性的历史思维来处理许多神话题材，使神话过早地历史化了。如《史记·五帝本纪》的许多内容取材于上古神话传说，司马迁时能够看到的神话资料一定还非常多，其中关于黄帝的传说就五花八门，司马迁认为怪异，难以取信便省略了。而关于姜子牙的出身及与文王相会的过程，司马迁举出三种，并未下断语，在体现他态度谨慎的同时，也说明当时这样的故事很丰富。由于史学成熟与发达，神话自然就不为人们所注意，逐渐消亡。

中国没有专门的神话书籍，分别记载在许多典籍中。保存神话资料比较丰富的是《山海经》《淮南子》《穆天子传》，另外《左传》《国语》《诗经》《楚辞》及诸子百家中也有一些神话故事的只言片语。就保存和流传神话最丰富的典籍而言，首推《山海经》，其次是《淮南子》；就文学作品而言，可以窥测神话端倪的最主要作品是屈原的《天问》。

中国上古神话主要可以分为创世神话、始祖神话、自然斗争与社会斗争神话等。创世神话的代表作品是"盘古开天地"：天地分开，便可以孕育人类，于是出现始祖神话。中国许多民族都有本民族的始祖神话，但影响最广泛的是女娲补天和造人神话。其他还有英雄神话等，比较著名的有"鲧禹治水""夸父逐日""精卫填海""黄帝战蚩尤""嫦娥奔月"等。

▶▶▶ 第三节　诸子散文与历史散文

诸子散文主要指春秋战国时期诸子百家争鸣时期出现的语录集和政论集，在时间上，两汉魏晋时期的政论家们也都被视做诸子，为《诸子百家》《诸子集成》所收。但一般来说，还是以先秦诸子为主体。因为这一部分的专书在经学中已经讲过，故这里只交待概况。先秦诸子散文之发展大约经过如下三个阶段：一是《老子》和《论语》，都是只言片语的记录，属于语录体阶段；二是《墨子》《庄子》《孟子》，出现大段对话，也有比较完善的论证，论文雏形已经出现，但结构未全，逻辑未严，属于政论散文初创阶段；三是《荀子》《韩非子》《吕氏春秋》，逻辑推理严密，结构完整，政论散文完全成熟。

《吕氏春秋》在前面经学部分没有提到，该书因为是吕不韦组织人编撰的，人们鄙视吕不韦的为人，后来学者又将其列入杂家，故此书一直没有得到应有的重视。实际该书是先秦诸子思想之集大成者，立论坚实，逻辑谨严，内容丰富，涵盖建国治国的所有领域，其思想倾向是以儒家为主体，兼收并蓄，吸取各家思想之精华，是吕不韦为秦始皇统一天下后准备的治国大纲，是为其进行上层建筑建设而精心设计的。司马迁在《史记·吕不韦列传》中说："吕不韦乃使其客人人著所闻，集论以为八览、六论、十二纪。二十余万言。以为备天地万物古今之事，号曰《吕氏春秋》。布咸阳市门，悬千金其上，延诸侯游士宾客有能增损一字者予千金。"该书文字精练，要言不烦，思想内容含量大，颇值得重视。"一字千金"成语也起源于此。

在诸子散文中，《庄子》《孟子》文学成就最高，对后世影响最大。《庄子》语言汪洋恣肆，想象奇崛诡怪，比喻巧妙多样，议论高远恢弘，充满浪漫色彩，为后世文学创作开无数法门。苏东坡自言写作受庄子影响启发最多。《孟子》的比喻和辩论技巧也为后世文人提供了创作经验。另外，《韩非子》的犀利、一针见血，《荀子》的严密都很值得借鉴。

历史散文主要指春秋三传（即《左传》《公羊传》《穀梁传》）和《国语》《战国策》。在这几部书中，文学成就最高、对后世影响最大的是《左传》和《战国策》。《左传》叙事简明，善于剪裁，善于描写战争，善于塑造人物形象。如《郑伯克段于鄢》一文，紧紧抓住母子、兄弟矛盾的产生、发展、激化、解决的过程进行剪裁，其中的郑庄公、共叔段、姜氏等人物形象都很鲜明。《战国策》气势磅礴的语言风格给后世留下宝贵的经验。

▶▶▶▶ 第四节 屈原与楚辞

《诗经》作品的下限是春秋后期，在公元前 600 年左右，到屈原诗歌出现，中间断了将近三百年，其实，这期间肯定也有诗歌出现，只不过没有保存下来而已。就地域看，《诗经》基本属于黄河流域，虽然有的诗篇也接触到楚国领地，如《汉广》等诗所反映的便是汉水流域的生活，但这种情况毕竟是个别的。楚辞则产生于长江流域，表现出文化中心的多元化。因此，楚辞的出现可以与《诗经》并称，最常见的说法是"风骚"，也有"骚雅"之说，它们共同构成中国诗歌的两个源头。屈原则是我国文学史上第一位伟大的诗人。

屈原（约前 340—约前 278），名平，字灵均，是传说中上古帝王颛顼的后代，楚国贵族，年轻时受楚怀王信任，任左徒之职（类似于副宰相），"明于治乱，娴于辞令""入则与王图议国事，以出号令，出则接遇宾客，应对诸侯。"（《史记·屈原贾生列传》）当时周王室彻底失去作用，各诸侯国都在抓紧时间改革政治，发展经济，提高军事实力，小的诸侯国已经基本被兼并完毕，七雄并峙，另外几国只能依附大国而存在。秦国刚刚用商鞅变法成功，国力迅速增强，与六国相比，经济实力和军事实力最强。而就国土面积及发展空间看，楚国最大，自然条件最优越，如果抓住时机，快速发展，完全可以使楚国强大起来而与秦国抗衡，争夺天下。因此，屈原主张对内改革政治，发展经济，对外联合另一大国齐国而坚决抵抗秦国，以求国家安全，争取一段建设时间。应当说，屈原的内政外交政策都是很英明的，对于国内外形势看得很准，分析得极其透彻。

正当楚怀王信任屈原，屈原踌躇满志，将要进行改革的时候，秦国派来张仪进行外交活动。张仪对楚国的情况非常了解，用重金收买等手段先取得保守腐朽派人物靳尚、南后郑袖、令尹等上层贵族的支持，共同蒙骗楚怀王，怀王上当，采纳了那些人的意见，改变最基本的外交政策，联秦绝齐，取消一切改革措施。屈原坚决反对无效，被怀王疏远并遭到流放。

不久，怀王发现被骗，大怒，发倾国之兵进攻秦国，结果楚军大败，楚国实力受到重创。后来怀王再度上当，成为秦的阶下囚。怀王的儿子顷襄王即位，依然不重用屈原，政治更加腐败，眼看强大的祖国每况愈下，屈原忧心如焚，但执政者依然不清醒。当看到楚国的首都郢被秦兵攻破，楚国复兴的希望已经破灭后，屈原怀着悲愤、痛惜、怨恨的心情投汨罗江而死。

屈原的一生，两次被流放，一次是汉水之北，另一次是长江之南。在接触下层人民的过程中，取得两方面的效果：一个是他越发认识到改革的必要，人民生活的苦难和品质的可贵；二是使广大最基层的百姓了解了屈原的改革思想和爱国情怀，对于屈原给予极高的关注和热爱。在此期间，屈原将自己的满腔悲愤和对祖国的热爱，对理想的追求都倾注到诗歌创作中，创作出《离骚》《九章》等作品，吸取民歌民谣的精华再度提升，创作出《九歌》，为后世留下千古流传的文学精品。另外，屈原的《天问》乃是保留神话题材最可靠的材料。

屈原诗歌中闪烁着爱国主义的光辉，辉映千古。其追求光明政治的美政思想，对于理想社会的热烈向往和上下求索的执著精神与浪漫情怀，其以美人香草比喻明君贤人的比兴手法，都为后世文学创作提供了典范。西汉末年，刘向辑录屈原和宋玉等人的作品，编成《楚辞》一书，东汉王逸作《楚辞章句》是最早的注本。今人马茂元的《楚辞选》很适合初学者阅读。

第五节　汉代的辞赋和政论散文

汉代的文学主要有辞赋、政论散文和乐府三种。《史记》在史学中已经讲述，这里不再重复。

汉代辞赋的发展经历了如下阶段：早期重要辞赋作家是贾谊，他的代表作是《吊屈原赋》和《鵩鸟赋》。两赋均有兮字，楚辞向辞赋转化的痕迹非常明显，抒情性也较强，被称为"骚体赋"。到景帝、武帝时期，出现大赋，枚乘的《七发》是汉代大赋形成的标志。

大赋的结构特点是主客问答，抑客伸主。篇末点题，微有讽喻。实际的效果是"劝百讽一"。大赋的代表作家是司马相如，代表作是《子虚》《上林》二赋。大赋气势恢弘，语言张扬，气魄壮观，显示出大汉王朝的蓬勃气势。其后，王褒的《洞箫赋》，扬雄的《长杨赋》《羽猎赋》《甘泉赋》《河东赋》均比较著名。但大赋文字艰涩，内容空虚，如果写石，一大段都是"石"字旁的字，罗列一二百个带石字旁的字，语意重复，令人生厌。大赋没有很好流传，与这种文风有很大关系。

东汉开始兴起京都赋，班固的《两都赋》是早期代表作。其后张衡的《二京赋》也很有名。东汉后期，各种矛盾突出，繁华景象不再，文人多怀才不遇，故抒情小赋应运而生。班彪的《北征赋》，张衡的《归田赋》，蔡邕的《述行赋》都很著名。但此类作品的翘楚当推汉末赵壹的《刺世疾邪赋》。该赋语言犀利尖锐，对于当时黑暗的政治给予严厉的批判，很有战斗性。

西汉前期因为政治的需要，出现很多优秀政论散文，最突出的代表是陆贾、贾谊和晁错。陆贾是一位智者，与郦食其同时，都是以辩士的身份出现的。在汉高祖刘邦与项羽争夺天下的过程中，陆贾经常陪伴在刘邦身边，并经常引经据典，刘邦生气地说："乃公居马上而得之，安事《诗》《书》？"陆贾说："居马上得之，宁可以马上治之乎？且汤武逆取而以顺守之，文武并用，长久之术也。昔者吴王夫差、智伯极武而亡。秦任刑法不变，卒灭赵氏。乡使秦已并天下，行仁义，法先圣，陛下安得而有之？"刘邦听后，觉得有理，命他将秦朝所以失去天下、他所以得到天下的经验写出来。于是陆贾回去潜心写作，每一篇文章出来，刘邦都夸奖一番。前后上十二篇文章，后来结集为书，即《新语》。文章有很强的现实针对性，以儒家思想为主导，语言精练，逻辑性强，有很强的说服力，流传至今。

贾谊一直被认为是中国古代文人中怀才不遇的典型，后人经常在诗文中对其遭遇表示同情和惋惜。其实，在古代知识分子中，贾谊算是幸运的，如果换个角度思考问题，不能说他怀才不遇。贾谊是洛阳人，十八岁时便能够吟诵《诗》《书》。当时战乱刚刚结束，文化教育还相当落后，能掌握这种知识的年轻人可谓凤毛麟角。因此，贾谊在洛阳非常出名，太守吴公很赏识他，提拔他当了一名幕僚。后来吴太守到朝廷任职，将贾谊推荐给汉文帝，他被提拔到朝廷当上博士。当年贾谊仅仅二十岁，便来到权力中心，来到皇帝身边，成为可以参与国家最高领导层事务的人，可以直接和皇帝对话，算是挺幸运的了。

置身于这样一个国家顶级知识群体当中，贾谊的学问和见识增长迅速。而且他有年龄优势，思维敏捷，在回答一些有关国计民生或政治外交及典章制度的问题时，往往引经据典，回答准确，令许多老儒生刮目相看。不久，贾谊便被破格提拔为太中大夫，成为近侍，可以随时见到皇帝，官至比千石，春风得意。

因为受到皇帝的信任和重用，贾谊便竭尽心智，为国家尽忠。他有敏锐的才思、杰出的文学才华、超前的政治感觉，再加上处在统治阶级最高层的圈子里，可以高屋建瓴地观察到社会出现的各种问题，预见到社会发展的趋势，因此他成为汉初最重要的政论家。《汉书·艺文志》记载贾谊散文五十八篇，其作品大致可以分为三类。一类是专题政论文，二类是就具体问题写的奏疏，三类属于杂论。《陈政事疏》系统地阐述了自己的治国主张，表现出敏锐的洞察力和对于长治久安的远见卓识。专题政论文的代表作是《过秦论》三篇，分别指出秦始皇、胡亥、子婴三代秦帝的过失，其中上篇最精彩，在当时产生巨大影响，"仁义不施，而攻守之势异也"的结论具有震撼人心的力量，成为警醒古今统治者的洪钟巨响。《陈政事疏》中贾谊痛心疾首地说道："臣窃为事势，可为痛哭者一，可为流涕者二，可为长叹息者六。"他看出汉初表面繁荣平静的社会现象背后潜伏的社会危机。出于对皇帝对国家的负责，他呼吁皇帝和大臣早做准备，将这些危机消灭在萌芽状态，可以减少一些震荡。如削减藩镇势力，加强军事力量，抵制或解决外来民族的入侵，特别是匈奴的骚扰问题，都成为后来的社会问题。

贾谊之后的政论家是晁错，他是景帝的老师，对于当时出现的社会问题有清醒的认识，最著名论文是《论贵粟疏》。逻辑谨严，有很强的说服力，但缺乏文采。

被韩愈称为"后汉三贤"的王充、王符、仲长统都有专书传世。王充的《论衡》、王符的《潜夫论》、仲长统的《昌言》，三人虽然不是文学家，但对于文学各有一些独到的看法，值得一读。

▶▶▶ 第六节　两汉乐府诗

《诗经》、楚辞之后，两汉乐府诗是中国诗歌史上的又一座丰碑。作为一种新的诗体，两汉乐府诗匠心独运的立意命题，熟练巧妙的叙事，不拘一格的语言形式，呈现出旺盛的生命活力，对后世诗歌的发展产生重大影响。

乐府产生于秦，但作为音乐管理机关，则是汉武帝时才确立的。后来将乐府机关配乐而唱的诗歌也称为乐府诗或简称乐府。当时乐府执掌天子和朝廷平时的音乐，属于当时的新乐，太府掌管郊庙祭祀之乐，是传统的雅颂古乐。两汉乐府诗的主要部分直接继承诗经的传统。诗经是"饥者歌其食，劳者歌其事"，汉乐府是"感于哀乐，缘事而发"，都是现实感受的抒发，故其抒情性很强。与诗经相比，汉乐府的叙事性更加突出。如《孤儿行》《病妇行》等都如泣如诉地叙述自己的苦难遭遇。《羽林郎》《陌上桑》《孔雀东南飞》等更是叙事诗的杰作。从语言形式来看，西汉多杂言，如《上邪》《战城南》等诗句式参差错落，二、三、四、五、六、七言的句子都有，表现出从诗经的四言诗向东汉后期的五言诗过渡时的样态。东汉则多五言，如《羽林郎》《陌上桑》《孔雀东南飞》《上山采蘼芜》《十五从军征》等都是整齐的五言诗。这对于文人五言诗的产生是很重要的环节。总之，汉乐府打破诗经的四言诗格局，不用楚辞的兮字调，是诗体的解放和尝试，其现实主义精神，精巧熟练的叙事，多种句式和语言风格，对于魏晋诗歌的进一步发展有重要影响。

汉乐府中的爱情诗共八首，即《有所思》《上邪》《陌上桑》《羽林郎》《白头吟》《孔雀东南飞》《上山采蘼芜》，都很精彩。

《有所思》和《上邪》是表现少女对爱情态度的诗，前者是女孩怨恨情人变心而要与之决绝的诗歌。女子深情地给心上人准备了精美的礼物，是一枚"双珠玳瑁簪"，还要加上玉饰。但听说心上人另有他欢，便决心将礼物烧成灰，并要把灰也迎风扬了，一点痕迹也不留，与之彻底断绝，是一个刚烈决绝有性格的女子。

《上邪》的抒情主人公更有性格，诗曰："上邪！我欲与君相知，长命无绝衰。山无陵，江水为竭，冬雷震震，夏雨雪，天地合，乃敢与君绝！"她看见一个中意的男子，便决心与之相爱，并要使这种爱情永远不断绝，只有山没有山峰，江水干涸，冬天打雷，夏天下雪，天地相合才能断绝。这五种现象一种都不可能发生，同时都发生更绝对不可能。感情热烈奔放，表达坦率直接，是真正的民歌。

《白头吟》和《上山采蘼芜》则是爱情的悲剧，前者是对负心汉的谴责，而后者之情景颇像《诗·邶·谷风》，都是被遗弃女子见到前夫后的哀怨。《羽林郎》的主题和人物与《陌上桑》相近，《陌上桑》的喜剧色彩更浓重。秦罗敷之美貌、聪明、机智，对于调戏自己的太守用夸夫的手法将其拒绝，使对方极其尴尬，收到非常好的喜剧效果。至于《陌上桑》的本事到底如何，并不重要。应当说，《陌上桑》是一个幽默美丽的故事，结局也很完美。秦罗敷是一位美丽、勤劳、机智、聪明的女孩，是劳动人民理想中的人物。

就在东汉末年乐府五言诗大量涌现的同时，标志文人五言诗成熟的《古诗十九首》出现了。这些诗大约产生于汉末大动乱的半个世纪里，具体作者大部分失考。诗歌艺术技巧纯熟，语言精美，多用比兴手法，感情凄凉悲伤。最著名的有《青青河畔草》《迢迢牵牛星》《西北有高楼》等。

第七节　建安风骨

汉末大乱，群雄蜂起，战乱频仍，百姓困苦。大一统局面瓦解，思想大解放，为有志之士大展宏图提供了广阔的空间和舞台。这是一个英雄辈出的时代，文学也开始自觉与经学分离而独立出来。曹丕在《典论·论文》中把文学提高到"经国之大业，不朽之盛事"的地位，足以显示人们对于文学的重视程度。这一时期活跃在文学舞台上的人物主要是"三曹七子"和蔡文姬。

"三曹"指曹操、曹丕、曹植父子三人。他们在戎马生涯中，坚持文学创作，尤其以诗歌见长。曹操的诗苍凉悲壮，包蕴着吞吐天地的气概和雄心，充满悲天悯人的人文关怀，有求贤若渴、人生苦短的感慨，故很感人。《苦寒行》《蒿里行》《短歌行》《步出夏门行》等诗一直脍炙人口。曹丕的《典论·论文》是文学史上第一篇文论，《燕歌行》是第一首完整的文人七言诗。曹植的五言诗是当时的最高水平，《洛神赋》是千古美文，获取"八斗之才"的美誉。钟嵘在《诗品》中评价说："骨气奇高，词采华茂。情兼雅怨，体被文质。"并说自己"抱篇章而景慕，映余晖而自烛"，可见其景仰的程度。曹植对于五言诗的发展有巨大贡献，他是中国文学史上第一位大力写作五言诗的文人。

"七子"是王粲、孔融、徐幹、阮瑀、陈琳、刘桢、应场。其中王粲成就最高，他的《七哀诗》将大的场景描写和典型细节描写结合起来，生动地表现了那个动乱时代的社会面貌。《登楼赋》也是精品，是后世许多诗词典故的来源。"三曹七子"的作品中有充实丰富的内容和建功立业的雄心，具有刚健的风格，被后世称为"建安风骨"。蔡文姬的《悲愤诗》是其悲剧命运的倾诉，感情真挚，催人泪下。在中国文学史上，女性文学家寥若晨星，汉末的蔡文姬便是这晨星中的一颗，而且很明亮，一直闪烁在文学的星空里。

第八节　正始之音与"竹林七贤"

魏晋相交之际，曹魏集团和司马氏集团争夺最高统治权的斗争极其激烈，在魏齐王曹芳正始年间（公元240—249年），斗争趋于白热化，政治黑暗，道德虚伪。一些有识之士急流勇退，离开污浊的官场，隐居起来，最突出的是"竹林七贤"。《世说新语·任诞》篇载："陈留阮籍、谯国嵇康、河内山涛，三人年皆相比，康年少亚之。预此契者，沛国刘伶、陈留阮咸、河内向秀，琅邪王戎。七人常集于竹林之下，肆意酣畅，故世谓'竹林七贤'。"这便是"竹林七贤"名称的由来。

在七人中，文学成就最高者是阮籍和嵇康。阮籍有八十二首《咏怀》诗，全是五言诗，有怀辄咏，感慨深沉，内容丰富，非一时一事之作，开创同题抒情组诗之先河。但因为当时政治恐怖，为了避害，内容有些晦涩。但这组诗对于后世的文学创作有深远影响。陶渊明的《饮酒》二十首、鲍照的《拟行路难》十八首、庾信的《拟咏怀》二十七首、陈子昂的《感遇》三十六首、李白的《古风》五十九首，都可以看出借鉴的痕迹。阮籍骨子里也看不上当政的司马氏统治者，但他为保全性命而采用消极避害的方式，用醉酒来处理很多棘手之事。他还会清白眼，对于虚伪的礼法之士，便全用白眼珠看；对于尊敬的名士，则全用青眼珠来看，很有性格。后世"遭白眼""备受青睐"等词语便源于此。

嵇康是一个疾恶如仇的人，他的《与山巨源绝交书》是向虚伪道德和黑暗政治投出的标枪与匕首，思想深刻，语言犀利，表现与官场决裂的态度。嵇康容貌美丽，风流倜傥，是当世第一大名士。《世说新语·容止》篇说："嵇康身长七尺八寸，风姿特秀。见者叹曰：'萧萧肃肃，爽朗清举。'或云：'肃肃如松下风，高而徐引。'山公曰：'嵇叔夜之为人也，岩岩若孤松之独立；其醉也，傀俄若玉山之将崩。'"风度翩翩的外貌，深邃睿智的思想，使嵇康倾倒许多人，更被上层社会看中，于是便被皇室招为东床。

据史料记载，嵇康妻子是魏沛穆王曹林之子曹纬的女儿。曹林是曹操与杜夫人所生，嵇康也就是曹操的曾孙婿，可谓地地道道的曹魏宗室的门婿。嵇康最大的官职便是中散大夫，所以后世称他为嵇中散。他在中国古代士人中属于一种典型，颇受后世文人的器重和景仰，一身铮铮铁骨，一腔烈火热肠，如同昆仑山之美玉，可碎而不可污；如同精粹之宝钢，可折而不可弯，是保持独立品格的楷模，是抗争黑暗腐朽的典范。

向秀的《怀旧赋》是思念嵇康的，很有名。刘伶则以饮酒著称，后世文人一谈饮酒，几乎都要提到这个名字。竹林七贤的共同特点是：好清谈，好饮酒，不拘礼法，潇洒自然。嵇康便是当时清谈的领袖人物。山涛后来出仕，有政绩，是好官。虽然当时总的官场很腐败，但也不排除有好的官员。

▶▶▶▶ 第九节　太康繁荣

晋朝消灭东吴，统一天下，结束一百多年的战乱，出现暂时的和平景象。但晋武帝奢侈，继位的惠帝弱智，因此仅仅经过太康年间的短暂繁荣后，很快陷入战乱，出现历史上所谓的"八王之乱"。这期间文学现象值得一提的是"贾谧二十四友"。贾谧是惠帝皇后贾南风的外甥，是贾午和韩寿所生。因贾充没有儿子，皇帝特批准可以过继为子。贾谧形象漂亮标致，有如此地位，好附庸风雅，一时文士趋之若鹜，都投靠其门下。一共有二十四人，时称"二十四友"。这一集团出现的背景是这样的（《晋书·贾充传》所附《贾谧传》载）：

谧好学有才思，既为充嗣，继佐命之后，又贾后专恣，谧权过人主。至乃锁系黄门侍郎，其为威福如此。负其骄宠，奢侈逾度。室宇宠僭，器服珍丽。歌童舞女，选极一时。开阁延宾，海内辐凑。贵游豪戚及浮竞之徒，莫不尽礼事之。或著文章称美谧以方贾谊。渤海石崇、欧阳建、荥阳潘岳、吴国陆机、陆云、兰陵缪征、京兆杜斌、挚虞、琅邪诸葛诠、弘农王粹、襄城杜育、南阳邹捷、齐国左思、清河崔基、沛国刘瑰、汝南和郁、周恢、安平牵秀、颍川陈眕、太原郭彰、高阳许猛、彭城刘讷、中山刘舆、刘琨，皆附会于谧，号二十四友，其余不得预焉。

文学史上对太康年间的诗人还有"三张二陆两潘一左"的说法。三张指张华、张载、张协（一说张亢），二陆指陆机、陆云兄弟，两潘指潘岳、潘尼兄弟，一左就是左思。成就最大者当推陆机、潘岳、左思三人。

陆机之《文赋》是最早的创作论，用骈文写成，文质彬彬。陆机是东吴士族，出身显贵，《晋书·陆机传》曰："陆机字士衡，吴郡人也。祖逊，吴丞相，父抗，吴大司马。机身长七尺，其声如雷。少有异才，文章冠世。服膺儒术，非礼不动。抗卒，领父兵为牙门将。年二十而吴灭。退居旧里，闭门勤学积有十年。"据《晋书》陆机本传载，他做诗赋文章共三百多篇，但大多数已经散佚，我们现在能够看到的《陆士衡文集》是后人辑本，十七卷，共收作品一百七十四篇。陆机的诗歌以《赴洛道中作诗》二首较著名，其二云："远游越山川，山川修且广。振策陟崇丘，安辔遵平莽。夕息抱影寐，朝徂衔思往。顿辔依高岩，侧听悲风响。清露坠素辉，明月一何朗。抚枕不能寐，振衣独长想。"

除开头两句外，其他诗句都对偶，其骈偶化的程度不但在汉诗中看不到，在曹植、王粲和正始诗人中也很少有，可见陆机对于诗歌向严谨华丽骈偶方向的发展中有一定的功绩。

潘岳（公元247—300），字安仁，荥阳中牟人，出身仕宦之家，且书香门第，父祖两代都是朝廷官员，虽非世族，门第也不低微。岳父杨肇曾出任大将军参军、荆州刺史等职，封爵位为东武伯。潘岳成名，一是貌美，因其字安仁，省称潘安，后世之"貌比潘安"成语出此。二是因为其悼亡诗最有名。《悼亡诗》三首感情真挚缠绵，成为中国文学史悼亡诗的开山之作。对后世影响颇大。

《悼亡诗》三首其一说:"荏苒冬春谢,寒暑忽流易。之子归穷泉,重壤永幽隔。私怀谁克从,淹留亦何益。黾勉恭朝命,回心反初役。望庐思其人,入室想所历。帏屏无仿佛,翰墨有馀迹。流芳未及歇,遗挂犹在壁。怅恍如或存,周惶忡惊惕。如彼翰林鸟,双栖一朝只。如彼游川鱼,比目中路析。"

潘岳两篇著名的赋是《秋兴赋》和《寡妇赋》。《秋兴赋》写于咸宁四年(公元278年),潘岳三十二岁,自序开头道:"晋十有四年,余春秋三十有二,始见二毛。"感叹自己未老先衰,后世便以"二毛"代指三十二岁,而"潘鬓"和"沈腰"一样,成为后代文人用来抒发愁肠的用语。

左思(约250—约305),字太冲,临淄(今山东淄博市东)人,是战国时期齐国公族左公子的后代。父亲左熹字燕雍,出身于小官吏家庭。左思母亲早卒,他和妹妹左棻均有才华。但当时是门阀世族制度,左思的出身属于寒门,他的容貌又比较丑陋,据《晋书》本传载:左思"貌寝,口讷",又丑陋又结巴,在那个重视仪表风度的时代,对于他也很不利。

左思创作《三都赋》可谓呕心沥血。由于出身低微,他很想一鸣惊人,于是长期闭门著述。为创作《三都赋》,他曾经去拜访熟悉蜀地情况的张载,并且在自己家里的客厅、卧室、书房甚至厕所都放置纸笔,偶然有灵感就急忙记录下来。陆机到洛阳后,也曾经想创作《三都赋》,听说左思在写,很不以为意,曾写信给弟弟陆云说:"此间有伧父,欲作《三都赋》,须其成,当以覆酒瓮耳。"当左思的《三都赋》写成后,轰动一时,"豪贵之家,竞相传写,洛阳为之纸贵。"(《晋书·左思传》)陆机见到此文后,很是佩服,打消了写作的念头。

左思因才高位低,对于门阀制度怀有强烈不满,借史咏怀,故其《咏史》八首最受关注,名为咏史,实为咏怀。"咏史"诗首创是班固的《咏史》,发展扩展其内涵的则是左思,故有"左思风力"之说。左思之妹左棻是古代著名女才子,学问好。

▶▶▶▶ 第十节 田园诗鼻祖陶渊明

田园诗的因素在《诗经》中已经出现,但作为审美对象主体的田园风光和田园生活,则最先出现在东晋末年陶渊明的诗中。陶渊明是东晋功臣陶侃的后代,志趣高洁,追求人性之自然,厌恶官场之虚伪,三次出仕,最后看透官场之腐败污浊,不肯向前来视察的督邮低头,说:"吾不能为五斗米向乡间小儿折腰。"于是向那浑浊的官场投去高傲的一瞥,便坚决归隐,高唱"归去来兮"回到田园之中。尽管生活极其困苦,也不再踏进官场半步,他

111

亲自参加农业生产，与农民交往密切，隐居而终。其田园诗浑厚真纯，意境浑融完整，语言清新自然。《归园田居》《饮酒》等组诗表现田园生活的和谐宁静，反衬官场之黑暗奸险，流传最广。《桃花源记》则是内涵丰富、语言精美的美文，一直流传众口。

陶渊明在中国文学史上有很高的地位，这主要表现在两个方面：一是他的田园诗开创了一种新的诗歌题材，为后世的诗歌创作展示出新的空间和境界。二是他坚决归隐，与官场彻底决裂的高贵品格为后世文人提供一种新的生活方式，成为一种崭新的人格范型。换言之，陶渊明经过痛苦的抉择，走上坚决归隐的生活道路，并将这条道路诗意化。人们在他的诗文中看到大彻大悟后的人生真谛，看到了出自内心的愉悦。但我们必须看到，陶渊明的这种人生境界是通过许多磨难历练出来的，是一般人难以走通的。

苏东坡在晚年被贬谪到儋州后，心情苦闷孤独，便靠阅读陶渊明的诗歌来支撑自己心灵的天空。他在陶渊明的诗歌中找到自己的同调和知音，于是写作一大批《和陶诗》，在精神上与陶渊明沟通，打通古今中外，这便是文学艺术的妙处。

>>>> 第十一节　山水诗先驱谢灵运

东晋是皇帝和世族共同掌权的时代，地位最显赫的是王、谢家族。谢灵运是指挥过淝水大战的谢玄的孙子，袭封为康乐县公。

谢灵运父亲弱智，谈不上对谢灵运的教育，祖父谢玄在谢灵运四岁时就去世了，谢灵运很小就寄养外地，因此称"谢客"。王谢家族虽然逐渐衰微，但当时势力依然很大，文化氛围很好，谢灵运族叔谢混风流倜傥，有文采，是东晋孝武帝驸马，也是当时政坛和文坛的中心人物，被推为江左第一。谢灵运受他影响很大。谢灵运有才华，少年时博览群书，知识渊博。贵族出身和才华使谢灵运有建功立业的大志，于是积极投身于政治斗争之中。

先是刘裕和刘毅两大军阀争夺最高权力，谢灵运和叔父谢混都站在刘毅一边。结果刘毅失败，刘裕杀掉谢混，并没有杀谢灵运。应该说，在某些时候，封建政权内部争夺最高领导权的斗争极其残酷和血腥，没有正义与否之分别，只有胜败之结果。其后，谢灵运又参与宗室内部夺权斗争。刘裕死后，长子刘义符即位。次子刘义真和三子刘义隆都密谋夺权，谢灵运保刘义真。最后刘义真失败，刘义隆当皇帝。中国官场最主要的是站对立场，即使无能，如果立场站对了，也会飞黄腾达。站错了，不被杀掉已经是万幸。谢灵运连续两次保错了人，不知收敛，反而放荡不羁，最终被杀。

因为政治上不断受到挫折，因此谢灵运便用游山玩水来排遣内心的苦闷，加上他的才华和隐逸之风的影响，使他在这过程中创作大量的山水诗，使山水诗成为诗歌创作的一个重要题材。谢灵运诗句最为后世传诵的是《登池上楼》中"池塘生春草，园柳变鸣禽"两句，但就全诗看，应首推《石壁精舍还湖中作》。

袁行霈主编的《中国文学史》对于谢灵运诗歌地位概括很精炼："从诗歌发展史的角度看，魏晋和南朝属于两个不同的阶段：魏晋诗歌上承汉诗，总的诗风是古朴的；南朝诗歌则一变魏晋的古朴，开始追求声色。而诗歌艺术的这种转变，就是从陶谢的差异开始的。陶渊明是魏晋古朴诗风的集大成者，谢灵运却另辟蹊径，开创了南朝的一代新风。"

▶▶▶ 第十二节 永明体之价值

南朝齐武帝永明二年（公元 484 年），武帝次子竟陵王萧子良由车骑将军升任司徒，既是亲王，又是三公之一，权势很重。萧子良雅好文学，礼贤下士，于永明五年在建康鸡笼山（今南京市鸡鸣山）"西邸"广集文学之士，其中八人特别受到重视，后世称之为"竟陵八友"。八人是：萧衍、沈约、谢朓、王融、萧琛、范云、任昉、陆倕。他们研讨经文学术，抄写五经百家，编辑成《四部要略》。同时召集名僧，讲论佛法。正是这两部分人的工作和交往，才产生新的诗歌体裁——永明体。

在竟陵八友中，对于永明体形成起关键作用的是沈约、谢朓、王融三人。《南齐书·陆厥传》："永明末，盛为文章，吴兴沈约、陈郡谢朓、琅邪王融，以气类相推毂；汝南周颙，善识声韵。沈约等文皆用宫商，以平上去入为四声，以此制韵，不可增减，世呼为永明体。"应当说，四声的被重视与当时佛教翻译有关，而将其自觉运用到诗歌创作中成为人为规定的声韵规则，提出一套音韵平仄协调的方式，这是永明体诗产生的过程。一般说法是周颙发现四声，沈约提出"八病"，合称"四声八病"说，构成永明体的重要文体特征。"八病"之说要求具体但有些琐碎，故人们无法完全遵守。当时文人在创作诗歌时，无法完全遵照这些要求，即使是沈约本人的诗歌，也没有不犯"八病"的。但是永明体讲究声韵和谐，运用平仄相间创造一种韵律的美，字词讲究对仗等都对唐代近体诗产生直接的影响。

113

第十二讲　浩如烟海的文学（中）

▶▶▶▶　第一节　辉煌盛世的文学

　　唐代建国后的第二任皇帝太宗李世民是英主，驾驭大唐帝国很快进入飞速发展的"快车道"，政治、经济、文化全面繁荣，文学也取得辉煌的成就。唐代文学成就最高的样式是诗歌。上至帝王将相，下至平民百姓，无论是繁华的都市，还是偏僻的乡村，到处都可以听到诗的吟唱。二百余年间，留下唐诗五万余首，作家两千多人。内容题材广博，可谓包罗万象，形式丰富多彩，各体兼备。尤其是近体诗以崭新的形式出现在诗歌的百花园中，很快就登峰造极，炉火纯青，很多精品一直流传在后人的心里和口中。百读不厌，历久弥新，今天听到人们背诵的诗歌，多半依然是唐诗。

　　唐代散文也出现新变，韩愈领导、柳宗元支持的古文运动改变了骈文统治文坛几百年的状况，使单句奇行的散文得到长足发展，并从此奠定散文的霸主地位，虽然在唐末五代时期出现反复，但欧阳修领导的诗文革新运动很快又将韩柳的古文传统继承下来，直到清朝末年。韩柳散文至今依然是人们学习作文最好的典范。佛教在唐代也得到很大发展，宣讲佛教教义的变文以讲唱形式给文学带来新的样式，对于后世的说唱文学有重要影响。传奇作为唐代小说的代表样式，标志着古典小说的成熟，人物、情节、环境描写都开始细致精彩，众多作品成为后世文学创作的题材来源。而中唐以后，随着燕乐的普及，酒令艺术的完善，曲子词逐渐被文人所接受，于是新的文学体裁——词——也诞生了。晚唐的温庭筠以优美的意境、语言、结构和音韵赢得很高的词名。他的词后来被收入《花间集》最前部分，被后人称为"花间词人"的鼻祖。唐代文学承前启后的功绩光照千古。可以说，唐代文学是中国文学的黄金时代，散发着青春的气息和百花齐放的美好景观，是我们宝贵的精神财富。

　　唐代建国后，很快进入高速发展的轨道。贞观年间，政治清平，经济繁荣，盛世已经出现。但在诗坛并没有出现相应的繁荣。贞观以前的诗坛还在齐梁余风的笼罩下探索前进，没有改变绮丽柔婉的风格。这一时期值得注意的诗人是王绩，他是隋代大儒王通的弟弟，擅长山水田园诗，诗风朴厚纯美，有陶渊明遗风，是盛唐王孟诗派的先导。

　　到高宗武后时期，初唐四杰登上诗坛，他们的共同特点是少年高才，志大位卑，因此对社会压抑人才的不公平提出抗议，在诗中抒发强烈的激愤情怀。初唐四杰是王勃、杨炯、卢照邻、骆宾王。王杨长于五言短章,卢骆长于七言歌行。他们把诗歌从贵族引向民间,从宫廷引向市井,扩展了题材和表现空间。接着,蜀人陈子昂高举诗文革新的大旗,反对齐梁诗风,提倡汉魏风骨,《登幽州台歌》虽然是短章,也无华美文采,却如同洪钟巨响般响在文学的领空,给人心灵以极大的震颤。《感遇》三十八首等诗也表现出刚健硬朗的风格。他的理论和创作为唐诗的全面繁荣开拓了道路。

这一时期的宫廷诗人上官仪提出"八对"等诗歌理论,注意对诗歌形式的规范。其后沈佺期、宋之问二人采用顺粘格式,对近体诗进行"约句准篇,使锦绣成文",确定了近体诗的格式。这样,诗歌从内容到形式都得到很大发展,为盛唐诗坛的全面繁荣作好了准备。在初唐向盛唐过渡的时期,出现两首著名的长篇歌行,一首是张若虚的《春江花月夜》,另一首是刘希夷的《代悲白头吟》。前诗被闻一多称为"诗中的诗""顶峰上的顶峰",确实是玲珑剔透的艺术精品。

►►►► 第二节　盛唐诗歌

盛唐诗坛可以用两大诗派、三大诗人来概括。两大诗派是山水田园诗派和边塞诗派。盛唐社会极度繁荣,诗人们生活优裕,出现许多庄园,故优游田园情趣和赏玩山水的诗歌大量涌现。隐逸思想和终南捷径的社会风尚也促进了山水田园诗的创作。这一诗派的代表诗人是王维和孟浩然,主要作家有祖咏、裴迪、常建、储光羲和崔兴宗等人,其中王孟成就最高。

115

盛唐时期,国力强大,在对外战争中显示出赫赫声威,边塞战争较频繁,许多诗人身临其境,因此描写边塞风光和边塞战争生活的诗歌成为一道靓丽的景观。边塞诗派的代表是高适和岑参,高适诗善于描写战争情况和揭露将帅腐败,代表作是《燕歌行》。岑参诗善于描摹奇丽壮观的边塞风光,代表作是《白雪歌送武判官归京》和《走马川行奉送封大夫出师西征》。主要诗人还有王昌龄、李颀、王之涣、王翰、崔颢等人。王昌龄的《从军行》《出塞》都是脍炙人口的好诗,七绝水平很高,有"七绝圣手"的美誉。

和抨击的方式,诗歌中充满愤激不平的抗争。杜甫面对同样的情况,则进行苦口婆心的劝说。三大诗人指李白、杜甫、王维。以前文学史都将李白和杜甫推崇为双子星座,或云并峙的两座高峰,而将王维降了一等。其实,我们将三人并列是有充分理由的。三人生活在同一时代,对于社会生活采用三种不同的态度。李白积极入世,面对逐渐黑暗的现实,采用激烈揭露,要"致君尧舜上,再使风俗淳。"王维则采取"无可无不可"的态度,因为他看到揭露与劝谏都是无济于事的。三人代表三种不同的人格,三种不同的诗歌风格和美学追求。李白是浪漫主义诗人,诗风飘逸奔放;杜甫是现实主义诗人，诗风沉郁顿挫；王维是自然主义诗人，诗风宁静和谐，三个人相互不能代替，不能兼容。三个人都在各自的诗歌领域达到登峰造极的程度，都是一流的大诗人。因此李白被称为"诗仙"，杜甫被称为"诗圣"，王维被称为"诗佛"。古人早已有将三人并称的说法。清代唐诗学者徐增在《而庵说唐诗》中说："诗总不离乎才也。有天才，有地才，有人才。吾于天才得李太白，于地才得杜子美，于人才得王摩诘。太白以气韵胜，子美以格律胜，摩诘以理趣胜。"

很有趣的是外国人也把他们三人并列，王丽娜《王维诗歌在国外》一文说："1862年，法国著名汉学家、唐诗翻译和研究家埃尔韦·圣·德尼侯爵在他的权威性译注《唐诗》的导言中写道：'孔夫子故土的诗人们象恺撒帝国的诗人一样，也有自己伟大的时代。……这就是唐朝，就是王维、李白和杜甫生活的时代。这几位诗人享有的盛名远远超过古罗马大诗人贺拉斯和维吉尔。他们的诗是汉语这一活话语的瑰宝，就是在这个古老国家里的山村乡野都名声赫赫。'"唐朝完善的诗歌语言至今仍被中国人看作无法超越的典范。……王维、李白和杜甫一直坚定地执掌着最高名望的权杖。没有一个新的流派出来能够把他们赶下宝座。"中国当代著名学者、北京大学教授陈贻焮祝贺"中国王维研究会"成立的贺诗说："盛唐独步诗琴画，文苑三分李杜王。"

▶▶▶▶ 第三节　中唐诗歌

安史之乱后，盛世的风光不再，李唐王朝仿佛被重重打击的病人，无法全部恢复而留下严重的病根，到德宗时，病已成痼疾而无法根除。主要两大病症，仿佛两个恶性肿瘤一般，只能进行维持而无法根除。这就是藩镇割据和宦官弄权。宦官势力形成于玄宗而大盛于德宗。因为在德宗朝宦官开始掌握近卫军兵权。因此，中唐前期诗歌呈现过渡的局面。元结、顾况继承杜甫的现实主义诗风，在反映民生疾苦方面有所成就，成为杜甫到白居易的桥梁；李益在边塞诗的创作方面很有成就，是对于盛唐边塞诗派的延续；韦应物则在山水田园诗方面有所发展。"大历十才子"诗风成熟圆转，艺术成就很高。这些方面对于中唐元和诗风高潮的来临都有重要贡献。

贞元、元和年间，诗坛出现两大诗派、五大诗人，唐诗出现第二个高峰。韩孟诗派和元白诗派先后登上诗坛，使诗歌面貌出现很大改观。韩孟诗派以韩愈、孟郊为领袖，追求新变，诗风险怪奇崛，开始出现散文化、议论化倾向。主要成员有卢仝、刘叉、李贺、贾岛、皇浦湜、张彻等。这一诗派创作出很多浓墨重彩、意象怪诞的诗作，能够给读者以深刻的印象。元白诗派领袖人物是元稹和白居易，提倡通俗易懂的浅近诗风，主张干预生活，反映社会热点问题，具有现实主义倾向。主要成员有李绅、王建等人。同时，王建和张籍的乐府诗独自成派，时称"张王乐府"。五大诗人指韩愈、元稹、白居易、刘禹锡、柳宗元五个人。刘禹锡和柳宗元因为在这一时期长期被贬谪外地，无法参与诗派，因此每人都有自己的独特风格。刘禹锡学习改造民歌而创作的《竹枝词》和《杨柳枝词》很有创新意义，给诗坛吹来新鲜空气。柳宗元的山水诗中有强烈的主观情感，幽静、冷峻、清峭。

▶▶▶▶ 第四节　晚唐诗歌

晚唐社会继续走下坡路，在两大恶性肿瘤不能治疗的情况下，又加一病，即"牛李党争"，朝廷大臣内部又分两大派系，相互争斗三十多年，给本来已经混乱的政治局面增添更多的麻烦，如重病之人得了并发症，更加难以治疗。晚唐前期的文人很难与"牛李党争"脱离干系，不管你想不想参加，总要被裹挟进来。晚唐两位最著名诗人李商隐和杜牧便都陷入其中而遭受很多挫折。

李商隐是晚唐成就最高的诗人，他的政治抒情诗和爱情诗都很精彩，尤其是那些以爱情为主的无题诗，意境朦胧，语言精美，深情绵缈，仿佛日落前的晚霞，绚烂多彩，给人带来惊喜，在爱情诗方面可谓登峰造极。李商隐是令狐楚、令狐绹父子重点培养才考中进士步入仕途的，但他娶的妻子是王茂元之女。令狐父子在人际关系上属于牛党，而王茂元属于李党。这样做的结果使他陷入两党斗争的夹缝中，说不清，道不明，受尽夹板气，"虚负凌云万丈才，一生襟抱未曾开"。李商隐不但爱情诗精美绝伦，而且其表现政治题材、反映社会大事的诗歌也很有成就，对于晚唐时期凋敝的社会生活图景，对于宦官势力的猖獗，他的诗作中都有深刻的反映，增强了诗歌主题的多样性和深刻性。

杜牧有很高的军事才能和经济管理才能，对于典章制度非常熟悉，可惜不被重用。牛党重视其人而不能用其才，李党重视其才而不能重用其人，因此杜牧和李商隐一样，终生不得志。由于见识深刻，故他的咏史诗议论深邃，多有精品。杜牧的七绝很著名，有很多脍炙人口之作，《华清宫三绝句》《赤壁》《泊秦淮》《山行》等都是名篇。唐末的杜荀鹤、皮日休、陆龟蒙、罗隐、韩偓、司空图都有一定的诗名。

▶▶▶▶ 第五节　韩柳古文

两晋南北朝时期，骈文盛行，形式确实很美，辞藻瑰丽，句式两两相对，四六相间，但往往内容空虚，不太适于抒情达意。在隋朝时，就已经被皇帝批评，隋文帝曾下圣旨，要求改革文风，公私文翰，并宜实录，不得再用这种华而不实的文章。但用行政命令的手段来改革文学历来难以收到效果。进入唐朝以后，骈文依旧是最主要的交流方式。虽然在韩愈以前的李华、萧颖士、梁肃等人已经开始提倡和写作古文，但未成气候。

韩愈、柳宗元生活的中唐时期，社会动荡不安，思想文化混乱，藩镇割据，宦官专权，佛道两教兴盛，公私文章以骈文居多。韩愈站在维护中央集权、反对藩镇跋扈和宦官擅权的立场上，极力提倡恢复儒家传统，而儒家著作都是古文。要想传播儒学，恢复儒学的独尊地位，便非得恢复古文传统不可。于是韩愈挺身而出，大张旗鼓地提倡儒学、排斥佛老，提倡古文、反对骈文。

韩愈认为，儒家思想保存在儒家典籍中，而儒家典籍皆在三代两汉之文中，因此，要恢复儒家道统，就必须采用与之相适应的古文形式。在这种理论指导下，韩愈全力创作崭新的单句奇行的散文，与当时流行的骈文相对抗。韩愈不顾流俗的白眼，坚持自己的创作道路，曾在四门学和太学当教授，晚年当过国子祭酒，在教育界和学术界都享有很高的威望，大力培养弟子，因此有很强的号召力。一时间文坛上出现各种声音，对于韩愈批评非议的占大多数。但韩愈不在乎，经过二十余年的艰苦努力，终于使文坛的风气大变。再有柳宗元的支持，韩门弟子皇甫湜、樊宗师、李翱等大量创作，终于扭转了文风，古文取代骈文而占据文坛的主流，这是自从汉末以来文坛上破天荒的大事，具有深远的影响和意义。

复古中追求变化，在继承中进行创新，这是韩愈古文运动理论和创作实践的最可贵之处。文风的改变不但需要理论，更需要创作实绩。韩愈以其创新的实践颠覆了当时许多文体。苏东坡评价韩愈"文起八代之衰"，指的就是这种情况。柳宗元的文学贡献在于他使寓言脱离其他文体附庸地位而独立出来，成为新体裁，获得新的发展空间；山水游记将自然描写与主体抒情结合起来，使这一文体提升了表现水准。其《封建论》等议论文深刻犀利，有很高的思想价值，其《捕蛇者说》《种树郭橐驼传》《梓人传》等都是寓意深刻、广泛流传的名篇。韩柳被列入"唐宋八大家"之中，成为明代以后人们写作古文的样板。

▶▶▶ 第六节　传奇及唐前小说

中国古代小说的因素在先秦文学中即已出现，但真正的开端则是在魏晋南北朝时期。在众多描写鬼怪神仙的小说中，干宝的《搜神记》成就最高、流传最广，可视为志怪类小说的鼻祖；在表现世俗生活方面，南朝宋刘义庆的《世说新语》最为精彩，主要表现魏晋名士的生活态度和潇洒出尘的精神状态，被看做名士的教科书，是世情小说的先驱。

作为文学史上的黄金时期，唐代也是中国古典小说发展的重要里程碑，唐传奇是中国古典小说发展的重要阶段。唐传奇产生和发展大约经历三个时期。初、盛唐为发轫期，是由六朝志怪向唐传奇发展的一个过渡阶段，其主要作品是王度的《古镜记》、无名氏的《补江总白猿传》和张鷟的《游仙窟》。前两个故事尚未脱离志怪的性质。《游仙窟》则开始转向记述世俗故事。此处的"仙窟"其实就是妓院。

中唐是传奇大发展的兴盛期，晚唐是丰收期。许多著名诗人都开始创作传奇，有的作品被作为行卷的资本，可见传奇作品已被社会所广泛接受，精品开始大量出现。就爱情系列看，元稹的《莺莺传》、白行简的《李娃传》、蒋防的《霍小玉传》最为生动精彩，流传也最广泛。从这三篇传奇的女主人公便可以看出唐传奇作品的艺术风貌。崔莺莺、霍小玉、李娃三个女性虽然出身不同、命运不同，但都是性格鲜明、光彩照人的艺术形象。而小说的情节和环境描写都很精彩，可以看出作者的匠心，与魏晋南北朝时的志怪大不相同。即作者已经不再是为了记载怪异奇闻，而是有意创作小说。是我国小说由粗糙走向精致的一个重要步骤。

除这三部爱情精品外，还有讽刺社会世情的作品，最有影响的是沈既济的《枕中记》和李公佐的《南柯太守传》，前者是"一枕黄粱"和"黄粱美梦"成语的出处，后者则是"南柯一梦"典故的来源。另外还有历史故事类的《长恨歌传》《东城父老传》《高力士外传》等。《虬髯客传》记载隋朝权臣杨素的宠姬红拂私奔李靖，二人在奔赴太原途中，遇见豪侠虬髯客，三人结为至交。虬髯客志向远大，欲谋求帝位，后来见到李世民，为其英雄气概和非凡的相貌所折服，慨然辞别，另谋出路。后世称之为"风尘三侠"，该故事已有侠义小说的风貌。总之，唐传奇无论是思想性还是艺术性，在我国小说发展史上都是重要的发展阶段，具有承前启后的作用。

》》》 第七节　宋代婉约词的嬗变

词是在唐代产生的，初称"曲子词""长短句""诗余"，中唐的张志和、韦应物、白居易等都写过词。晚唐温庭筠词最著名，流传很广。五代开始兴起，宋代大盛。南唐后主李煜拓宽词之境界。五代时期后蜀赵崇祚编辑的《花间集》是词史上的大事，因为此书有承前启后的示范作用，为词人提供一个范本。《花间集》共收唐五代十八位词人的五百篇作品，共十卷。

进入宋代，前期的词基本继承了花间词的风格，香艳软媚，多是艳情或闲情逸致，属于婉约词风，主要词人有晏殊、晏几道、欧阳修、张先等。晏殊说他不追求锦词丽句，而是追求词的气象。这种气象与后来文论经常用到的意境很相似，故晏殊词确实很有整体意境，成就很高。晏几道则以浓重的抒情打动读者，赢得人们的喜爱。欧阳修词名为其诗文所掩，但他的婉约词写得也很精彩。《蝶恋花》（庭院深深）曾得到李清照的极度钦佩。张先因词中三次写到"影"字，三次均是佳作，故有"张三影"之名。

到柳永出现，词风发生变化，一是内容题材上拓展范围，开始表现下层女性的生活和情趣，抒写下层文士怀才不遇的愤懑，表达羁旅行役之苦，描绘大城市的繁华和美丽，内容广阔。在篇幅体裁上，也发生巨大变化，柳永大量创作慢词长调，词开始通俗化、平民化。柳永的词在当时流传最广，乃至达到"凡有井水处，就有歌柳词"的程度。

到苏轼出现，词坛又发生一次大的变化：一是以诗文入词，打破词为"艳科"的局限，题材进一步扩大；二是摆脱音乐的束缚，使词成为独立发展的新诗体；三是风格多样，出现硬朗豪放的作品，豪放词开始产生。当然，就数量来说，苏东坡的婉约词更多，有很多精品。词仿佛是一条长河，在苏东坡这里开始分为两道，一是继续婉约词风，二是开创豪放词风。

先说婉约词，苏东坡后，周邦彦在词律上非常谨严，创作了很多新调，是北宋婉约词之集大成者。李清照则以女性特有的细腻而成为婉约词的大家，她的词清新秀美，情致深婉，语言精美老道，韵律和谐，是最地道的当行里手，李清照的《词论》提出"词别是一家"的观点，对于词有独到的见解。李清照的诗文也很有成就，不过被她的词名所掩罢了，她是文学史上少有的称得起一流的女性文学家。

南宋时，姜夔的词清秀有味，自创许多新词调，最著名的《暗香》《疏影》表现梅花之精魂，可谓千古绝唱。而姜夔留下十七首带有公尺谱的词，更是极其珍贵的词乐资料。史达祖的咏物词非常精彩，《双双燕》形神兼备，意蕴深婉。宋末周密、吴文英、王沂孙、张炎也都是著名的婉约词人。但他们的词作多表现衰世的哀怨和亡国的悲愁，读来令人悲凉感伤。

▶▶▶ 第八节　宋代豪放词的嬗变

北宋初期，名臣范仲淹的边塞词已经出现豪放之风，但未产生影响。苏东坡创作"大江东去"后，在词坛上产生重大影响。但在北宋，豪放词很少。到南宋初年，随着阶级矛盾和民族矛盾日趋尖锐，文人们自然感情激越，豪放词才大量产生。张元干和张孝祥是这一时期豪放词人的杰出代表。他们在词中抒发坚决抗战的激烈情怀，张孝祥的《六州歌头·长淮望断》一词至今读来仍然感觉气吞喉咽，十分压抑。岳飞的《满江红》壮怀激烈，豪气冲天，爱国志士饱受压抑的感情催人泪下，是豪放词中的精品。

其后，辛弃疾将备受压抑的满腔愤怒化为精妙的词章，将豪放词推向峰巅。辛弃疾才兼将相，从金国起义南归，满腔忠心却遭到猜忌，本来是烈马利剑，却不准上疆场而被闲置，愁肠九转，于是他便把壮志情怀全部投入到词的创作中。他的词境界阔大，善用比兴手法，大量运用典故，典故不但多而且精当巧妙，驾驭语言的能力超常，故词的感情容量很大，表现力极强。传世词作达六百多首，而被后世选本选入的数量高居榜首。辛弃疾的朋友陈亮也是豪放词人。宋末的刘过、刘辰翁、刘克庄则是宋代豪放词的殿军，但他们的作品中感伤悲慨的情调更重，在大宋王朝即将结束的晚空，留下一抹彩霞。

第九节　宋代诗歌

宋代初年诗歌并不繁荣，主要是学习晚唐李商隐。王禹偁效仿杜甫和白居易，诗歌内容丰富，诗风明朗，但当时影响不广。朝廷重臣杨亿、钱惟演、刘筠三人编本《西昆酬唱集》，在当时影响很大，被称作西昆体，技巧很高，但内容空泛，感情不强烈，属于贵族文学，流传也不广。欧阳修登上诗坛，提出改革诗风的理论主张，在梅尧臣和苏舜钦的支持下，掀起诗歌革新运动。他们这个诗人群体自觉比拟为韩孟诗派。欧阳修称梅尧臣为"老郊"，自比为韩愈。相互之间推波助澜，从此宋代诗歌走上健康发展的道路。

苏东坡和黄庭坚时，诗歌创作出现高潮，北宋诗歌一般以苏黄并称。黄庭坚自立门户，提出要从古诗中寻找灵感，"无一字无来处"，提出宗法杜甫，要求做诗"脱胎换骨""点铁成金"，跟随者甚众，同时代的陈师道便是其主要同盟。南宋人多将"黄陈"并称。至南宋初年，吕本中编制《江西诗社宗派图》，提出"一祖三宗"之说。祖是杜甫，三宗是黄庭坚、陈师道、陈与义。从此，江西诗派这一名称正式出现，是宋代影响最大最深广的诗歌流派。

南宋诗坛有四大诗人，也称"中兴四大诗人"，即陆游、曾几、杨万里、范成大。陆游诗歌以爱国主义为主旋律，诗风硬朗，有浪漫情怀；杨万里诗歌幽默诙谐，充满理趣，境界清幽，被称为"诚斋体"，尤其是七绝，篇篇可读、清新可爱；范成大的田园诗有创新意义，将封建社会的阶级矛盾写入诗中，前此田园诗很少见，七十二首使金诗颇有认识价值。南宋后期还有江湖诗派和"永嘉四灵"，但境界局促，成就不高。

第十节　宋代散文

唐宋散文历来并称，八大家中宋代有六家。可见宋代散文成就确实很高，可以与唐代相互辉映。与诗歌一样，宋代散文的健康发展也源于欧阳修领导的诗文革新运动。欧阳修进士及第后，曾到洛阳工作，洛阳留守钱惟演雅好文学，本人也是文人，幕府中多文士，梅尧臣、苏舜钦、尹洙都在，于是相互唱和研讨，提倡新诗文，尹洙的散文很有功夫。欧阳修在理论上大力鼓吹，在创作上大力写作，于是散文领域也出现新的风气。后来欧阳修曾经主持科举考试，利用这个无形但最具威力的指挥棒纠正当时流行的晦涩的"太学体"，大见成效。这时，曾巩、王安石，苏洵、苏轼、苏辙父子三人先后走上文坛，是北宋散文的鼎盛时期。

欧阳修的散文风格委婉，如山间小溪，清澈曲折，读来口齿留香。《朋党论》《五代史伶官传序》《醉翁亭记》《泷冈阡表》《秋声赋》等都是独具特色的妙文。《朋党论》是颇有锋芒的战斗政论，针对政敌攻击他和范仲淹等人搞朋党而写，咄咄逼人，颇有气势。《五代史伶官传序》用后唐庄宗李存勖先盛后衰的史实，极其雄辩有力地说明了国家、事业成功与失败的关键在于人事而不是天命。对比说理，多名言警句，被后世称为千古第一史论。《泷冈阡表》是祭奠父亲所写，但同时也写了母亲的优秀品质，属于一表双传，手法极其巧妙。欧阳修父亲去世时，他根本不记事，他母亲也没有见过他的奶奶，但还要写他父亲孝敬奶奶，很难下笔，欧阳修不但写了，而且写得很令人信服，这是很高的手段。《醉翁亭记》语言精美简练，用了二十一个"也"，意脉委婉，音节和谐流畅，情景意交融，千古至文也。因大家特别熟悉，故不再费词。

苏轼的散文与欧阳修并称，学术界有"韩柳欧苏"之说，将这四个人的散文又单独提出，可见对其重视的程度。苏轼的散文如行云流水，舒卷自如，达到出神入化的程度。《前赤壁赋》《后赤壁赋》《文与可画筼筜谷偃竹记》《游石钟山记》等各有特色，值得玩赏品味。王安石的散文以议论深邃，识见高超，简洁明快见长。其《答司马谏议书》言简意赅，气盛理足。《游褒禅山记》《伤仲永》《读孟尝君传》等都是妙文。当然，宋代散文家不限于六大家，李清照父女的散文都很好，李格非的《洛阳名园记》、李清照的《金石录后序》都是中国散文史上的名篇。但由于篇幅有限，不再多作介绍。

第十三讲　浩如烟海的文学（下）

▶▶▶ ## 第一节　元　曲

一时代有一时代之文学，唐诗、宋词、元曲历来并称。元代是蒙古贵族建立的政权，多年处在战争状态，不重视文化建设，文人被压在社会底层。"十儒九丐"的说法就起源于元代，"臭老九"的帽子那时已经扣在知识分子的头上。为生活所迫，大多数文人只能走向市井。作为贵族文化代表样式的传统诗文开始衰微，而作为世俗文学的戏剧开始兴盛起来。元曲包括杂剧和散曲。散曲还分套数（也称散套）、带过曲和小令三种形式，但影响最大的还是杂剧。

概括来说，元杂剧之所以兴盛的主要原因有：社会原因是元代取消科举，文人没有政治出路，文人和民间艺人结合，促进戏剧艺术的发展；金元时期城市规模扩大，市民阶层增加，对于文化的需求增加，对戏剧艺术发展有促进作用。文学内部原因是历史上各种表演艺术发展的结果，元杂剧是在金院本和说唱诸宫调的基础上发展而来。元杂剧是把歌曲、舞蹈、宾白、表演结合起来的舞台艺术，一般由四折一个楔子构成。剧本主要由曲词和宾白构成。

文学史上有"元曲四大家"之称，指的是关汉卿、马致远、白朴、郑光祖。关汉卿作品最多，水平也最高，留下六十多部剧本，《窦娥冤》《救风尘》《单刀会》等是其代表作。散曲《不伏老》也非常著名。关汉卿本人也能表演，是戏剧全才。马致远的杂剧代表作是《汉宫秋》，写昭君出塞的故事。曲词优美，故事生动。散曲中套数和小令各有《秋思》一篇，都极其精彩。小令《天净沙·秋思》："枯藤老树昏鸦，小桥流水人家，古道西风瘦马，夕阳西下，断肠人在天涯。"仅用二十八个字，写尽天涯游子的窘迫与凄凉。白朴的代表作是《梧桐雨》，郑光祖的代表作是《倩女离魂》。除元曲四大家外，王实甫的《西厢记》更著名，有"西厢记天下夺魁"之说。该剧结构宏大，人物形象鲜明，情节曲折，主题新颖突出。散曲也有许多著名作者，如张可久、徐再思、张养浩、睢景臣等。

▶▶▶ ## 第二节　明代小说

明清时期最有特色的是小说和戏剧，故分两个题目概括这两个方面。明

123

朝初年，产生两部古典名著，一是历史题材的《三国演义》，二是农民起义题材的《水浒传》。

《三国演义》的出现有长期的酝酿过程。据晚唐李商隐《娇儿诗》可知，已有专门讲述三国故事的情况，《东京梦华录》记载北宋时有专门"说三分"的霍四究，《东坡志林》也有类似记载，说明当时讲说"三国故事"比较普遍，且有"尊刘贬曹"倾向。宋、元、金时期三国题材的戏剧也不少，三国剧目最少有三十多部，如《三英战吕布》《赤壁鏖兵》《隔江斗志》等。元代出现《三国志平话》，初具规模。罗贯中在这些资料和作品的基础上完成此书。

《三国演义》是小说史上的里程碑。①以正史为依据，穿插民间传说的创作方法，"七分实事，三分虚构"，正确处理历史真实与艺术真实的关系，为创作历史小说提供了经验；②结构宏伟壮阔，又严密精巧；③描绘历史时间长，情节精彩紧凑，塑造众多鲜活的人物形象。

《水浒传》是描写农民斗争的长篇，在群众创作的基础上，又经过文人加工而成。关于宋江起义的故事，宋史中有一些零星记载。当元兵南下，农民处在阶级压迫和民族压迫的双重压迫下，纷纷起义，宋江等人自然成为歌颂的对象。宋末元初，画家龚开作《宋江三十六人赞》，初次完整地记录三十六人的姓名和绰号。此时，说书和杂剧等通俗文学正在发展繁荣，元杂剧中有一些水浒题材的剧目。宋末元初的《大宋宣和遗事》涉及水浒故事的部分已经具备水浒传的雏形。施、罗在此基础上，进行再创造，创作出《水浒传》。该书之内容可概括为：①官逼民反；②塑造众多英雄形象；③细致描写星火燎原，从分散到集中之过程；④显示悲惨结局，失败之内因。该书在艺术上成就也很高。

明代中叶产生了最伟大的神怪小说《西游记》。这是继《三国演义》和《水浒传》后，又一部群众创作和文人创作相结合的作品。成书过程酝酿七百余年。唐太宗贞观三年，玄奘西游取经，十七载后归来，门徒辩机辑录其口述而成《大唐西域记》。以后门徒慧立、彦琮撰《大唐大慈恩寺三藏法师传》，其中穿插一些神话传说。南宋《大唐三藏取经诗话》当是"说经"话本，情节简单，还没有猪八戒，"深沙神"只露面一次，但其中已有孙行者的形象，且自称"花果山紫云洞八万四千铜头铁额猕猴王"，帮助三藏西行，神通广大，可以看出是孙悟空的雏形。至元代，取经故事已经成型，元代瓷器上唐僧师徒四人形象俱全。当时一些故事片断已成型，且《永乐大典》引文中已有《西游记》之名。金元戏曲中出现一些取经题材的内容。吴承恩在此基础上，创作出《西游记》这部长篇神话小说。吴承恩的功绩在于：①将宣扬佛教精神的取经故事改造为具有民主倾向和时代特征的神话小说；②在人物处理上，原来备受推崇的玄奘退居次要地位，而具有反叛精神、带有人民理想色彩的孙悟空成为主人公。③丰富了内容；④具有讽刺幽默的艺术风格。

明中叶后其他长篇小说较著名者还有：冯梦龙的《新列国志》，这是《三国演义》后影响最大的历史小说。清乾隆年间蔡元放印行版本《东周列国志》对其有所增删修改，流传更广。熊大木的《北宋志传》影响较大，可以说是"杨家将"故事的原创。《封神演义》是钟山逸叟许仲琳编辑的长篇神魔小说。以宋元讲史话本《武王伐纣平话》为基础，经过再创作而成。借古讽今，曲折反映现实，宣扬"三教合一"。精华和糟粕混杂。《金瓶梅》暴露明代后期的腐朽黑暗，但有严重缺欠。艺术上有成就，作者署名为兰陵笑笑生，或认为是王世贞，但不可靠。两个版本系统：一是万历"东吴弄珠客"序的《金瓶梅词话》；二是天启《原本金瓶梅》系统。这是第一部文人独立创作的长篇小说，也是第一部家庭生活题材的长篇小说。对《红楼梦》等有影响。

明代拟话本也很有影响。最早的拟话本小说是嘉靖年间洪楩编辑刻印的《清平山堂话本》。最重要的则是"三言二拍"，即冯梦龙的《喻世明言》《警世通言》《醒世恒言》；凌濛初的《初刻拍案惊奇》《二刻拍案惊奇》。冯梦龙在通俗文学方面贡献卓著，在通俗小说、历史小说、民歌、戏曲方面都有贡献。"三言"每本四十篇，共一百二十篇。"二拍"共七十八篇。

>>>> ## 第三节　清代小说

清代小说最主要的作品是《聊斋志异》《儒林外史》《红楼梦》。《聊斋志异》是蒲松龄所作。蒲松龄，字留仙，别号柳泉居士。才高命蹇，科场黑暗，七十一岁方拔贡，算是有了初等功名，终生困顿，主要作西宾，即家塾教师。四年后去世。《聊斋志异》的内容主要有：爱情；科举；官场政治黑暗，司法黑暗，官员腐败等。其局限是：迷信、宿命论、维护封建纲常、一夫多妻等。艺术成就主要是塑造众多人物形象，情节引人入胜，语言精粹简明。此后，文言笔记小说还有纪晓岚《阅微草堂笔记》、袁枚《新齐谐》（又称《子不语》）。

这一时期的长篇小说还有：陈忱《水浒后传》：写梁山未死英雄重举义旗，英勇抗击外来侵略，并到海外建立基业的故事，用历史抒写明朝灭亡的憾恨。钱采、金丰《说岳全传》：岳飞故事在南宋已经广为流传，明朝熊大木《武穆演义》、邹元标《精忠全传》。在此基础上，钱采、金丰二人创作《说岳全传》，借古讽今的寓意很明显，在乾隆时期遭到禁毁。此书后世流传甚广，岳飞形象主要是该书定型的。有不少故事成为戏曲的题材。褚人获《隋唐演义》也有一定影响。李汝珍《镜花缘》：取材于武则天下令百花在寒冬开放，百花仙子遵命而遭天谴，下界为一百个女子。后来都成为人才。主题思想是提高妇女的地位，揭露社会黑暗，对一切社会问题发表自己的见解。前半部分对许多海外奇国的描绘很有情趣。

吴敬梓与《儒林外史》：吴敬梓，字敏轩，晚自称文木老人，出身大官僚家庭，书香门第。但科场失意，不善生计，家道中衰，中年后很贫困。《儒林外史》主题是批判科举制度弊端，揭露官场黑暗，反对功名富贵思想、官僚制度和各种社会弊端。艺术上最突出成就是"讽刺"。鲁迅说："于是说部中乃始有足称讽刺之书。"其讽刺手法的特点是真实、夸张、对比。语言特点是准确洗练而富于形象性。结构特点是各个故事有相对独立性，鲁迅评价为："虽云长篇，颇同短制。"

《红楼梦》是古典小说的高峰，关于作者、思想内容、艺术特色都有很多争论，且大部分读者都略知一二，故此处不多说。版本系统有两个：八十回本，题名《石头记》，大都附脂砚斋评语；一百二十回本，程伟元排印，有程甲本、程乙本。

▶▶▶ 第四节　明清戏剧

明代戏剧的主要成果有：宁献王朱权《太和正音谱》、贾仲名《录鬼簿续编》对于研究元末明初杂剧有重要价值。传奇剧从《琵琶记》后，宣扬封建道德倾向日益严重，丘浚《五伦全备记》推向极端。中叶出现几部稍有价值的戏曲。王九思《杜甫游春》杂剧，借杜甫之口，抒发对当时执政大臣的不满。康海的《中山狼》据说是讽刺李梦阳的；李开先的《宝剑记》歌颂林冲。昆腔创始于元末，是在昆山地区流行的戏曲唱腔的基础上逐步发展起来的戏曲形式，既有南曲轻柔婉转的特点，也吸收北曲激昂慷慨的特点，在当时很流行。梁辰鱼《浣纱记》通过西施范蠡的悲欢离合，表现吴越两国的兴亡。王世贞（或说其门人）所作《鸣凤记》反映夏言、杨继胜与奸臣严嵩父子的斗争，是中国戏剧史上最及时反映官场政治斗争的戏剧。

江苏吴江人沈璟对于昆腔音律的规范和整理有很大贡献，强调形式，内容方面强调宣扬封建礼教，故戏剧作品成就不高。较有影响的作品有《红蕖记》《义侠记》。徐渭字文长，号青藤道士，著名才子，诗书画三绝，备受压抑，狂傲不羁。《四声猿》是四个杂剧，包括《渔阳弄》《雌木兰》《女状元》《翠乡梦》。《渔阳弄》写祢衡在阴曹继续击鼓骂曹操的故事，抒发疾恶如仇之情绪。

汤显祖，临川人。因为政治黑暗，在官场受排挤而归隐，在老师罗汝芳那里受左派王学影响，推崇李贽，崇尚真性情而反对假道学，与早期东林党领袖人物是好友。代表作是《临川四梦》，包括《紫钗记》《邯郸记》《南柯记》《牡丹亭》。影响最大者是《牡丹亭》。汤显祖曾说："一生四梦，得意处惟在牡丹。"是戏曲史上浪漫主义杰作。杜丽娘是贵族女儿，家教严格，寂寞空虚，游园见景生情，青春萌动，追求爱情幸福，因梦生爱，因爱而死，又因爱死而复生，最终得到真正的爱情。《牡丹亭》艺术上最大的特色是浪漫主义。

清代戏剧比较重要的成果如下。李渔的《闲情偶寄》：李渔（号笠翁）是清初最重要的戏曲理论家，《闲情偶寄》是系统的戏曲理论著作。分词曲（主要指文学剧本）和演习（主要指舞台演出实践）两部。强调主题、结构、语言等。剧本保留下来的有十八种，常见的有《笠翁十种曲》。李渔后，焦循的《剧说》取材一百六十多种有关戏曲记载的书籍，为研究古典戏曲的重要参考资料。剧本方面有两大传奇剧，两位作者洪升和孔尚任并称为"南洪北孔"。

洪升的《长生殿》。唐明皇和杨贵妃的爱情故事，中唐已广为流传。以往有白居易的《长恨歌》、陈鸿的《长恨歌传》、元代白朴《梧桐雨》、明代吴世美《惊鸿记》，洪升在此基础上，创作《长生殿》。主题有矛盾，但基本倾向是进步的。批判李杨淫乱沉迷爱情误国，因误国导致爱情悲剧，对爱情的悲剧又给予同情。上卷批判多，下卷基本上同情。与《长恨歌》主题相似。艺术：以儿女之情写国家兴亡的结构；强烈的抒情；精美的语言与地道的音律。

孔尚任和《桃花扇》。借儿女之情，写兴亡之事。通过明末著名文人侯方域与金陵名妓李香君的爱情故事，揭露阉党余孽马士英和阮大铖的罪恶行径。另外，唐英（沈阳人）《古柏堂曲》十七种，其中《十字坡》《面缸笑》等在当时流传很广。蒋士铨《红雪楼十二种曲》也有一定影响。

▶▶▶ 第五节　明清诗文

明前期诗文主要作家作品如下。宋濂：为"开国文臣之首"，代表作《秦士录》《记李歌》《王冕传》《送东阳马生序》；刘基：《郁离子》用寓言形式表现学识和思想，很著名，名篇有《卖柑者言》；高启：号青丘子，因坚决辞官而被杀，是明代成就最高的诗人；其后是台阁体："三杨"即杨士奇、杨荣、杨溥均是大学士，入阁为相，所作诗歌均粉饰太平，歌功颂德，流行近一百年，称台阁体；茶陵诗派：湖南茶陵人李东阳曾以台阁大臣的身份主盟诗坛，是台阁体向"前后七子"诗派过渡时的重要人物和诗派，但成就不高；前七子：以李梦阳、何景明为首领，提倡"文必秦汉，诗必盛唐"；后七子：以李攀龙、王世贞为首领，与前七子主张相近，推崇李梦阳；唐宋派：主要成就在散文，主要成员有唐顺之、王慎中、归有光、茅坤等。推尊韩柳欧苏八大家的散文，针对前后七子，成就最高者归有光，名篇是《项脊轩志》。茅坤《八大家文钞》始出现"唐宋八大家"之说。李贽：晚明思想家，反对拟古，主张创新，对文学影响很大，其后的"公安派"和"竟陵派"均受其影响；公安派：（公安派名称指三袁为"公安"人，即今湖北公安）"三袁"兄弟，即袁宗道、袁宏道、袁中道，成就最高者为袁宏道，主张"独抒性灵，不拘格套"，主张抒发真情实感，反对模拟剽窃和无病呻吟，竟陵派代表人物是锺惺和谭元春，主张与公安派相近，所选《诗归》影响较大。晚明小品和爱国诗人：晚明小品文有一定成就，最著名的是张岱，《陶庵梦忆》《西湖梦寻》是其文集。名篇是《西湖七月半》。明末爱国诗人最著名者是夏完淳和他的老师陈子龙。

清初文学家最著名者是"清初三先生"：顾炎武、黄宗羲和王夫之。顾炎武，号亭林先生，明亡不仕，反清。提出"天下兴亡匹夫有责"，主张文章"经世致用"。其《日知录》非常著名。黄宗羲，字太冲，号南雷，学者称梨洲先生，所著《宋元学案》《明儒学案》是我国最早学术史之一。另有《南雷文案》《明夷待访录》。后者中的《原君》《原臣》思想很激进。王夫之，号姜斋，学术界称其为船山先生，以王船山著称。清初思想家，反清，长期居住在瑶族山区。读书著述，哲学史学著作丰富，有《船山遗书》。

清初诗人与诗派：钱谦益，号牧斋，明礼部尚书，后降清。主文坛数十年。晚年写作许多怀念故国的诗歌，诗文在乾隆时曾被禁毁。吴伟业，晚号梅村，晚明进士，翰林院编修。降清后，任国子监祭酒。《圆圆曲》很著名，写吴三桂因为陈圆圆而降清之事，语多讽刺。名句是"恸哭六军皆缟素，冲冠一怒为红颜。"

南施北宋：宋琬，山东莱阳人，顺治进士，名诗是《义虎行》。施闰章，字尚白，号愚山，江南宣城人，顺治进士，翰林院侍读。

神韵说：清初诗名最大者是王士禛，字贻上，号阮亭，又号渔洋山人。顺治进士，官至刑部尚书。诗主"神韵说"，主张"不着一字，尽得风流"。主要倾向王孟一派。同时著名诗人还有查慎行，号初白，诗学陆游；赵执信，号秋谷，著《谈龙录》，反驳王士禛神韵说。

清初词人：朱彝尊，字锡鬯，浙江秀水（今浙江嘉兴）人，曾纂集唐宋金元词五百余家为《词综》，是影响较大的词总集。对清代词学及创作有重要影响，属于浙派词人之首。同时著名词人还有纳兰性德，满族贵公子，曾任康熙侍卫。多写边塞生活小令，有特色，他的爱情词和悼亡词也很著名。

清中叶诗文有价值者为：沈德潜（字确士）倡"格调说"，诗话《说诗晬语》要求"温柔敦厚"，其诗选《唐诗别裁》《古诗源》影响颇大。袁枚，字子才，号简斋，三十三岁即在小仓山建筑"随园"隐居，流连诗文。主张"性灵说"，主张要有性情，有自我。和他同时风格相近者有赵翼、蒋士铨。

赵翼是著名史学家，其《瓯北诗话》很有名。翁方纲主张"肌理说"，主张读书有学问，要求诗从学问中来，受到江西诗派影响较大，对近代宋诗派有影响。此外，此期有名诗人还有厉鹗、郑燮（郑板桥）、黄景仁（字仲则）、张问陶等。

桐城派古文：桐城派是清代古文最大最有影响的流派，代表人物依次是方苞、刘大櫆、姚鼐。方苞，号望溪，继承唐宋派归有光的古文理论，强调"义法"，名篇是《狱中杂记》；姚鼐（字姬传，号惜抱）讲究"考据、义理、辞章"的统一，是完整的理论。《古文辞类纂》很著名，名篇是《登泰山记》。其支流"阳湖派"以恽敬、张惠言为代表。汪中的骈文也比较著名，名篇是《哀盐船文》。

▶▶▶ 第六节　近代文学

近代文学中主要作家作品如下。资产阶级启蒙文人龚自珍：鸦片战争前夕主张改革腐朽现状、抵抗帝国主义侵略，是资产阶级改良主义启蒙思想家。诗文都有名篇。诗《咏史》《己亥杂诗》，文《病梅馆记》。魏源，与龚自珍齐名。林则徐也属于开风气的诗人，诗作主要体现爱国主义思想。这一时期出现"宋诗派"，主要人物程恩泽、祁寯藻，成就最高的诗人是何绍基、郑珍、莫友之。远承江西诗派，近承肌理说。曾国藩也属于此派。桐城派的余绪主要是梅曾亮、曾国藩。戊戌变法时，黎庶昌、吴汝纶也属于桐城派。

"诗界革命"和黄遵宪：伴随戊戌变法的酝酿，文学改良也出现了。梁启超提倡"诗界革命"。变法前夕，梁启超、谭嗣同等提出口号，并试作新诗。但从理论和实践上都取得成就的是黄遵宪。黄遵宪是外交官，先后在新加坡、日本、美国、英国当外交官。眼界大开，要求革新迫切，给诗歌带来新思想、新境界。爱国思想强烈。名篇有《度辽将军歌》《军中歌》等。

梁启超最早高度评价和提倡小说创作，提倡诗界革命，本人散文较有名，名篇是《少年中国说》；严复，翻译赫胥黎《天演论》，影响很大；林纾以翻译西方小说著名。这时宋诗派主要作家是陈三立、陈衍；常州词派主要作家：况周颐、朱孝臧。清末四大谴责小说：李伯元（名宝嘉）《官场现形记》；吴趼人《二十年目睹之怪现状》；刘鹗（字铁云，著名文字学家）《老残游记》；曾朴《孽海花》。章炳麟（字太炎）散文成就高。秋瑾，号鉴湖女侠，诗歌成就高，名篇是《宝刀歌》《黄海舟中日人索句并见日俄战争地图》。邹容《革命军》。柳亚子及南社。文学团体"南社"创立于1909年，发起人为陈去病、高旭和柳亚子。

第七节　近体诗格律常识

　　唐诗宋词并称，词的格律每个词牌都不一样，不好掌握，但唐诗，尤其是近体诗，格律很明确，掌握起来并不难，而古典诗歌又是我们抒情达意的最好手段，因此把近体诗的格律常识进行简明介绍是很必要的。这是国学的重要方面，掌握其格律常识后，便可以尝试写作。因此笔者单列一小节讲述这个问题。

　　从大的方面来分，古诗可以分为古体诗和今体诗两部分。今体诗又称近体诗，均是唐代人当时的称呼，不过由于一直被沿用至今，我们只能如此使用了。近体诗是初唐开始定型，盛唐时期广为流传兴盛的崭新的诗体，即我们现代意识中的格律诗。古体诗虽然也有一些规律，但与近体诗相比，较少限制，随意性较强，近体诗则有很严格的要求和规范。我们现在只将近体诗的规范阐释一下，如果能够判定近体诗，本着非此即彼的原则，便可以轻易判定哪些是古体诗了。

　　近体诗在形式方面有严格规定，主要表现在句数、句式、平仄、粘对、对仗、用韵几个方面。近体诗最常见和最常用的是五律、七律、五绝、七绝四种，我们只讲这四种。如果从最简单形式看，律为八句，绝为四句，每句几字则为几律（或绝）。如五律即每句五个字，共八句。依此类推，五绝为五言四句，七绝为七言四句，七律为七言八句，五律为五言八句。这是最起码的要求。但只具备这种形式还远远不够，必须同时具有以下几方面的特点，才能称为近体诗。

　　先说平仄与粘对。平仄是指平声和仄声交替组成的格式。关于平声和仄声的知识，前面已经讲过。其实，以五言为例，平仄格式的句型只有四种，即

甲、仄仄平平仄　　乙、平平仄仄平

丙、平平平仄仄　　丁、仄仄仄平平

带□的字表示可平可仄。字下带＿的字表示韵脚，后同。根据前面两个字的平仄（主要是第二字）和尾字的平仄，上述四个句型可以定名为：甲、仄起仄收式；乙、平起平收式；丙、平起仄收式；丁、仄起平收式。

　　这四种句型的交互组合，便可以成为五言律诗或五言绝句。上面四种句型的排列，便是标准的五绝。先说五律，因为出句不是韵脚，故要选用仄收式。仄收句只有两种，起句必居其一，如果起句确定，那么对句的平仄与起句必须完全相对，这样便只有一个。这两句诗成为首联。每联诗的出句和对句在平仄格式上都必须相对，这就叫对。下一联诗的出句也是唯一的平仄句

式。根据粘的要求，下一联诗出句开头两字的平仄与前一联诗对句前二字的平仄必须相同，而又必须是仄收句，这样，符合条件的便只有一个句式。同样道理，此句的对句也是唯一的。依此类推，连续粘对三次，八句五律的平仄格式便完成了。

举例来看，仄收的句式只有甲和丙两个，我们姑且用甲开篇，平仄是：仄仄平平仄，对句要求与出句平仄完全相对，便只有乙符合其条件，即平平仄仄平，而第三句最关键，要符合粘的要求，即要求该句是平起仄收，只有丙句符合，即平平平仄仄，该句的对句便是丁，即仄仄仄平平。按照这种方式推演下去，八句诗的平仄格式便完成了，我们将其归纳在一起，以便掌握，即

仄起仄收式

仄仄平平仄	平平仄仄平
平平平仄仄	仄仄仄平平
仄仄平平仄	平平仄仄平
平平平仄仄	仄仄仄平平

春夜喜雨
杜 甫

好雨知时节，当春乃发生。

随风潜入夜，润物细无声。

野径云俱黑，江船火独明。

晓看红湿处，花重锦官城。

应当指出，首句的"节"、第五句的"黑"都是入声字，故属于仄声。第七句的"看"字发阴平的音，属于平声字。这样一排列，粘的情况极其分明，请看二三句的开头都是平平，四五句的开头都是仄仄，六七句的开头又都是平平，而每一个句型都是唯一的。从创作角度看，失对是小毛病，失粘则是大毛病。因为一旦失粘，那么前后两联的平仄格式便完全一样，这是做诗绝对不能允许的。故失粘是大忌，要特别注意。

与此同理，平起仄收式的格式是

平起仄收式

平平平仄仄	仄仄仄平平
仄仄平平仄	平平仄仄平
平平平仄仄	仄仄仄平平
仄仄平平仄	平平仄仄平

山居秋暝

王 维

空山新雨后，天气晚来秋。

明月松间照，清泉石上流。

竹喧归浣女，莲动下渔舟。

随意春芳歇，王孙自可留。

这是最常见的两种格式。因为近体诗通常押平声韵，如果首句入韵，那么首联的平仄便不可能全部相对，因为必须是由两个平收句构成方可，即只有乙和丁两种。如果乙句为首句，那么便必须以丁句为对句，即"平平仄仄平，仄仄仄平平"。李商隐的《晚晴》便属于此类。首联是"身居俯夹城，春去夏犹清。"以下粘对方式与前相同，不多举例。

五言律诗平仄粘对的基本知识大体如是。再就是对仗和用韵的要求了。

律诗要求中间两联即颔联和颈联对仗。对仗也叫对偶，即要求一联诗中的出句和对句句法结构一致，相对应位置上的词语词性、词的构成方式必须相同，名词对名词，动词对动词，形容词对形容词，偏正结构对偏正结构，主谓结构对主谓结构等。如王维《山居秋暝》中间两联：明月松间照，清泉石上流。竹喧归浣女，莲动下渔舟。前一联的情况是：明月与清泉相对，名词对名词，而且都是偏正结构；松间对石上，都是方位名词；照对流，动词对动词。后一联的情况是：竹喧对莲动，主谓结构对主谓结构；归对下，动词对动词；浣女对渔舟，偏正结构名词对偏正结构名词，天衣无缝，精妙至极。

用韵方面，律诗一般都押平声韵，要一韵到底，不准换韵。如果发现换韵，便可将该诗从近体诗中排除。韵部限制较严格，只有少数一些邻近的韵脚可以通押，首句入韵者也较灵活一些。唐代律诗，绝大部分用韵比较严格。一般律诗是四个韵脚，即每个对句的最后一字便是当然的韵脚。如果首句入韵，则是五个韵脚。如王维的《山居秋暝》，首句不入韵，四个韵脚是秋、流、舟、留。属于下平声"十一尤"部。李商隐的《无题》（相见时难别亦难）首句入韵，便是五个韵脚，分别是难、残、干、寒、看。属于上平声"十四寒"部。

至此，五律形式方面的要求已经基本交代清楚，概括地说，即平仄粘对、对仗、用韵。在古人的观念中，五绝便是截取五律的一半而成，故其平仄格式与五律完全相同。既然是截取一半，当然怎样截取都是可以的。有人喜欢截取前半，则后面一联便要对仗；有人截取后面一半，则前面一联要对仗；有人截取中间，则两联都对仗；有人截取首尾，则完全不必对仗。总之一句话，绝句与律诗在平仄粘对和用韵的要求方面完全相同，但在对仗方面没有要求，诗人可以随意。

五律基本搞清，七律就容易讲解了。在五律的四个固定句式前面，各延伸两个字的平仄，便构成七言律句的句型。即

甲、平平仄仄平平仄　　乙、仄仄平平仄仄平

丙、仄仄平平平仄仄　　丁、平平仄仄仄平平

看一下这几个句型，按照韵脚看（指最后两个字），四种句型分别是：甲是平仄脚，乙是仄平脚，丙是仄仄脚，丁是平平脚。

说明一种习惯的说法，即前人有一个口诀："一三五不论，二四六分明。"意思是说，对于七言近体诗来说，处在"一三五"位置上的字语音平仄可以不论，而处在"二四六"位置上的字语音平仄则必须准确分明。这对于初学者掌握平仄的基本规律是有帮助的，但不全面、不科学。我们观察上面四种句型，可以发现甲和丙是符合这种说法的，而乙和丁则不可以。乙句型如果第三个平声字换成仄，那么除了韵脚一个平声外，整个句子便只剩下一个平声字，这叫"犯孤平"，是大病，故此字必须平声。丁句型的第五个仄声字也不能平，因为此字如果平声，和后面的两个平声连在一起，在一句诗的末尾出现连续的三个平声，叫"三平调"，也是律诗之大忌。古体诗则没有这些忌讳。将这两点理解记住，这个口诀还是有帮助的。

还有一点应当强调，即"犯孤平"是旧时留下来的术语，专门指乙句型，即仄平脚的句型而言，别的句型没有此说。如丁句型五言"仄仄仄平平"的话，除韵脚外，也只有一个平声字，但规定即如此，不但不算孤平，而且是标准句型。"犯孤平"是封建科举时的大忌，在考试时，如果有此病，只一点就算不及格。

按照五律的粘对格式，我们举例来看一首标准七律：

仄起平收式

仄仄平平平仄仄　　平平仄仄仄平平
平平仄仄平平仄　　仄仄平平仄仄平
仄仄平平平仄仄　　平平仄仄仄平平
平平仄仄平平仄　　仄仄平平仄仄平

闻官军收河南河北

杜　甫

剑外忽传收蓟北，初闻涕泪满衣裳。
却看妻子愁何在，漫卷诗书喜欲狂。
白日放歌须纵酒，青春做伴好还乡。
即从巴峡穿巫峡，便下襄阳向洛阳。

至于平起仄收句，只是将这种式的额联提到首联，其他毫无变化。首句入韵式，除首联必须由两个平收句构成而不必平仄完全相对外，其他规律

与上两式完全相同，不再浪费笔墨。

与五律和五绝的关系一样，七绝也可看做七律的一半，在平仄粘对和用韵方面，与七律没有区别，而在是否对仗上没有任何限制。这样，任何形式的七绝格式我们都可以熟练掌握了。到此，有关近体诗格律方面的常识我们便都基本讲授清楚，我们应当将这些知识与实际作品结合起来，多读、多分析、多琢磨，自然可以逐渐领悟，逐渐消化理解。这是创作的前提。

第十四讲　古代教育

教育是应社会生活的实际需要而产生的。原始社会的教育情况由于缺乏文字记载，已很难详知其具体情况，只能做大概的推测。

初民在长期的生产实践中，在各个方面积累了丰富的经验，为了不断发展生产，以维系社会生活，就要求把这些经验流传下去，于是在实际的社会生活中就出现了教育。在氏族部落里，那些掌握生产技术，有丰富经验的年长者既是首领也是老师。《礼记·学记》说："能为师然后能为长"，指的就是这种一身兼二任的情况，同时体现了当时依靠真本事才能获得领导支配地位的必然情形。中国历史中"师长"二字经常连用，大概即起源于这种现实。

伴随氏族公社经济、文化的不断发展，必然使教育活动从不自觉的萌芽状态发展到有意识有目的的状态，开始出现和别的社会活动有一些分工的现象。在生产技能方面，要求后一代掌握较进步的生产工具和技术，按照社会分工来培养下一代，特别是像轮制陶器和冶金技术那样具有专业性质的工艺技术，则更要求专门的分工学习。当然，农业、牧业、渔业的技术和技巧也需要培养与学习，但相对比前者更容易掌握。随着社会生活的复杂化，在社会活动方面的事务也逐渐多起来，如选举、讨论公务、祭祀和宗教活动等，也要求人们具备这方面的知识；另外，社会活动时，还要唱歌跳舞，祭祀时还要占卜，有时还要对外战争，这些便都成为教育的内容。

135

⟫⟫ 第二节　夏、商、周三代的学校

专门教育的出现是社会分工的产物，学校的出现便是规模教育出现的标志，必然在专门的教育出现之后。据古籍记载，在原始社会的末期已出现学校，商朝已初具规模，到周朝则更趋完备。《礼书》说："四代之学，虞则上庠下庠，夏则东序西序，商则右学左学，周则东胶虞庠，而周则又有辟雍、成均、瞽宗之名，则上庠、东序、右学、东胶，太学也，故国老于之养焉。"（《文献通考·卷四十·学校考》）可见虞舜时代已经有学校的雏形。根据事物发展的历史继承性，这种说法是很可能的，只不过没有具体文献资料足资证明罢了。

自夏朝开始家天下，实际是社会进步的必然要求，标志着奴隶制度的出现。商周时代，这种制度得到进一步发展和完善。这一时期生产力得到空前的发展，物资生产能力和精神生产能力都有较大程度的提高，农业、手工业水平出现突飞猛进的发展，文学产生了，天文历法知识迅速提高，最晚在春秋时期已经开始使用阴阳合历，国家机器也得到进一步的巩固和完善。这就促进了脑力劳动与体力劳动的分工，也为一部分人从事专门的文化事业提供了先决条件。为了巩固本阶级的统治，奴隶主阶级必定要创办自己的学校，奴隶社会的学校教育是为奴隶主阶级服务的。孟子说："夏曰校。"其他古籍也说夏朝已有"庠"和"序"这类学校的设置，夏朝有学校的说法是很可信的。这与学校产生于奴隶社会的普遍规律是相符合的。

商朝具备设立学校的条件。甲骨卜辞中曾多次出现"教""学""师"等字样，字形都不一样。还有几片卜辞写着"学多□文师于教""壬子卜，弗酒小求，学""丁酉卜，其呼以多方小子小臣其教戒"。据此可以断定殷商已有学校。后一条说明当时殷商的邻国遣子来接受教育，类似我们现在的外国留学生。但是关于殷商教育情况的文献太少，而且都是只言片语，因此很难说清当时学校的具体状况。

西周的教育基本上是承袭商朝的，并不会有什么大的改变。"江陵项氏《松滋县学记》曰：商人以乐造士，如夔与大司乐所言而命之曰学。又曰瞽宗，则以成其德也。学之音则'校'，校之义则教也，盖仿于商。先王之所以教者，备矣。周人修而兼用之。"（《文献通考·卷四十·学校考》）可见周朝的学校是模仿商朝而建立的。周代学校的设置主要有两个层次，即天子的"辟雍"和诸侯的"泮宫"。

"辟雍"指的是天子王畿内的学校，是天子直属的学校，是最高等级的教育。辟雍一词有两方面的含义，从内容上说是"盖以其'明之以法，和之以道'曰辟雍。"（同前）也就是说让学生明白法规制度，并用道德教育来使国家和谐。从具体设置位置来说，是因为"即近郊并建四学，虞庠在其北，夏序在其东，商校在西，当代之学居中，南面而三学环之，命之曰胶，又曰辟雍，胶言其地，辟言其象，皆古人假借字也"。因学校位置的设置很像璧玉的形状，所以叫"辟雍"。实际上应该看做一个学校的整体，四学是一个学校的四部分。居中的部分叫成均，是演礼习乐之处；东边的部分叫序，是习射之处；西边部分叫瞽宗，是祭祖之处；后边的部分叫庠，大概是学习六书、九算之处。总名叫辟雍或胶。四边有水环绕，可能起围墙的作用，以便有一个安静的学习环境，防止市廛的喧嚣和闲乱杂人的出入，而且可以起到防火的作用。

诸侯各国也设学校，叫做"泮宫"，规模大致仿此。《礼记·王制》说："诸侯曰泮宫"。《诗经·鲁颂·泮水篇》就是歌颂鲁僖公修建泮宫的。另外，

《礼记·王制》还说："古之教者，家有塾，党有庠，术（按郑玄注：术当为遂之误）有序，国有学。"家、党、遂都是古代的基层行政区域的名称。意思是说除国都、诸侯外，还有学校，这说的大概是汉代的情况，而西周时期除天子的"辟雍"和诸侯的"泮宫"之外，是不会有别的学校的，为什么呢？是因为当时的教育制度是"学在官府"，老百姓没有受教育的权利。

▶▶▶ 第三节　学在官府

西周前教育的最大特点是学在官府，没有私人教育，这是由当时的社会发展程度决定的。章学诚在《校雠通义》中说："理大物博，不可殚也，圣人为之立官分守，而文字亦从而纪焉。有官斯有法，故法具于官。有法斯有书，故官守其书。有书斯有学，故师传其学。有学斯有业，故弟子习其业。官守学业、皆出于一，而天下以国文为治，故私门无著述文字。"为什么"惟官有学，而民无学"呢？大致有如下原因：①古代书非常少，也很难写成书，所以，只有官有书，而民无书。典、谟、训、诰、礼制、乐章之类都是朝廷制作的，并非用来教民的，所以"金縢玉册，藏之秘府，悉以官司典之"。士人要想看书，只有到官守官吏那里才能读到。秘府之书，又不刊布，一般人无从阅览。②"官有其器，而民无其器也"。古代学术如礼、乐、舞、射等项目，需要一定的教具和设备，非一人一家所能备齐。仅以学乐的乐器看，"至于成均乐器、钟、鼓、管、籥、鼗、祝、敔、埙、箫、管、琴、瑟、笙、盘、竽、笛之伦，以供国家祭祀之用者，尤非里党所可致"。（黄绍箕《中国教育史》卷四）可见当时除天子的"辟雍"和诸侯的"泮宫"外，是不可能有书籍和教学用具这些最基本的办学条件的，故不可能有学校，最起码不能有较完备的学校教育。这样就造成了统治者有条件精于礼乐，从而成为统治者。奴隶百姓也因为受不到教育而越来越愚昧，"在官者以肄习愈精，在野者以简略而愈昧。"所以孟子说："上智与下愚不移"，这句话所包含的内容也有指这种教育制度所造成的必然恶果的意思。

教师名称与学生来源。周朝设有专职教育官师氏，有大师、小师的级别，具体的职称分工还是比较细的。《礼记·文王世子》中说："凡学，世子及学士必时。春夏学干戈，秋冬学羽籥，皆于东序。小乐正学（学，教 jiāo 的意思，下同）干，大胥赞之；籥师学戈，籥师丞赞之，胥鼓《南》。"干戈、羽籥是两种舞。从这段话中可以知道仅教乐舞的教师就有五种名称，即小乐正、大胥、籥师、籥师丞、胥，而且有主讲教师与助教的区别。可见周代教师的分工已经比较细致。

西周学校学生的来源主要是国君、诸侯、贵族官僚之子，还有少数从地方上选送的贵胄子弟。一般的平民与奴隶没有受教育的权利。《周礼·王制》

137

说："春秋教以礼乐，冬夏教以诗书。王太子、王子，群后（公及诸侯）之大子，卿大夫元士之适子，国之俊选，皆造焉。"可见能入学的都是王、卿大夫之子。

　　阶级社会中的教育必然为统治阶级培养人才，这就决定了它所设置的教学内容一定为其统治阶级所需要的。周代的学习内容主要是所谓的六艺——礼、乐、射、御、书、数。礼乐是维系其宗法社会等级制度的重要工具。统治者认为"乐所以修内""礼所以修外"，礼乐是修养和应世所必备的知识。射御是实战的需要，因为要镇压奴隶的反抗和对外战争，必须有作战的本领。当时作战的武器以战车为主，所以射箭、驾驭战车都需要一定的技术，必须经过训练，射御也就成为重要的教育内容。写字和算术是日常生活中经常接触的、必需的，所以也要学习，但此科目不被重视。大体是在初级阶段学习书数，高级阶段学习礼乐射御。《大戴记·保付篇》说："古者年八岁而出就外舍，学小艺焉，履小节焉。束发而就大学，学大艺焉，履大节焉。"这里说的小艺就是书数，大艺就是礼乐射御（参见张政烺《六书古义》）。对六艺的学习有先后顺序，这也是符合教育规律的。

▶▶▶▶　第四节　私学的兴起

　　周平王东迁以后，周王朝势力日益衰落，逐渐失去了对诸侯的控制能力。政治动乱，战争频繁，社会经济结构、阶级关系都发生了急剧的变化。在这个社会大动乱的过程中，出现了新的"士"阶层，同时造成典籍扩散和文化中心的迁移，学校教育也失去了求实精神。春秋初期，周王室与宋、鲁两国是当时的文化中心。但在周惠王与周襄王之间，因先后发生王子颓（公元前 675 年）及叔带（公元前 635—前 634 年）争王位的事，世代掌管周史的司马氏离开周室到晋国去了，以后又分散到卫、赵、秦诸国（参见《史记·太史公自序》）。再一次就是周景王死后，王子期起兵争夺王位失败而率部分宗族、百工及王室所藏的典籍到楚国去了（公元前 516）。这是中国历史上较大的一次文化南移。由于这种文化学术的扩散和上述种种原因，私学在各地便产生和发展起来。

　　春秋初期，各诸侯国已经各自为教，而且形成了各种不同的学风。"卫国之教，危付以利……鲁邑之教，好迩而训于礼……楚国之教，巧文以利"（《管子·大匡篇》）。但影响最大的是儒家学派，孔丘是把贵族教育下传到平民教育的第一个教育家。他三十岁开始从事教育活动，创设儒家"私学"，相传弟子达三千多人，而成名的贤者就有七十二人。他的"有教无类"的教育思想，"因材施教"的教学原则，"不愤不启，不悱不发"的教育方法，"诲人不倦"的教学态度对后世的教育都产生了深刻的影响。

孔子的教学活动和他勇于社会实践的做法，形成了一个庞大的儒家学派。他死后，弟子散处各地，继承发扬他的学说，教育弟子。对于中国历史政治、思想、文化都产生极其深远而广泛的影响。

▶▶▶ 第五节　汉魏六朝的太学

秦始皇统一中国后，为了巩固政权，废除分封制，实行郡县制。在文教政策上采取了一系列有利于统一的措施，实行"书同文""行同伦""禁私学，以吏为师"等政策，太学由此产生。

"书同文""行同伦"对统一文字，融会伦理习俗起到重要作用。而"禁私学，以吏为师"的政策不能不说是对当时已兴起的私人教育事业的一种摧残。加之秦又不设官学，而且对私学儒者采取强硬的镇压措施，乃至发生了"焚书坑儒"这样重大的历史事件。秦对学校教育的认识不足，也是它失败的原因之一。汉朝开国几十年后，实行崇儒的文化政策，有力地推动了我国古代教育制度的形成，对后世产生了重要影响。

汉代官学主要有中央与地方两种。中央官学主要的是太学，地方就是所谓的郡国学校。四姓小侯学和鸿都门学则是一种特殊的学校。

汉代的太学建于武帝时期。汉武帝是一位有雄才大略的封建帝王，他"进用英隽，议立明堂，制礼服以兴太平。"但因窦太后不喜欢儒术而停止。以后董仲舒对策言："……古之王者，莫不以教化为大务，立大学以教于国，设庠序以化于邑"，但因当时武帝正"征讨四夷，锐志武功"，故未尝顾及设立学校之事（参见《汉书·礼乐志》）。

元朔五年（公元前 124 年），汉武帝接受董仲舒、公孙弘等人的建议，置博士弟子员（太学学生）五十人，这便是正式成立太学之始。严格说来，我国历史上的最高学府也应从这算起。这对中国教育史，乃至世界教育史，都有重要意义。

太学师资的来源及职称。太学是以儒家的五种经典著作——《诗》《书》《礼》《春秋》《易》（即五经）——来进行教学的，所以教官就是五经博士，领袖叫仆射，东汉改为祭酒。各经专门博士屡有变动和增加，太学博士至元帝时增至十五人。关于博士的选择，西汉以名流充当，采用征辟或荐举的方法而不通过考试；东汉则采取考试的方法，并且要写"保举状"。西汉选用博士的标准，成帝阳朔二年（公元前 23 年）曾规定为"明于古今，温故知新，通达国体。"东汉选博士的标准则要求知识广博，品行端正，身体健康，清廉节俭。除博士外，东汉还有都讲，是博士的助手，负责讲诵经文，解答疑难等工作。

太学生的来源及入学条件。太学是封建统治阶级控制的最高学府，它按照本阶级成员间的权力关系实行教育权利的再分配。虽然也允许少数普通百姓的优秀子弟入学，但数量是极少的。

汉代太学生的来源比较复杂，可以由太常直接从年满十八岁以上相貌端庄的青年中选送，也可以由郡国长官选送聪慧的小吏到京都受业，还有因"父任"而入学的。西汉太学生称"博士弟子"后简称"弟子"，东汉称"诸生"或"太学生"。入学的资格和年龄都没有严格规定，太学生中既有十几岁的少年，也有六十多岁的白发老人。太学生又有正式生和特别生的区别，正式生五十人是官俸，特别生没有定额，费用自理，实际就是当时的自费生。所以太学生中也有一些穷学生，如倪宽曾替同学做饭以勤工助学，翟方进的母亲跟他到长安去织布做鞋以供他读书，这位母亲可能是最早的陪读家长。

随着学校的发展，太学生人数不断增加。到西汉末年王莽辅政时，于元始四年（公元前4年）曾扩建校舍，可容万人，规模十分宏大。据说太学生已达3万人，至少也在万人以上。两千年前出现这样大规模的学校，实在了不起。

教学内容与形式。汉代太学在教学内容的设置方面，主要是十几个博士所各自开设自己研究的专业，即"五经"中的某一经。因每一经都有两家以上的师传，先生传弟子，弟子再往下传，不能混乱，这叫做守师法和家法。如《诗》有"齐""鲁""韩"三家（毛是后起的），《书》有"欧阳""大夏侯""小夏侯"三家等，各家博士所开设的课程即相当于今天的专业课。学生除选习专经外，可能还要上公共必修课《论语》和《孝经》。

汉代太学创造了新的教学形式，由于学生数量激增，再由十几个博士教3万多学生，已力不胜任，于是不得不创造新的教学形式，即采用大班上课的形式和高年级学生教低年级学生的形式。当时没有教材，只能是老师讲学生记。东汉太学的讲堂可以容纳几百人，可见当时听课人数也一定不少。

太学中还有正式功课（"正业"）和课外自修（"居学"）之分。另外还允许学生向校外的某经专家学习。

汉代太学由于课堂教学不严，平日的检查也难，所以非常重视考试，用考试来督促学习和检查成绩。《学记》说，古代太学每两年考试一次，七年考试及格叫"小成"，九年考试及格叫"大成"，就相当于大学毕业了。古代是相当重视考试的。汉代太学一身兼两职，既是最高学府，又是国家考试机关；既考查学生成绩，又为统治阶级选拔人才。因此，官方和学生本人都非常重视考试。

汉代太学不规定学习年限，只要考试及格，就可以毕业，并按照成绩优劣授予一定的官职。汉代太学初期规定每年考试一次，叫做"岁考"，考试方法是"设科射策"。"设科"即按照问题的大小、难易设为甲乙两科，然后写成密封试题，分置案上。"射策"就是应试者任意从题签中抽出一策，然后做出解释和回答。这种办法类似今天的抽签考试，这是汉代太学在考试制度上的创举。试后根据不同科及成绩的优劣授予官职。考试成绩太差者则令其退学。东汉桓帝时，取消甲乙两科，改为上、中、下三等，并改"岁考"为两年一考。

汉代的官学除太学外，还有一些专门学校和地方学校。专门学校有"鸿都门学"和"四姓小侯学"，地方学校主要是郡国学校。此外还有私立学校。

鸿都门学是一种研究文学艺术的专门学院，因校址在洛阳的鸿都门，故名。鸿都门学的创立是适应当时政治需要的，是统治者内部斗争的产物，也是太学生政治运动的产物。东汉末期，统治阶级内部，外戚集团、宦官集团、官僚集团之间争夺政治权力的斗争十分激烈。太学生是宦官集团的反对派，虽然遭到两次镇压，也就是所谓的党锢之祸，但太学生仍然有很大的势力。所以宦官为培养自己的势力，便创办了这所学校。

鸿都门学的招生对象以氏族瞧不起的没有名望的豪强子弟为主。在教学内容上，以辞赋、小说、尺牍为主，与太学所教的课程内容不同。鸿都门学虽然是宦官派为其政治目的创办的，但客观上却办起了专门的文学艺术学院。世界上这类专门学校当以此为最早。

四姓小侯学是东汉时专门为贵族开设的，为外戚樊氏、郭氏、阴氏、马氏四族而建立，因为这些外戚都不是列侯，所以被称做小侯，故得名。后来这所学校的招生范围不断扩大，凡贵族子弟都可入学，而且匈奴也可派遣子弟前来留学。

汉代的地方行政区域以郡和国为单位，郡下还设置若干县或邑、道。汉代在地方上也设立了许多学习儒家经典的官学。汉武帝时就曾下令"天下郡国皆立学校官"，平帝元始三年令天下立官学，郡国曰学，县道邑侯国曰校，乡曰庠，聚曰序。学、校设置经师一人，庠、序置孝经师一人。地方上较为普遍设置官办学校，实际上是从此开始的。东汉时郡国学校更为发达，班固在《京都赋》中说："四海之内，学校如林，庠序盈门"，虽有夸张，但可以说明当时教育是比较繁荣的。

汉代私人办学也很盛行。由于太学招生数额有限，地方官学又有名无实，而且缺乏启蒙教育这样的机构，青年、儿童多半就学于私家。加之官方崇尚今文经，一些古文经学家便设帐授徒，私人办学之风大盛。《儒林列传》载："曹曾字伯山，门徒三千人""宋登字叔阳，教授数千人""蔡玄字叔陵，门徒常千人，其著录者万六千人"等，古书中不乏这类记载，可见当时私人教育之盛况。当时学生求学分为两种情况：一是著录弟子，即在名儒门下著其名，而不必亲自听课受业，所以多者万余人；二是及门受教，即入其门面受其业。由于学生多，也有用高才弟子教后进学生的，马融就是这样。

141

▶▶▶ 第六节　魏晋南北朝的官学

魏晋南北朝时期，数百年的社会大动乱严重地摧残了教育事业。由于长期的封建割据战争和复杂的阶级矛盾，官学一直处于若有若无、时兴时废的状态。从总体来看，这个时期的官学是衰废的。《南史·儒林传》说："魏正始后，更尚玄虚，公卿氏庶，罕通经业……以迄宋齐，国学时或开置，而劝课未博，建立不能十年，盖取具文而已。"不仅时建时废，当时的"九品中正制"（也称"九品官人法"）的取士制度也给学校教育带来了极坏的影响，因为学习成绩的好坏与仕途没有联系，能否仕途得意的关键在于出身是否名门望族，即所谓"上品无寒门，下品无士族"，这种选才制的结果，卿大夫很少有真才实学者，这也就造成了一种到处奔竞请托的恶习，求学的积极性受挫，教学质量也大降。教师质量低，学生学习目的不明确，多为躲避徭役而入学（古代学生不服徭役），质量极差，出现了"博士选轻，诸生避役，高门子弟，耻非其伦。故夫学者虽有其名而非其人，虽设其教而无其功"（《魏志》卷十五）。可见当时学校情况之一斑。

总的来看，这一历史时期的学校教育是冷落的，但在学校制度上也有创新，如国子学（始创于晋武帝咸宁二年，公元276年）和太学的分立，四门学的创立等，对后世学校制度都产生了深远的影响。

142

▶▶▶ 第七节　唐代教育的全面繁荣

任何有远见卓识的统治者都重视教育，因为这是治国安邦，培养人才，使社会经济、文化全面繁荣的重要措施。唐代统治者就非常重视教育事业。唐高祖初定天下，便"颇好儒臣"，除设儒学外，还下诏令在国子监立一所周公孔子庙。以后又采取一系列措施，使唐建国不久就形成了"学者慕响，儒教聿兴"的局面。唐太宗在紧张的战争状态之中，"身櫜鞬，风纚露沐，然锐情经术。即王府开文学馆，召名儒十八人为学士，与议天下事……殿左置弘文馆，悉引内学士番宿更休，听朝之间，则与讨古今。"（《新唐书·儒学列传》）其后的各帝大多也崇儒重教，这就必然要促进教育事业的发展。

自开国后，经过一百多年的经营和发展，唐代的学校制度已相当完备，达到了中国空前的昌盛程度，在我国和世界教育发展史上占有极为重要的地位。

唐初，高祖初即帝位，便采取了一系列恢复教育的措施，但学校事业的兴盛，并使学制臻于完备的是在唐太宗时期。以后高宗、武则天、中宗、玄宗等几位皇帝也都注意发展学校教育事业。经过百年之后，国家强大，教育也发展起来，形成了十分完备的学校制度，从中央到地方，都有一整套较为完备的学校体制。

唐代从国家到地方的各级行政区域都设有学校，社会科学、自然科学的许多门类都有了专科学校，大致情况如下。

国家级学校：归国子监直属的学校有国子学、太学、四门学、书学、算学、律学；归属门下省的有弘文馆；归属太医署的有医科、针科、按摩、咒禁、药师，另外还有卜筮、天文、历数、兽医、校书等专科学校。各学校所设教师人数、名称、招生名额、对象、教学内容等都有详细的规定。如国子学规定：设博士二人，助教二人；招生300人；招生对象是文武三品以上子孙，若从二品的曾孙，勋官二品县公、京官四品带三品勋封之子；教学内容是《周礼》《仪礼》《礼记》《毛诗》《春秋左氏传》等经书，还要读《国语》《字林》《尔雅》等书。(参见毛礼锐等著《中国古代教育史》第六章)

地方学校：有京都学（包括京兆、河南、太原）、都督府学、州学、县学、市镇学、里学等几个层次，各校教师编制、学生数额也都有明确的规定。可见唐代的官办学校体制是比较完备的。

通过上述介绍，我们可以知道唐代教育有如下特点：① 封建等级制加强了，对各种学校的学生来源都按照品级地位做了详细的规定，够品级官僚的子孙才能入国子学、太学等高级学府。② 儒学占主要地位。各级学校都以儒家经典为主要的教学内容。③ 专业学科的教育开始确立，设立了各种专业学校，算学、天文、医学等自然科学的专业学校或专业训练都出现了，这是世界教育史上最早出现的实科学校，比欧洲这类学校的出现早一千年。④ 学校形式比较多样化，地方学校制度较前代更为周详。⑤ 教育、行政、科研三位一体，像太医署、司天台、太仆署等都兼有行政机关、研究所和学校的作用。

唐代除官学发达外，私学也比较繁盛。当时的一些名师大儒多聚徒讲学、传经授业。如著名学者颜师古就曾"资教授为生"，太学博士王恭也曾"教授乡间，弟子数百人"，贞观初年累任越王东阁祭酒的马嘉运，晚年"退隐白鹿山，诸方来受业至千人。"（见《新唐书·儒林列传》）可见唐代私人教育也是比较发达的。不仅大经学家开门授徒，在乡里还有普及的小学教育，如元稹在《白居易集》序上说："予常于水平市见村校诸童竞习歌咏，召而问之，皆对曰：先生教我乐天、微之诗。"村校即是私立的乡村小学。

综上所述，唐代的教育是很发达的，从中央到村镇的各个层次都设有学校，而且有私人的教育。但中叶以后，随着政治混乱、战争频繁、财政困难，唐代的教育也逐渐衰微了。

▶▶▶ 第八节　宋代书院的兴起与体制

北宋王朝建立后，吸取唐末割据分裂的教训，加强中央集权，加强对内统治，对外采取了极端软弱的退让政策。北宋一代，虽积贫积弱，但对文化教育事业一直是很重视的。首先表现在三次兴学运动上。

宋代的三次兴学运动。第一次是以范仲淹为首的仁宗庆历四年（公元1044年）的兴学。范仲淹认为只考试而不教育的办法，是不问耕种而只求收获，于是提出兴办教育的建议。主要内容是在州县立学，改进国子学和太学；改革科举制度。实际上是按照改革的需要来培养人才，与庆历新政的政治改革是一致的。但这次兴学不久便失败了。第二次是神宗时王安石执政，要培养改革型人才，制定了科举改革、兴办学校等一系列措施。这次兴学也可看做王安石变法的一项重要内容。主要内容有：改革学校制度和创立三舍，即按照学生成绩分为外舍、内舍、上舍，并可依据成绩的优劣进行交换；改革教材，颁定《三经新义》；整顿并设置专业学校；改革科举制度。这些主张和措施虽然是进步的，但由于受到历史条件的限制，并没有取得很大的成功。第三次兴学是在北宋晚期徽宗之时，蔡京为相，主要想恢复并加强王安石时期的一些新政，但在学校制度方面，并没有什么改变。这三次兴学都与政治改革有一定联系，这也可以说明教育与政治历来就是息息相关的。

宋代教育的特点是书院的兴起。书院是北宋至清代的一种重要的教育组织。在这个历史时期，无论是在政治上，还是在教育上，它都起到相当大的作用。

书院的出现，作为一种新型的讲学制度来说，与社会经济基础、政治制度都有密切的关系。唐末的战乱使按照等级授田的制度遭到破坏，社会上出现新发展起来的庶族地主。他们虽然有钱，但却因门第不高，不能参加政权。他们为了自己的切身利益，为了争取参加统治集团，发表自己的主张，要求有自己的教育组织。书院的产生与兴旺正是适应庶族地主阶级的这种政治要求。除这个主要原因外，唐末五代的学术、学校教育都较衰落，宋初学校也不发达，宋王应麟说："儒老往往依山林，即闲暇以讲授"。官办学校不完备，私人办学必然越来越多，这也是书院兴起的原因之一。另外，佛教的禅林制度对书院组织形式和讲学内容也都有很大影响。

书院的建置始于五代而初盛于宋。北宋最著名的有四大书院，即白鹿洞书院、岳麓书院、应天府书院、嵩阳书院。

白鹿洞书院在江西庐山下，唐朝李渤与其兄李涉都隐居在白鹿洞，后来做了江州刺史，开始创建台榭。南唐升元中，因洞建学馆，置田产、学者大集，以李善道为洞主，当时叫白鹿洞国庠。宋朝太平兴国二年（公元977年），江州知州周述上表说庐山白鹿洞有学生几千人，请赐《九经》以供学习，诏从其请，并且通过驿站把书送到。南宋孝宗淳熙六年（公元1179年），南康太守朱熹申请重新修建，并重制院规，使之成为很有名气的书院。而朱熹在白鹿洞书院的讲学活动也是中国教育史很重要的大事，下文要专门讲述。

岳麓书院在潭州（长沙市）岳麓山。宋太祖开宝九年（公元976年），潭州太守朱洞始创建于岳麓山抱黄洞下，建讲堂五间，斋序五十二间。真宗咸平二年（公元999年），潭州守李允则又扩大规模，并请求赐给《释文义疏》《史记》《玉篇》《唐韵》等。其后山长（书院负责人）周式又请求太守刘师道扩大其居。祥符八年（公元1015年）拜式为国子主簿，于是岳麓书院便闻名于天下。

应天府书院的院址在商丘，当时属应天府治，因而得名。祥符二年（公元1009年）始建，以曹诚为助教。在宋建国初期，名儒戚同文精通《五经》，聚徒百余人讲学。曹诚是戚同文的旧邻居，并建学舍一百五十间，藏书一千五百余卷，以戚同文嫡孙戚舜宾为主教，所以真宗下诏改建成书院。

嵩阳书院在河南登封县太室山麓。五代周时建立，初名太室书院。宋至道二年（公元996年）七月，赐院额及印本《九经书疏》，景佑二年（公元1035年）重修太室书院，并下诏改名为嵩阳书院（参见王应麟《玉海》）。

北宋著名的大书院，除上述四所之外，还有设在衡州（湖南衡阳市）石鼓山的石鼓书院，设在江宁府三茅山后的茅山书院，都很有名，故后代又有六大书院之称。

至南宋，书院得到更大的发展，各地书院已达五十余所（盛朗西《中国书院制度》）。

▶▶▶▶ 第九节　书院的发展与演变

书院作为一种新的教育制度，自产生以来，就显示出其旺盛的生命力，尽管由于政治斗争而经常遭到统治者禁毁，但却始终没有被彻底废除掉，一直延续到清末。

书院起源于唐末五代而盛于两宋。书院的设置，初期私人成立的较多，有的是私立官助，也有地方政府设立的，后来逐渐由中央令地方统一设立管理，但最能反映书院实质的还是私人或地方设立的。

北宋初期书院较盛，末期则逐渐衰落，南宋时再度兴盛，朱熹恢复振兴白鹿洞书院是一件有重大影响的事件。其时书院甚多，仅《续文献通考》所载就有二十余处。最著名的有四大书院是岳麓、白鹿洞、丽泽、象山。南宋以后的书院有两个显著的特点：一是书院与理学家讲学发生密切关系，如白鹿洞是朱熹讲学之所，而象山则是陆九渊授徒之地；二是若干书院不仅讲学，也是纪念理学大师的所在，如徽州的紫阳书院，建阳的考亭书院是纪念朱熹的，丹徒的濂溪书院是纪念周敦颐的。

元代书院也颇兴盛。南宋的一些学者入元后不仕，退而建书院讲学，元统治者也千方百计地利用并控制书院。至元二十八年（公元1292年），元世祖忽必烈下诏："先儒过化之地，名贤经行之所，好事之家输钱粟赡学者，并立为书院。"（《续文献通考·学校考》）并由政府直接向书院委派领导人（山长）。元代书院数量虽多，著名者却很少。

明代初年书院并不发达。大约在正德年间（16世纪初），书院才逐渐兴盛起来。明代书院的发展受到了王守仁、湛若水等大师讲学的大力推动。他们不仅自己建书院，而且其徒为扩大自己学派的影响也四下设书院，从游者殆遍天下。各学派都重视自己的学说和主张，党同伐异，因为与朝廷上统治阶级内部的政治斗争有牵连而遭到四次毁废。这在中国学院史上是重大的历史事件，尤其是最后一次，东林党人与当权宦官魏忠贤的斗争，不但在教育史上，而且在中国历史上也曾产生了深远影响。

清初，满族上层统治者为了加强思想统治，防止士人议论朝政，反满抗清，便下诏令："不许别创书院，群聚结党，及号召游食之徒，空谈废业。"严禁书院的活动。直到康熙六十一年（公元1722年），在清政权已经比较巩固、社会秩序较为稳定的情况下，才对书院实行了开放政策。清代书院大体有四种类型：一是考课式，以学习八股文、应科举考试为主；二是学习古文义法的书院，如姚鼐的钟山书院；三是以考据经史、整理古籍为主的书院；四是以经世致用为主的书院。其后，书院日益腐败，至清末则逐渐改变为新式学堂。

▶▶▶▶ 第十节　书院的教学活动

书院有明确规定，特别注重德育教育。一般书院都订有明确的"学规"（或叫学则、教约）。学规的内容很广，有教学规则、学生守则、学习内容与目标、学习程序与方法，等等；更重要的是指出学习方向与道德修养的途径。宋代最著名的学规是朱熹制订的白鹿洞学规，它成为后来学规的一个模板。一般的学规对道德品质都提出了严格的要求，如南宋吕祖谦所订"乾道五年规约"中提出："不修士检，乡论不齿者，同志共摒之。"明代胡居仁掌教白鹿洞书院所订学规也有"克治力行，以尽成己之道""推己及物，以成广物之功"的条目。王守仁的龙场教约"则分立志、勤学、改过、责善"四纲，其重心全在道德教育。可见道德教育从古以来就颇受重视，只不过是阶级内容不同罢了。

重视学术研究与学术交流。书院的主持人一般都是博学多才的名儒大师，书院的名气大小往往也由主讲教师的学识才气、社会声誉所决定。所以学术研究风气盛行的地区，往往也是书院集中的地区。由于有学者名流主讲，故"请益之人，不远万里而至"（《宋元学案·臧同文》）。这样，就形成了学术研究与教学相结合的局面。学者以自己的学术成果教学，教学过程中又促进新学术成果的产生。

书院不仅重视学术研究，还重视开展学术交流活动。书院有时互相请学有成就的大学者到本院共同讨论或讲解自己的学术主张，如南宋的陆九渊就曾经到朱熹所主持的白鹿洞书院讲学。明代书院学术活动的形式是讲会。讲会就是大家集会在一起，共同讲辩，共同亲证讲学的心得体会，类似现在的学术讨论会。王守仁学派的讲会活动较多，他去世之后，他的学生钱德洪、王畿继续从事讲会活动，"于是泾县有水西会，宁国有同善会，江阴有君山会，贵池有光岳会，太平有九龙会，广德有复初会。"（黄宗羲《明儒学案》卷二十五《南中王门学案》）。可见当时学术研究风气之盛。

注重自修与传帮带。学院在教学上特别强调学习者的主观能动性，非常注重自学。王守仁曾说："志不立，天下无可成之事"，要求学生立志，发奋读书。他还要求学生确立自己学术的专业方向，敢于创新。张载提倡学习要有怀疑精神，怀疑才可以促进思考。他说："所以观书者，释己之疑，明己之未达，每见每知所益，则学进矣，于不疑处有疑，方是进矣。"（《横渠理窟·大学篇》）提出大胆怀疑、勇于独创是做学问的一个重要条件，这不能不说是很有见地的经验之谈。与此同时，书院还强调学习要善于思考，学习要有韧性，要与自身的躬行践履相结合。也提倡师生之间共同提出问题、讨论问题、互相诘难。

书院的师生关系比较融洽，要比太学中的师生关系亲密得多。师长对有才能的弟子非常重视，用心传帮带，常命高才弟子代为主讲，采用以高才教后进的教学方法，使高才生在教学实践中尽快地成长起来，早出人才。如陆九渊命他小弟子代为主讲，朱熹也要他的弟子黄干代接讲席。他们在认真地培养自己的学生。

▶▶▶ 第十一节 书院的学风

中国的大学生历来有关心政治、关心国计民生的优良传统。自从聚集大学生的场所——太学——产生以来，就多次出现过太学生发起的政治运动。一般说来，经过历史的检验，太学生的运动往往都是正确的，是代表正义的，是符合历史发展方向的。西汉哀帝时，官为司隶的鲍宣因阻止丞相孔光不得行驰道中，获罪下狱。太学生领袖王咸领导一千多太学生前去营救，他才免于死刑。这是我国历史上太学生干涉政治的最早记录。

东汉桓灵年间，政治腐败不堪、宦官控制大权，太学生领袖郭泰、贾彪等联合鲠直派大官僚陈蕃、李膺等与宦官集团进行坚决的斗争。尽管发生两次党锢之祸，太学生被捕一千多人，但很多人并未屈服，表现了高尚的气节和顽强的斗争精神。以后历朝都有太学生政治运动发生，显示了太学生已成为一种社会政治力量。

书院是应有钱而无地位的庶族地主阶层的政治要求而产生的，所以它与官办的太学还不一样，虽然不反对科举，但也不重视科举。在政治上则多少代表"清议"派，批评朝政，事实上是地主阶级内部反对派的学术基础。当权统治者曾加强控制，但书院中心关心政治、批评朝政的风气始终很强。尤其是明朝中叶以后发生的四次禁毁书院的重大事件，更说明书院在政治斗争中所起的作用。

仅举明熹宗天启二年（公元1622年）第四次禁毁书院的事件为例。东林书院在江苏无锡县，是宋理学家杨时讲学之所，后罢为僧寺。顾宪成罢官回到无锡，得到地方绅士的帮助，修复东林书院，与高攀龙、孙慎行等讲学其中。顾宪成曾作"东林会约"。他们尚气节，有正义感，以时政为演讲之材料，批判道学家的作伪，"讽议朝政，裁量人物。"（《明史·顾宪成传》）顾宪成为书院所作的楹联曰："风声雨声读书声声声入耳，家事国事天下事事事关心"。足见其关心时政之倾向。这就使东林书院成为地主阶级一部分人反对当权派大地主集团的思想基础，成为反对大宦官魏忠贤的前哨阵地。受到关心政治、有正义感的士大夫们的普遍拥护和关怀。

由于东林书院的学者们影响深，号召力大，被阉党魏忠贤一伙视为眼中钉、肉中刺，必欲去之而后快。于是他们千方百计地罗织罪名，陷害东林党人。终于在"天启五年（公元1625年），钩党祸作，攀龙自沉，书院亦毁。魏忠贤颁东林党人榜，则胥天下之异者，而目之为东林。又有七录，网罗数千人，不尽东林，而悉斥为东林。"（柳诒征《江苏书院志初稿》）魏忠贤镇压东林党人，罪及无辜，并矫诏先毁京都中的书院和东林书院，从此开刀，使"天下之书院与之俱毁矣"。

面对阉党的残酷镇压，东林党人毫不屈服，继续与之斗争，等到"魏阉既败，东林名益高，人乃以附东林为荣。"（《江苏书院志初稿》）可见我国知识分子关心时、政敢于与邪恶势力作斗争的优秀品质。这种优良传统一直被继承下来。"五四"运动和"一二·九"抗日爱国救亡运动的兴起，对中国现代政治都起到极大的影响，表现了现代大学生关心国事、热爱祖国的高贵品质。

148

第十二节　元明两代的教育概貌

元代统治者对文化教育事业不太重视，教育比较衰退，但社学的出现却是教育史上的一件大事，对后世的教育模式产生了一定的影响。

为了加强统治，元朝政府在文化教育方面采取了崇儒重道的措施。尊崇孔子，推重道学，以程朱理学作为代表"天德王道"的官方思想。其学校体制主要有国学、地方乡学、书院、社学四种。

元统治者本身是蒙古贵族，比较重视少数民族的文化教育，所以除学习汉文化的国子学外，还专门设立了蒙古国子学和其他方面的国子学。蒙古国子学以蒙古贵族中的优秀子弟为教育对象，主要课程是学习翻译成蒙文的《通鉴节要》等，可见其仍然以汉文化为主要教学内容。其他方面的国子学主要教授"亦斯替非"文字，即波斯文字（参见陈垣《元西域人华化考》）。

元代的地方教育并不发达，地方上的官学也没有普遍建立，因此才兴起了社学。村社本是一种带有一定行政性质的乡村组织。据记载："诸县所属村疃，五十家为一社，择年高晓农事者为社长。增至百家别设社长一员。……社长专以教劝农桑为务。""每社立学校一，择通晓经书者为学师，农隙使子弟入学。"据此，我们可知元代的社学是在广大乡村中设立的带有普及性质的学校。当时社的规模与现在的村差不多，村村都设立社学，确实是相当普及的。社学中不但学习经学之类的文化知识，同时学习生产技能，紧密结合农业生产的实践进行教学。另外，根据农业生产季节性强的特点，农忙时学生参加生产，农闲时则入学学习，这也是一种创造，很符合农村的实际情况。当时的社学对普及文化，培养农业技术人才起到很大的作用。不仅如此，社学的设置与后来乡村间普遍出现的村塾也有密切关系。

明朝仍然以程朱理学为正统思想，以国家及地方上的各类学校为工具，加强专制统治，牢牢地控制着知识分子。明朝的学校对教官和学生都进行极为严密的监视与镇压，禁止其过问时事政治或参加任何组织活动。"监规"中明确规定："在学生员，当以孝悌忠信礼义为本，必须隆师亲友，养成忠厚之心，以为他日之用。"不仅有此清规戒律，而且实行起来更为残酷。有一位名叫赵麟的监生忍受不了虐待，揭帖子提出抗议，按照戒规，只应该仗一百充军，结果竟被明太祖下诏处死并悬首于众。于此可见明统治者对知识分子是何等残忍。

明代国子学有两点与前代不同：一是教育对象的范围扩大了，不像前几个朝代那样明确规定几品以上官员的子弟才能进入国子学，一般庶族地主阶级的子弟都可入学；再一点就是可以用钱来捐买国子监生的资格和身份，实际等于用钱买文凭，再凭它提高社会地位，可以当上乡绅。这对教育来说，是非常有害的一种腐败现象。持假文凭的冒牌货多了，势必鱼目混珠，真的文凭自然也会贬值的。

第十三节 清代的学校教育

清代的教育基本上承袭明代制度，在京师中设国子学，地方上设府州县官学。所不同的就是"宗学"和"觉罗学"的设立。"宗学"是专门为皇族子弟设立的学校。这种制度并非始于清代，汉平帝时已经开始设置宗师，即专门教育宗室子弟的职官，以后很多朝代都相沿不改。不过清代又把"宗学"和"觉罗学"合并在一起，称"盛京宗室觉罗官学"。"觉罗学"是专为"觉罗"子孙设立的学校。"觉罗"实质上也是宗室，只不过不仅仅是努尔哈赤的直系罢了。清制奉努尔哈赤父亲显祖塔克世为大宗，所以把努尔哈赤的叔伯兄弟的旁支子孙们称做"觉罗"。又因为属于"觉罗"族系的人系红色带以为标记，所以世称"红带子"。于此可知"宗室觉罗官学"是专门为清廷皇族子弟设立的特权学校，既学习汉文也学习满文，开设经、史、文艺等课程，尤其重视对骑射技术的学习和训练，其教学目的是为皇室培养高级统治人才。

清代统治者利用教育、科举等文化事业为自己培训忠实的奴仆，进行奴化教育，这种做法当然要受到进步思想家、教育家的反抗。在这方面比较著名的是王夫之、颜元等人。

王夫之（1619—1692），字而农，号姜斋，学者称之为船山先生，故以王船山名世，是清代著名思想家、学者。他以唯物主义朴素的辩证法观点对已经僵化的宋明理学的教育思想进行了批判。他提出人性日生日长，性与习成的理论，认为人性在不断地发展变化，教育对其不断完善将起到重要作用。他反对"存天理，灭人欲"之说，主张要把理和欲统一起来进行道德教育。教学上他强调要"动"，反对虚静；主张学思结合，反对死抠书本，这些主张都有积极意义。同时他还主张因材施教，主张"有序"和"不息"相结合，既强调教学要循序渐进，不能超越阶段，又要持之以恒，坚韧不拔，方可取得成功。王夫之的教育思想对今天仍有借鉴意义。

颜元（1635—1704），字易直，又字浑然，号习斋，河北博野人。他家境贫寒，曾经以务农、行医、贩药谋生。他大部分时间在乡间教学，晚年曾短期到肥乡漳南书院主教。他的学术主张和教育思想颇受时人的注意，对后世影响也很大。

颜元非常重视教育，认为兴建学校是强国的一项重要措施。他坚决反对当时的教育制度，反对只在"文墨世界"中下工夫，反对严重脱离实际的教学方法。他认为教育应该培养有实际能力的人才，要培养有经世济民之本事的真儒，而不应培养只会说不会干的腐儒。他晚年曾为漳南书院提出一个

"教育计划"，分设六门主要课程，把"理学""贴括"放置在最后，足见他重视实际才能的训练。他的弟子李塨继承了他的学说并有一定的发展，后世和称之为"颜李学派"。

▶▶▶ 第十四节　私学与启蒙教育

元明清时代，官学时盛时衰，私学则比较发达，尤其是传授基本知识的蒙学有一定程度的发展。蒙学又称小学、乡校、村学等，还有由宗族设立的义学或富豪之家自立的家塾等形式。这类学校主要是进行启蒙教育的，教育对象是八岁至十五岁左右的儿童，大约相当于现在的小学和初中阶段。学校除教认文字、传授知识准备应考外，也要进行封建道德礼教的教育。下面简单介绍有关课程安排和教材方面的一些常识。

元朝初年的教育家程端礼曾为蒙学教育制订了一个"程氏家塾分年读书日程"，颁发到郡道校官，作为一种规范，在某种意义上，有教学大纲的性质。明清时期也奉此书为圭臬，曾再次刊印，以资流行。

"程氏家塾分年读书日程"的计划大致如下：八岁入学以前，先讲《性理字训》《童子须知》。八岁入学后读《小学》，次读《四书》《五经》，每个阶段应该读哪几种书及什么注本也有明确的规定。十五岁后再用三四年时间继续深入研究《四书》《五经》，并要读《通鉴》，次读韩文，再次读楚辞。

程氏之后，明末清初的教育家陆世仪也制订了一个读书法。他以五岁至十五岁作为教育的第一阶段，称十年诵读；以十五岁至二十五岁作为第二阶段，称十年讲贯。很明显，他是在程氏读书法的基础上改造完善的，二者可以互参。但陆世仪把启蒙教育的起始时间定为五岁，比程氏提前三年，这是富有启发性的。对儿童智力的早期开发大有益处。

蒙学阶段的教学方式主要是死记硬背，采用授新书、背诵、作对子、写字、读诗等形式，尤其以背诵、讲书、写字三项为主。其教材内容既注重伦理道德教育，也注重字词句章等基础知识的训练，因其有分门编写的特点，从内容上大体可分为五类。

第一类是综合性的，主要是当做识字的工具，同时穿插一般性的知识，《三字经》《百家姓》等即属此类。这类书句式短齐谐韵，易诵易背，又能了解一定的历史知识。《三字经》读完后，再读其他类似的书。此类书重点在识字，故有的教材是杂字书，现抄录六言杂字书中的几行，以见一斑。

> 黄花金针木耳，蘑菇大料茴香。
> 鱼肚海蜇紫菜，香蕈燕窝白糖。
> 花椒胡椒芥末，红曲酱瓜腌姜。
> 兄弟哥哥嫂子，母舅妗子姨娘。

这类书纯系为识字而编，但它把同类事物的名词组合在一起，用押韵的方式编成顺口溜，这种以词带字、归类组合的办法能增强儿童的兴趣，而且便于记忆，确实有一定的科学性。

第二类是进行思想品德教育的教材，是为培养封建道德观念和伦理思想而编订的。宋代吕本中的《童蒙训》，吕祖谦的《少仪外传》，陈淳的《小学诗礼》皆属此类，而以朱熹学生程端蒙所作的《性理字训》为代表。

第三类是历史教材与历史故事书。这类教材在教学中占有很重要的位置。主要教材有《蒙求》《叙古千文》《史学提要》等。

第四类是诗歌。主要教材是《神童诗》《千家诗》等。

第五类是传授常识知识的，近似于现在的自然常识。主要教材是宋方逢辰的《名物蒙求》。知识面涉及很广，天文地理、草木鱼虫、衣食器物等都接触到了。

这种启蒙教育的形式直到清朝末年还存在着，对我国初级教育的发展曾起到重要的作用。

第十五讲　选士与科举

第一节　原始社会的选贤授能

原始社会选拔人才的情况已经很难知晓，因为产生文字时已进入奴隶社会几百年，况且甲骨文的记事本来就极为简括，更谈不上对于原始社会的记载。关于三皇五帝的事迹，一是后人根据传说和推测记述的；二是根据自己的政治主张而编造的，不能作为信史。但据此记载，拂去圣人的一些灵光，结合对原始社会的一些推想，可以作出一种近乎科学的结论。

在原始社会里，人们过的是群居生活，共同进行生产劳动，共同消费得到的产品，是"天下为公"的时代。在群体劳动中，需要有人把大家组织起来，协调行动，完成生产。像抬木头、捕野兽这类活动，如果没有一个统一的指挥，是很难干好的。原始部落中还时常发生部落之间的争斗，这些都需要一位既富有生产经验，又有指挥才能的人来充当领袖。

这些领袖人物都是在实践中被推选出来的。他们都具有吃苦在前、大公无私、广泛采纳群众意见的优秀品质。如黄帝"修德振兵治五气，艺五种，抚万民、度四方"，帝喾高辛氏"普施利物，不于其身……顺天之意，知民之急，仁而威，惠而信，修身而天下服。"（《史记·五帝本纪》）可见他们具有丰富的实践经验和很高的组织才能，并能顺乎自然规律（顺天之意）和了解民瘼民心。

帝尧的优秀品质就更多了，不但具有"富而不骄，贵而不舒……能明训德，以亲九族。九族既睦，便章百姓。百姓昭明，合和万国"的组织才能，而且有广取博听的民主作风，如起用自己并不得意的鲧，经过众臣的推荐，把虞舜提拔上来，并对之进行三年的实际考察，然后让位于舜。这些记载虽然不一定可靠，但可推知部落首领的产生和活动的一些情况。有一点可以肯定，当时的领袖必须从生产实践中产生，而且必须具备上述优秀品质。这并不是他们具有多么高的思想境界，而是当时那种生产力的必然要求。

顺便谈一谈有关禅让制度的一些问题。所谓禅让，指的是后世史学家们所颂扬的，远古时代君主圣明，选择大公无私、为天下人民所拥戴的官吏作为自己的继承人，主动地把君位传让出去的一种制度。最为传诵的是尧让位于舜、舜传位于禹的故事。这是后世学者们对君主世代相传、列侯大臣世卿世禄制度的不满而着意对古代制度的一种美化。这种制度的实质是什么呢？战国末期大思想家韩非子说出了真谛。他说："尧之王天下也，茅茨不剪，

153

采椽不斫，枥粢之食，藜藿之羹，冬日麑裘，夏日葛衣，虽监门之服养，不亏于此矣。禹之王天下也，身执耒臿以为民先，股无胈，胫不生毛，虽臣虏之劳，不苦此矣。以是言之，夫古之让天子者，是去监门之养而离臣虏之劳也，古传天下而不足多也。今之县令，一日身死，子孙累世絜驾，故人重之。是以人之于让也，轻辞古之天子，难去今之县令者，薄厚之实异也。"（《韩非子·五蠹》）这段话尽管是为当时的君主专制做解说的，但因他站在历史进步论的立场上，却一语道破了所谓禅让制度的本质。

实际上，所谓禅让制度，可以从这样两方面来理解：一是当时限于生产力水平，人们必须群居生活，依靠集体力量才能战胜洪水天灾、狼虫虎豹等来自自然界的威胁，在集体劳动与作战中，自然要涌现或推举出有组织才能、有劳动经验、有狩猎经验的人来作为首领，统一和协调这些活动。因这个首领是自然涌现的，他必须依靠群众才能生活，首领和群众的关系必会融为一体，亲密无间。这样的首领的作用就是人们各种生产活动的带头人，而没有任何的个人利益与特权可言。因为这样的首领须具备胆识、组织能力、丰富的经验，首领之子则不一定具备这些条件，不可能世袭。二是因为这些首领是地地道道的社会公仆，只能吃苦在前，甚至于他们的生活比守门的还差，工作比奴隶还苦，却无任何利益可图，失去天子位，乃是了却一负担，当然他就不愿让自己的子女再去吃这些苦。由于这样，才没人去争，只有让，古之让字有请之意。所以说禅让之制不必过分美化。

154

▶▶▶ 第二节　奴隶社会的举贤才

中国从夏朝进入奴隶社会，至春秋末期战国之交，奴隶制才瓦解。这一千多年的历史是奴隶主贵族统治的时期（也有人认为进入西周便是封建社会）。奴隶主贵族对自己的家庭，按照血缘关系的亲疏远近分配政治权力和利益。如叔、伯、兄、弟、子、侄、甥、舅等都可得到一定的爵位。然后按照爵位、官职封给采邑（又叫食邑）。也就是把某一地区的土地分封给他，该地区的田地、奴隶、自然资源等都归他所有，他就是此地区的主宰。朝中执政大臣，按照功劳大小、地位高低分封土地。如西周初年把大功臣姜尚封在齐国，把本家族并有辅政大功的周公姬旦封在鲁国，然后由他们的子孙世代继承，这就叫做"世卿世禄"制，是奴隶制官阶的主要形式。

但奴隶主贵族为了维护自己的统治，也需要一批有实际工作能力、管理才干的人才。因此，无论是天子，还是下属诸侯，为了管理好自己的国家，都采用过"举贤才"的特殊政策，以便从生产实践中，从卑贱者中选拔人才，把他们充实到自己的政权中来，这也就是选士制度。

按照《礼记·王制》的记载：主管选拔干部的司徒命令乡里评论优秀人

才，将其推荐上来，叫做选士。司徒再从中挑选优秀者保送给太学（也就是辟雍），这样的人叫做俊士。被推荐给司徒的选士就不服乡里的徭役了，而升入太学的俊士，在司徒那儿也不服徭役，所以又叫做造士。太学负责人（大司乐）将造士中拔尖者报告给君王，再推荐给主管考核的司马，这就叫做进士。司马审查他们的言论，观察他们的才干（辩论官才，官即观也），把其中的优秀者报告君王，再核定才能优劣，然后授予一定的官职，根据官职再定爵位俸禄。可见当时就已有秀士、选士、俊士、造士、进士等名称，而且有一套比较完善包括推荐与选拔相结合的选拔人才的制度。这种说法后世曾有争论，但在奴隶制社会中，为加强统治，奴隶主贵族要在平民和奴隶中选拔一些有能力的人来帮助管理，这一点是可以肯定的。但这样提拔起来的人，只能帮助管理而已，不会给他们以显要尊贵的爵位。

除这种选士制度外，夏、商、周时期，也有国君直接录用提拔一些有特殊才能之人帮助自己建功立业、安定社稷的事例，类似汉的"征辟"，唐以后的"制举"。如，据古籍记载，商汤提拔媵（ying）臣伊尹为相。武丁重用构筑版墙的奴隶傅说，文王礼请在渭滨钓鱼的姜尚为军师等，都可以说是国君直接破格选用人才的典型范例。

当然，在等级制度森严的奴隶制社会中，这样破格起用人才，由奴隶、平民一跃而为执政的主宰，尽管是国君，也会遇到阻力。所以国君也总要借助于天命，如武丁刚执位时"未得其佐"，他经过多方调查，发现傅说是人才，为了排除众议，假托"夜梦得圣人"，把傅说请来。周文王请姜尚也编造了许多理由。后世的一些所谓"应梦贤臣"大概也都如此。

战国时期（前475—前221）是奴隶制进入封建社会的大转变时期。这时的周干朝已名存实亡，各诸侯国互相吞并，弱肉强食，一切礼乐制度都失去了制约作用，强者称霸，弱者被灭亡，仅孔子《春秋》中明确记载的诸侯国就灭亡五十二个，一些小的附属国还没有计算在内。

在那个"当今争于气力"，凭仗实力就可以获得发展机会的时代，出现了一些能洞察时局、善于分析判断、敏锐果敢、能言善辩、勇于扭转时局的人物，这些人物被后世称做"士"。如著名的纵横家苏秦、张仪，劝讽齐威王接受意见的邹忌，坚决主张不尊秦为帝的鲁仲连，受到燕昭王礼遇的剧辛、乐毅等，都是"士"。

各诸侯国国君为了加强统治，争得霸主地位，也必须争得"士"的支持和帮助，故凡有作为有远见的君主均礼贤下士，招揽人才。秦孝公用商鞅革新变法，使秦国国富兵强，为后世秦始皇统一全国奠定了基础。赵惠文王在受到秦国威胁的紧要关头，起用宦官谬贤的家臣蔺相如，演出了"完璧归赵"的活剧，传颂古今。当时的"士"政治出路较广阔，在本国不得志，则去他国，此处不被重用则奔彼处，故有朝秦暮楚之说，完全打破了国家的界限，甚至有一人挂六国相印的现象。

在这种社会氛围中，出现了统治者尊贤养士、招揽门客的风气。最著名的是战国四公子（齐国孟尝君田文，魏国信陵君无忌，楚国春申君黄歇，赵国平原君赵胜）的"养士"。多者如孟尝君门客竟达三千人，一所重点大学的教职员工也不过这个数量而已，可见当时养士的规模之大。四公子各自用士人来为自己排难解忧。如信陵君尊敬看守城门的侯嬴、屠夫朱亥，得到他们的帮助，"窃符救赵"解救了危如累卵的赵国；平原君用毛遂，达成了与楚国联合抗秦的协议；孟尝君用冯谖"狡兔三窟"之谋而巩固了相位。这些事例都说明当时统治者尊士养士的本质，士人因此而获得了一定的社会地位。

▶▶▶ 第三节　两汉的"察举"与"征辟"

汉承秦制，经过百余年的努力，完备了选拔人才制度。刘邦极重视选士，在汉高祖十一年（公元前196年）时，曾下诏曰："贤士大夫有肯从我游者，吾能尊显之，布告天下，使明知朕意。"汉文帝十二年下诏曰："孝悌天下之大顺也；力田，为生之本也；廉吏，民之表也。朕甚嘉此。"命令各地对孝子廉吏进行物质奖励（见《文献通考》），这便是后来"察孝廉"的源起。

汉代官吏的主要来源有四：一是品级较高的官僚任满三年可保举子弟一人为郎，有世袭的因素；二是由地方察举推荐上来的"孝廉""秀才"；三是选拔太学生中的佼佼者；四是皇帝亲自访察破格提拔的特殊人才。这些制度大体是到汉武帝时才完备的。由太学生中选拔官吏的问题详见第十四讲，本节只简略谈一谈"察举"与"征辟"。

"察举"制度到汉武帝时才臻于完善。武帝即位后励精图治，想干一番事业，董仲舒在"对贤良策"中说："臣愚以为使诸列侯郡守二千石，各择其吏民之贤者，岁贡各二人，以给宿卫，且以观大臣之能，所贡贤者有赏，所贡不肖者有罚。夫如是，诸侯吏二千石皆尽心于求贤，天下之士可得而官使也。"（《汉书·董仲舒传》）汉武帝采纳了他的建议，于元光十年（公元前134年）冬"初令郡国举孝廉各一人"，"后遂令州郡举茂材孝廉，皆自仲舒发之。"（《文献通考·卷二十八》）以后这种制度便延续下去。

汉代察举的主要名目是"孝廉""茂才异等"（才能出众）、贤良方正（品德贤良、行为端正）等。形式是由各州郡长官在自己管辖的区域里考察、选举，然后推荐给中央，经考核后，便可任命一定的官职。考核的方式主要有"策问""对策""射策"几种。策问类似口试，对策是笔试，皇帝把考题写在简策上，由应举者写出论文进行回答。董仲舒的《对贤良策》就是这种答卷。

汉代的察举推荐还有许多具体规定。名额分配是有一定比例的，如"元和二年令郡国上明经者口十万以上五人，不满十万三人。"也就是十万人口以上的郡、国要推荐明经五人，不足十万的只能推荐三人，对推荐者也有规定，一般的都有级别要求，如东汉安帝建光元年（公元 121 年）"令公卿特进中二千石，二千石郡国守相举有道之士各一人。"（《文献通考·卷二十八》）到任不满一年的，因为情况不熟悉，没有资格察举孝廉。

这种察举制度在汉初曾取得一些成功，确实选拔了一些优秀人才，如晁错、董仲舒、公孙弘、辕固生等都是举贤良方正选拔上来的，张敞、萧望之、鲍宣等人也都是孝廉出身。但到后期，这种制度则流于形式，察举者行贿受贿，"自是窃名伪服，侵以流竞，权门贵仕，请谒繁兴"（范晔《后汉书·左雄传论》）。以至于出现了"举秀才，不知书，察孝廉，父别居"的情况。

"征辟"指皇帝征聘社会知名人士到朝廷任职。地方政府的刺史也可以征聘属吏，然后向朝廷推荐，如西汉名臣朱买臣，大辞赋家司马相如，以诙谐著称的东方朔等，都是征辟而为官的。

▶▶▶ 第四节　晋南北朝的"九品中正"制

从魏晋时人李密《陈情表》："前太守臣逵，察臣孝廉；后刺史臣荣，举臣秀才"的话来看，晋武帝时还保留察举制度，但主要的选官制度已是"九品中正"制了。三国时期士族制度已经形成，中央政权和地方政权都需要取得士族的支持。所以必须对士族采取一些笼络的政策，这就是产生"九品中正"制的社会因素。另一方面，汉代的察举本来就是靠地方长官来执行的选举制度。到后期已经不重德行才能，而重出身门第，请托成风，贿赂公行，这也是"九品中正"制形成的历史原因。

曹丕做魏国皇帝后，为了进一步取得士族的支持，在黄初元年（公元 220 年）批准了士族大地主吏部尚书陈群所提出的"九品中正"的取士方案，从此即成为定制。此方案也叫"九品官人法"。

所谓"九品中正"，就是各州郡都设置中正官，州中设大中正，郡中设小中正。中正官由当地人在诸府公卿及台省郎吏中选德高望重有才能的人充当，其职责是考察自己州郡中的人物，把他们分成九等，即上上、上中、上下、中上、中中、中下、下上、下中、下下九品，并按照他们的言行予以进退。"其有言行修著则升进之，或以五升四，以六升五，倘有道义亏缺者则降下之，或自五退六、自六退七矣。"（《文献通考·卷二十八》）小中正品第的人才送大中正，大中正核实后送司徒，司徒再次审定后送尚书录用，授以官职。

从程序来看，貌似公正，其实不然。因为九品中的前三品即上三品，只限于士族，寒门之士德才再高也不能升入上品，后六品即中下各三品，由寒门寻常子弟中选出，所以说"上品无寒门，下品无士族"。中正官又都由当地名门士族担任，所以选人的标准只重门第，"高下逐强弱，是非随兴衰"，根本不按其德行才能。其结果只能是"唯能知其阀阅，非复辩其贤愚"。这种制度是按照门第高低取士，是保证士族政治特权的产物。

"九品中正"制是适应士族阶级政治特权的要求所产生的，它本身就存在无法克服的弊病。首先考核评论者与提拔擢用者各行其是，叫做"明其叙分"，中正官的职权在于考察人物的行为事迹，分别其才能高下，审定其品级，称为"叙"，但不能提拔授官；对这些人物的升降使用大权则在吏部，叫做"分"。这样，"评论所不许，则司擢用者不敢违其言，擢用者或非其人则司评论者本不任其咎，体统脉络各不相关，故徇私之弊无由惩革。"（《文献通考·卷二十八》）评论者只管评论，提拔者只能提拔，职责不明，行贿受贿等现象便无法杜绝。其次是评价人物的品行才能没有一个客观标准，评论者又只有中正一人，连最初察举那点形式上的民主都没有了，他可以随心所欲，信口雌黄，"爱恶随心，情伪由己"，"各任爱憎，以植其私"，这样"天下之人焉得不懈德行而锐人事"，而且"一人之身了一州之才，一人不审遂为坐废……使是非之论，横于州里，嫌隙之仇，结于大臣"，所以"职名中正，实为奸府；事名九品，而有八损"（《通鉴》卷八十一），可见"九品中正"制的弊病是很严重的。

既有上述积弊，还"操人主威福，夺天朝权势"。皇帝要把用人大权收归自己，必须采取相应的措施，于是在中正推荐的基础上，再加考试。至东晋，考试的作用加强了。如推荐的人考试不合格，刺史、太守还要受到免官的处分。东晋后，各种社会矛盾层出不穷，士族的势力也有所削弱，庶族地主阶级不断参加到政权中来，如刘宋王朝的中央高级官员中，庶族地主阶级出身的就占三分之一还强。而且对于士族还重新规定了标准，只要设法在户籍上取得免除征役的资格，就算士族，这样，"魏晋旧门"士族的特权地位实际上已经在下降。隋朝统一后，为加强中央集权，彻底收回选官的权力，便用科举制取代了"九品中正"制。

▶▶▶▶ 第五节　隋唐的科举取士

隋朝结束南北朝对立之局面，统一全国。这时，士族已经失去政治上的垄断地位。庶族地主的势力得到很大的发展，他们要求参政。皇帝要把选官的权力集中到自己手里，这样有利于加强中央集权。在这种情势下，"九品中正"制已经不适合时政的要求，科举制便应运而生。隋炀帝大业二年（公元 606 年）开设进士科，用试策的方法选拔官吏，用考试成绩作为评定是否录用的标准，改变了那种以推荐鉴定为主的中正推荐制，从而把读书、考试与做官三者密切地联系在一起。它一方面为庶族地主阶级参政开了方便之门，使普通的寒士经过努力也可以成为达官贵族；另一方面又使中央政府从士族手中夺回了选拔官吏的权力。初唐名相房玄龄就是中国第一批进士之一。

科举考试的特点即专以考试选拔人才，而不借助地方荐举。两汉魏晋南北朝时期的选士，虽然也稍有考试，却以荐举为主，而隋唐以后则专以考试取士。隋唐为我国古代社会选士制度上一大分界线。科举制度从隋大业二年（公元 606 年）开始，直到清光绪二十七年（公元 1902 年）举行最后一科止，经历一千三百余年。在这一历史时期中，对社会生活的各个方面都产生了极为深广的影响。

唐代选拔官吏多承隋制，大体有三条途径，但最主要的是科举考试。科举考试的人员主要来自两个方面：其一，由学校出身的叫生徒；其二，由州县考取者称乡贡。生徒和乡贡都要通过有司的选拔考试决定取舍黜陟。考试科目繁多，有秀才、明经、进士、俊士、明法、明字、明算、一史、三史、开元礼、道举、童子；而明经又有五经、三经、学究一经等区别。这些都是常设的考试科目。天子自诏的称为"制举"，是选拔录用特殊人才的。"制举"不是常科，是帝王随己意而设的一个科目，科类根据当时情况而定，因而也比较繁杂，前后不下八九十种。如贤良方正科、博学宏词科、直言极谏科、文经邦国科、沉迹下僚科，等等，千奇百怪。陆游《老学庵笔记》载："唐小说载，路逢奔马入都者，问其何急如此，曰，应不求闻达科"，即是对设科的嘲讽。关于科类，可以参阅《文献通考》一书，不再赘述。

159

生徒是由国子监、太学等国家直属高校在年终从毕业生考试选拔成绩优秀的生员送到礼部参加省试。"乡贡"每年由州县考选，然后按照规定名额送到礼部，再参加省试。唐代科举时间和录取名额都没有明确的定制。有时无故就停下来。如高祖武德二年至四年（公元 619—621 年）连续三年没有贡举。有时稍有小事则停一年，甚至因为物价上涨也要停一年，如太宗贞观二年（公元 626 年），就因为"米贵不贡举"，以后也时有停止贡举的记载。录取人数上也多少无定，"太宗贞观元年秀才二人、进士四人"；而在高宗"咸亨元年（公元 670 年）进士五十四人"，"四年进士七十九人"，从资料上看，高宗、武则天时取士的名额较多。

唐代的秀才与后世的秀才不同，是最高的一科，最难考取，每年只录取一二人。贞观年间又规定"举而不第者坐其州长"，所以地方官不敢轻易贡举秀才，秀才科在高宗永徽二年（公元 651 年）就停止了。唐代最吸引人也最重要的是明经和进士两科。顾名思义，明经科就是熟悉明白经典之意，重点在于经义。本科又分为五经、三经、二经、学究一经、三礼、三传等，各试所习的专业、文注精熟、义理明晰的就算通。正经有九，分为大、中、小三经。《礼记》《左传》为大经，《毛诗》《周礼》《仪礼》为中经，《周易》《尚书》《公羊》《穀梁》为小经。通二经的须通大小各一经或通二中经；通三经的须通大中小各一经；通五经的要通三大经和中小各一经。《孝经》和《论语》为共同试卷，必考。

明经考试主要是帖经和口试。帖经，是把所习经书盖上两边，中间留出一行，再裁纸为帖，每帖盖三字，再由应试者答出所帖之字，类似现在的填空题，全凭死记硬背。每经帖十次答对六次以上的就可以参加口试。所以，帖经类似初试，也是淘汰考生的第一关。口试问大义十条，大经出四条，中小经各出三条，《孝经》《论语》各三条，时事政治三条，也按照答对的条文数核定成绩，录取名次。后来参加考试的人多了，为了淘汰考生，便专门帖孤章绝句，甚至上顶注释，下边只留一二字，这样就很容易迷惑考生。后来有人为应付这种考试，专门把孤绝幽隐的文字编成诗赋十篇，以便背诵，叫做"括帖"，是当时举业中较为时髦的一种学问。明经科的考试内容在唐代也有过一些变化，由于崇道也曾把《老子》《庄子》等列入过明经的内容。

进士科注重诗赋，唐初承隋制，只试策而已。至神龙元年（公元705年）才实行三场考试。即进行帖经、试杂文（诗赋）、时务策三场。帖经有时帖一小经，有时帖《老子》，以后又改帖一大经，或帖《尔雅》，方法与明经试同。杂文场考诗赋各一篇。诗的题目和用韵都有严格的限制，大都是五言六韵或八韵的排律。一般以古人诗句或成语为题，并冠以"赋得"二字，这种诗被称为试帖诗。赋也有严格的规定，叫做律赋。时务第一场考时务五条，"义理惬当"者为通。经策全通为甲，各通四为乙。以下为不及第。实际上进士科的考试偏重诗赋，有的人帖经不及格，但诗赋好也可录取。这对于唐诗的兴盛也起到一定的推动作用。要步入仕途，考中进士，必须熟谙诗赋格律，这不能不促进立志求功名的人去努力学习掌握它。

由于明经科较容易，进士科较难，人情一般都是贵难而贱易，而且进士所学的内容又适应于上层工作，在仕途上容易进展，习俗则重视进士而清明经。故有"三十老明经，五十少进士""焚香礼进士，嗔目待明经"的说法。白乐天一举及第，时年二十七岁，诗曰："慈恩塔下提名处，十七人中最少年。"（见《唐摭言》）可见二十七岁中进士是当年最年轻的了。世人以中进士为荣耀，以非进士出身为遗憾，"缙绅虽然位极人臣，而不由进士者终不为美"。《隋唐佳话》中说："薛中书元超谓所亲曰：'吾不才，富贵过分，然平生有三恨，始不以进士擢第，不娶五姓女，不得修国史。'"薛元超虽然历任宰辅，位极人臣，但在临死前说一生有三大遗憾，其中之一就是不以进士出身，而与修国史并列，可见进士对时人心灵的影响是多么深刻。为了考取进士，有人虽然老死文场而无恨，所以赵嘏诗说："太宗皇帝真长策，赚得英雄尽白头。"（《唐摭言》）可见唐代以科举取士，笼络人才取得了极大的成功。

▶▶▶ 第六节 唐代进士考试全过程

考试的第一道程序当然是报名。唐代举子报名是在每年的十一月，根据报名人所在地离京师的距离，分批进行，距离越远的举子报名时间越在后面，这样可以给远地举子多一些时间，但在十一月末就要完全结束报名程序。

报名的地点唐前期在户部，后期在礼部。报名首先要签名，然后上交必备的文件和证书。其中包括文解、家状、结保文书三种。

"文解"是州府推荐证书，相当于特殊的政府介绍信，也可理解为初级合格证书。总之，这个文件是由州府一级签发的，属于公文。一般来说，格式应当统一，不会有什么问题。只要不是伪造的，这一环节便会顺利通过。

"家状"是举子自己填写的，其作用类似现代本人的填表，家状的内容比较全面，其中包括籍贯、三代名讳、本人体貌特征，如身体高矮胖瘦、眼睛大小、鼻梁高低、有无胡须或其他特征等。很明显，这一项目是为防备冒名顶替设置的，其作用相当于现代准考证上的照片。因为那时没有照相技术，只能如此而已。"吏部常式，举选人家状，须云中形、黄白色、少有须；或武选人家状云，长形、紫黑色、多有髭。"（《南部新书》乙卷，《说库》上册）这是指最常见的情况而言的。

此外，五代后周广顺二年（公元 952 年）还规定："有父母、祖父母亡殁未经迁葬者，其主家之长不得辄求仕进，所由司亦不得申举解送；如是卑幼在下者，不在此限"（《旧五代史》卷一一二）。父母或祖父母丧葬未完的，长子或长孙不能报名。这些情况都需要在家状中写明。后唐天成三年（公元 928 年）规定，家状内还要增加两项内容，就是本人是否有过做官历史，如果有，要交纳历任文书，即任命的文状。本人是否改过名，如果改过，原名是什么。这两项内容在现代表格中都有，前者是"本人工作简历"，后者是"曾用名"。不过，就唐代来说，据所见资料而言，家状上的内容主要还是前三种，即籍贯、三代名讳和体貌特征。

"结保文书"属于对应试举子在道德方面的保证书，类似现代"政审"的作用。这种文书有两种：一种是由官员作保，一般称"通保"；另一种是由三名举子（有的资料上说是五名，据傅璇琮考证，以三名为可信）。结保文书要保证家状上所写内容真实可靠，并要保证所保之人绝对没有品行方面的缺陷。被保举的举子一旦出现问题，保举人都要负连带责任。官员降职甚至革职，举子则取消考试资格三年，处罚属实不轻。

"保结"上还有一条内容，即举子现住所，外地举子要填写在京师所住旅店的详细地址。这样一旦有什么问题，便于通知该人。我们在唐代文献中看到那么多住在简陋小店中的穷酸举子却可以及时接到喜报，就是因为这一点。

家状的写法有一定规格，没有经验的举子第一次填写往往要经过一些反复。《封氏闻见录》卷三"铨曹"载："选曹每年皆先立版榜，悬之南院。选人所通文书，皆依版样。一字有违，即被驳落。"可见对于报名时提交的所有文件审查非常严格。如果被驳落，当年的考试资格便没有了。"礼部驳榜者，十一月出粗驳者。谓有状无解，无状细驳，谓书其行止之过。"（《南部新书》丁卷）可知这一关能否通过在十一月内便可见分晓。距离报名结束的时间不超过一个月，那么多举子的所有文字证件便都要审查完毕，可见办事效率还是很高的。

报名这关通过之后，举子们就可以等着进考场了。这段时间里，还有一次集体到各地方政府的"驻京办事处"去拜访本地官员的活动，其他的就是举子们自己的事了。一般的都去行卷，即拿着自己写作的诗文去拜谒权贵或名流，以取得他们的推荐，这是非常重要的。

到了考试这一天，举子们在清晨大约相当于现在早晨五点多钟便来到考场。白居易有一首《早送举人入试》诗曰："凤驾送举人，东方犹未明。自谓出太早，已有车马行。骑火高低影，街鼓参差声。可怜早朝者，相看意气生。日出尘埃飞，群动互营营。"看来白居易是用马车去送一个举子到考场，这时天还未亮。而大街上只有上朝的人在赶路，有骑马的，有坐车的，灯笼忽高忽低。从"街鼓参差声"一句可知早晨开门的鼓声还有余音，白居易是等开门鼓刚刚敲响，坊门刚刚开启就出来了。《唐律疏议》中有明确规定："五更三筹，顺天门击鼓，听人行。"

到达考场后，举子在进入大门时，还要受到极其严格甚至对人格都有所损害的检查。对于这种情况，中唐诗人舒元舆的那篇《上论贡士书》中说得最清楚：

试之日，见八百人尽手携脂烛、木炭、泪朝晡餐器，或荷于肩，或提于席，为吏胥纵慢声，大呼其名氏。试者突入棘围重重，乃分坐庑下，寒余雪飞，单席在地。（《全唐文》卷727）

作者是过来人，写的是自己的亲身经历，当然十分可信。此处说"八百人"，可知当时是设两个考场，即东京洛阳和西京长安，因为唐代每年参加进士考试点举子一千六七百人左右。这是举子本人所感受到的进入考场时的体会，而在《通典》卷十五"选举"中记载得更明确："阅试之日，皆严设兵卫，荐棘围之，搜索衣服，讥呵出入。以防假滥焉。"可见举子们在进入考场时也要忍受一些凌辱，那些工作人员态度蛮横，动辄进行斥责，大声呼唤举子的姓名，并对其所带之物严格翻检。

举子们要带许多东西，手提肩背，照明的蜡烛、取暖的木炭、早晚饭的餐具都要一股脑儿带来，本来已经够辛苦的了。还要忍受如此的盘问检察，确实得有个好脾气。中唐一个叫李飞的举子就是受不了这种窝囊气便扬长而去，也算是个人物。

进士考试在初唐前期只有策试而没有诗赋。到高宗调露二年（公元680前），刘思立任考功员外郎，建议增加帖经和杂文，第二年采纳他的意见，便增加这两项内容。帖经属于基础知识，如果因为这一科落榜，则水平太差，故很少有人提及。杂文便是诗赋，该科最重要，是能否录取的关键，故人们最关心这一科，而举子们最能表现才气的也是此科，这一天的考试便是最决定举子命运的一搏。

大约到中唐以后，这三科的考试顺序便确定下来，即第一场杂文，一诗一赋，第二场帖经，第三场策文。

既然考试分为三场，那么举子在每场中都有可能被淘汰。如《太平广记》卷一百七十九"阎济美"条说："某三举及第。初举，刘单侍郎下杂文落；第二举，坐王侍郎杂文落第。"而在阎济美及第的这一年，与他同住在清化里店的一名叫卢景庄的举子是在帖经考试中被黜落的。但从资料来看，还是诗赋这一关最难过，竞争最激烈，故只谈这一场考试的情况。

进入考场后，分发试题，举子们便可以答卷了。考场的条件如何，现在已难以考究清楚了。但许多资料表明，考场的条件是很艰苦的。

打开试题的一霎那是所有考试人最紧张的时刻，而唐代举子紧张的内容还多了一项，这就是急于看考试题目中有没有需要避讳的字。如果有，则不能答卷，而要主动退出考场，这一年就算白熬，这是最倒霉的了。退出考场还要有一个借口，要提交一份申请才行。《南部新书》丙卷说："凡进士入试，遇题目有家讳，即托疾下将息状来，出云：牒某，忽患心痛，请出试院将息。仅牒如的。暴疾亦如是。"得急病和需要避讳的请假条写法完全一样，所以考官有时也不知道举子是真病还是避讳，但"心痛"二字还是很确切的，遇到这样倒霉的事谁能不痛心疾首？

在考试进行中，主考官也来进行视察。只是那时没有录像机，我们无法看到当时的情景。但因有这一程序，也发生过含着悲酸的喜剧。

宣宗大中十四年（公元861年），主考官裴坦到考场巡视，一位老举子趁机给他一首诗："三十年前此夜中，一般灯烛一般风。不知岁月能多少，犹著麻衣待至公。"裴坦一看此人，原来是三十年前与自己同进考场的刘虚白。如今自己成了主考，而同窗依旧是举子，还来受这样的煎熬。诗写得很有感情，但不丢身份，没有乞怜之意。意谓三十年前的此夜当中，你老兄和

163

我一样，都坐在这里，一样的蜡烛一样的寒风。如今你成了主考，我还穿着粗布衣裳来参加考试，我只能指望你公平了。老朋友老同学毕竟还是有感情的，刘虚白就在这一年及第。

考试的时间是一个白天零半个夜晚，也就是从早晨开始，到晚上点完三根蜡烛为止。点完三根蜡烛的时间不好准确确定，大约也到下半夜了。《唐摭言》卷十五"杂记"记载：咸通八年登第的韦承贻，在答完卷后，还有剩余精力，居然在贡院内西南角墙上题了一首诗道："褒衣博带满尘埃，独上都堂纳试回。蓬巷几时闻吉语，棘篱何日免重来？三条烛尽钟初动，九转丹成鼎未开。残月渐低人扰扰，不知谁是谪仙才。"还真有才华。等全部交卷就算完成考试了。

进士及第后还要通过吏部考试（称选试），选取后，经过审查，才能呈请皇帝授给官职。选士内容主要是"身""言""书""判"四方面，即身体相貌端正，语言清楚，字迹工整隽美，有判事能力并且公正。选士如果通不过，只能到节度使府充幕僚，或以后再找机会争取得到国家正式委任的官职。

唐代科举到中晚期后，便发生了请托、通关节、私荐、考前内定等弊病。再加之考试制度不完善，基本上是公开卷名，虽然也有密封卷，但尚未成为定制。所以极易作弊，以至于像杜牧这样的大才子，虽然托人投书主考官，献上《阿房宫赋》这样优美的散文赋，使主考官大为惊叹，但也只能是名列第五，因前四名早已内定。晚唐的考试则更流于形式，并不能选拔有真才实学的人士。

>>>> 第七节　宋代对科举的改革

赵宋王朝结束了五代十国的分争局面，建立了统一的封建王朝。统治者为了防止割据局面的出现，加强中央集权制，采取一系列的措施，改革科举考试的方式就是其中之一。

宋朝从形式和内容两个方面来改革科举。在形式上，放宽了录取和任用的范围，大大地增加了录取名额。唐时每榜进士少则几人，多则几十人，一般都在二三十人左右。《旧唐书·高锴传》里说："及第者四十人……敕曰，进士每岁四十人，其数过多，则乖精选。宜改为每岁限放三十人，如不登其数，亦听之。"皇帝亲自规定每年录取最多三十人，不足三十人也可以。但宋朝每次录取的名额常在二三百人左右，多时可达五六百人，是唐时的10多倍。考试层次也简化了，取消了吏部考试这一关，经省试录取后，便直接授予官职。名列前茅者很快就可以得到高官显位。由于录取的名额多，把进士分为三等，一等称"进士及第"，二等称"赐进士出身"，三等称"赐同进士出身"。再就是殿试制度的确立。殿试在武则天时实行过，但未成定制。宋太祖为了直接控制科举大权，于开宝六年（公元973年）举行殿试，以后便正式确定了州试、省试、殿试的三级考试制度，一直延续到清末。殿试之用意在于切断考生与考官之间容易形成的拉帮结派的关系，能使考生忠实地为皇帝服务。

在内容方面，宋朝的改革主要表现在王安石变法时所实行的取消诗赋、帖经、墨义，专以经义、论、策取士的政策。经义的考试内容用王安石的《三经新义》（包括《周官义》《诗义》《书义》）。这种改革并未贯彻到底，变法失败后，也就停止了。但这种从内容到形式的改革对后世的科举都产生了极为深远的影响，殿试一直被延续下去。而明清八股文的兴起，在内容方面与专以经义取士的做法也不无关系。

▶▶▶ 第八节　元明清的科举

元代是蒙古贵族统治的朝代，蒙古贵族先灭金，后灭南宋，把全国人分为四等。一等人是蒙古人，二等人是色目人（包括北方各少数民族），三等人是汉人（灭金后收服的北方汉族人），四等人是南人（灭宋后所收服的人）。蒙古人和色目人可以靠世袭、奏补等特权和荐举得到相当的官职，不必经过科举，而汉人和南人则必须经过科举方可步入仕途。

元代科举内容程序大体与宋代相同，只是按照不同等级的人分开两组进行考试。蒙古人和色目人为一组，汉人和南人为一组，出题范围、考试的难易程度和录取标准都不一样。内容上前者易后者难，录取上前者宽后者严。发榜时，前者列一榜，称"右榜"（蒙古以右为上）；后者另列一榜，称"左榜"。在委派官职时，按照人的等级高低不同。如果蒙古人和色目人愿意参加汉人、南人的考试也可以，考中后官加一等。可见汉人、南人的考试要比蒙古人、色目人难得多，想从科举得官则相当困难。

明清两代科举的内容与形式大体相近。

科举考试的全过程有县试、府试、院试、乡试、会试、殿试，其中前三场考试属于一级，即获取生员资格的考试。因为是初级的，规模又小，所以叫做小考或小试，也叫童试。凡参加这一级考试的人，无论老少，即使是八十岁的老叟，也都一律称之为童生，也称儒童，大概是儒学方面的后生之义。童生或童子试自古就有，汉、唐、宋历代都有童子考试之例，但那是真正意义的儿童。童试三年举行两次，是乡试、会试的2倍，给那些一试不第者以再试的机会。

县试时，县官要在一个月前公布考试日期，一般都在二月。童生要向本县的署礼房报名、填表，要填写姓名、籍贯、上三代生、存、仕之履历，并要找同考五人互保结，保证其没有冒籍、匿丧（守丧期不得参加考试）、冒名顶替，出身清白等。不是倡优皂隶之子孙，才有资格报考。明清时对考生资格的审查还是很严格的。县试考五场，每天一场，黎明前点名入场，限当日交卷。考场发每页十四行、每行十八字的卷纸十几页，另附空白草纸数张。首场叫做正考，最主要考四书文二篇，五言六句试帖诗一首，题目、诗、文都有一定格式，不准超过七百字。其他四场皆属复试，内容、时间稍有变化，但大体相仿。

县试后，进行府试，日期多在四月。府试的考官由管辖知府担任。第一场为正场，录取者便可参加院试；第二场后不愿考者听便，其手续和过程与县试大体相同。

院试因决定考生命运，故比较受重视。主考官由朝廷直接委派，称为学政。学政不仅主管生员考试，还要督察处理所辖府郡中违法乱纪的文武生员。因为这些人有见官不拜、不服差役、免除租赋的特权，地方官无权裁处，所以学政在各道考试结束之后，都要还署放告，允许当地人民控告那些鱼肉乡里、横行霸道的不法生员，以整饬学风。

学政在子、卯、午、酉乡试之年，于八月从京师受钦命简放。按照省份远近，由驿站驰往考区。全省府、州、县皆归其考试。考试规程很严。所过州县要护送敕文卷食物，并准许调用驿站车马、船只，考试所用器物及监考服务人员的伙食可动用公款。考试期间不得领受民讼，不准探亲访友。考场纪律也非常严格，首先，学政要悬牌通告各县正场考试日期，考生按照试期、寅正之时（早四点）在考场门前集合。考场称贡院（也有称试院、考棚的），学政亲自点名，并有保人在场，详细对照报名单。入场时，要严格搜身，甚至头发、袜子都要检查。只允许带诗韵，其他不准带片纸只字。点名后封门，限制出入。学政终日监视，并派人四处巡查，如发现有交头接耳、换座、飞纸条、左顾右盼、吟哦等犯规者，立即揪出，轻者取消考试资格，重者枷示。而且在考试半个时辰后，监考者用学政发的小戳在考生答卷百字后盖上，以防止偷换试卷。申时开门放头牌，交卷考生可以退场，然后就闭上。过半个时辰继放二牌、三牌，直至终场为止。考场之严如此。院试录取者为生员，也称秀才，便可参加高一级的乡试了。乡试三年为一科，逢子、卯、午、酉年为正科，遇有国家大典，还开设恩科。因《周礼》上有三年大比之语，故乡试为大比之年，因其在秋季进行，又称之为秋闱。

各省乡试，凡属本省府、州、厅、县的生员、贡生、监生、荫生、官生，皆可报考。各省乡试皆在省城举行，在省内东南方建立贡院。大门分左、中、右三门，中门正上方悬有"贡院"匾额。贡院内建筑较复杂，一般都设有几千间号舍，专供考生用，晚上可以睡觉，白天答卷。号舍的形制如下。

号舍为考生考试、住宿之处。每人居一间，深四尺，宽三尺。日间考试时把木板分搭上下砖托作桌椅状，以便书写。晚间则将木板全部移置在下边砖托上，以作卧铺。因号舍小，考生须蜷曲而卧。墙中有一个高约尺许之龛，进墙中约三寸，可放书籍和油灯。号舍是连排的小屋，一趟房约百余间。

小巷是供监考人、勤杂人员通行的，考生入号门后，门闸即关上，门闸由铁栏杆制成，类似铁栅栏。

乡试共分三场，在八月举行，正常情况下，初九为第一场正场，十二为第二场，十五为第三场。以提前一日点名发试卷入场，后一天交卷出场为定例。手笔高捷者能当天交卷退场，第三场考试后尚能赏中秋之月。

乡试场规更为严格，从刻印试题到交卷退场都有规定，比院试还要戒备森严、防范紧密。乡试一般在八月末放榜，最迟不超过九月十五日，中榜者称举人，第一名称解元，如明代大画家唐伯虎就是解元。因前五名必须从所考五经中各取一名魁首，故称"五经魁"。现在常说的"五魁首"一词即源于此。放榜后，巡抚要举行宴会，招待考官和新科举人，席间唱鹿鸣诗，跳魁星舞。举人便可参加更高一级的会试了。会试于来年三月在礼部举行，称"礼闱"，因是春天，故也称"春闱"。礼部录取者为贡士，第一名为会元。

贡士再参加五月在朝廷内举行的殿试，皇帝主持，协助的有读卷、提调、监试等官，中榜者称进士，共分三甲。一甲取三名，赐"进士及第"，第一名叫状元，第二名叫榜眼，第三名叫探花；二甲若干名，赐"进士出身"；三甲若干人，赐"同进士出身"。一般常说连中三元，指的就是连续考中解元、会元、状元。这是很不容易的事。考中进士者，便按照规定分别授予官职。进士榜称为甲榜，或叫甲科。因进士榜用黄纸书写，所以叫黄甲，也称为金榜，中进士就称为"金榜题名"。

进士科是最高层次的考试，故为世人所重视。明代中叶后，已经形成了非进士不入翰林，非翰林不入内阁的局面。故明代宰辅一百七十余人，十分之九以上是翰林出身。

▶▶▶▶ 第九节　明清的八股文

明清科举的主要形式是八股文，也称八比。比是偶的意思。《说文》说："反从为比"，意为二人相从，两两相对之意。所以，股是对偶的意思，八股也就是八个对偶组句。

八股文的形成始于宋而定于明，一直延续到清末。王安石改革科举，专以经义、论、策取士。所谓经义，是用经书中的语句作题目，应试者按照经书之意去发挥，实际上是一篇短的政论文。明清的八股文从内容上正是承袭了这一程序。由于对偶有形式整齐优美、音韵和谐的特点，所以应试者在阐述经义中也常用之。如南宋爱国诗人、政治家文天祥在"事君能致其身"文中说："不为不忘沟壑之志士，则为不忘丧元之勇夫。不为杀身成仁之仁人，则为舍生取义之义士。"这类句子在宋元科举试卷中屡见不鲜，这就为明代八股文的产生在形式上开了先声。至明洪武三年（公元1370年）所定乡会试文字程序，还称做五经义、四书义。成化（1465—1487年）以后八股文才定型，成为僵死的模式。所以说："八股之法，实肇于宋绍兴、淳祐，定于明之洪武，而盛于成化以后。"（商衍鎏《清代科举考试述录》第七章）

八股文题目是从《四书》《五经》中摘出一句经文，种类繁多，有连章题（即两章或三四章合题）、全章题、数节题、数句题、形式上又有截上题、截下题、承上题、冒下题、半面题等数十种之多。行文时，只能体会题义，依照经文之大义阐述其中的义理，必须站在圣人的立场上，以圣人的口吻来阐述义理，禁止发表自己的见解，也不准联系现实的政治时事，即所谓"代圣贤立言"。清规戒律甚多。

八股文的格式要求也极严，举清初韩菼一篇八股文为例。题目是"子谓颜渊曰，用之则行，舍之则藏，惟我与尔有是夫"。文章开头两句："圣人行藏之宜，俟能者而微示之也"是破题，然后用四句承题"盖圣人之行藏，正不易规，自颜子几之，而始可与之言矣"。接下去先用一句"故特谓之曰"转为圣人口气起讲。起讲后，用"回乎"二字领起，也叫做领题，然后起二比，二小比，又二中比，经二句过渡后，又紧接着后二比，最后用"有是夫，惟我与尔也夫，而斯时之回，亦怡然得默然解也"收束全文，叫做收结。由此可以看出八股文之体例，大凡都有破题、承题、起讲、领题、出题、过结、收结，在起讲至过接间，起码要有两组对偶句式，即起二比和中二比（一般称前四股），过接后还要有后二比，有时二小比在后二比之后，叫做束比，合称后四股。但二小比位置较灵活，也可在中比之下，也可省略，全篇只有六股，但较为完全的还是要有八股。

八股文由于明代科举的提倡，吸引了很多人去苦心揣摩，认为八股的股法与古文的写作方法很相似，成为一种时髦的文章。嘉靖间进士茅坤选印了一部《唐宋八大家文钞》，他对入选的作品用八股的形式讲解，使之成为"家习而户诵"的读本，唐宋八大家也由此而得名。

八股文束缚思想，形式也很僵化呆板，对于国计民生无任何益处，只能培养咬文嚼字之腐儒，决不会造就出经世济民之才士。清代统治者认识到这一点，曾于康熙二年（公元1663年）下诏废除八股文，但有破无立，破也破不了，八股文反而更风靡，对整个社会造成了很大的危害。

清初学者徐大椿写了一首《道情》，对八股取士进行了辛辣的嘲讽："读书人，最不济，背时文，烂如泥。国家本为求才计，谁知道变了欺人技。三句破题，两句承题。摆尾摇头，便道是圣门高弟。可知道《三通》、《四史》是何等文章；汉祖、唐宗是哪朝皇帝？案头放高头讲章，店里买新科利器。读得来肩背高低，口角唏嘘。甘蔗渣儿嚼了又嚼，有何滋味？辜负光阴，白白昏迷一世。就叫他骗得高官，也是百姓朝廷的晦气。"（《随园诗话》卷十二）太精彩了。

顾炎武也说："八股之害，甚于焚书"，康有为在光绪皇帝诏对时说的更为沉痛，"国之弱，民之贫，皆由八股害之"。据说有一位考生已经六十多岁，交卷时跪在考官面前自陈，已考三十余次，年迈老朽，愿得一青衫为荣，于是主考官批给额外生员，在他的卷子上批曰："年在花甲之外，文在理法之外，字在红格之外，进在额数之外"，可见这种考试制度扼杀了多少人的青春年华，行将就木之年，即便考取，也不会为社会做什么贡献了。

由于八股文完全失去了解决社会实际问题的作用，而成为一种空洞无物的教条式的官样文章，所以随着"五四"新文化运动的兴起而被抛进了历史的垃圾堆。

第十六讲 古代职官

▶▶▶ 第一节 要基本掌握职官制度

中国人的官本位观念非常严重。这是因为，中国从西周开始即进入农业经济时代，自然经济状态下人们重视安居乐业。儒家也非常重视当官，以当官为正途，这样官员自然备受尊重。时间一长，当官便成为国人追求的唯一的、最高的目标。于是，读书做官，便成为人们最普遍的追求和人生目标。"万般皆下品，惟有读书高"成为信条，而读书的目的就是当官。于是以官位之大小来衡量人之地位便成为不成文的规矩。

这样，重视官职就是中国人根深蒂固的观念，因此了解古代职官制度就是了解古代社会和古代文化所必备的知识。比如，汉代的两千石到底是多大官，陶渊明为什么说"不为五斗米折腰"，五斗米和官职有什么关系？唐代白居易曾当过左拾遗、监察御史等职，曾勇敢地干预政治，写作那么多锋芒毕露的讽喻诗，却没有遭受打击。而当他出任太子左庶子之后，因为宰相武元衡被刺杀而上书请求朝廷紧急捕贼，本来没有任何错误，却被贬谪江州，又是为什么？唐代诗人都很重视中书舍人、知制诰的官职，又是为什么？柳宗元当永州司马，为什么还"恒惴栗"？苏东坡当黄州团练副使，写了"小舟从此逝，江海度余波"的词句，有人说苏东坡不辞而别漂泊五湖去了，知州大为惊恐，又是为什么？

诸如此类的问题，都需要掌握古代职官的知识，否则便会如坠五里雾中。史学大师陈垣提出学习历史要配备三把钥匙，否则便无法真正进入史学的大门，同样，也无法进入文学的殿堂。这三把钥匙便是古代职官、古代天文与历法、古代地理。下面我们便把古代职官按照历史发展阶段进行大略的解说。

▶▶▶ 第二节 "治天事"之"官"

官吏是阶级社会的产物，是在一定的历史阶段才出现的。在漫长的原始社会中，没有官吏。但为了集体劳动、协调生产，也需要一定的人来掌握时令节气，统一组织集体劳动，故也有一定的社会分工，但并无官民之分。马端临说："陶唐氏以前之官所治，天事也。虞夏以后之官所治，民事也。太古法制简略，不可得而详知。然以经传所载考之，则自伏牺以至帝尧其所命之官，率为治历明时而已。盖太古洪荒，步占之法未立，天道幽远，非有神圣之德者不足以知之。而位天地，育万物，定四时，成岁功，乃君相职业一大事。"（《文献通考·职官考》）他认为夏代是分界线，之前的"官"所治的是天事；之后的"官"所治的是民事，这基本是正确的。当然马端临是封建社会的学者，对官吏的本质还缺乏认识，故把原始社会的社会公仆和奴隶社会的官吏混为一谈。虽然如此，其"治天事"和"治民事"之说还是颇有见地的。

在陶唐氏（帝尧号陶唐）之前所说之"官"，主要是观测天象，定出四季节令，指导农时，以求获得农业丰收。无疑是社会公仆的职能，体现了社会分工的不同。古时天文历法不发达，人们对日月运行、季节变化尚缺乏明确的认识，故需要专门人员进行这方面的工作（详见第十七讲）。而夏代之后的"官"就开始"治民事"，即管理民间政事而高居于人民之上。这便与原来社会公仆产生了质的区别。

我国自夏朝进入奴隶社会。夏朝的创始人禹生于尧的末世，其父鲧因治水无功而死，舜将禹推荐给尧。尧又经过选拔和考验，让位于舜，舜又让位于禹。这就是为古代学者所津津乐道的禅让制。禹伐"三苗"和巡狩，显示出其权力已经很大，对没有按时参加联盟会议的部落首领，他有权随意处死。禹死后，"诸侯皆去益（禹的接班人）而朝启"（启是禹的儿子）"启遂即天子之位"（《史记·夏本纪》）。从此便确立了"传子制"。

传子制取代了禅让制，这正是从原始社会不脱离民众的部落酋长到阶级社会专制帝王这一历史发展的重要转折点。夏朝既然是奴隶制社会的国家，就必然有其国家机构和官吏，虽据记载已经"置六师、五官"，但总的来看，仍然是非常简略的，只能视为萌芽时期，且史料不足，故从略。

▶▶▶ 第三节　商王朝的内外职官

人类历史的足迹是沿着其改造自然、征服自然的轨迹前进的。当生产力发展到一定水平，社会产品有剩余的时候，一部分首领、酋长之类的人物就要占为己有，为保护其攫取的私人财产，就必须委派自己所信任的部下，管理并维护这些利益，这些人就由"治天事"转而"治民事"，由社会公仆变成官吏。于是社会形态经过原始社会而转变为阶级社会，并建立了奴隶主统治的国家。国家与旧的部落联盟组织不同的重要特征之一就是设立了与居民相脱离的"公共权力"，并向公民收取赋税。于是官吏就凌驾于人民之上而成为统治者。

大约从公元前16世纪到公元前11世纪这个历史时期，是我国历史上第二个奴隶制王朝——商朝。据记载，商人的始祖契与禹大约同世，并"佐禹治水有功"。契以后便有了明确的世系。这说明当时的中国社会已经进入父系世族社会。契之后，商民族多次搬迁，至汤时居亳（bó）地，灭夏桀王，"于是诸侯毕服，汤乃践天子位，平定海内。"（《史记·殷本纪》）

殷商建国后，建立了比较完备的国家机构和相应的职官制度。其最高统治者是"王"，下设百官，按其职务性质主要可分为两大类，既处理"内服"政务和"外服"政务的各级官吏——"殷正百辟"和"殷边侯甸"（《大盂鼎》）。

"殷正百辟"就是在"内服"——王朝直接控制的辖境——中设置的官吏。"正"乃居中之意，是对"边"而言的，"百辟"就是百官。内服官吏也分为两个方面，即王朝外廷政务官和王朝内廷事务官。

王朝外廷政务官主要有尹、卜、巫、作册等官。尹与后世的"相"类似，地位比较高，其中以商汤时的伊尹为最著名。"尹"是"正"的意思，《史纪·殷本纪》中说："尹，正也，谓汤使之正天下。"伊尹"负鼎俎（zǔ），以滋味说汤"，因能够做一手美味佳肴而受到汤的赏识，汤便起用了他，把国家治理得很好。另有一位名相即武丁时的傅说，他本是个筑城的奴隶，被武丁所访知，"举以为相，殷国大治"。

卜、巫主管王朝的占卜和祭祀。卜者作为神、人之间联系的角色，在王权神化的时代，也有不小的权力。国有祭祀、战争等大事，必须占卜。龟卜有一定的技术性，钻圆孔的深浅、方位、火烤的距离等，都会对甲骨上出现的裂纹起到一定的作用，而且对"兆"（即裂纹）的解说虽然有一定的知识性，但也有很大的主观随意性。所以卜者的意见很重要，因其传达的是神的意见，他们可以挟鬼神以令天子，权力极高。作册是史官，主管王室大事记录，并掌管典籍，《尚书·多士》云："惟殷先人，有册有典"，册、典就是由史官记录并保管的。

武官的名称叫"亚""服"。主管狩猎的官叫"多射""多犬"，如有征伐等战事活动，"多射""多犬"也要参加。可见商民族还是以狩猎为主，农业并不发达。除这些官吏外，商代可能已有司空之职，另外还有"庶尹""多尹"等名称。

王室内廷事务官主要是宰、臣。他们主管王室内部的一切事务，如各种家务、膳食、衣服、洒扫、车马，有时也参与一些政事，诸如传达君命，管理家产田籍等，有的地位较高，有的则较低。

"殷边侯甸"是商王朝统治中心地区以外所设置的官吏，"越在外服、侯、甸、男、卫、邦、伯"。商代已开始分封诸妻、子、功臣，少数民族首领到王室辖境之外的各地去进行统治，可以说是开"分封制"之先河。被封在各地的诸侯对王朝要承担一定的义务。首先是防卫边疆，不让其领地遭到侵略；其次是如有外敌入侵或内部叛乱，诸侯要率本土人民随王出征，有如后世的所谓"勤王";三是定期向王室交纳一定的贡品，即各类土特产品，以供王室日常之需，战事、祭祀之用。

商王朝外用官吏的得名都与军事行动或土地占领有关。孔颖达解释"侯服"一词说："检行险阻，伺侯盗贼、故名侯服"。"侯"的意思也与此相关。"伯"是诸侯之长，侯、伯所取的意思是以武力胜人之义，可以相通。"男"是田力，与"田"的意义可以相通，都与耕种稼穑有关。所以其外服官吏的主要职责就是以武力保卫边疆，占有土地，如有机会，则向外扩张势力或疆域。

还有一点应提到，商代分封制中有一个特点，就是女子也可以受封，并可以参与朝政，如武丁之妻妇好，不仅能参与商王朝的祭祀活动，而且领有封地，并能带兵打仗，著名将领侯告曾是她的部下。可见商王朝中妇女还有一定地位。

▶▶▶ 第四节　西周的"内服"和"外服"

周王朝发祥于今陕西、甘肃南部一带，是一个重视农业生产的国家。其始祖后稷名弃，是帝喾之妃姜源所生，历经磨难，他"遂好耕农，相地之宜，宜谷者稼穑焉，民皆法则之。帝尧闻之，举弃为农师，天下得其利，有功"。可见周代是以农立国的，其祖先是一个农业生产能手。弃传至十四代到古公亶父（文王祖父时），又光复祖业，收买人心，扩大统治范围，并且"作五官司有司"，可见当时已有一定的职官设置，但具体内容不可详知。据裴骃集解说："礼记曰：'天子之五官，曰司徒、司马、司空、司士、司寇、典司五从'。"郑玄说："此殷旧制。"这都是揣测之词，不可靠。古公亶父时大概不会有这么完备的官制。当然其参考殷官职设施的说法也是合理的。至武王灭纣建立了周王朝（公元前 11 世纪—前 256 年）。西周时期的官职制度基本上承袭商代。但机构更加庞大，体制也更为完备。

"周因于殷礼"，与商相仿，西周的职官主要也分"内服"中央朝廷官员和"外服"地方官员两大类。

"内服"是周王朝的直接辖境，"寮"就是同官之意，所谓"内服"卿士寮，就是王朝内廷的卿士及下属百官。其地位最高的是三公——太师、太傅、太保，由王族亲属担任，为辅弼之臣。周公之子伯禽曾做过周王的师、保。《令彝》记王命他"尹三事四方，受卿事寮"，即让他管理王朝的"三事大夫"和四方诸侯，并统领百官。姜太公（姜尚）也曾当过周武王的军师，号称"师尚父"，辅佐武王伐纣有战功，所以武王"封功臣谋士，而师尚父为首封"，封于东方大国——齐。成王之世，"召公为保，周公为师"。

当时，周族被封商地的管叔、蔡叔联合商后代武庚，趁武王死、成王年

173

幼，起兵谋反。周公奉成王之命率兵东征"三年而毕定"，召公奭（shi）也参加了这次平定叛乱的斗争。其后，在王畿地域里，"自陕以西，召公主之，自陕以东，周公主之"，可见师、保地位的重要显赫。其职权和地位与后世的"相"相仿。

师、傅、保三公之下就是执政的王室百官——卿事寮，是三左（太祝、太宗、太士）的总称，由其中的一人兼任首长。太祝主管祭祀祈祷；太史主管王朝大事的记录与典册的收藏保管；太卜主管占卜；太宰主管王室家务；太宗也称宗伯，主管王室的宗法事务；太士主管司法。另外还设有五司的职事官。五司是：司徒、司空、司马、司寇、司士。司徒也叫司土，主管民事、田地、农业耕作之事；司空也称司工，管理百工之事；司马主管军赋之事；司寇主管司法刑狱；司士主管版籍爵禄。以上都属于王室内的外廷政务官。

王室内廷事务官主要有负责王廷治安保卫工作的宿卫官——虎贲（bēn），负责宫廷日常生活管理的奄尹（宦官头目）。管理王服的叫"缀衣"，即后世"尚衣"之由来。管理王用马匹的叫"趣马"。管理王用器物和御车的叫"左右携仆"。管理王廷库藏的叫"庶府"。另外还有管理王室膳食的膳夫、宰夫，负责奏乐的乐官钟师、籥师等。

王畿内地方行政区划实行乡遂制。乡有乡大夫执政（详见第十八讲），地方上的最高行政长官叫常伯或牧，主管民事，另外还有"常任"，又称"任人"，管推荐、选拔人才；"准夫""准"是公平之意，经管刑法的长官；"虞师"管理山泽，"工正"主管百工；"陶正"管理治陶手工业；"质人"主管田地及载邑市场等。

外服诸侯主要指周王朝直辖区域——王畿——以外各诸侯国的职官制度。周承商制，继续实行分封制，考其所封之国，大率可以分为三类：一是"追思先圣王"分封神农、黄帝、尧、舜、禹等古圣帝王的后代；二是周王室的同姓子弟，这是最主要的也最多，如周公封于鲁，召公封于召等；三是开国功臣。

商代的分封并不是按照宗法血缘关系划分的，主要还是保留了原始部落联盟的形态，所以各诸侯国因与商王朝没有血缘亲戚关系而多叛。周则以分封同姓子弟为主，把分封制与宗法制结合起来，巩固了政权，加强了对各诸侯国的控制。分封诸侯的爵位是公、侯、伯、子、男五等，可以世代相传，"百世不迁"。

诸侯在本国境内也按照周王朝制度设置官吏。西周初期天子有较高的权威，各诸侯国尚能相安而立，维护和平局面。后来厉王独断专横，压迫人民，设巫监视国人，引起国人暴动；幽王更加腐朽，为博得褒姒一笑而"烽火戏诸侯"，到平王东迁后，已经完全失去控制诸侯之力，甚至连起码的财政支出也无力承担，以至于平王死，无力办丧事，到鲁国去求助丧葬费。

周官吏由与君主有一定关系的奴隶主贵族担任，《左传·桓公二年》说："天子建国，诸侯立家，卿置侧室，大夫有贰宗，士有隶子弟。"即是说天子以嫡长子为继承人，众子弟为诸侯，诸侯可以建国，故曰天子建国。诸侯以嫡长子继位，众子弟为大夫，大夫则立家。大夫也以嫡长子继位，众子弟为士。也就是每一级有爵位的官僚都以自己的嫡长子继承自己的爵位，而把自己的其他子弟依次封为下一级的爵位，世代相传。

▶▶▶▶ 第五节　西周及春秋时的官职

西周制定的官职结构和各阶层各等级官吏应当享受的待遇情况，到战国中叶就已经模糊不清了。各诸侯国为了自己随心所欲、没有遮拦，便把这些档案材料都毁灭了。但孟子在回答学生提问时，曾经比较详细地叙述了这一问题，是非常宝贵的资料，今录下并作简单说明。《孟子·万章下》载：

北宫锜问曰："周室班爵禄也，如之何？"孟子曰："其详不可得闻也。诸侯恶其害己也，而皆去其籍。然而轲也尝闻其略也。天子一位，公一位，侯一位，伯一位，子、男同一位。凡五等也。君一位，卿一位，大夫一位，上士一位，中士一位，下士一位，凡六等。天子之制，地方千里，公侯皆方百里，子、男五十里。不能五十里，不达于天子，附于诸侯，曰附庸。天子之卿，受地视侯，大夫受地视伯，元士受地视子男。大国地方百里，君十卿禄，卿禄四大夫，大夫倍上士，上士倍中士，中士倍下士。下士与庶人在官者同禄，禄足以代其耕也。次国地方七十里，君十卿禄，卿禄三大夫，大夫倍上士，上士倍中士，中士倍下士。下士与庶人在官者同禄，禄足以代其耕也。小国地方五十里，君十卿禄，卿禄二大夫，大夫倍上士，上士倍中士，中士倍下士。下士与庶人在官者同禄，禄足以代其耕也。耕者之所获，一夫百亩，百亩之粪，上农夫食九人，上次，食八人，中，食七人，中次，食六人，下，食五人。庶人在官者，其禄以是为差。"

春秋后期，这些资料作为周礼的具体内容肯定存在，孔子对其很熟悉。孟子是孔子嫡传后学，故所言比较可信。

但是，这样依然难以看清当时爵位俸禄制度的数量差别。不过我们可以采用逆推的办法计算一下。百里诸侯国的国君俸禄是下士的320倍，下士起码等于上农夫。而上农夫要供应九个人的口粮。可见当时只要有俸禄，根本用不着参加生产。

175

第六节　春秋战国时的世官制

平王东迁，建都洛邑，史称东周，王室衰微，进入春秋时期。外服的各诸侯国相互侵伐，混战不已，都成为独立的国家。诸侯国都设官制。中原各国受到周王室影响，其官制与西周大体相同，只有距周王畿较远的南方楚国自成体系，其职官制度和名称都与中原各国不同。春秋官制有两个特点，一是等级制，二是世官制。这两个特点都是在宗法制基础上形成的，两者之间又有联系。等级主要由爵秩表示，爵分三等，即卿、大夫、士，每级又分上、中（次、亚）、下三级，共三等九级。爵位必经过任命程序，由于需要不同，对于一个人可给予几次任命，任命次数越多则愈尊贵。爵位世代，各种级别的官吏都要由有一定爵位的人来担任，重要职位要由卿爵担任，这就形成了世官制。世官制指世代为官，并不是指世袭一种职务。父亲是这种职务的官，儿子则可能是另一职务。主要官吏也可以分为三大类，近官掌朝政治理国事，中官掌握国君家中各种服役工作，远官掌地方政权；近官也有分工，即有三公和五司之职，与西周的体制相仿。

地方政权组织实行国野制，也叫"都鄙制"，从春秋初年管仲在齐国推行的"参国伍鄙"制可以看出其概貌。其体制如下：国中五家为轨，设轨长；十轨（五十家）为里，设里有司，四里为连（二百家），设连长；十连为乡（二千家），设乡良人，爵位是大夫。国中划为二十一乡（四万二千家）。以上是国君直接统治区域中的政区划分与官吏设置。在野鄙中，三十家为道，设有司；十道（三百家）为卒，设卒帅；十卒为乡（三千家），设乡帅；三乡为县（九千家），设县帅；十县为属（九万家），设属大夫和属正人各一人。全国分为五属。可见春秋齐国国君辖境内实行的是轨长、里有司、连长、乡良人四级官制，统治中心区域以外的野鄙则实行有司、卒帅、乡帅、县帅、属大夫和属正人五级官制。

春秋初期楚国最高行政长官为莫敖，其后是令尹、左徒等。

春秋后期，各诸侯国互相攻伐，弱肉强食，战争规模越来越大，至战国时，则只剩齐、楚、燕、韩、赵、魏、秦七大国和宋、中山等几个小国了。这时战争规模大、次数频繁，各国需要常备军，相应地建立一套完整的国家机构，以便调动国中人力物力，这就要建立以国君为首的统一领导的中央集权制。因此说，中央集权制的政权形式在战国时出现是历史的必然。战国时，各国将、相百官的设置更加完备，而且有了郡县的设置。设县最早的记录是秦武公十年（公元前688年）"伐邽戎，初县之。"不过战国前期郡比县小，但这却为郡县制的实施提供了形式。

第七节 秦的职官制度

秦始皇所以能统一中国，理由甚多，但强化君权、加强中央集权制则是最直接的原因。秦建国后，初令丞相、御史大夫议帝号，以为自己德高三皇，功迈五帝，故号为皇帝，从此国君的称呼就叫做"皇帝"，一直到清末辛亥革命推翻帝制为止。随着皇帝称号的确立，带来一些与之有关的专有名词：皇帝自称"朕"，这在战国时代是通用的第一人称，屈原在《离骚》中就说"朕皇考曰伯庸"，指的是屈原自己。臣子称皇帝为"陛下"，史官记事称"上"，皇帝的命令称"制""诏""敕""谕旨""圣旨"等。其法定继承人称"皇太子"，其正妻称"皇后"，母亲称"皇太后"、祖母称"太皇太后"。未死的父亲称"太上皇"，如皇帝年幼，不能亲政，就由皇太后"临朝称制"，或叫做"垂帘听政"。武则天、慈禧太后都曾以"垂帘听政"的名义掌握过国家政权。由于封建社会高度的中央集权制，皇帝具有至高无上的权力，所以，皇帝的开明与否，无疑会给国家的政治、经济、文化等带来深刻的影响。

秦代皇帝之下设文武百官，从职能性质来看，分为两大类，即中央职官和地方职官。中央官员又可以分为总掌全面的中枢行政长官三公和各部门的行政长官九卿，即所谓的"三公九卿制"。

丞相是皇帝的辅佐之臣，承天子之命，督率百官，为百官之长。丞相之名起源于战国，由春秋时上卿、亚卿之名演变而来，所以《史记》中常常卿相连称。齐景公元年（公元前547年）首设相职。丞相的属官有侍中、舍人等。太尉是武官之首，掌握武官的任用黜陟，与后世的元帅略有不同。因元帅有调兵遣将之权，而太尉只掌管武职官员的升降，并无调兵权力。御史大夫是负责监察百官的，是秦国创置的官员。《通典·职官典》说："秦无司空，置御史大夫以贰于相。"下设二丞：一是御史丞，协助御史大夫办理政务，不另设职务；二是御史中丞，在殿中兰台主管图书典籍。

九卿中还可以分为两部分，即为皇宫内廷服务的和管理国家政务的。皇宫内务官有奉常、郎中令、卫尉、太仆、少府；管理国家事务的有治粟内史、廷尉、典客、宗正。

奉常主管宗庙祭祀，太宰掌馔具，太医掌巫医，太史掌天时星象兼记事，太卜掌卜筮。另外，博士也归属奉常。郎中令也有丞一人，掌宫殿门户，主管诸郎侍卫，故名郎中令。秦二世的佞臣赵高就是郎中令。卫尉是掌宫门保卫的，属官司有公车司马令、卫令等。太仆掌皇帝的车马和苑牧，有两丞。属官有中车府令，始皇时，赵高曾任此职，故能随秦始皇出游。少府有丞一人，掌山海池泽之税，作为皇帝的私人财产，此外，凡供应皇帝生活的各类官员，大部分都是少府的属下。因此，少府的职位非常重要，事务繁

177

杂，机构也庞大，是皇帝私人的总务长。

廷尉掌司法是最高审判机关，李斯任过廷尉。典客有丞一人，掌诸侯，各部首领朝觐之时，主持其礼仪，并接待地方上策献计各官员。治粟内史掌全国财政，有两丞。谷帛财货、赋税等事皆归其管理，以充军国之用。属官有太仓令、丞，管保藏粮谷；平准令、丞，掌管物价。

除上述九卿外，中央其他官员还有客卿、中尉、将作少府、典属邦、主爵中尉、散骑、中常侍、给事中、黄门侍郎等职，也都各有专职。

地方官员主要有郡县两级。因秦汉基本相同，故统而言之。

秦孝公时商鞅已开始设县，惠文王时又开始置郡，秦始皇统一全国后，普遍推行郡县制。郡县长官都由中央委派。

郡设监御史、郡守、郡尉三职。监御史负责监察郡治，隶属于御史中丞，不直接处理地方政务，而专管监督地方官员，类似中央特派员的性质。郡守是一郡的行政长官，权力相当大，其下属官员除县令，常由中央直接任命外，其他属吏都由郡守辟举，有很大的地方自主权，能充分发挥个人才能，朝廷一般不干预。郡守下有助手，叫郡丞，协助工作。其属吏有卒史、主簿，汉开国功臣萧何曾担任过泗水郡卒史。郡尉也叫都尉，辅佐郡守管理武职甲卒，主捕盗贼。尉下也有丞。郡尉也直接受命于朝廷，不归郡守统属，可看做地方上军事武装的最高长官。

县超过万户的设县令，不足万户的设县长，都由朝廷直接任使升降。每县设县丞，协助县令工作；设县尉，统兵捕盗，维持地方治安保卫，是县令的主要助手。

县以下是乡，乡以下是里，里以下是什、伍。大体上是十里一乡，乡有三老、有秩、啬夫、游徼（jiào）。三老掌教化；有秩、啬夫主管调解民事纠纷，收赋税，征徭役；游徼主管巡察捕盗，维持治安。

秦汉官秩俸禄制度基本一致。战国以前，主要官吏的俸禄都是封邑赐田制，即上级分配下级一定数量的土地为采邑，其收入则归被封者。战国后，这种制度逐渐被破坏，就开始给粮食。

秦汉的官秩也是以粮谷数量计算的。三公一般为万石，郡守、九卿等为两千石，依次还有一千石、八百石、六百石、四百石、三百石、二百石、百石，最下层还有斗食。二千石内又有中二千石、真二千石、比二千石。谷物是原粮，石是重量单位，每石重约一百二十斤，一石又相当于一斛（hú）。斛是容量单位。称官秩若干只是表示官位的品级，关非按此比例数发放俸禄。西汉官俸并不给粮谷，而是折合成钱，东汉时钱谷各半。据《史记》《汉书》注文，秩万石月俸六万钱；中二千石，月俸四万钱；真二千石，月俸二万钱；郡太守秩二千石，月俸一万六千钱。从以上数字可以看出，官职的石数与实领工资数只有品级上的联系，而没有数量上的比例关系，不要认为二千石所得俸是万石的五分之一。

第八节　两汉的中央官制

汉承秦制。汉初三公皆由开国功臣担任，武帝时丞相之位起用一些儒生处理日常事务，大权转移到内廷。尚书台本是皇帝私府中收发文书的小机关，武帝之后日渐重要，丞相和御史大夫的一些职权逐渐转移到尚书台，尚书令的地位愈来愈高。正如《后汉书·仲长统传》中说："虽置三公，事归台阁。自此以来，三公之职，备员而已。"三公的名称也有变化，东汉改为太尉、司徒（丞相）、司空（御史大夫）。九卿的名称也有变化，九卿之外又增加执金吾、将作大匠、大长秋三卿。执金吾掌京师治安，将作大匠掌宫室、宗庙、陵寝及其他土木建筑事宜，大长秋掌传达皇后旨意和宫中事务，是皇后的专职事务官。

汉代与秦代不同的还有三点，即武职较多，并增加了诸侯国职官和州刺史的设置。

汉代武职官员较多，汉高祖拜韩信为大将军，以后不设，景帝之后复设此职。将军皆有幕府，并配备长史、从事中郎、掾、属等。车骑将军与卫将军掌宫卫，统领皇宫卫队。还有前、后、左、右将军，其他列将军大约四十号。护卫都尉主军政，校尉负责保卫京师的安全，属官都有丞、司马。另外还有司隶校尉，专门督察京师中的奸猾不法分子。

汉武帝元封五年（公元 106 年）设十三部刺史，由中央直接委派，专门督察地方贪官污吏、恶霸豪强，级别虽低（秩六百石），而权力大，不管理地方行政事务，以六条诏书查郡国守相，其他一概不问。六条是：①强宗豪门的田地超出规定，以强欺弱，以众凌少；②二千石不遵奉诏书和法制，背公向私，旁示货贿，侵犯百姓，聚敛钱财；③二千石不重视审案，玩忽职守，枉杀无辜，刑赏由喜怒，为百姓所怨恨；④二千石选举补吏任人唯亲，遮蔽贤路，宠信顽民；⑤二千石教子不严，子弟倚仗势力，请托主官，牟取私利；⑥二千石违公比附下属，结合豪强，通行贿赂，枉法行私。

可见，刺史的主要任务是督察郡守及其子弟的不法行为。这对限制地方官吏特权、打击腐朽现象、澄清吏治起到很好的作用。刺史官职卑微无罢官之虑，故敢于尽职，取得了很好的效果。刺史管官不管民，超越职权范围也要受到处罚。

汉代还有诸国。高祖刘邦鉴于周之分封制与秦的郡县制互有利弊，就兼用其制。既置郡县又封诸王室为诸侯王，使其王国与郡县犬牙交错，互相制约。汉初有七个异姓王国，以后逐渐翦灭掉了，又封同姓子弟为王，共封燕、代、齐、赵、梁、楚、吴、淮南、长沙九国。王国置官与中央相同，只有太傅、丞相由中央任命，其他官职皆自主。贾谊即任过长沙王太傅。由于王国势力较大，辖地兼州跨郡数十城，而中央政府只有十五郡，故形成了尾大不掉的局面，终于酿成吴楚七国之乱。其后景帝五年（公元前152年）贬损王国官秩，命令诸侯王不再治理国家，官吏完全由朝廷直接控制，侯王已无实际统治权。武帝采纳主父偃之计，令诸侯推恩，再封其子弟，侯国则越来越小。

汉还有爵位制。刘邦对楚汉战争中有功的官兵赐爵，分二十等，即公士、上造、簪袅、不更，这一至四级都是士卒；大夫、官大夫、公大夫、公乘、五大夫，这五至九级位比大夫，都是军吏。吏民爵位不能超过九级，若过此，得让与同户兄弟子侄。左庶长、右庶长、左更、中更、右更、少上造、大上造、驷车庶长、大庶长，这十至十八级位比九卿，都是军将。十九级叫关内侯，二十级叫彻侯，后避武帝讳改称通侯，佩金印紫绶。拜爵后之待遇为：①可食封邑或免除赋税徭役；②可以减刑；③试用为吏者，可取消或缩短试用期，公乘（八级）爵位以上的可以戴刘氏冠。

爵位制并未实行多久，就归于失败，主要是因为赐爵太滥和鬻爵造成的。爵位一滥，势必贬值，也就不被社会所重视。

▶▶▶▶ 第九节　魏晋的职官制度

三国两晋职官制度基本上是东汉的缩影，稍有一些变化，最明显的就是中书监的设置、尚书台的独立和侍中地位的上升，这就为后世的三省制奠定了基础，少府和光禄勋职权大为缩小。

魏晋时尚书台从少府中独立出来，尚书令为尚书省的长官，总揽朝政纲纪。副手名叫仆射，有时置二人分左右仆射，其次是列曹尚书。侍中之职东汉时地位就开始上升。东汉熹平六年（公元177年）置侍中寺，以侍中、给事黄门侍郎俱掌门下众事。魏晋时侍中更加尊贵，成为门下省的主官。魏时设四人，此外以为加官，无定额。主要职务掌规谏。皇帝出行，正值侍中负玺陪乘，次值侍中护驾，其余皆从车辇。皇帝登殿时，侍中与散骑常侍左右挟持，以备顾问。另外还要管理皇帝的日常生活，省视皇帝起居。故其职位虽不高贵，但接近帝侧则为人所贵。魏晋又设中书监及中书令，掌握机要，开始有中书省之名。中书令下设中书侍郎，置四人，其下为中书舍人。这样，尚书、门下、中书三省就初具规模了。九卿职务多被尚书省侵夺，九卿有的如虚设，有的并入尚书省，逐渐演变为后来的六部。地方官职与汉制相仿，不赘述。南北朝时期，朝代叠兴，制度屡变，对官制的发展并不大，故略去不谈。

▶▶▶ 第十节　隋代对官制的改革

隋代国祚不长，但对历史的贡献却不小，尤其对官制的改革和科举制的确定，对后世的政治制度和社会生活都产生了深远的影响。

隋朝建立不久，便颁布了一套新的职官制度："置三师、三公及尚书、门下、内史、秘书、内侍等省，御史、都水等台，太常、光禄、卫尉、宗正、太仆、太理、鸿胪、司农、太府、国子、将作等监，左右卫、左右武卫、左右武侯、左右领、左右监门、左右领军等府，分司统职焉。"（《隋书·百官下》）这套职官制度集汉魏以来之大成，又开后世之先例。唐至清基本上都采用这一体制，故在官制发展史上具有重要地位。

隋代对官制的改革主要表现在三公废府和三省制的正式确立上。隋初三公废府僚表明三公权力大降，只是年迈大臣闲职而已，朝政大权已转移到三省长官手里，形成了新的宰相制度。尚书省地位很高，为最高行政执行机关。下设六部。主官尚书令正二品，一般不轻易授人。下设左右仆射二人，每人分管三部。六部长官为尚书（正三品），与左右仆射合称"八座"，是当时最显赫的职官之一。

隋代的中枢制令机关称内书省，由内史省改成，即唐以后的中书省。门下省在隋初是侍奉谏议机关，而且掌管皇帝衣食供奉等日常生活。至炀帝大业三年（公元607年）才另立一个殿内省，主管皇帝的生活事务，门下省才成为一个专主封驳的机关。

181

隋代除三省外，还有秘书省、殿省、内侍省等。除诸省外，还设有御史台，各种寺、监等部门。它对唐代三省六部九寺五监等职官体系的形成产生了直接的影响。

▶▶▶ 第十一节　唐代的三省六部

唐建国后，其官制"大抵皆沿隋故"，但并非因袭，而是补充、完善和发展，形成较完备的职官系统。中枢制令机关、封驳审议机关和行政事务机关分工又合作，职责分明。监察系统、地方行政系统也比较完备，而且有一套较齐备的品阶勋爵制度。所以国家机器运转比较正常，才出现了历史上著名的贞观之治和开元天宝年间的繁盛。

以三省六部为中枢政务机关，是唐代官制的显著特点。三省指中书省、门下省、尚书省，六部指吏部、户部、礼部、兵部、刑部、工部。六部归属尚书省。

三省中以中书、门下两省关系最为密切，合称两省或北省。中书省长官称中书令，门下省长官称侍中，都是正三品。中书令"掌佐天子执大政，而总判省事"，侍中则是"凡国家之务，与中书令参总，而专判省事"（《新唐书·百官》），同掌军国大政但又各有分工。中书省掌管制订决策，凡遇军国大政，必经中书省决策，草为诏敕，交门下省审议复核，然后上奏皇帝，批准后交尚书省颁布执行。如门下省不同意中书省所拟订的制敕，可封还，使之重拟。中央其他各部门向皇帝呈交的章奏，重要的也要经尚书省转送门下省审核，门下省同意后，才可交中书省再呈皇帝批答，门下省如觉不妥，也可驳回修改。

中书、门下这种协助皇帝决定大政方针的做法，曾得到唐太宗的高度重视。他说："中书诏敕或有差失，则门下当行驳正。人心所见，至有不同，苟论难往来，务求至当，舍己从人，亦复何伤！比来或己之短，遂成怨隙；或苟避私怨，知非不正，顺一人之颜情，为兆民之深患，此乃亡国之政也。"（《资治通鉴》）可见中书、门下两省的重要地位。

中书、门下二省的次官有中书侍郎和黄门侍郎，其骨干官员则是中书省的中书舍人和门下省的给事中。

中书舍人（正五品上）一般定额六名，掌参议表文，撰拟诏敕。他们在省内商讨国事，并可在章奏上签署姓名和意见，叫做"五花判事"。中书侍郎、中书令集中中书舍人的意见，再由中书舍人之一根据皇帝旨意起草诏书。这个负责草诏的叫做知制诰，其他中书舍人也要签字，以示负责。中书舍人还可以辅佐宰相办理政务。虽然职位不高，但有权，又能接近皇帝，所以是知识分子向往的职务，谓之"文士之极任，朝廷之盛选"，晚唐杜牧曾任此职。

门下省的给事中也是正五品上，一般定额四人，掌封驳违失。封是对上而言，即认为诏书有不妥之处，封还中书省。驳是对下而言，指驳回奏章。给事中有权在不合适的诏敕上批上自己的不同意见，然后退还，即"涂归"之制；给事中还有权过问司法部门处理的重大案件，如有轻重不妥者，还有权改正。如有重大冤案，给事中还可和中书舍人、御史组成联合办案组织——"三司"，越过司法部门直接受理，听其诉讼，叫做"三司受事"制度，文武六品以下官员的任命，吏部、兵部申报后，如人选不当，给事中可以请示本省长官侍中同意后退回重拟，这种制度叫做"过官"。王维就曾长期担任给事中。

唐中书、门下二省还有讽谏职责，各有一批谏官，即散骑常侍、谏议大夫、补阙、拾遗。并分左右，"左"隶属门下省，"右"隶属中书省。其中左右补阙（从七品上），左右拾遗（从八品上）都是从武则天垂拱元年（公元685年）才设置的。唐代杜甫、白居易都任过左拾遗的职务。谏官虽然品级不高，但有直接向皇帝提意见的机会，受人重视。总的来看，中书、门下两省较重要，官员也清贵，与皇帝关系密切，为时所重。

182

唐代尚书省在长安皇城中央纵横南北的承天门大街东侧，又在中书、门下二省之南，故称之为南省、南宫（故称中书、门下二省为北省）。中书省发下的制敕都从这里转发到中央各部门及地方的各州县，或者根据制敕精神制订成具体的政策条文，下发到有关部门。中央寺、监各司如有文件需要下发各州的，也要经本省转发。故尚书省为天下政令中枢，是联系中央和地方的桥梁与纽带，故唐太宗对其极重视，说："尚书省，天下纲维，百司所禀，若一事有失，天下必有受其弊者。"（《旧唐书·卷七十戴胄传》）

唐太宗曾任过尚书令，以后就不再授予他人，故其实际长官是左右仆射（从二品），另有尚书左右丞一人（左丞正四品上、右丞正四品下）主持省内的日常工作。左右司郎中（从五品上），员外郎（从六品上）各一人为其助手，分判本省六部各司的事务。左右仆射在中唐前地位很高，正一品的三公、三师不单设，正二品的尚书令又空位，其他官员皆在三品以下，只有尚书仆射是从二品，级别最高，权力最重，所以很显赫。但中唐以后仆射地位就逐渐下降了。贞观时，太宗曾明确规定："尚书细务，属左右丞，惟大事应奏者乃关仆射。"（《唐会要·左右仆射》）可见左右丞的重要地位。它的主要职责就是纠弹省内诸司处理事件之不当者。左右丞各管三部，左管吏部、户部、礼部；右管兵部、刑部、工部。六部各司的文案都要由左右丞勾检后，才可下发到有关部门。由于左右仆射不苴细务，势必大权旁落，实际上尚书省的实权往往操纵在左右丞手中。盛唐诗人王维晚年就担任过尚书右丞之职。

尚书省下属六部二十四司，负责处理全国军政财兵刑钱谷一切行政事务。六部二十四司如下。

吏部：吏部司、司封司、司勋司、考功司；
户部：户部司、度支司、金部司、仓部司；
礼部：礼部司、祠部司、主客司、膳部司；
兵部：兵部司、职方司、驾部司、库部司；
刑部：刑部司、都官司、比部司、司门司；
工部：工部司、屯田司、虞部司、水部司。

六部的职责分工是：吏部主管下级文职官员的选拔、任命、考核、黜陟工作。唐代三品以上的官员由皇帝亲自任命，五品以上官员由宰相提名报请皇帝批准。六品以下官员由吏部报门下省审复。户部主管财政、民政、土地户口、钱谷、赋税等。礼部主管礼仪、祭祀、文教、宗教、科举等。兵部掌管六品以下武职官员的考核、任命、升降，以及军令、军籍和中央一级的军训，还负责武举与考课。刑部掌管司法行政。工部负责土木水利工程及国家农、林、牧、渔业之政。

每部长官设一人，称尚书，正三品。次官一至二人，称侍郎。吏部侍郎是正四品上，其他部的侍郎都是正四品下。二十四司各设一至二个长官，称郎中，吏部郎中为正五品上，其他郎中为从五品上。再有一至二个员外郎为副手，皆从六品上。他们被称为郎官、尚书郎、省郎，被人重视。唐代著名诗人杜牧被称为"杜司勋"，张籍被称为"张水部"，都是员外郎，了解上面的知识，便知道都是各部下面各司的副司长，便很容易理解其地位与职责。

❯❯❯ 第十二节　宰相制与宰相机构

"宰"是主宰之意，"相"是辅弼之意，顾名思义，宰相就是辅佐皇帝总领天下大政的最高长官。宰相官职起源很早，秦时改称丞相，但至西汉末年已无实权。东汉后期，董卓、曹操等又恢复了丞相、相国的官职，并自我担任，挟天子以令诸侯，操天子之柄，掌国家之权。其后魏晋南北朝时期也屡设此职，但几乎都是权臣自我任命或皇帝被迫才授予此官，成为权臣篡夺帝位的一种信号。唐代没有专职的宰相之位，由三省长官即中书令、侍中、尚书省的左右仆射任宰相，这是名副其实的当然宰相。

在隋朝和唐初，若临时让某人任宰相工作，则加上"参知政事""参与朝政""参议得失"等头衔。如魏征即是以秘书监加上"参与朝政"的头衔才参加到宰相行列的。"同平章事""同三品"等宰相称号是唐太宗赐给李靖和李勣的。贞观八年（公元634年），开国功臣中书令李靖因足疾上表请求退休，当时退休年龄一般都在七十岁，李靖只有六十四岁，太宗见其不贪高位，很赞赏，便批准他回家调养，又命他如疾有小愈，二三日一至门下中书平章政事。贞观十七年，太宗在立太子（李治）同时，又任命李靖为太子詹事，并加号"同中书门下三品"，使其参与宰相之事。此后才有了"同平章事""同三品"之名，至高宗朝则成了正式的宰相官衔，甚至"真宰相"侍中和中书令也加上"同中书门下三品"之号。中宗时，尚书仆射若没有这种头衔，则不能参与宰相之事。开元之后仆射按照惯例又不加"同平章事"，这样，尚书省的长官左右仆射就被挤出了宰相的行列。

宰相不是一人，而是数人，处理各种政务必然要一起讨论，即需要有个处所，这个地方便叫做"政事堂"。唐初，政事堂设在门下省。因为"中书出诏令，门下掌封驳，日有争论，纷纭不决，故使两省先于政事堂议定，然后奏闻。"（《文献能考·职官》）高宗末年，政事堂移到中书省，玄宗之后，政事堂就变成了宰相机关。宰相数人就必须有牵头的，即首席宰相，称之为"执笔宰相"。李林甫、杨国忠等之所以能窃柄弄权，即因他们长期占据此位。肃宗即位后，采用十天一换班的方法，德宗后又改为一天换班的轮流坐庄方式，以防一人长期独揽大权。

>>>> 第十三节 御史台与九寺五监

唐代中央部门除三省六部外，还有负责监察的机关御史台和其他事务机关九寺、五监。

御史台的职责是按照宪章肃正朝廷，纠弹百官，以澄清吏治，纠正各级官吏中的歪风邪气。御史台长官是御史大夫，从三品，次官是御史中丞，正五品下。由于御史大夫常常空位，所以实际上往往以"中丞为宪台之长"（《唐会要·御史大夫》）。御史台下设三院，即台院、殿院、察院。台院首官是侍御史，掌推掬狱讼，弹劾百官等工作；殿院的首官是殿中侍御史，从七品上，其职责是在重大典礼活动中，纠察殿廷供奉仪式，还担任推按、巡察等工作；察院首官是监察御史，正八品上，其职责是出使巡按，包括对地方上各级官吏和各物资保管部门出纳情况的监察。三院御史既有合作又有分工，构成一个严密的监察体系，为封建帝王控制百官服务。《新旧唐书·酷吏传》中的酷吏，大部分都是御史台官员和在其任过职的官员。御史台的官员选拔较严，晋升也较容易，其他官员最少要任三年才能改转，三院御史则在两年左右就可以提拔或调转。韩愈就曾经担任过监察御史，但不久就被贬往阳山。

中唐后，政治日趋腐败，藩镇割据，宦官专权，对地方上的豪强，皇帝经常束手无策，监察御史又能如何？朝廷内则宦官把持朝纲，侍御史也就有名无实。元和时，监察御史元稹出使返京途中，宿驿时与一宦官争厅，被宦官用鞭子抽得头面出血，结果元稹反而遭到降职处分。可见宦官的蛮横跋扈和御史台官员的有职无权。

九寺五监是中央事务机关。九寺是宗正寺、太常寺、光禄寺、鸿胪寺、司农寺、太府寺、大理寺、卫尉寺、太仆寺；五监是国子监、将作监、少府监、都水监、军器监。与之平行的机关有殿中省、内侍省、秘书省等。这些部门的长官都称卿或监，所以又叫"卿监官"，三省六部御史台的官员则称"台省官"。

这些机构的分工是：宗正寺掌皇帝的宗族家谱。唐代重道，推崇道教祖师老子是自己的祖先，宗正寺还设一个管道士、女冠（女道士）的崇玄署。殿中省主要负责皇帝的饮食、服饰、医药、车马、供役等服务工作。内侍省是在内廷为皇家服务的，掌管宫廷内部，包括皇后在内的一切物资供应、财物保管、工役杂务等事。内侍省在唐初无三品官，天宝十三载（公元754年）始设内侍监二人，从三品，高力士即此次被提拔为三品官的。太常寺掌礼乐、郊庙、社稷之事，长官太常卿是正三品，是卿监百官的最高品级。光禄寺掌朝会，祭享等典仪中膳馐供役，故本寺有饧匠、酒匠、酱匠等专门技术人员。鸿胪寺掌外交之仪与凶丧之仪，负责接待外宾，宴请迎送等事项。

朝廷中高级官员丧葬也归此寺办理。国子监和秘书省及若干馆、院是文化教育机关。国子监是培养统治人才的学校。秘书省及弘文馆、集贤书院、史馆、崇文馆等都是文化部门。主管图书、档案的保管校订等工作。司农寺主管中央辖区内的仓库、苑囿、屯田等事。太府寺管财货与贸易。将作监和少府监都是按照尚书省工部发的政令实施其工作的，掌管工业制作。将作监掌管土木建筑工程和陶器制作，少府监掌染织、锻造、冶炼等百工技艺之事。都水监掌管水利、河运、捕鱼等事。大理寺掌管审判刑罚之事，并可和御史台、刑部组成三司，联合办案，称做"三堂会审"。卫尉寺掌器械、仪仗的收藏，保管大型集会时的仪仗队所用的武器。太仆寺掌厩牧舆辇之事。军器监掌军工生产、武器制造之事。

　　总之，唐中央机构比较完备，三省六部御史台属于中枢政务机关和监察机关，各卿监则属于办理各种专门事务的机构，其职责分工是较为明确的。

▶▶▶▶ 第十四节　隋唐的地方官制

　　隋唐地方官制不太复杂，隋把东汉末年以来形成的州、郡、县三级改为州（郡）、县两级。州的长官称刺史，郡的长官称太守。唐初置十道，玄宗时增到十五道，是监察区，每道设观察使（按察使、采访使），类似汉代的州。正式行政区也设州、县两级。首都或都所在地称府，长官称尹或少尹。州的长官称刺史，县的长官称县令。唐初在边防要地置都督府，都督加使持节称节度使，以后这种制度也应用于内地。

　　节度使以中央大员的身份兼观察使，又兼所在州的刺史，同时又可以指挥所辖境内的各州，集军、政、监察大权于一身，这样集权容易控制一个地区的全部大权而搞叛乱，安史之乱的爆发就与这种节度使制度有直接的关系。

▶▶▶▶ 第十五节　宋至清的中央官制

　　宋代以后，中央行政机构设置基本上是三省六部制，地方官制也没有大的变化，故而综合叙述之。

　　宋代的文武大权掌握在设于禁中的中书门下（简称"中书"）和枢密院两个部门，时人称为"二府"，相当于唐代的政事堂。"枢密"制也起于唐代。唐代宗时设立内枢密使，由宦官掌管承受章奏事宜。德宗后，宦官抓住兵权，势力日益扩大。唐朝末年朱温杀宦官，派副官任枢密使，并改称为"崇政使"，其职权只限于军事方面，这就是宋朝枢密使的由来。宋代中书省和枢密院这"二府"也有分工，中书省掌管行政，枢密院掌管军队调遣、配备和给养。中书侍郎加"同中书门下平章事"（或"同中书门下三品"）成为宰相，加"参知政事"衔就是副宰相，又称为"执政"。

宰相和"参知政事"合称"宰执"，对国家大政方针起着重要的作用。如宋代两次革新的领袖人物都是执掌了此权之后，才把改革推向前进的，庆历新政的范仲淹即于庆历三年（公元1043年）任参知政事（副宰相）之后，才提出十项建议，进行改革的。虽遭失败，但在北宋的政治上深有影响。欧阳修也曾任过枢密副使、参知政事的职务，都很显赫。北宋变法运动的杰出领袖王安石在神宗熙宁二年（公元1069年）任参知政事，次年又任宰相，他才有可能进行变法运动。可见宰相、副宰相之职的重要性。

宋神宗元丰改制后，尚书左仆射兼门下侍郎，尚书右仆射兼中书侍郎成为宰相，门下侍郎、中书侍郎和尚书左、右丞相则为副宰相。南宋孝宗时，宰相分为左右丞相，南宋末年的民族英雄文天祥便做过右丞相之职。

辽金也是分设宰相府和枢密院二府，但大权都掌握在少数民族贵族统治者手中，汉人只是副手。辽的大权掌在皇族的耶律氏和后族萧氏手中；金的大权掌在皇族完颜氏手中。

元代仿宋、辽、金旧制，中央行政事务由中书省掌管，中书令由皇太子兼任。中书省派出各地方的执行机构叫做行中书省，这就是后来行省制的由来（见第十八讲）。

明太祖为了加强皇帝的权力，于明初洪武十三年（公元1380年）废中书省及丞相等官职，设立华盖殿、谨身殿、武英殿、文华殿、文渊阁、东阁等大学士，为皇帝的顾问，并任用这些机关的大学士加上头衔在内廷讨论政务，草拟诏敕，处理军政大事，实际上成了"内阁"，是管理全国政务的最高机关。仁宗之后，内阁的权位日益增高，入阁的大学士就成为实际上的宰相，首席大学士称"元辅"或"首辅"，类似唐代的"执笔宰相"，把持着内阁大政。明武宗之后，宦官专政，建立了庞大的特务机构，共有十二监、四司、八局的二十四个衙门。其中司礼监的秉笔太监权势最大，他掌握草拟诏敕，批答奏章，称为"拟红"，相当于唐代中书门下两省的权力，代表皇帝旨意，内阁也只好俯首听命。

清代初期在八旗制的基础上，设立了内三院（内国史院、内秘书院、内弘文院），是中枢行政机构的雏形。统一全国后，顺治十五年（公元1658年）裁撤了内三院而设立内阁，由内阁大学士代皇帝起草诏书，批答奏章，处理军国大政，是全国最高行政机关。顺治、康熙时期，内阁之上又设议政王大臣会议，简称"国议"，由满人贵族参加，汉人不得介入。凡军国大事都要经过议政王各大臣讨论通过。同时又设立了"南书房"，掌内阁事务，并设"南书房行走"之职，是实际宰相。雍正七年（公元1729年）对西北准噶尔用兵，设立军机房；三年后正式改称办理军机处，简称为军机处。任

187

职人为皇帝宠臣，如亲王、大学士、尚书等，称为军机大臣，通称"大军机"。实际上也是宰相之职。属官有"军机处行走"和"章京"等。章京类似皇帝和军机大臣的秘书，能直接参与机要，草拟圣旨，称为"小军机"，也为时人所重。戊戌变法时，被害六君子之一的谭嗣同就曾任过军机处的章京。军机处实际上等于皇帝的办公厅，皇帝的命令、诏敕均从这里发出。

隋唐设立六部以来，宋以后六部的机构和长官名称基本上相沿未改，职权范围也无大变化。元代六部改归中书省统属，明代废置中书省，六部直接为皇帝统辖。清代乾隆年间，从礼部分出来乐部，主管大祭祀、大朝会的审定音乐、音律等事务，长官称做"管理大臣"或"典乐大臣"，由满族的礼部尚书一人兼任。清代还设有理藩院（初名"蒙古衙门"），是专门处理蒙古、新疆、西藏等边疆少数民族事务的机构。咸丰十年（公元1860年）又增设总理各国通商事业的部门，负责办理对外事务。至清末，改革官制，成立责任内阁，所属外务部、民政部、度支部、学部、法部、陆军部、海军部、邮传部、农工商部、理藩部共十部，长官称大臣，十部大臣都是国务大臣。

> **第十六节　监察官员与馆阁大学士**

宋代以后属于中央职官的除三省六部之外，还有监察、进谏的官员和所谓"馆阁"大学士之类的官号。

宋代的监察官主要是御史中丞、御史大夫。元代扩充地方监察区，仿中央御史台的组织机构，把全国划为二十二道，并建立"肃政廉访司"，又在江南、陕西诸道设立两个行御史台（"行台"）分片监督，称南台和西台。明太祖时依照十三省区（布政使司）各设一道监察御史，简称"巡按"，地方发生重大纠纷和案件时，由中央派出带"都"字官衔的官员去解决，如带"尚方宝剑"的清官大老爷等。乾隆年间，裁减监察人员，中央只保留左都御史和左副都御史执行工作，地方则没有专职的监察官员，而由各省的行政长官、总督和巡抚兼任，有名无实。谏官本来是给皇帝提建议的，在唐代起到一点作用，宋代以后就形同虚设。宋时代改补阙为司谏，改拾遗为正言，均为他官兼职，故作用不大。元代不设谏官，明代废谏院，而以给事中兼领监察规谏之职，监察官和谏官合而为一。

宋代重视学士，改学士院为翰林学士院，或称为翰苑、禁林，因地在宫禁之中，待遇优厚，故号称玉署、玉堂。翰林学士职责是掌管草拟机密诏敕、侍读，并备皇帝顾问。还设有一些馆阁，掌管图籍收藏和编修国史。馆有昭文馆、史馆、崇文馆和集贤院；阁指秘阁、龙图阁、天章阁、文渊阁等。秘阁收藏真本书和古名画，龙图、天章等阁分藏宋代各皇帝的"御书"

和"御制文集"等。各阁还设有学士、直学士和侍制等职务，以备皇帝顾问，并参与议论、校订图书等。后来这些阁员就以加恩兼职的名义任其他要职，不再做上述具体工作。宋时还设有殿阁大学士之职，用来授予年高的归相辅臣，以示优宠。陆游曾任宝章阁侍制，包拯曾任"龙图阁大学士""侍制"，元杂剧中有"包侍制智赚合同"一戏，在人们心目中，"大学士""侍制"是较高的官职。明代以后，翰林学士的地位更高，须进士出身，是进入宰相行列的重要跳板，故为知识分子所追求企羡。

▶▶▶▶ 第十七节　宋至清的地方行政长官

宋代以后的地方行政设置大致为省、州、县三级，只不过名称、形式有些变化。宋代主要是路、州、县三级。路并不是严格意义上的行政区划（详见第十八讲），因其没有统一的机构和行政长官，而是分部门管理，实行条条领导。机构和长官分为四种：掌管军事和民政的机构叫做经略安抚司，也称帅司，长官称经略安抚使；掌管财赋及谷物转运等事务的机构叫做转运司，也称漕司，长官称转运使；掌管司法、刑狱、监察的机构叫做提点刑狱司，也称宪司，长官称提点刑狱公事；掌管仓库、物价及贷放钱谷的机构叫提举常平司，也称仓司，长官称提举常平使。总称为"帅、漕、宪、仓"。州的行政长官称"权知某州军政事"，简称"知州"，太守和刺史都是别名，并非宋代正式官名。与州同级的还有府、监、军三种名称的行政区，行政长官分别称为府尹、知监、知军。县的行政长官称知县。

元代是行省制，省正式成为全国最高级行政区。行省的长官与中央机构的中书省相仿，也有丞相、平章、右丞、左丞、参知政事等。省下有路，路设总管府，兼管军事与民政。散府与州各置知府或府尹、知州或州尹一人，县置县尹。路、府、州、县各机关中都要安插一个官名叫达鲁花赤的官员，由蒙古人担任，性质相当于中央特派员。实际上是一种防范措施。元代还有道的设置，其类别有二：一是监察区域，全国划分二十二道，进行监察，每道设肃政廉访司；二是行省与州、县间的承转机关，类似后来的行政专署，一般都设在少数民族地区。

明代也是省府县三级，不过明代不叫省，而改名为丞宣布政使司，但习惯上仍称省。北京和南京归中央直辖，称南北两直隶。省长官称布政使，左右各一人。同时设都指挥使司掌军事，提刑按察使司掌监察，成为三权分立的体制。明初已有总督、巡抚等官职，但都是中央临时派出的官员，未成定制。中期以后逐渐演变成为一省（或二、三省）中总揽军事、政治、监察大权的最高行政长官。明代已取消了路的政区，改为府。州分两级，省直属的相当于府级，归府统辖的相当于县级，故州并非一般政区。京府的长官称府尹，一般府的长官称知府。州的长官称知州，县的长官称知县。在省府之间也有道的设置，分道进行管理钱谷、财赋，办理刑事案件等，相当于省的分治机关。

清的地方行政体制与明代大同小异。省一级的最高长官是总督和巡抚。乾隆时固定在两、三省内设一总督，每省设一巡抚，无巡抚省份则由总督兼任，简称"督抚"。总督例兼兵部尚书及都察院右副都御史并多兼兵部侍郎的职衔，别称制军、制宪、制台。巡抚例兼都察院右副都御史并多兼兵部侍郎的职衔，别称抚台、抚军、抚院、部院、中丞。总督和巡抚并称封疆大吏，或称疆吏、疆臣、岳伯。巡抚的官阶、职权都不如总督，但又不是总督的属官，其地位是平等的。所以在总督和巡抚共同管辖的"督抚同域"的情况下，便容易产生矛盾，故光绪三十年后，便陆续把这类地区的巡抚裁撤掉。巡抚下设两个平等的省一级的行政机构——布政司和按察司。布政使掌一省的财赋予人事，别称藩台、藩司、方伯；按察使掌一省的刑法、监察等职，又称为臬（niè）司、臬台、廉访等，是省级最高司法行政长官。清代省以下府县两级政区与官制基本上与明代相同，到清末废府，正式的基层政区只剩县一级。所以又在省县之间设道，作为省的派出机构，分理各道的行政事务。

第十七讲　天文与历法

>>> ## 第一节　对天地起源的思考

我国天文学起源很早。在大量神话中，有许多是我们的祖先对自然界各种现象的幻想。人们首先要思考的就是他们赖以生存的天和地的起源问题，盘古开天地的神话可以看做人们对于天地起源的一种理解。这类神话在徐整《三五历纪》中记载得较完整："天地混沌如鸡子，盘古生其中。万八千岁，天地开辟，阳清为天，阴浊为地，盘古在其中，一日九变。神于天，圣于地。天日高一丈，地日厚一丈，盘古日长一丈。如此万八千岁，天数极高，地数极深，盘古极长。故天去地九万里。"

这里的盘古是个顶天立地的英雄，他生在混沌之中，一日九变，每天长一丈，一万八千岁后，终于使天地开辟，相离九万里。这里所说的混沌是个什么样子呢？古人也有这方面的神话，"昆仑西有兽焉，其状如犬……名为'混沌'，空居无为，常咋其尾，回转仰天而笑。"(《神异经》)这里的"混沌"是好像狗的动物，一天无所事事，浑浑噩噩，便咬着尾巴团团转动，而且仰天大笑。

《庄子·应帝王》篇中说："南海之帝为'倏'，北海之帝为'忽'，中央之帝为'浑沌'。'倏'与'忽'时相遇于'混沌'之地。'混沌'待之甚善。'倏'与'忽'谋报'混沌'之德，曰：'人皆有七窍，以视听食息，此独无有，尝试凿之。'日凿一窍，七日而'混沌'死。"

这段话的大意是"倏""忽"二帝经常在中央之帝"混沌"那里相遇，"混沌"招待得很热情，他们俩想报答其恩情，见"混沌"没有七窍，便给他凿，每天凿一窍，凿了七天，七窍凿完，"混沌"也就死了。这段寓言确实趣味横生。庄周在此宣扬自然无为的哲学观点，但客观上却含有朴素的辩证法思想，"混沌"因无七窍，故浑混沌沌，七窍凿开也就明朗而不混沌了，所以说它死了。而使其明朗开窍的正是"倏忽"——即迅速的时间。

通过上述几则神话可以知道，古人对天地起源的理解已经包含朴素唯物主义和辩证法思想。首先它们指出了现存的世界是在不断变化的，有其产生、形成的过程；其次就是认为促成天地形成的力量不是外来的，而是来自它的内部，天地自然分化。另外，其"阳清为天，阴浊为地"的说法也成为我国一切天地开辟理论的基础。对后世的天文理论影响颇大。

▶▶▶ 第二节 对日、月、星辰的认识

远古时代，"人猿相揖别"之时，人们主要依靠采集野果、猎取飞禽走兽、捕捉鱼虾、网罗鸟雀来维持生活，完全向自然界攫取食物，故历史学家称之为攫取经济阶段。此时虽然也需要一定的季节气候方面的常识，如野兽何时出、何时藏，各种果实何时成熟等知识，但并不迫切，因为果熟则摘，兽出则猎，完全顺应自然，而且地广人稀，自然资源十分丰富，采集猎取也不困难，只要依靠工具、技巧就可以了，掌握不掌握时令气候的规律无关紧要。

发展到以种植业和畜牧业为主要生产方式的历史时期，情况就截然不同了。种植业何时播种、何时收获，畜牧业的繁殖期等，都直接影响农牧业的产量，这就迫切需要人们掌握一定的天文知识。所以上古之时，人们多是通过对于日、月、星辰运行规律的观察和揣测来推论时令季节，并按照这种推论来从事生产活动乃至安排日常生活。由于当时交通不便，又无通讯设备，而天文常识又为社会生活所必需，所以，人人都具有一定的这方面的常识。大概当时人们观察日、月、星辰就好像我们今天看一看日历，看一看手表那样，既是需要，又是很简单的事。

明末清初大学者顾炎武说："三代以上，人人皆知天文。'七月流火'，农夫之辞也；'三星在天'，妇人之语也，'月离于毕'，戍卒之作也，'龙尾伏辰'，儿童之谣也。后世文人学士，有问之而茫然不知者矣。"（《日知录》卷三十）由于这种情况，在古代的经、史、子、集诸书中，常见关于这方面的记载，即使在唐宋诗词中，也经常遇到这方面的诗句。那么，古人对日、月、星辰又是怎么认识的呢？他们是怎样观测的呢？

人们在生产活动和日常生活中，首先能经常观察到的，关系也最密切的是太阳和月亮。太阳的远近高低、出入斜正会引起冷热早晚的变化。在皎洁的月光下，可以从事各种劳动，这对于上古时期没有照明设备的人们来说，是非常重要的。所以远古时期人们对太阳、月亮的运行规律就开始观测了。甲骨卜辞中已有日、月二字，但他们的观察只能凭直观感觉，却没有任何科学手段，所以从视觉来看，大地是平的，天是圆的，太阳、月亮东升而西落，运行不辍，当时的人们还无法知道地球是圆形的，这一切变化主要是由地球转动引起的，而认为地是不动的，是太阳在奔波，于是便出现了许多关于太阳的神话传说。

《淮南子》说："日出于旸谷，浴于咸池，拂于扶桑，是谓晨明。登于扶桑之上，爰始将行，是谓朏明。至于曲阿，是谓朝明。归于曾泉，是谓早食，次于桑野，是谓晏食，臻于衡阳，是谓禺中，对于昆吾，是谓正中……爰止羲和，爰息六螭，是谓悬车……日西垂景在树端，谓之桑榆。"

这是对太阳运行的描述。大体上可以代表中国古人对太阳的认识。太阳是一个巨大的火球，由一个巨大的车载着，六条螭龙拉车，御者叫羲和。李白在《蜀道难》诗中说："上有六龙回日之高标"，即夸张说蜀道上有极高的山峰，即使羲和驾驭载着太阳的六龙车到此，也要因为过不去而回车，极言其高。羲和载日，每天从旸谷出发，经过咸池、扶桑、曲阿、曾泉、桑野、衡阳、昆吾等地，最后入于崦嵫，日西垂阳光在树梢上时，叫桑榆。《离骚》中写道："吾令羲和弭节兮，望崦嵫而勿迫。"意思是说命令羲和停一停车，不要把太阳车赶近西山。唐代王勃在《滕王阁序》中也说："东隅已逝，桑榆非晚。"就是用一天里的时间来比喻人生，虽然朝阳初升的大好时光已经过去，但即使已近黄昏，也并不算晚。《后汉书·冯异传》还有"失之东隅，收之桑榆"的话。如果不懂上边介绍的常识，便不好理解古书中提到的这些内容。

对于月亮的描述和传说，在古籍中也不胜枚举。《淮南子》说："月一名夜光，月御曰望舒，亦曰纤阿。"据《初学记》载："张衡《灵宪》曰：月者，阴精而成兽，象兔蛤焉。"月亮是太阴精形成的兽，好像兔子和蛤蟆。御者叫望舒。另外还有射日英雄后羿的妻子嫦娥窃仙药升天奔赴广寒宫的传说。李白在《把酒问月》诗中说："白兔捣药秋复春，嫦娥孤栖与谁邻"就是引用这类典故的，南朝谢灵运著有《怨晓月赋》，谢庄有《月赋》，至于望月诗和咏月诗，就更多了。

古人对星辰又是怎样认识的呢？《初学记》所引释名曰："星者，散也。言列位布散也。"《汉书》说："星者，金之散气，与人相应，凡万物之精，上为列星、长庚、太白星也。"又说；"阳为日，日分为星，故其字日生为星。"统而言之，认为星辰是由曰生出的，散列在空中，与人相应，这是对整个星辰的看法，对于个别星辰的描述和传说就更多了。如《诗·小雅·大东》有这样的诗句："维天有汉，监亦有光。歧彼织女，终日七襄。虽则七襄，不成报章。睆彼牵牛，不以服箱。"这里涉及银河、织女星、牵牛星等星宿，下文还有对箕、南斗等星宿的描述。在以后的文学作品中，把世间的人物与天上的星宿联系起来进行描写的例子也屡见不鲜，如《水浒传》就把一百零八位起义好汉附会成三十六天罡星、七十二地煞星下凡。其他小说中什么文曲星、武曲星的说法也够多的了。这其中除了迷信的成分外，也有上古人类对星宿认识的残留。

193

▶▶▶▶ 第三节　对天体结构的认识

上古时期人们对整个宇宙的结构也有所思索。在最原始的社会中，人们全凭直观和感觉去体察宇宙的奥秘。根据直观印象，觉得天像大锅扣在地上，上面布满了日、月、星辰，运行不息，地平平整整地伸展开来，上面布列着山川谷原，这就是我国古代最早的对天体结构的认识——天圆地方说。《晋书·天文志》还说："天圆如张盖，地方如棋局。"但这种观点是不能自圆其说的。春秋时代孔子的弟子曾参就产生了怀疑，问道："天圆而地方，则是四角之不掩也？"意思是问，天是圆的半球形，地是方的，它们在接合的地方不就会出缝隙吗？怎么能吻合呢？孔子用"天道圆""地道方"这种哲学概念进行了解释，并没有作正面的回答。

其实这一点是曾参领会错了。古人的天圆地方说也不是半球形的天穹直接扣在方地上，而是天地中间还有八根擎天柱，也就是八座大山在支撑着，但是西北的柱子被共工撞坏了。"昔者共工与颛顼争为帝，怒而触不周之山，长柱折，地维绝。天倾西北，故日月星辰移焉；地不满东南，故水潦尘埃归焉。"（《淮南子·天文训》）共工与颛顼争帝位，这位大名鼎鼎的造反神愤怒地把西北方的擎天柱——不周山——给撞折了，天塌下来一角，出一个窟窿，于是又产生了女娲炼五色石补苍天的说法。西北方的擎天柱折了，天向西北方倾去，地向东南倾斜，故日月星辰向西北方移动，水流土尘向东南方流淌。这虽然是神话，却反映了人们对天体结构的认识和对中国地理的一种解释。因为我国整个地形是西高东低，河流大多都是自西向东流，尤其是中国古人类最早居住的黄河流域，这种特点更为明显，日月星辰也确是东升西落，共工撞不周山的神话尽管荒唐，但可以看出初民对天体结构的一种认识，对中国地形特点的一种解释。上述种种大体上是最原始的天体结构观——天圆地方说——的基本内容。

▶▶▶▶ 第四节　三种宇宙图形

我国古人对于宇宙的结构有着十分丰富的设想。除这种最原始的说法之外，还有很多种关于天体的设想。较主要的有三种——盖天说、宣夜说、浑天说。

东汉蔡邕《表志》："言天体者有三家；一曰周髀，二曰宣夜，三曰浑天。宣夜之学绝无师法。周髀术数具存，考验天状，多所违失，故史官不用。唯浑天者近得其情，今史官所用候台铜仪，则其法也。"（《后汉书·天文志》）周髀就是《周髀算经》，其宇宙模型又叫盖天说。

何谓宣夜说？据东晋虞喜解释："宣，明也，夜，幽也。"意谓阐明深奥之道理。这种宇宙理论主要记载在《晋书·天文志》中："天了无质，仰而瞻之，高远无极，眼瞀精绝，故苍苍然也。譬之旁望远道之黄山而皆青，俯察千仞之深谷而窈黑，夫青非真色，而黑非有体也。日月众星，自然浮生虚空之中，其行其止，皆须气焉……摄提、填星皆东行，日行一度，月行十三度，迟疾任情，其无所系著可知矣。若缀附天体，不得尔也。"由此可见，宣夜说的主要观点认为，天不是一个实体的物质，高远无限，天之蓝色是因为远望的结果。日月星辰漂浮在大气之中，自然漂浮着，并没有嵌在天体上，所以才能有快有慢的漂浮转动的速度，疾驰不一。在古代不能不说这是一种极有卓见的宇宙无限思想。它曾经得到英国李约瑟博士的高度赞许，认为"中国这种在无限的空间中漂浮着稀疏的天体的看法，要比欧洲的水晶球概念先进得多"。但这只是一种宇宙无限的思想，因为它只陈述了日月星辰在气体中浮动，并没有解释和回答这些日月星辰为什么会有各自不同的规律性的运动，以及如何掌握这些规律等问题，故还不能构成一种宇宙结构体系。

盖天说的主要理论是："天像盖笠，地法覆槃。天地各中高外下。北极之下，为天地之中，其地最高，而滂沱四溃，三光隐映，以为昼夜。"（《晋书·天文志》）另外，它还有一套天高、地广的数据，说"天离地八万里""极下者，其地高人所居六万里，滂沱四溃而下，天之中央，亦高四旁六万里。"（《晋书·天文志》）这段话大意说天像盖着的斗笠，地像个扣着的盘。它们都是中间高四旁低的半球形。北极之下，是天的中央，天最高地最高，高出住人地方六万里。

这种认识无疑要比天圆地方说进了一大步，因为它已经认识到大地是一个球面，而不是平平整整的方地了。更可贵的是它对北极为天之中央，北极之天地最高的认识，使它得出了这样的结论："北辰之下，六月见日，六月不见日。从春分到秋分六月，常见日，从秋分至春分六月，常不见日。见日为昼，不见日为夜，所谓一岁者，即北辰之下一昼一夜。"这种结论至今仍百分之百的正确，我们的祖先在一千几百年前就有了这样的认识，是非常难能可贵的。因此，这种理论能够描述出天体的某些视运动，反映了古人由直观经验上升为理论探索这样一条正确的认识路线。但盖天说也有其局限性，如它假设说"凡日景于地，千里而差一寸。"这个数据是不科学的。另外，大地是个"复盘"，这个复盘又扣在什么地方？而那高悬于八万里之上的"盖笠"又靠什么悬挂的呢？因此，它还是个不完全的宇宙图式。难怪蔡邕说它："考验天状，多所违失，故史官不用。"

浑天说是一个真正的宇宙模型。它是我国古代一个有一定科学性的宇宙结构体系的理论代表，在古代天文学演变上，有重要意义。蔡邕说它："精微深妙，万世不易之道也。"（《后汉书·天文志》）对于浑天说的主要描述见于东汉天文学家张衡的《浑天仪注》："浑天如鸡子。天体圆如弹丸，地如鸡中黄，孤居于内，天大而地小。天表里有水。天之包地，犹壳之裹黄。天地各乘气而立，载水而浮。周天三百六十五度又四分之一，又中分之，则一百八十二度八分度之五复地上，一百八十二度八分度之五绕地下。故二十八

195

宿，半见半隐。其两端谓之两极……两极相去一百八十二度半强。天转如毂之运旋无端，其形浑浑，故曰浑天也。"（洪颐煊《经典集林》卷二十七）

从这段话中可以看出，浑天说对宇宙模型的描述是这样的：一个中空的大圆球，中间一半贮满了水，水上漂浮着一个圆形的地球。外面的大圆球是天体，天和地的关系好像蛋壳与蛋黄一样。天球的内壳又分为三百六十五度又四分之一，而且有南北两极，北极在地平线上，南极则在水下。天球的内壳对地球来说，是倾斜的。天球绕着北极和南极这个轴线像车轮般永无休止地转动着，一半常在水上，一半常在水下，所以嵌在天球壳上的日月星辰就这样绕地球运转。浑天说最主要的有两点：一是认为天是一个"圆球"，包着大地，而不是一个半圆球扣着大地；二是大地在天球中间，但地是不是圆球形的，没有说太清楚，所以引起后世许多争论。但细体会"天之包地，犹壳之裹黄"一话，大地也应该被看成球形的，因为蛋黄是球形，这是人人皆知的常识，古代的鸡蛋黄也不可能是片状的。既然浑天说以此来比喻大地，可见也把大地看做球形的，最起码也有这种可能吧。以后关于天体结构还有一些说法，但大体上都未出这几种构想。我们在古书中常看到"周天一气转洪钧"之类的语言，实际上都是受"浑天说"这种观点支配的。

▶▶▶ 第五节　观象授时

我国是一个具有悠久历史的国家，在几千年前，就出现了农业生产。西安半坡遗址中窖藏的粟粒、陶罐中的白菜籽和芥菜籽，浙江余姚河姆渡遗址中大量的稻谷，都证明在黄河流域到长江流域的广阔区域里，早在六千年前已经出现了一定水平的农业。大概在这个时期，人们就已经掌握了一定的季节变化的规律。因为如果对四季变化一无所知，是不可能进行农业生产的。可是当时的人们却不一定懂得观察天象并去认识它的规律。因为原始人们在认识季节气候变化的时候，并不一定是根据日月星辰的运行出没，而应该根据他们生活环境中经常接触的各种自然现象，因为前者距离人们较远，规律也较难掌握；后者则在人们周围，又容易观察和感觉到。如树叶的发芽生长与枯黄衰落，花朵的开放与凋零，鸟兽的繁殖与伏藏，雨雪雷霜的降临等，都可以暗示给人们是什么季节，该做什么了。人们根据这种种自然物的变化兴衰，就可以判断季节气候，这就是所谓的"物候"。

《诗经·豳风·七月》中说："七月在野，八月在宇，九月入户，十月蟋蟀入我床下。"这是根据蟋蟀所在的处所来判断月份的。是说蟋蟀在野是七月，在房檐下就是八月，入门口是九月，进到屋床下就是十月了。《夏小正》据说是可信为战国年间的作品，其中有丰富的物候描写，表明它累积并保存了很久远的历史年代中无数劳动者观察物候的经验。从正月到十二月各个月份中，它都记载了一些动植物的变化，内容十分丰富。

举几个例子：二月，开始种黍，羊也产羔了，堇菜开始长出来，昆虫也蠢蠢欲动……三月，桑叶萌发，杨柳抽枝，蝼蛄鸣，冰已融化……九月，大雁南迁，鸟兽准备过冬，菊花盛开，准备冬衣……可见当时的人们已积累了大量的观察自然现象的资料，并且是用这些知识来指导当时的农牧业生产。

直到新中国成立初期，有些地区的农民还利用物候的经验来把握季节，指导生产，如"榆树钱满地滚，种地才算准"（意谓不用改种）。今天，民间普遍流传的有关九九的一些说法，如"七九河开，八九雁来，九九加一九，耕牛遍地走"之类的农谚，可能就是源于最早的观察物候。

物候知识来源于生产实践，具有一定的科学性，但它却有两个无法克服的局限性。一是它只能宏观地把握大体上的节令气候，而无法对季节、月份进行精确的划分；二是它又严重地受到地域的限制，某一地区的物候经验到另一地区就不一定合适。而且各个地域的自然风貌、动植物分布又都有一定的差异性，因此，它就缺乏普遍的指导意义。随着生产的发展、人们活动范围的扩大，就必须去观测探寻能准确地标示四季变化的自然现象，于是人们便开始了对天体中日月星辰的观测。

▶▶▶ 第六节　对日月星的观测

宋代王应麟说："尧之作历，仰观象于天，俯观事于民，远观宜于鸟兽。"（《玉海》卷十）帝尧的父亲帝喾高辛氏时也曾注意"历日月而送之"。张守节正义说："言作历弦、望、晦、朔，日月未至而迎之，过而送之。"（《史记·五帝本纪》）可见帝喾时已注意到对日月的观测和迎送。帝尧作历时，也"仰观象于天"，注意对天象的观察，可见初民已经在观测天象了。他们观测的第一个目标当然是太阳。因为它的出没对人的生产、生活影响太大了，而且晨升于东而昏没于西，天天如此，这就构成了一个天然的时间周期，从日出到日出，或从日落到日落，就是一日。中国很古就有"日出而作，日入而息"的话。

初民观测天象的再一个主要目标就是月亮，因其同样与人们生活关系密切，在没有灯火照明的时代，月亮的圆缺、明暗就更为重要，如月光好时，可以在夜间狩猎、捕鱼、放牧等，甚至在战事上也受有无月光的影响。《汉书·匈奴传》说："举事常随月，盛装以攻战，月亏则退兵。"不仅如此，月亮的圆缺变化非常明显而又有相当准确的周期性，必然是人们最早认识的天象之一。人们通过对月亮的观测，便产生了朔、望、晦的观念，由朔到朔，或由望到望，月亮一圆一缺，形成了一个周期，这个周期约29～30天，也就是一个月，于是人们又有了月份的概念。但因为这个周期不是整数，便出现了大、小月之分。这种认识对人类来说是一个巨大的进步。

初民也不知四季，《北周书·党昌羌传》说："候草荣枯，以纪岁时。"《公羊传》注也说："兹，新生草也，一年草生一番，故曰以兹为年。"说明古人只知冬夏，不知春秋。但四时节气的变化对农业生产关系至大，于是逐渐产生了四季的概念。但怎样断定四季呢？人们发现月亮圆缺大约十二次。季节就重复一次，古人以草纪年，但见草青即为一年，问人多大岁数，便会回答曾见青草几度。这样，逐渐有了四季和年的概念。一般来说，是以月亮圆缺的周期来计算的。这就是最初产生的太阴历。中国古代天文学中经常出现的十二地支、十二辰等基本常数，大概与十二个太阴月为一年这个周期有一定的关系。

但是经过生产实践验证，人们发现用太阴年来记录四时变化是不准确的，因为季节是随地球绕太阳的公转而变化的，并非以月亮的圆缺来决定，太阴年每年只有354～355天，比地球围绕太阳公转一个周期要少十一天左右。不足三年，两者就相差一个多月，误差太大，对农业生产极为不利，于是人们必然再去寻找一种比太阴年更能准确反映四季变化的长周期的时间尺度。人们逐渐发现了太阳运行的周期规律而发现了回归年。

在《山海经·大荒东经》中，记载了六座日出之山和六座日入之山的名称。如果用科学观点分析，有可能是人们在实际观察中，发现太阳升起降落的方位在不断变化，夏至时在一个位置，然后逐渐南移，冬至时则偏南，而位置移动较大，然后再逐渐回归，至原来位置再南移，周而复始，永无间歇，给人们形成想象，即太阳从不同的山峰出来，又向不同的山降去。这相对的六座山应该是从北至南两两相对排列的，正好把十二个月分成六等份，每两个月太阳的出没就依次换一座山。这是古人长期观测太阳出入而做出的一种解释。现在在一些偏远农村和少数民族边远地区，还有经验丰富的农民用观测太阳落山的位置来判定播种季节，据说这种观察很准确，误差不超过五天。

古人除对日月长期的观测外，对恒星的出没和运行规律也经常进行观测，这也是人类早期能够判断季节变化的一种方法。我国历史上记载较多的是大火（心宿）和参宿两颗星。如《公羊传·昭公十七年》记载："大火为大辰，伐为大辰，北极亦为大辰。"据何休解诂："大火谓心星，伐为参星；大火与伐，所以示民时之早晚。"《诗经·豳风·七月》有："七月流火，九月授衣，"《左传·昭公三年》有："火中，寒暑乃退"，《左传·昭公十七年》有"火出，于夏为三月，于商为四月，于周为五月"等记载，可见大火在很长时间内一直是我国古代人民观测的一个重要对象。除这两颗星宿外，在古籍中，还可以看到一些星宿的记载，如《诗经·郑风·女曰鸡鸣》："女曰鸡鸣，士曰昧旦；子兴视夜，明星有烂。"这里的明星就是启明星，是金星的别名。

因为它比太阳先出来，故有此名。其他一些星名也时有出现。《国语》有这样几句话："辰角见而雨毕，天根见而水涸，本见而草木节解，驷见而陨霜，火见而清风戒寒。"这几句话的意思是说，早晨见到角宿时，雨季就结束了，氐宿（天根）晨见，河水就开始干涸了，亢宿（本）晨见，草木就逐渐枯萎，房宿（驷）晨见，开始下霜；心宿（火）晨见，天气就转凉，而要准备御寒了。可见，这段话结合星宿的出现规律，精彩地描绘了从初秋到深秋的一系列自然景象和气候变化。由此可见古人对天象不同所引起的大自然的变化，观察得多么细致。

第七节　阴阳合历的形成

人们通过对于日月星辰运行规律的观测与理解，产生了对日、月、时（季节）、年这些周期性的认识。而这些时间周期的出现又不是由一种天象决定的。月亮的圆缺，决定了月份这个周期；而日、季节、回归年（阳历年）的周期，则是由太阳的视运动决定的。这种自然规律就必然会形成两套历法系统——即阴历和阳历。

起初，人们是以月亮的视运动来确定季节和年这个时间周期的。但在实际使用中，又出现了问题，即阴历十二个月的时间比一个回归年的时间少了十一天左右，这样不到三年就差一个月，古人便用闰月的方式，即再加一个月的方法来调解阴历和阳历的误差。这是对太阴历的一项重大改革，可以避免年误差值积累太多而使时令相差太大，影响农牧业生产。闰月的设置已经从太阴历开始向阴阳合历转化。可以说是阴阳合历的雏形。

我国历法起源很早。《史记·五帝本纪》中已有帝尧命羲氏兄弟、和氏兄弟去分掌春、夏、秋、冬四季的记载，"岁三百六十六日，以闰月正四时。"虽然是汉人追记，但我国历法起源很早是可以肯定的。甲骨文中已出现了有关历法的记载，就是后世所说的"殷历"。殷历已有了干支记日法，朔望月也有大小月之分，闰月的设置也出现了，但置闰的规律不明。可能是因为当时置闰并非自觉地按照一定的规律去设置，而仅仅凭观察和体验的感性知识来安排。这种置闰方法直到宋代，还被一些少数民族使用着。宋代孟珙《蒙鞑备录》中提到鞑靼和女真人"每见月圆为一月，见草青迟迟，方知是年有闰月也"。以月圆记月，如果在草青月份，草却迟迟不青，就是这年有闰月，殷商时置闰的方法大概用的就是这种观测物候的办法，可以看做阴阳合历的初级阶段。

置闰虽然避免了阴历与阳历年误差值过大，但它却还有一个突出的问题，即置闰要置一个整月才能符合朔望月的规律，这样，一年的时间就会出现 354 天和 384 天这样大的差别。这对于农业生产非常不利。于是，随着生

199

产的不断发展和人们认识能力、抽象思维能力的不断提高，又经过观星定时令的阶段后，出现了以二十四气定时令的方法，这在我国天文史上是一个非常重要的变革。

二十四气最迟在战国时代已经全部形成。《尚书·尧典》中已出现"仲春""仲夏""仲秋""仲冬"四词，一般都认为是春分、夏至、秋分、冬至四气。在战国魏安厘王墓中发现的《逸周书·时训解》中，二十四气已经相当齐全，并且将每气分为三候，五日一候，这与现代科学的划分法已经完全吻合，而且其中对物候的描述还相当细致。

二十四气是这样的：立春、雨水、惊蛰、春分、清明、谷雨、立夏、小满、芒种、夏至、小暑、大暑、立秋、处暑、白露、秋分、寒露、霜降、立冬、小雪、大雪、冬至、小寒、大寒。有人为了记忆方便，曾编成一个顺口溜，"春雨惊春清谷天，夏满芒夏暑相连，秋处露秋寒霜降，冬雪雪冬寒又寒。"这样既可记住二十四气的全部名称，又可记住其顺序，很省力。二十四气又分为节气和中气。但现在一般已不再做这种区分，而统称为二十四节气。这种区分在古代还很重要，因为这涉及置闰方法的科学性。

自从二十四气产生以来，置闰就有规律可循了。把十二个中气分别配属给十二个朔望月。但由于中气与中气间的时间长度大于朔望月的时间长度，中气在各月中的位置必然逐渐后移，经过一定的积累，有的月份就分配不到中气了，这个月便作为闰月处理。这种方法要比年终置闰、物候置闰的方法科学得多。二十四气产生以来，对我国劳动人民的生产和生活都起到重要的作用。直到今天，我国农村还流传着一整套有关气候节令和农时的民谚，如"清明忙种麦，谷雨种大田。立夏鹅毛住，小满鸟来全"。很明显，这是由二十四气产生的。由此可见，二十四气具有悠久的历史渊源和强大的生命力，也可以看出我们的民族是富于创造精神的民族。

二十四气是根据十二次划分的。十二次就是古人经过漫长历史过程的探索，为了说明日月五星的运行和季节的变换规律，自西向东把黄道附近的一周天分为十二个等分，太阳在周天星空背景上自西向东运行一圈的时间，就是一个回归年。因它依次走完了十二次，故也可分为十二个月份，太阳历的月份就是这么制定的。再把十二次各分为二等分，就正好是二十四个单位，每个单位配一气，就是二十四气划分的依据。这样，二十四气就形成了另外一套历法系统，也就是太阳历系统。这是我国两千年前独创的、纯粹的、其他各国都没有的一种太阳历系统。在我国历史上，形成了太阴历和太阳历两套历法系统，并行不悖，同时并存，这就是完整的阴阳合历。

《礼记·月令》的注疏就说明作者当时已经认识到这两套历法系统同时并存，说："中数曰岁，朔数曰年。中数者，谓十二月中气一周，总三百六十五日四分之一，谓之一岁。朔数者，谓十二月之朔一周，总三百五十四日，谓之为年。"这段话很明显地说清了两套历法的区别。以十二个中气循环一周的时间为单位，也就是一个回归年，叫做"岁"，属于太阳历；十二个朔望月为一周期，就叫"年"，属于太阴历。我们现在称元旦为阳历年（古称"岁"），称春节为阴历年，就是这个道理。

二十四气产生之后，我国立法便逐渐发展起来。比较著名的有四家：一是《太初历》，由汉武帝时落下闳、邓平等人制订。在汉成帝末，刘歆又重新编写并作说明，改成《三统历》，并第一次把二十四节气编入历法；第二是《大明历》，由南朝祖冲之制订，完成于南朝宋大明六年（公元 462 年），梁天监九年（公元 510 年）开始施行；第三是《戊寅元历》，由傅仁钧等制订，唐武德二年（公元 619 年）施行；第四是《授时历》，元代郭守敬、王恂等制订，元至元十八年（公元 1281 年）实施。明朝颁布的《大统历》实际上就是《授时历》。该回归年长度采用南宋时杨忠辅制订的《统天历》的数据，定为三百六十五点二四二五日，与现在世界通用的公历所用的数值完全相同，但却早了几百年，可见我国古代人民的聪明才智。

▶▶▶ 第八节　二十八宿与分野

古籍中有大量的关于星宿的文学描绘，特别是对二十八宿的描写和传说，更是屡见不鲜。二十八宿是古人在对日月五星（金、木、水、火、土五行星）的观测中逐渐认识的天象。二十八宿即二十八舍或二十八星。古人观测日月五星的运动规律，就必须要找一些固定不变的星宿作参照物。古人觉得恒星间的位置恒久不变，用它们做标志就可以说明日月五星运行所到的区域。

经过长期的观测，古人在黄道、赤道带附近的星空中选出了二十八个星宿作为"坐标"，把黄道附近的一周天分为二十八个不等分的区域，这样就可以说清日月五星所到的位置。如"月离于毕""太白食昴"，就是说月亮到达于毕宿（离，丽也，附丽之意），金星（太白）遮住昴宿的意思。二十八宿的星宿这个概念不是一颗颗单个的星星，而是指邻近几颗星的集合体。古人把这几颗星所在位置的不同，经过形象的联系，都赋予一个固定的名称。如"箕"宿，是由四颗星组成，大概是因为四星经过联线很像簸箕，故得此名。箕宿即指这四颗星的整体，不专指其中某一星，其他星宿也如此。古人又把东南西北四方各方的七星联系起来，想象成四种动物，成为四象，即苍龙、玄武（龟蛇）、白虎、朱雀。二十八宿的顺序是：东方苍龙七宿，角、亢、氐、房、心、尾、箕；北方玄武七宿，斗、牛、女、虚、危、室、壁；西方白虎七宿，奎、娄、胃、昴毕、觜、参；南方朱雀七宿，井、鬼、柳、星、张、翼、轸。

在古人的观念中，天上的星宿和地上的国家、州域是有联系的。《史记·天官书》中说："天则有列宿，地则有州域。"春秋战国时代，人们根据地上的列国、州域来划分天上的星宿，把二十八星宿分配给地上的各国或各州域，认为某星是某国或某地的，使之相互对应，这就是分野。在天空某个星宿的区域中，有什么变化或异常时，便认为它所属的那个分野的州域会发生什么灾害。分野一词本意是地域、领域、范围之义，这种意义在我国已经不常用，但在日语词汇中，分野（ぶんや）仍然是一个常用的词，所用的意义仍是本义。

有了分野的观念之后，人们便经常使用它。起初在占卜中应用，后来范围越来越大，古人对分野的知识是相当熟的，所以在记事或文学作品中，都常常看到这方面的词语。这就要求我们应当对二十八宿及与之相应的分野有所了解一下，故列表于下：

十二次、二十八宿、分野对照表

十二次	星纪	玄枵	娵訾	降娄	大梁	实沈	鹑首	鹑火	鹑尾	寿星	大火	析木
二十八宿	斗	虚	室	奎	昂	觜	井	柳	翼	角	氐	尾
	牛			娄				星			房	
	女	危	壁	胃	毕	参	鬼	张	轸	亢	心	箕
国	吴	齐	卫	鲁	赵	晋	秦	周	楚	郑	宋	燕
州	扬州	青州	并州	徐州	冀州	益州	雍州	凉州	荆州	兖州	豫州	幽州

我们掌握了这些知识以后，阅读古代文学作品时，就可以明了这方面的内容；否则，总是茫然不知所云。比如初唐四杰之一的王勃在他的《滕王阁序》中就有两句写到了分野，"星分翼轸，地接衡庐""物华天宝，龙光射斗牛之墟"，同时一地，为什么会出现两个分野呢？这就要应用上面的知识来理解。原来古代在不同的时期，某地所属的国家不同，其分野也就不同。滕王阁故址在现在的江西省南昌市。南昌市在汉时属豫章郡。据《越绝书》载，豫章郡古时属于楚国领地，正是翼、轸二星的分野，所以说"星分翼轸"；但在《晋书·天文志》又说豫章古时曾属吴地，吴越又正当斗、牛的分野，所以又说"龙光射斗牛之墟"，文中提到的两个分野是出自不同书的两种说法。掌握了这条规律，再遇此类问题，便会迎刃而解。李白在《蜀道难》中有"扪参历井仰胁息，以手抚膺坐长叹"的诗句，蜀道跨益、雍两个州，参宿是益州的分野，井宿是雍州的分野，为夸张蜀道之高险，才说在蜀道上可以摸到该分野中的两个星宿——参宿和井宿。在其他诗赋文章中，此类句子还很多，都要用有关分野的知识去理解其含义。

▶▶▶▶ 第九节 古代纪年法

人们生活的历史长河每时每刻都离不开时间和空间。我们在探讨问题时，也离不开时间、空间的因素。在阅读古书时，会更经常遇到这方面的问题。空间问题则属于古代地理知识的范畴，另设专章，在这里简略谈一谈古人记录、表达时间的一些常识。

我国古代基本上有两种纪年法。汉武帝以前，是按照国君在位的年次纪年。一个新国君即位，就以这个国君的名称纪年，比如：周平王即位，就记做周平王元年，第二年就记做周平王二年，依次记下去，直到旧君去位，新的国君出现为止。新的国君即位，以同样的方法记下去。有一个常识应该了解，就是我们常见的《春秋》系统的书（包括《左传》《公羊传》《穀梁传》），都是以鲁国国君在位的年次编纂的，故所有的年代都指鲁国国君而言，比如，《曹刿论战》一文开头一句说："庄公十年春，齐师伐我。"庄公指的是鲁庄公，而不是别的什么庄公。掌握这些常识，又怎样知道公元上的年代呢？这就需要去查阅历史年代对照表，按照朝代次序一查，便一目了然。

第二种纪年法是用年号纪年。次序是按照元年、二年、三年的次序，不换年号则依次记下去，若更换年号，则重新记起。比如汉武帝太初元年、唐玄宗天宝十四年、宋神宗元丰三年等。这种纪年方式是先指出在位君主的谥号或庙号，如汉武帝、唐玄宗、宋神宗等。有时年号很明确，又为人所熟悉，不必要再特别指出谥号或庙号，这就另当别论。所以，我们根据年号，按照朝代顺序，一查历史年代对照表，就知道相应的公元年代。至于干支纪年法是后起的事，六十年一个循环，没有太大的作用，故在此略而不谈。

除这两种最常见的纪年法之外，战国时，有的天文占星家还根据天象纪年，有所谓的星岁纪年法，星指岁星，岁指太岁。这两种纪年法比较复杂，但因为司马光《资治通鉴》采用的便是这种纪年法，故我们有简单了解的必要。星岁纪年法不常见，只是在先秦典籍中偶然见到。但太岁纪年法则经常被史学家和历法家采用。其实，太岁纪年法就是干支纪年法的变种，但因为这种纪年法使用的汉字多而且复杂，不可能讹误，因此也有其长处。

我们知道，所谓的"干支"不但可以纪年，而且可以纪月、纪日、纪时。"干"指十天干，即甲、乙、丙、丁、戊、己、庚、辛、壬、癸；"支"指十二地支，也称做十二辰，即子、丑、寅、卯、辰、巳、午、未、申、酉、戌、亥。十天干和十二地支依次相配，最小公倍数是六十，因此六十一循环，称做花甲子。而太岁纪年法只要明白干支纪年法，再明白太岁纪年法中岁阳和太岁年名与干支的对应关系，便可以明白其表达的准确含义。

岁阳和十天干的对应关系如下表：

岁阳	阏逢	旃蒙	柔兆	强圉	著雍	屠维	上章	重光	玄黓	昭阳
天干	甲	乙	丙	丁	戊	己	庚	辛	壬	癸

十二个太岁年名与十二地支的对应如下表：

太岁名	摄提格	单阏	执徐落	大荒落	敦牂	协洽	涒滩	作噩	阉茂	大渊献	困敦	赤旧若
地支名	寅	卯	辰	巳	午	未	申	酉	戌	亥	子	丑

两表列好后，干支对应的情况就一目了然。如阉逢摄提格就是甲寅年，旃蒙单阏就是乙卯年，柔兆执徐落就是丙辰年等。这样以此类推，也可以排列出和六十甲子完全对应六十太岁纪年名称。

司马光《资治通鉴》的纪年就采用太岁纪年法，如卷一百六十三《梁纪》十九下注曰："上章敦牂，一年。"意思是说，本卷纪事是"庚午"一年。再如卷一百七十八《隋纪》二下注曰："起玄黓困敦尽屠维协洽，凡八年。"意思是说，本卷纪事，是从壬子年起到己未年终，共八年时间。这样记载年度的长处就不能出现讹误。李清照在《金石录后序》中署年为"绍兴二年玄黓岁"，就是怕后人对其署年误读特意加上"玄黓"二字，而绍兴二年正是壬子年，前后咬合很紧密，七字为一整体，不可分。实际没有什么问题。李清照万万想不到的是，后世学者恰恰在这一问题上出现很大争论，至今没有定论。如果她当年直接署上"玄黓困敦"，就不会产生这桩学术公案。

▶▶▶▶ 第十节　月日表示法

古人记月通常用序数来记，如一月、二月、三月、十月等。作为岁首的月份叫做正月。先秦时代，每个月似乎还有特定的名称，如正月为孟陬（楚辞），四月为除（诗经），九月为玄（国语），十月为阳（诗经）等。但这些都不常见，属于专门性的学问，不必去硬记。另外，古人还有所谓"月建"的观念，就是把子、丑、寅、卯等十二个地支与十二月份相配，以冬至所在的月份配子，称为建子之月，下一个月份就是建丑之月，以下如此类推。

有一点应当知道，由于各代历法不同，建子之月不一定是正月。建子之月周历是正月，殷历是十二月，夏历是十一月，即周正建子、殷正建丑、夏正建寅，这就是历法上所谓的"三正"。《诗经·七月》"一之日觱发，二之日栗烈"，"一之日"指的是周历正月，即夏历十一月，我们习惯上使用的是夏历。以下"二之日""三之日""四之日"即指夏历十二月至二月。另外就是关于季节月份，古人早就有春、夏、秋、冬的概念，每一季节分为三个月，分别按照孟、仲、季（季也可称暮）排列，如春天则称为孟春、仲春、季春或暮春。"孟春三月"指的就是春季的第一个月，至于历史书上用干支纪月，也是后起的事，并不常见。

古人记日很少用序数，最主要、最常见的是干支记日法。即用十天干（甲乙丙丁戊己庚辛壬癸）和十二地支（子丑寅卯辰巳午未申酉戌亥）相配，依次相合成六十个单位，称为六十甲子。在阅读古书时，经常遇到以下干支表示日的情况。干支表排列如下：

甲子	乙丑	丙寅	丁卯	戊辰	己巳	庚午	辛未	壬申	癸酉
甲戌	乙亥	丙子	丁丑	戊寅	己卯	庚辰	辛巳	壬午	癸未
甲申	乙酉	丙戌	丁亥	戊子	己丑	庚寅	辛卯	壬辰	癸巳
甲午	乙未	丙申	丁酉	戊戌	己亥	庚子	辛丑	壬寅	癸卯
甲辰	乙巳	丙午	丁未	戊申	己酉	庚戌	辛亥	壬子	癸丑
甲寅	乙卯	丙辰	丁巳	戊午	己未	庚申	辛酉	壬戌	癸亥

从上表可以看出，天干是十个数，须排序六遍；地支是十二个数，须排五遍，这就完成六十个数。因天干地支数目不同，干支相配必须相间交插，即称之为"花甲子"。

同时还要明白朔、望、晦的概念。古人记事写书时，在月份中标朔、望、晦等字，如《左传·僖公五年》："冬十二月丙子朔。"《哀公十八年》："十月……丙寅晦，齐师夜遁。"《易·小畜》："月既望。"《前赤壁赋》："壬戌之秋，七月既望"等，其他日子只记干支，如《左传·隐公元年》："五月辛丑，大叔出奔共。"这就是说每月的第一天叫做"朔"，最后一天叫做"晦"，十五叫做望。"十二月丙子朔"即十二月丙子这一天是"初一"。"十月……丙寅晦"即十月丙寅这一天是"月末"，根据这几个字的标记，就可以推算出其他干支，可以顺推两个月，逆推两个月中的任何用干支纪日的具体时间。这对理解古书是大有益处的。

下面结合具体例证，综合谈一谈年月日的知识。《资治通鉴》（二二二卷、七千一百二十三页）上有这样一段记载（肃宗宝应元年）："建巳月，庚戌朔……甲寅，上皇崩于神龙殿，年七十八。己卯，迁于太极殿。上以寝疾，发哀于内殿，群臣发哀于太极殿。……丙辰，命苗晋卿家宰。上自仲春寝疾，闻上皇登遐，哀慕，疾转剧，乃命太子监国，甲子，制改元，复以建寅为正月，月数皆如其旧，赦天下。"

要清楚知道这段话所表述的时间，就需要应用我们上文介绍的知识。首先查年，唐肃宗宝应元年是公元762年，然后要知道月份，建巳之月是四月（因夏历寅为正月，故巳是四月），最后查那几个日子，庚戌为朔日，即初一，按照甲子表推算，甲寅该是初五，乙卯是初六，丙辰是初七，甲子是十五，知道这些年月日后，我们便可以具体地说：唐玄宗李隆基死于唐肃宗宝应元年四月初五，第二天是初六，迁于太极殿，第三天是初七，命苗晋卿主管办理丧事，第十一天是十五，按照惯例改年号，大赦天下。这样就能更准确地把握古书上的内容。

205

　　这里要了解两方面的常识：一个是十二时辰的划分，另一个是一天之内几个时段的概念表达法。

　　古人在对一昼夜的时间有了等分的观念之后，就用十二地支来表示十二个时辰，子时为初，故半夜十二点为子时，所以又叫子夜，凌晨二点为丑时，四点为寅时，六点为卯时，以此类推，中午十二点为午时，下午六点为酉时。

　　每一时辰包含两小时，时段又是怎样计算的呢？即以该时辰的正点为中，前后各一个小时，即时辰包括的时段。比如说子时，是正半夜十二点，那么它所包含的时间就是指前一个小时和后一个小时的时间，即从上半夜的十一点（相当于现在的二十三时）至下半夜的一点，这整整两个小时的时间都叫子时。如果细分，可以分为初、正。半夜十一点为子初，半夜十二点为子正，其他以此类推。卯时为六点，它所包含的时间就是五点到七点，正是日出之时，所以古人常说日出于卯，而酉时又以同理被说成日入于酉。一天二十四小时，正好被十二时辰等分。所谓刻，就是现在的十五分钟，每个时辰八刻。

　　关于一天中时间的表述，古人大致有以下几个概念。日出前后的时间叫做早、朝、旦、晨，这几个概念所表达的时间大致相同。古人每天两餐，早饭在日出之后一段时间才吃，故这段时间叫做食时或蚤（早）时，大约相当于现在的八九点钟。食时之后到中午的一段时间叫隅中，因为此时太阳已经升起，出隅而未到正中，大约相当于现代的十点。中午太阳在正中，所以叫日中，也叫亭午。下午太阳西斜叫昃，大约是午后的三四点钟，从日昃到日落这段时间吃晚饭，所以叫做晡（铺）时。日落之时叫夕、暮、昏、晚。太阳落后的一段时间叫黄昏。黄昏之后的一段时间，因人们逐渐安定下来而称为人定，大约夜间九十点钟。人定之后就是夜半。

　　掌握了这些知识，就可以使我们更为形象准确地理解古书上所描写的许多事例。如《尚书·天逸》："自朝至日中昃不遑暇食"这句话，马上就可以理解到是说从早晨太阳出来一直到中午，又到太阳西斜，忙得连饭也没时间吃。这不就更加具体而形象了吗？再如《左传·成公二年》记载齐晋鞍之战，齐侯骄傲轻敌，说："余姑翦灭此而朝食！"意思是先把晋军消灭了再吃早饭，具体时间是天亮之后开始打仗，如果按照现在的习惯来理解，那么就要在黑暗的时间交兵了。再如《孔雀东南飞》："晻晻黄昏后，寂寂人定初。"这两句诗所说的时间就是日落后到夜半前的这段夜深人静的时间。把握住这些知识后，对深刻地理解思想内容、人物形象都会有很大的帮助。综前所述，整天的时间过程，用概念表述出来就是早（晨、朝、旦）、食时、隅中、日中、昃、晡时、夕（昏、暮、晚）、黄昏、人定、夜半。如果在古书中遇到类似的记载，根据这些知识，即可领悟出其中的时间。

207

第十八讲　古代地理

►►►►　第一节　自然地理与人文地理

古代地理，也可叫做历史地理，应从两方面概括：历史自然地理（如地形、土壤、动植物分布等）和历史人文地理（如经济开发、行政区划、城市村落、文化风俗）等。在有文字记载的几千年的历史过程中，自然地理也曾发生了一些变化，如历史上黄河曾多次改道，有时在今天的天津市入海，有时在今天的河北省或山东省入海，还有时在今江苏省北部入海。繁华的上海市区今天是世界瞩目的大城市之一，然而在汉朝时大部分还在汪洋大海中，其后才逐渐变成陆地。这些变化对历史的发展不能不产生深刻的影响。在生产力不发达的古代社会，自然地理环境对于人类的经济生活、风俗文化、语言宗教、心理结构等方面都会产生极大的影响，而且愈上溯其影响也愈大。

至于人文地理，变化则更为突出，疆域的扩大和缩小、行政区域的改变、地名的易动等是经常发生的事。只要我们接触到古代文献，无论经、史、子、集，都会碰到这方面的问题。古代的"州"到底多大？古书上说的某地是今天的什么地方？《春秋》中孔子及其弟子活动的地名偶尔出现"蜀"，难道当时他们曾去过今天的四川？这些问题都需要我们掌握一定的历史和地理知识。

自然地理与人文地理比较起来，后者的变化比前者更为显著和频繁。"州县之设有时而更，山川之形千古不易，所以禹贡分州必以山川定经界，使兖州可移而济河之兖不能移，使梁州可迁而华阳黑水之梁不能迁，是故禹贡为万世不易之书。后之为史者主于州县，故州县移易而其书遂废矣。"（郑樵《通志》卷四十）所以我们要了解古代政治、经济、文化、军事等情况，都必须掌握历史和地理知识。而重点又应放在对人文历史和地理知识的了解上。这样，可以使我们了解中国这个统一的多民族的伟大国家形成和发展的历史过程，增强民族自信心。也有助于我们认识社会的发展规律，更深刻地理解我国的历史和丰富的文化遗产。

►►►►　第二节　《禹贡》分天下为九州

儒家五经之一的《尚书·夏书》中有一篇《禹贡》，传说是记载大禹治水时的地理情况，其实并不可靠。但它按照山脉河流等地形特点，把中国分为九州，并记述了各地的山川、水文、物产、道路等情况，是一部最早的有关自然地理的著作。由于后代"谈地理者莫不宗之"，就更增强了它的学术价值。故后世研究此书的人历代不绝。由于后代地理学者奉之为经典，而研究地理又必须以山川河流为经纬，《禹贡》在我国地理发展史上的地位就更为突出了。

《禹贡》的成书时间说法不一，但比较可信的说法是战国时代。该书内容丰富翔实，文字简明，体系也比较完整。《禹贡》把中国划分为九州，即冀州、兖州、青州、徐州、扬州、荆州、豫州、梁州、雍州。划分依据是自然地理特征，可以看做自然的地理区域。虽然因其有各州贡物的说法，但这种贡物的记载，主要是说明各地的土特产品种类，与后世行政区划的意义并不一致。因为它划分九州的依据是山脉河流，这些自然地理因素变动比较缓慢，容易把握，所以后世的地理书都以它为始，并以它为标准。

比如《文献通考》一书中有"舆地考"，除总叙外，就是按照《禹贡》所分的九州疆域叙述的。以扬州为例：先述四境所至，即疆域大体范围，次述风物人情，然后分别列出从春秋到宋代各个时期扬州境内行政区域的设置情况，查一下地图便可知道其地域的范围。扬州秦时设五郡：九江郡、障郡、闽中郡、会稽郡、南海郡，其疆域大体相当于现在的江苏、浙江、福建、广东、江西大部和安徽的南部。再进一步还可以知道当时的闽中郡治所就是今天的福建省福州市。南海郡治所就是现在的广州市，会稽郡治所就是现在的江苏省的吴县。了解这些知识就会使我们在阅读古书时，减少许多疑难问题。

九州的说法除《禹贡》外，在《尔雅》《周礼》《吕氏春秋》中也有，但名称和地域都有些不同。另外，在《舜典》中还有十二州的说法。

九州、十二州的划分实际上是以自然地理特征为原则进行的，主要反映了当时的自然地域情况，并非实际意义上的行政区。另外，九州、十二州也只是大概的分界，并不像今天行政区划那么清楚严格。在阅读古书时，要考虑到这些因素。《舜典》十二州的划分可能与当时天文上的十二次观念有关。

古人认为："天则有列序，地则有州域"（《史记·天官书》），天空的周天既然可以分为十二个等分（即十二次），地上也应该有十二州，州与次相对，然后形成分野的观念。十二次中的星宿与十二州各州分野的星宿正好相对，更证明了这一点。这样，我们对古籍中所提到的这方面情况就可以有一个初步的理解。

第三节　行政区划的形成过程

所谓行政区划，是指国家按照其阶级本质、任务和职能，把全国领土划分为若干区域，并在其上建立一整套地方行政机构，来执行国家的法令政策，进行统治。这种行政区划在我国萌芽于周而形成于秦。

中国古代真正意义上的行政区划是从秦始皇统一中国之后设郡县开始的。秦以前的状况如何呢？马端临有段话可以作为参考：

黄帝制天下，立为万国……万国咸宁，少嗥氏之衰，其后制度无闻。颛（颛顼）帝之所建，帝喾受之，创制九州统领万国……唐尧遭洪水而天下分绝，使禹平水土还为九州如旧制。虞舜摄帝位分为十二州，故虞书云肇有十二州是也。夏氏革命，又为九州。涂山之会，亦云万国，四百年间，递相吞并。商汤受命，其能存者，三千余国，亦为九州，分统天下，载祀六百，周初尚有千八百国而分天下为九畿。……平王东迁迄获麟之末二百四十二年间诸侯征伐，更相同灭，不可胜数，而见于春秋经传者百有七十国焉，百三十九国知土地所在，三十一国不知其处也。"（《文献通考》卷三百一十五）

这段话虽然不完全可信，但认真分析，可以从中看出中国原始社会中部落不断融合的过程，以及奴隶制形成并向封建制过渡的梗概。大体上可以从两方面进行说明：一是九州、十二州的划分是先秦学者中理想的疆域，是按照自然地理的特征划分的，绝无行政区划的意义。二是可以大体看出从原始社会向奴隶社会、从奴隶社会向封建社会的发展过程中，随着生产力水平的提高，部落之间不断掠夺和吞并，部落规模和疆域在不断扩大，而其数量则在相应地不断缩小，黄帝、颛顼、唐尧、虞舜，直至夏朝初期的"涂山之会"，都有万国之称。其实，当时的国就是大的原始部落，此时正是原始社会的末期。

到夏朝时进入奴隶社会，阶级对立出现了，为了占有土地和奴隶，部落之间便经常发生战争而"递相吞并"，商朝初期，只有三千国了。可见当时各国疆域已大3倍，周初时只剩一千三百国，春秋初期并为一百七十国，至战国则已只剩"七国犹未分"（王维《夷门歌》），最后由秦始皇嬴政统一了全国。可见历史发展进步的足迹伴随着刀光和杀戮。因此，对于古籍中描写的万国、千国，只能看做概数，不能认为是确数。《春秋》中所记国名，大国知其所在地就可以，对一些小国不必去考究。因为在宋代时就已经有"三十一国不知其处也。"

同时也可以看出，从传说中的黄帝时代起，直至秦朝建立的几千年中，部落之间经过长期的吞并、掠夺、战争和融合，在火光和剑影中才建立了统一的秦王朝。我国能发展成为今天这样的大国，与秦的统一有直接的关系，在这个意义上说，秦始皇的历史功绩是相当巨大的。

▶▶▶▶ 第四节　西周的五服与乡遂制

　　首先提一下行政区划的萌芽情况。夏、商二代的社会结构形态因为缺乏文字记载，已不可祥考。西周初期，周公制礼乐，治国安邦，按照周王族的血缘关系，建立了比较完善的等级制度。当然也需要划分一定的统治区域和建立贡赋制度，以便于协调统治阶级内部的利益关系，于是产生了行政区划的萌芽。这从《禹贡》中关于五服的记载和《周礼》中的"乡遂制"便可窥见一斑。

　　《禹贡》中的五服是"五百里甸服：百里赋纳总，二百里纳铚，三百里纳秸服，四百里粟，五百里米。五百里侯服……五百里绥服……五百里要服……五百里荒服……"，根据后世名家的诠释，再加之我们的理解，这五服之制实际上是西周王朝的统治者对其臣民根据居处的远近不同采取有区别的政策和策略的统治。五百里甸服，是指王畿内居民要给国君种地，甸即治田的意思。百里之内要连果实带秫秸一齐缴纳上来，总即捆之意。二百里内的只交纳果实部分，铚即禾穗之意。三百里内交秫秸。四百里之内交粟——即未加工的谷物。五百里内的要交米。根据居处远近不同，赋物也有精粗之分，据说这就是后世"均输法"之本。侯服，据孔颖达说是"检行险阻，伺候盗贼，故名侯服"。也就是作为国君屏障，防备国内外敌人干扰骚乱的意思。绥服，是进行王化教育、安抚之意。要服，是约束之意，即用礼乐制度去约束那里的臣民。荒服，荒远之意，文治武功难以到达的边远地区，故要"因故俗而治之"（参见《禹贡释地》）。可见五服是王朝对各类地区实行统治的政策原则和赋役制规定，具有一定的行政区性质。这里的五百里只是个概数，理解其有远近之别就行了，不能视为真实数据。

　　除这五服外，各诸侯国每年还要向周王朝贡献土特产品。《左传·僖公四年》记齐桓公率诸侯军队伐楚国，其借口之一就是"尔贡包茅不入，王祭不共，无以缩酒，寡人是征"。楚国还老老实实地承认了这一错误。由此推知，西周时期，各诸侯国向周王室缴纳土特产品是一种定制。

　　《周礼》中有关于"乡遂"制的记载。西周最高统治者在直接统治王畿内，实行"乡遂"制，朝廷中的公卿大夫和诸侯则实行"都鄙"制。乡、都居住的主要是贵族和自由民，他们组织、驱使奴隶耕作，是社会的上层。遂、鄙居住的是下层的奴隶。这些乡、遂、都、鄙都同归于主管民政的大司徒管辖。"凡造都鄙，（大司徒）制其地域而沟封之，以其室数制之。不易之地家百亩，一易之地家二百亩，再易之地家二百亩。"（《周礼·地官·大司徒》）奴隶们便在其中"十夫为什，耦耕俱耘"，实际上这就是西周时期的井田制。这种制度也有一套由上到下一直到户的统治网系。这可以说是行政区划的雏形。这虽然不一定是当时状况的真实反映，但它可能包含历史的真相。

>>>> 第五节　州郡制——秦至南北朝的行政区划

秦始皇统一中国，但面对如此广阔的领土、众多的民众，采取什么体制来进行统治，就成为一个迫在眉睫的问题。当时有人提出分封诸子为王的建议，这实质上是继续坚持分封制，秦始皇深刻地认识到："天下共苦战斗不休，以有侯王。赖宗庙，天下初定，又复立国，是树兵也，而求其宁息，岂不难哉！"（《史记·秦始皇本纪》）于是坚决采纳李斯的建议，实行中央集权的郡县制。将全国分为三十六郡，至秦末又增加个四郡，为四十郡。郡下置县，当时大约有一千个县。每郡统辖二十个左右县，根据当时的疆域状况，秦时的郡大约相当于现在的半个省，而县则与现代县的规模大体相当。

应该知道，当时政治、经济、文化比较发达的地区是在黄河流域和长江流域的广大地区，而其他地区则比较偏僻落后，行政区域的大小与经济、人口的情况有密切的关系。经济发达、人口稠密的地区，行政区划也比较密集，相应的同一级别政区的土地面积也较小，反之则大。时至今日，情况也是如此。如长江中下游、黄河中下游地区，经济发达，人口密集，省份的面积就比较小，县的设置反而多。地处长江下游的江苏省的土地面积十万多平方公里，共设置了六十四个县；而处在西北边陲的新疆维吾尔自治区的面积是江苏省的 10 倍，设县共八十个，可见每县的面积也有江苏省每个县面积的数倍。从各个历史时期的行政区划中，也可以看出某一地区当地的开发程度。

郡县制的建立，巩固了中央集权制。彻底取代了分封制而成为万世不易之法。由于县一级的行政区划在整个封建社会各个历史时期中没有什么大的变化，所以在行文中略去，不单提出。

汉朝建立之后，因为"秦地太大加置郡国"，把有些郡国封给诸侯王而称之为王国。起初各诸侯王还有在本国的实际统治权，各藩国也都有自己的文学，著名文学家邹阳就曾从吴王刘濞，并写《上吴王书》，劝其不要叛汉，吴王没听。吴楚七国治乱被平定后，景帝、武帝采取了一系列的削藩政策，缩小其所辖领地，裁减其统治权。定制一国只管一郡，各国的官吏也要由朝廷直接调遣升降，因此，这以后的王国与郡的性质已很相近，只是赋税收入直接归诸侯王享用而不归朝廷罢了。

汉武帝因全国一百多个郡国不便统治，便将其划分为十三个刺史部。武帝用《禹贡》《周礼·职方》中的州名稍加改动，作为十三刺史部中的名称，冀、兖、青、徐、荆、杨、幽并九州都用原名，改梁州为益州，雍州为凉州，河套和岭南因不在原九州之内，又设朔方、交趾刺史部，而不称州名。但因前十一刺史部都称某州，故习惯上变成每一部为一州。至此，先秦学者理想中的州，才从按照地理特征划分转为按照行政管理区域划分，使之真正具有行政区划的性质。但这时的州刺史部一级官吏只负责纠察地方官，而不管地方行政，郡太守和王国直接与中央政权发生关系，不必经过州这一级。因此，它的存在只起到监察的作用，尚不能作为一级行政机构。

西汉后期全国共设郡国一百零三个，县、邑一千三百一十四个。汉时的郡、国比秦时的郡还要小。中原地区的郡只相当于现在的地区或辖县市的规模。东汉中叶，又在边境少数地区设置了几个属国，属国也设置几个县，相当于郡一级的政区。实际上，两汉时期的行政区划大体上仍然是郡县两级。

魏晋南北朝时期，行政区划为州、郡、县三级。上文提到，州的名称出现甚早，汉武帝时所设的州已有政区的某些性质。东汉末年黄巾起义后，州逐渐由监察区变为行政区。至三国时，这种政区已经固定下来，成为郡以上的一级行政区。三国时，魏有十三州，六十八郡。蜀有益、梁二州十二郡。吴有五州四十三郡（参见《文献通考》卷三百一十五）。西晋末有二十一州，这时的州比两汉时已经小一些，南北朝时州数已激增至五六十个，而疆域并没有扩大，可见这时的州比西晋时还要小得多，只相当于汉时的四分之一左右。到南北朝末期，每郡管二三个县。这样，实质上造成机构重叠，郡这一级逐渐成为多余的，故已有职无权。州刺史和县令长治理政务，而郡太守并不到任办公，只领俸禄，成为一种虚衔。这只是名义上的三级制。所以到隋文帝时，就取消了郡一级的政区，只留州县两级，灭陈后，又把这种制度推向江南，在全国实现了州县两级制。

▶▶▶ 第六节　道路制——隋、唐、宋的行政区划

隋文帝取消了郡一级行政区后，到炀帝时，由中央政府直接统辖二百个州是比较困难的。故炀帝时又将州改为郡，郡以上设若干监察吏治的官员，分部巡查，仿汉武帝时制。

唐朝建立之后，"高祖改郡为州，太守为刺史，又置都督府以治之。然天下初定，权置州郡颇多。太宗元年，始命天下并省，又因山川形便，分天下为十道。"（《新唐书》志第二十七）唐太宗所分十道是：关内道、河南道、河东道、河北道、山南道、陇右道、淮南道、江西道、剑南道、岭南道。每道有时置官，有时不置官，是汉代州的变形，具有监察区的性质，所置官也属监察官。唐玄宗开元年间，又改划为十五道，开始设置采访处置使，其职权大体相当于汉武帝时的刺史，道也成为固定的监察区。唐贞观十三年时，

213

全国"州府三百五十八，县一千五百五十一"。可见当时州府一级政区与现在的辖县的市、地区相仿。

安史之乱后，出现了藩镇割据的局面，军政合一，全国形成了以掌兵权的节度使做地方长官的制度，每个节度使管辖几个州，也称做道。这时的道真正成为一级行政单位，形成道、州、县三级行政制。全国分四五十个道，每道所辖州数不一，少则二三个，多则十多个。唐末的道比现在的省略微小一些。唐代除道、州、县外，还有相当于州的一级行政区——府。

"府"本设置于汉朝，汉宣帝神爵二年（公元前60年）命郑吉在乌垒城设都护府，用来保卫边疆，开发边疆，代表朝廷对龟兹、楼兰、姑师等西域小国（包括巴尔喀什湖以东、以南的广大地区）行使政治军事权力。唐代也先后在边区设置六个大都护府，即北庭都护府、安西大都护府、安南中都护府、安北大都护府、单于都护府和安东上都护府。其作用与汉代的基本相似。都护、刺史由朝廷任命得力官员充任。唐代在京都、行在及重要的州还设有都督府，隶属于道，是与州同级而处于特殊地位的行政区，故州、府并称。

宋太祖赵匡胤建立北宋王朝后，吸取唐代后期藩镇割据、"尾大不掉"的历史经验，加强中央集权，取消了节度使的实权，让所有的州直属中央，但由中央直接管理二百多个州是很难办到的。于是宋太祖在"杯酒释兵权"之后，又在州之上设立了路。宋朝的路既不像汉朝各刺史部的州那样仅仅具有监察区性质，也不同于唐代节度使的道具有实际行政区的性质，而是介于二者之间。各路不归一个机构一个长官管辖，而是军、政、财、法四权分立，实行系统领导，条条通向中央，这样就难以搞独立王国。在各路设置转运使，向各州、府征收税赋，转运漕粮，管理财权；设置安抚使，管理兵权；设置刑狱司，管理司法案件的处理；设置提举常平司，管理平仓和茶盐专卖。这样各权分立，互相制约，路不能形成权力中心，中央的权力则大大加强。

北宋太平兴国年间，全国先后有二十路左右，至道三年，全国分十五路，即京东、京西、河北、河南、陕西、淮南、江南、荆湖南、荆湖北、两浙、福建、西川、陕、广南东和广南西。神宗熙宁七年（公元1074年）则分二十三路。可见北宋时的路与现在的省相仿，而性质虽非严格意义的政区，但也兼有政区的性质。宋代的州级政区除府外，还有军、监两种。"军"本是古代军事编制的单位，春秋时代楚国设左、中、右三军。隋代各州（郡）的军事长官带军衔名者开始通称为军，已开始有行政区的性质。宋代的军是正式行政区，相当于一个州或府，主要设在军事险要之处。辖县的军隶属于路，不辖县的军隶属于州、府。监是设在盐、茶、矿区的行政区。由此可见，军、监的地位要比州、府较低。

总的来看，隋、唐、宋等朝代是以道、路统辖州县的时代。隋唐时期虽有两次改称州为郡，一是隋炀帝大业三年，二是天宝元年，但两次时间也只有二十七年左右。所以唐宋时的州、郡只是叫法不同，并非两回事，也不存在谁统辖谁的问题。宋代的州名下边往往也有一个郡名，其实郡名是别名，好像古代人大都既有名又有字一样。州名好像正名，郡名即是字。而古人在文学作品行文中为了修饰的需要，或互文见义，或避免重复，往往州郡并提，实际上仍然是一回事。宋代州、府一级的行政区大约相当于现在的地区规模，与唐代的州差不多。

第七节　行省制——元、明、清的行政区划

"省"的名称很早就有，西汉把宫禁之中称为省中，魏晋时则逐渐把宫禁近处的三个中央处理政务的机构——尚书、门下、中书——称为省，省下再设部。省的原意是中央政府机构，这种机构一直到唐代时仍然存在。魏晋时代起，由于战乱频繁，开始出现行政省的前身——行台、大行台或行台省。这种行省直到唐时还有，但行台或行台省是中央临时派出机构，并非一级行政区。在边鄙或地方上发生重大事件，如外国入侵或农民起义等，则由中央派出以执政大臣带领一部分中央政府官员组成的一个临时领导班子到出事处进行处理或镇压，这样，就出现一个或几个在外的行台或行台省。事件处理完毕即行撤回，不是定制。金国末年，国内外危机四起，于是需要由中央派出临时机构到各处抵御和镇压。金国的中央政府机关称尚书省，所以派出机构也称为行尚书省。

蒙古入主中原，首先灭金国，便仿此制设立行尚书省。元宪宗以前，元的首都在蒙古高原上的和林，距离被他征服的黄河流域和西域一带太远，为了加强对这些地区的控制，元统治者便在金的故都，现在的北京设立了燕京行尚书省（后来定为首都，称大都），在西辽故土设立了阿母河行尚书省，在畏兀儿的故土设立了别失八里行尚书省。

元世祖忽必烈以后，改以中书省统领政务，各行尚书省也称行中书省。这时的行中书省仍然是一种临时派出机构，不主管地方事务。但元代建国初期，从太祖成吉思汗到世祖忽必烈这七十年中，从进入中原到灭夏、灭金、灭宋，一直处于紧张的战争状态，长期进行军事活动，实行军事管制等，这样，派往各地的临时中央权力机构便长期不能撤回来。行中书省在一地区驻扎久了，就不可避免地要干涉地方政务，于是逐渐有了行政区的性质，"省"也就从中央政府变成了地方政府的称呼，这种演变过程到宋朝灭亡之后就逐渐形成了。

元代中央政府称中书省，设有丞相、平章政事、左右丞、参知政事等职

务。地方政府名称、编制配备与中央政府基本相同。元代初期行省不固定，辖境也较大，至中叶才稳定下来。在全国设一个中书省直辖区和十二个行中书省。中书省直辖区统治地域很大，包括今天的北京市、天津市、河北省、山东省、山西省、内蒙古自治区和河南省黄河以北的地区。十二个行中书省是：岭北、辽阳、河南、江北、陕西、四川、甘肃、云南、江浙、湖广、江西、征东等。每个行省所辖之地大约相当于今天的两个省份。另外边远地区，如今天的新疆、西藏和青海三个地区由中央宣政院直接统辖，再加上成吉思汗次子察合台的封地，共有十六个省一级的行政区。

元代的政区划分比较烦琐，行省以下还有路、府、州、县等政区。路归省统辖，全国共有一百八十五路。府、州有的归路管辖，有的直接归省管辖，元代设有五百五十九州，每州所辖之境大约三四个县，小于今天的地区，有领县的市。县有的归属于路，有的归属于府，有的归属于州。除此之外，元代还在边境地区设置了四个相当州一级的政区——军。

明朝建立以后，明太祖进一步加强中央集权制。认为中书省的名称、官职设置都与中央一样不合适。中央要高于地方，于是撤销行省，而改建为宣政布政使司。把归中书省直辖的区域也改为中央京师的直辖区，称为直隶（直接隶属，与直辖同义）。在加强京师（今北京）直隶区（称北直隶）建设的同时，又建设了南京直隶区（称南直隶）。两个直隶区再加上十三个宣政布政使司，合起来全国共十五个省一级政区单位，因民间还习惯把直隶或宣政布政使司称为省，故成为全国十五省。此外，在边境地区还有九边，也归中央政府直接统辖。直隶、布政使司以下也设置府、州、县等行政区。州有的辖县，直接归省级政区管辖，属于府级州。有的不辖县，归属于府，属于县级州，只不过是较重要的县罢了，大概相当于今天的甲级县。

清朝建立初期沿袭明制，康熙初年全国也只有十五省。康熙六年时才把江南布政使司（即明朝的南直隶）分为江苏、安徽两省，陕西省又分出甘肃省，湖广省分为湖北、湖南两省，这就形成了清代所谓的"内地十八省"。这十八省是：直隶（治在今保定）、江苏（治在今江宁）、安徽（治在今安庆）、山西（治在今太原）、山东（治在今济南）、河南（治在今开封）、陕西（治在今西安）、甘肃（治在今兰州）、浙江（治在今杭州）、江西（治在今南昌）、湖北（治在今武昌）、湖南（治在今长沙）、四川（治在今成都）、福建（治在今福州）、广东（治在今广州）、广西（治在今桂林）、云南（治在今昆明）、贵州（治在今贵阳）等，其辖境、名称治所与现在大体相同。

这是内地的省，是以汉民族为主要居民的区域。在边疆和少数民族地区，则设将军辖区，在东北设有奉天（也称盛京、治在今沈阳）、吉林（治在今黑龙江宁安）、黑龙江（治在俄罗斯境内海兰泡附近）三个将军辖区。西北设有伊犁（治在今新疆霍城县南）、乌里鸦苏台（治在今内蒙古扎布哈朗特）两个将军辖区。另外，在西藏（治在今拉萨）、青海（治在今西宁）设置办事大臣。这套制度一直延续到光绪年间基本未变。光绪年间先后又在新疆建省，把东北的三个将军辖区也改为省，又将福建省的台湾府改建成台湾省。

但由于台湾省建制后十年，在1894年中日甲午战争中因中国战败，签订《马关条约》割给了日本，所以清末共有二十二省。这些省份与首府所在地与今天基本相同。清朝在省级政区以下也有府、州、厅、县等行政区。既有直隶于省的，也有归属于府的，归属于府的一律不辖县。宣统末年废除府，并把不辖县的州、厅都改为县。清末民国初，正式的政区只有省县两级。还应提到，在元明清时代也有"道"，但道不是一级行政机构，而是省派出的办事机构。有的道地位很重要，如清朝曾在苏州、松江、太仓两府一州之上设置一个苏松太道，因道员驻在上海，习惯上都称之为上海道。鸦片战争后，帝国主义列强在上海强划租界，常与上海道打交道，所以上海道在记载中屡见。清末小说中常说的"道台"，指的就是道员一类的官。

综上所述，可以对历代行政区有一个概貌了解。现在再把大的轮廓勾勒一下，以便获得整体印象。秦建国前是行政区的形成时期。从秦到南北朝的八百余年时间里，可称为州、郡时代，大体上是郡县或州县两级制。隋唐五代宋辽金约七百年中，可称为道路时代，唐代设道，宋代设路，基本上是道（或路）、州、县三级制；元明清的六百年可称为行省时代，基本上也是省州县三级制。上述介绍仍属粗线条描画，各个历史时期的行政区划仍有其许多特点和个别现象，只有在读书时多留心注意了。

▶▶▶▶ 第八节　古代地理沿革资料的利用

我们学习古文、了解历史都离不开古代地理知识。这就要学会如何来使用这些地理资料。我国古籍中关于地理知识方面的记载不少。《尚书·禹贡》《尔雅》《周礼·职方》《吕氏春秋》等书都有这方面的记载。另外，《山海经》《水经注》《读史方舆纪要》和各类地方志上都可以查到一些历史地理资料。《二十四史》中又大部分都有"地理志（或"郡国志"），但因其除《史记》外，都是一朝一代的断代史，只记当代的地理状况与典章制度，难以获得系统认识。

如要搞清一地的行政区划沿革状况，则需要查阅许多朝代史书的地理志，太不方便。唐代以后，开始出现分类记述各朝各代典章制度的专著，即《十通》，在这类书中，都把地理沿革（"州郡""边防""地理""都邑""舆地""四裔"等）列为专科类别，一般能追本溯源，按照发展顺序叙述，知识比较系统，能获得完整而清晰的印象。

仅举《文献通考》中对扬州的介绍为例，就可以看出本例的大概。该书首先以《禹贡》九州中对扬州的记载为依据，即"禹贡曰：淮海惟扬州，北距淮，东南距海"，然后逐朝代介绍其所设行政区域，春秋时可考者在扬州境有十二国，即吴、越、楚、黄、弦、蓼、巢、蒋、六桐、钟离；秦时设五郡；汉时设七个郡国九十七个县；晋时设二十二郡国，二百零五县；隋时设二十二郡，一百二十二县；唐时设四十一州，二百零九县；宋时设五十九州，二百七十二县。各郡国、州、县还都有具体名字的记述。这样就可以从总的方面对扬州地域有个了解，也很容易看出其地理沿革，以及历代行政区划的发展状况。可以看出，秦的一个郡相当于晋、隋时的四个郡，唐的八个州，宋的十二个州，从县的设置来看，也由汉时的九十七个逐步增设到宋代的二百七十二个。可见州级、县级政区的辖境越来越小，从而反映出对江南广大地区的开发程度越来越高的历史趋势。

　　不仅如此，该书对各地的风土人情特点及形成的自然地理原因、社会历史原因也都作了简单扼要的考证。尽管其中有历史、阶级的局限，却也为我们学习提供了极大的方便。仍举《文献通考》中对扬州的介绍为例："扬州人性情轻扬而尚鬼好祀；每王纲解纽，宇内分崩，江淮频海，地非形势，得之于失，未必轻重，故不暇先争，然长淮大江，皆可据守，闽越遮阻，僻在一隅，凭山负海，难以德服。永嘉之后，帝室东迁，衣冠避难，多所萃止、笔文儒术，斯之为盛。今虽闾阎贱品处力役之际，吟咏不辍，盖亦因颜谢徐庾之风焉"（《文献通考》卷三百一十八）。从中可以了解几个问题：一是扬州的风土人情是"人性情轻扬而尚鬼好祀"。如果联想到唐代在民间有很大势力的南派禅宗活动的主要地区正是扬州，就可以进一步了解其社会历史原因。二是扬州的地势虽非军事要地，却很利于偏安，所以东晋、南宋历代偏安王朝都退避此地。三是由于东晋偏安此地，文武卿相，文人墨客多避难于此，又使扬州的文化事业得以发展。故至宋代时文学之风仍然很盛，即使下层人民也爱好文学，"吟咏不辍"。可见正确地使用书籍是大有用处的。

　　除上述这些古代有关地理的书籍之外，还要利用历史地图集来了解古代地理的沿革情况。历史地图集一般都是按照朝代绘制各个时期的地理政区情况，并且利用古、今地名对应的方式标示。这样，古代的某地名是今天何处便一目了然。例如，唐代山南西道的渝州治所便是今天的重庆市，江南西道的潭州治所便是今天的长沙市。所以我们要知道地理沿革情况，除对历代地理沿革情况要有一个大体的了解之外，经常查阅《十通》也是非常必要的。

▶▶▶▶ 第九节　有关古代地理应注意的几个问题

　　我们在遇到有关古代地理知识的一些问题时，应注意以下几点：同名异地，同地异名，政区名称相同而辖境大小、性质迥异，官职名称的习惯称呼等。我们的祖国历史悠久，地域宽广，难免在地名上产生古今差异。如北京是我国首都，但在历史上叫北京的地方不下十个。《水浒传》中讲到梁中书当北京留守，当时的北京是相对京师开封汴梁而言的，地址在今河北省大名县。而今天的北京北宋时一直在辽国的领域之中。如果认为梁中书在今天的北京当留守，岂不成了笑话？而唐朝的北京则是现代的太原。再如唐代的山南东道有金州（陕西省安康市），如果误认为是今天大连市北金县县城的金州，真是谬之千里。

古今同名异地的情况非常多，要特别注意，以免误会。同地异名的情况也常见，如今天的南京在唐宋时期叫江宁，宋朝时的南京则是现在的河南省商丘市。南昌在秦汉时叫豫章，是豫章郡治所，在唐时叫洪州，所以王勃在《滕王阁序》中才有"豫章故郡，洪都新府"的话。再就是行政区划名称一样，在不同的朝代，其性质和作用却不同。

以州为例，先秦时的州是以自然地理特征划分的，并非政区，辖地也相当大；汉武帝所设刺史部的州，虽然已经具有行政区的性质，但应属监察区，辖地也很大，大约相当于现在的二三个省；唐时的州则是真正意义上的一级行政区，其辖境则缩小了许多，仅相当于今天的地区或辖县市的规模。宋代的州比唐代的还要小，有的只有二三个县大，元明清时的州分为两级，不辖县的州实际上就是重要的县。到了清代，把与县同级的州都改为县，取消了州的名称。了解上述知识，再读古书或看古代题材的电影、戏剧时，如遇到关于州的提法，根据其朝代，可以有一个基本的理解。道、路也一样，唐代的道比今天的省还要大，而元明清时的道，只相当于新中国成立初期各省的专署，是省政府的派出机构。宋代的路在州府之上，相当于今天的省级政区，而元代的路则在行省的统辖之下。

219

最后一点就是古人在诗文书札中喜欢使用别名，以示文雅。欧阳修在《醉翁亭记》中九次自称太守。在《丰乐亭记》中也以刺史自称，苏轼在《江城子·密州出猎》一词中也写道"为报倾城随太守，亲射虎，看孙郎"，也自称太守。其实，宋的州级行政长官称知某某州事，简称知州，并没有太守、刺史的官衔。可是当时的州与魏晋时的郡相仿，郡的长官称太守或刺史，所以宋人也常把知州称为太守或刺史，这只是习惯上的别称，并非实有其名。有的书上说欧阳修"曾受到保守派的排斥打击，被贬为滁州太守"，实属误解。在地名上也常有这种情况，今天的南京在先秦时叫金陵，而后曾叫过蒋州（隋）、江宁（唐、宋）、建康（南宋）等名，再也没叫过金陵，可是在典籍中把南京称为金陵的数不胜数；直到现在，唐人所著的《金陵春梦》的金陵，仍然指南京。因为这是古名，又为大家熟知，还好理解。如果称别名，如称泉州为温陵，称无锡为梁溪，就不好明白。因为泉州、无锡自古以来从未叫过温陵、梁溪。遇到这类情况，就要查一查注释或工具书；否则，便会茫然无所解。

阅读古书，掌握古代地理知识，除注意上述几点外，还要有一定的历史知识，读一读通史类的书，这样才能从历史发展的角度去把握行政区划、地理沿革的发展脉络，有利于认清其规律性。

第十九讲 古代服装与佩饰

>>>> **第一节 冠 饰**

古人头上戴的主要是冠、弁、冕、帻等。前三种是贵族戴的，帻是平民百姓戴的。虽然说这些头上服饰类似现在的帽子，但其作用与形制又有很大区别。

冠，是一般贵族男子头上所戴的饰物。古代男子到二十岁举行加冠之礼，同时起字。加冠之后，意味已经成为大人，要履行社会义务，而社会和家庭也就按照成人来对待和要求他。因此冠成为贵族男子的常服。

冠绝不同于现在的帽子。《释名》上说："冠，贯也，所以贯韬发也。"它的形状是圆圈，是贯穿、固定发髻的。戴冠时，先要把束在一起的头发在头顶上盘成发髻，用一块布将发髻包住，这块布叫纚，是一整幅宽二尺二寸、长六尺的黑帛。然后把冠圈套在发髻上，冠圈上有一根不宽的冠梁，从前到后覆在头上。冠的作用是把头发固定住，又是一种装饰。冠梁也不都是一根，《舆服志》说："公侯三梁，中二千石以下至博士两梁，博士以下至小史一梁。"冠圈两旁有丝绳，在下颏处打结，这样便把冠固定在头上。这两根绳叫做缨，缨打结后余下的部分叫緌，也是一种装饰。如果用一根丝绳兜住下巴，两头接在冠圈上，这根绳就叫做纮。冠固定后，还要用笄、簪左右横穿过冠圈和发髻，使之固定。笄和簪本是一种物件，先秦叫笄，从汉代开始叫簪。女子虽然不戴冠，但也用笄、簪来固定发髻。固定发髻叫发笄，固定冠冕的叫衡（横）笄。杜甫《春望》诗中说："白发搔更短，浑欲不胜簪"。头发少，插簪就困难了。

笄、簪是一根细长的钎子，一头尖，一头钝，并有饰物。一般的都是用竹子做的，高级一些的就用骨角、象牙、金、玉等制成，簪头上还可饰以珠宝玳瑁等。故古文中常见玳瑁簪、碧玉簪等说法。妇女的发笄如尖的一端分成两股，像个叉子，就叫钗。曹植《美女篇》中有："头上金爵钗，腰佩翠琅玕"，金爵钗就是金质头上有雀形饰物的钗。

冕是古代帝王、诸侯及大夫所戴的特殊的冠。其形制与普通的冠不同。冠圈上没有横梁，而是用一块长方形的板，叫綖（yàn），綖前挂着一串串的小圆玉珠，叫旒（又做瑬）。在冠圈的左右还有两根丝绦在两耳孔处悬两块玉石，悬玉之绳叫紞，玉石叫纩。綖、旒、紞、纩都是冕的部件。《说文》说："冕，大夫以上冠也。瑬延旒紞纩。"汉代以后，只有皇帝才可戴冕有

221

旒，故冕旒成为皇帝的代名词，如王维《和贾至舍人早朝大明宫之作》诗："九天阊阖开宫殿，万国衣冠拜冕旒。"

弁，也是贵族戴的一种帽子，有皮弁、爵弁之分。据说皮弁是武弁，用白鹿皮制成，尖顶分瓣，类似后来的瓜皮帽，各瓣缝合处还镶嵌一行行各种颜色发光的小玉石，叫做綦（又写做琪、璂等），看上去像星星一样，因此《诗经·卫风·琪奥》说："会弁如星"，会是缝合处之意。爵弁是文弁，跟冕差不多，没有旒而已。"爵弁"一名冕。广八寸，长尺二寸，如爵形，前小后大，其上似爵头色。

冠、冕、弁大同小异，统统都叫冠，段玉裁说："析言之，冕、弁、冠三者异制；浑言之，则冕、弁亦冠也。"

中国古代男子只有四种人不戴冠，即小孩、平民、罪犯、异族人。

中国古人不剪发，更不剃发，因为"肌肤毛发受之父母"，损伤了就是大逆不道，所以剃去头发就成为一种刑罚，叫做髡，这是极耻辱之事。小男孩头发自然下垂，称为髫。头发长了，就贴着发根扎起来，垂在脑后，叫"总发"。潘岳《藉田赋》："垂髫总发，蹑踵侧肩"。如果不扎成一束而分左右扎成两股，类似现在的"抓髻儿"，叫做总角，因为像兽的两只角。《诗经·卫·风·泯》："总角之宴，言笑晏晏"，就是以总角代指幼年、童年之时。

平民，贫贱之人，成年之后也不能加冠，只在发髻上盖上头巾，一直盖到前额，叫帻。应劭《汉官仪》："帻者，古之卑贱执事不冠者之服也"。由于秦代尚黑，帻的颜色是黑的，所以秦称普通人民为"黔（黑色）首"，汉代称仆隶为"苍（青色）头"。帻可以起压发定冠的作用，故后来贵族也戴帻。帻上再加以冠。平民除帻外，还有戴陌头（有写做帕头、捎头等）的，这些装束有些像现在陕北农民用羊肚毛巾包头的方法，从后而前，在额上打结。汉乐府《陌上桑》写："少年见罗敷，脱帽著绡头。"

绡头以后又演变为幞头。据《新唐书·舆服志》载："幞头起于后周，便武事者也。"裹幞头时，除在额头打结之外，又在脑后扎成两"脚"，自然下垂；以后前边不再打结，只留后边对称的两脚。如果下垂，就是软脚幞头，是书生帽，电视连续剧《少年包青天Ⅰ》中的包拯在科举做官前戴的就是这种软脚幞头。如果用金属丝把两脚撑起来，就成为"硬脚幞头"。将硬脚幞头做成不同形状、不同角度，就出现了所谓的"翘脚幞头""殿脚幞头""交脚幞头"等名称，是官服。因幞头都是用黑纱做成的，故后世俗称"乌纱帽"。

魏晋南北朝还常可见到"角巾"一词。《晋书·羊祜传》："既定边事，当角巾东路归故里"。《世说新语·雅量》中说，有人告诉王衍，庾亮有可能东下夺权时，王衍说道："若其欲来，吾角巾径还乌衣。"是古时隐居者所用。成语"角巾私第"即野服里居之意，即明时的方巾。角巾就是幞头的前身，是平民装束，不是官服。

▶▶▶ 第二节 服 饰

"衣"有广义和狭义之分。广义指人体上的所有穿着，头上所戴叫头衣，鞋类可叫足衣，身上穿的则叫体衣；狭义则专指上体所穿之服装，等于今天的上衣或大衣。

上衣也有长短、内外、厚薄之分。短上衣叫襦（rǔ），辛延年《羽林郎》："长裾连里带，广袖合欢襦。"襦也有长短，颜师古《急就篇注》："短衣曰襦，自膝以上。一曰，短而施腰者曰襦。"自膝以上的就是长襦，类似今天的半截大衣。到腰间的才是短襦，其长短类似今天的短衣。一般比较常见的还是短襦。《孔雀东南飞》："妾有绣腰襦，葳蕤自生光。"杜甫《别李义》："忆昔初见时，小襦绣芳荪"。其中的腰襦、小襦都是短襦。长襦已至膝，为何还称为短衣呢？这是与"深衣"相对而言的。"深衣"据《经典释文》引郑玄《礼记·深衣》注说："深衣者，连衣，裳而纯之以采也。""纯"是镶边的意思。深衣即是衣和裳连在一起而加上彩色边的一种服装，其长是"短毋见肤，长毋被土"，这种衣服短的也要到踝部，不能露腿，长的则不要拖地。与之相比，"长襦"当然要算短衣了。深衣是贵族平时所穿，而庶人只是在参加一些仪式时才能穿，襦则是庶民的常服。

上衣的单衣叫襌（dān），夹衣叫袷（jiá）複。一般的襦也都是夹衣。汉乐府《孤儿行》说："冬无复襦，夏无单衣"，这种复襦也可能有絮，相当于今天的棉袄。春秋时将絮抽出可起秋衣的作用，贴身穿的衣服叫亵（xiè）衣，也写做中衣，相当于现在的汗衫、衬衣。

古代御寒之衣有裘、袍、茧等。裘是皮衣，毛朝外。《说文》"古者衣裘以毛为表"。古人穿裘，选择兽皮还有一些说法："古者，缁衣羔裘，黄衣狐裘。禽兽众多。独以狐羔，取其轻暖。因狐死首丘，明君子不忘本也。羔取其跪乳，逊顺也"。（《初学记》卷二十六）"取其轻暖"是为了御寒，至于"首丘""跪乳"纯属附会。兽毛外露，不太雅观，贵族在行朝、祭礼或待客时，要罩上一件衣服，称为裼（xi）衣。裼衣根据不同的身份、不同的场合也有不同的形制和颜色。

袍是絮了乱麻和旧丝绵（缊）的长衣，茧絮的则是新丝绵。《诗经·无衣》："岂曰无衣，与子同袍。"《论语·子罕》："衣敝缊袍，与衣狐貉者立，而不耻者，其由也与？"絮乱麻、旧丝绵的缊袍与华丽贵重的狐貉对举而言，更突出了袍的敝陋。茧因絮新丝绵，比袍要高级一些。《左传》襄公二十一年载申叔装病，"方暑，阙（掘）地下冰而床焉，重茧衣裘，鲜食而寝。"重茧，就是穿了两层棉大衣的意思。

223

古代上衣领子常见的有两种：一种是直领式、领子从颈后沿左右绕到胸前，平行地直垂下来。最普遍的是交领，衣领直接与左右襟相连，并随之在胸前相交，左襟压在右襟上，在右腋下打结。衣襟又称为衽（rèn），以右衽为常。如左衽则是异族装束，因此孔子才说："微管仲，吾其被发左衽矣。"衣服袖（又写褎）较长，垂膊时双手并不露出，而且又肥大，故古代文献中常说长袖、修袖、广袖、大袖等。张衡《南都赋》："扬轻衽之绮摩，翳长袖以延伫。"《后汉书·马廖传》："城中好大袖，四方全匹帛。"毛主席诗词里也有"寂寞长娥舒广袖"的句子。古书中还有奋袖、振袖、挥袖、拂袖等词。袖子又称为袂（mèi），袖口则专称为祛（qū）。《左传》僖公五年："公使寺人披伐蒲。（重耳）逾垣而走，披斩其祛，遂出奔翟。"

古人上衣外面要束带子，所系部位与今天基本相同。《礼记·深衣》："带，下毋厌（压）髀，上毋厌胁，当无骨者。"是说下边不要压髋骨，上边不要压肋骨，要系在没有骨头的腰部。

古人不用纽扣，没有衣兜，在两个衣襟之间用一根根小带子系起来，有些像现在的纽襻而没有那么复杂。这个小带叫"紟"（jìn，同衿）。系在外面的带子还有大带、束带之分。大带是束衣的，用丝织成，叫做绅。绅有时又专指系丝带时在胸前打结后余下的下垂部分。大臣上朝时所执的手板（笏，hù）就插在大带上。绅和笏都可起临时记录的作用。《论语·卫灵公》："子张书诸绅。"邢昺疏曰："以带束腰，垂其余以为饰，谓之绅。"古人常"搢绅"连言，搢又写做缙，是插的意思，实际是指笏板而言。《晋书·舆服志》："所谓搢绅之士者，搢笏而垂绅带也。"于是"搢绅"便成为仕宦的代称，"乡绅""绅士"等词也由此引申而来。革带又叫鞶（pán），是用来悬佩物的。

以上所说都是达官贵族装束，一般贫民则穿"布衣""褐"之类的粗劣衣服。褐是用兽毛或粗麻等编织而成的一种粗服，类似麻袋片。《诗经·七月》："无衣无褐，何以卒岁？"以后就以"褐夫"作为贫苦人的代称。《淮南子·主术训》："使言之而是，虽在褐夫刍荛，犹不可弃也。""释褐"一词又成为脱离下层劳动人民而进入贵族阶层的术语，因脱去"褐"就意味着脱离了劳动阶层。后对科举得中进士后的授官也称为"释褐"。

布与褐是同类的，都是毛、麻织品，只是粗细有所区别。布比褐细一些，质量高一些，所以为一般士人知识分子未做官时的常服。"布衣"也就成为平民（主要指未做官的知识分子）的称谓。诸葛亮《前出师表》："臣本布衣，躬耕于南亩。"《史记·廉颇蔺相如列传》："臣以为布衣之交尚不相欺，况大国乎？"

下体所穿的有裳、裙、绔、裈等。因其联系较紧密，故统而言之。很多书上把"裳"当做"裙"来解释，实际上是不准确的，这两样东西并不是一回事。

裳是由远古人类的遮羞布演变而来的，其功用主要是蔽体遮羞，其次才是保温御寒。当初用树叶、兽皮等制作，以后改用布帛。开始时，人们下体只穿裳，其内并不穿短裤或裤子，天冷时则穿上绔以御寒。绔也写做"袴"，就是现在的裤子，但绔没有裆，只是两个筒套在腿上。《说文》："绔，胫衣也。"《释名》说："两股（大腿）各跨别也"，可见绔分套两腿之上，类似现在的套裤。裳遮羞，绔御寒，二者合起来大约相当于现代裤子的作用。《礼记·曲礼》说："诸母不漱裳"。郑玄解释说："诸母，庶母也。""庶母贱，可以使漱衣，不可使漱裳。裳贱，尊之者亦所以远。"此语也可以证明裳是贴身下衣，与普通衣不同。

裳，可以分为裳和帷裳。帷裳也称为帷，是用一整幅布帛围在腰身之下，可能是裳的初级阶段。《论语·乡党》："非帷裳，必杀之。"杀，是指杀缝。帷裳没有缝，故不需要合缝。裳是帷裳的发展，不再是一块简单的整幅布。郑玄说："凡裳前三幅，后四幅也"（《仪礼·丧服注》）。根据后代诸多学者的解释，可以知道裳的形制：前边由三幅，后边由四幅连缀而成，是两个各成单元的布片。上部要用褶的多少来调节，以适应胖瘦不同人的腰围，故在上腰抽褶。为了穿用方便，再用一根带子把前后两片穿起来，穿时打结系在腰间就可以了。这样，人在行动时，前后两片布就会成为两分状。《战国水陆攻战纹鉴》上的攻战图案，西南晋宁石寨山铜鼓，铜盘图案中的人物，由于攻战、舞蹈等动作，下衣都成两分状，这也是裳的形制的一种旁证。《诗经·郑风·褰裳》："子惠思我，褰裳涉溱。"因为裳是前后两片，才可以前后分开搀起来趟水。

裳分为前后两部分，在蔽体方面还是有缺点的。汉代以后，人们干脆把裳的前后两片连缀起来，这就成了"裙"。"裙"是"群"的同源派生词，意思是将很多布幅联到一起，《释名》解释"裙"时说："联结群幅也"，是深得其理的。"裙"字在汉代才出现，可见其比裳晚出。《后汉书·明德马后传》："常衣大练裙，不加缘，特崇俭也。"《太平御览》引《西河记》说"西河无蚕桑，妇女著碧缬裙，加细布裳。"可见，裙、裳曾一度并行，裙穿在里而裳在外，二者并非一物。

绔，因质量与形式不同，还有"纨绔"和"穷绔"之别。纨是一种织连较为细致的生绢，一般穷人穿不起，是有钱人所穿之物，后来专指那些富贵而不务正业的人。杜甫《奉赠韦左丞丈二十二韵》："纨绔不饿死，儒冠多误身。"以后一直称那些游手好闲的阔公子为"纨绔子弟"。"穷绔"的通行名称叫裈，是有裆的，与现在的裤子接近。《世说新语·任诞》载："（刘）伶曰：'我以天地为栋宇，屋宇为裈衣。诸君何为入我裈衣。诸君何为入我中？'"另外还有一种犊鼻裈衣。诸君何为入我，类似后世的短裤，大概相当于现在的大裤衩。《史记·司马相如列传》："乃令（卓）文君当垆，相如身自著犊鼻裈，涤器于市中。"司马相如在公开场合穿此服，是为了丢其岳父卓王孙的丑。

▶▶▶ 第三节　履　类

古代的鞋有很多种，常见的有：屦（jù），履，鞵是同义词，只是古今的不同说法。朱骏声《说文通训定声》："古曰屦，汉以后曰履，今曰鞵（"鞋"）。这三个名词都是鞋的总称。屦用草、麻、皮、丝等制作。用草编制的称草屦，也称"菲屦"，还可称屣（xǐ），又写做屣。白居易《香山寺石楼潭夜浴》："绡巾薄露顶，草屦轻乘足。"由于草鞋易得而贱，古人便常以脱屣、弃屣比喻对事物的轻视。《孟子·尽心上》："舜视弃天下，尤弃敝屣也。""菅"（jiān）屦，也是草鞋，菅屦与菲屦应是用草的品种之别。"葛屦"是用葛藤加工成纤维编成的，介乎草麻之间，比一般的草鞋质量要好些。屦下加木底的叫舄（xì）。这种鞋可以在泥地里走而不怕湿。崔豹《古今注》说："舄，以木置履下，干腊不畏泥湿也。"其形制很像现在鞋加钉一层鞋掌。《史记·滑稽列传》有："男女同席，履舄交错"的话，履在先秦主要用法是动词，汉以后才逐渐变为名词。

屐是木鞋，鞋底下有齿。颜师古《急就篇注》："屐者以木为之，而施两齿，可以践泥。"南北朝时士大夫多嗜登山玩水，故喜穿此鞋。《谢灵运传》说："寻山陟岭必造幽峻……常著木屐，上山则去其前齿，下山则去其后齿"，以保持身体平衡，后人便称这种登山鞋为谢公屐。李白《梦游天姥吟留别》："脚著谢公屐，身登青云梯。"木屐至今还保留在日本人的生活之中。

踶（dī）是皮鞋，"鞾"即靴子，皮靴据说是从胡地传入的。《南史·武兴国传》："其国……言语与中国同，著乌皂突骑帽，长身小袖袍，小口袴，皮鞾。"穿靴便于骑马，胡人好骑，这种说法是可信的。

古代鞋上还有许多部件，除鞋底、鞋帮外，还有綦（qí）、絇（jú）、繶、纯。綦是鞋带；絇是鞋头上的装饰，有孔，可以系鞋带；繶是鞋帮鞋底的接缝中装饰的绦子；纯是鞋口上装饰的"边儿"。《晏子春秋·内篇》："（齐）景公为屦，黄金之綦，饰以银，连以珠，良玉之絇。"齐景公做个大鞋，鞋带儿上饰以金银和珍珠，鞋头上也镶上宝玉，可见其奢侈的程度。

顺便提一下袜子，古代袜子是用布帛、熟皮做的，故写做韈或袜。新中国成立前，我国北方农村还盛行布袜。古人穿袜子时要系带子。《史记·张释之列传》有："吾袜解，……为我结袜"的话。富贵人家也可以穿丝织的袜子。

第四节 佩　饰

古人佩饰很多，但主要的是玉。古人重视玉，玉器不仅用于祭祀、外交和社交等方面，而且是一种十分重要的装饰品。《礼记·玉藻》说："古之君子必佩玉"，又说："君子无故，玉不去身。"实际上，古人身上的玉佩，除了审美要求外，还有其观念上的因素。佩玉既可表明身份地位，又可表明德行品格，甚至可以表明行业职别。《礼记》曰："天子佩白玉，公侯佩山玄玉，大夫佩水苍玉，世子佩瑜玉，士佩瑜玟。"这是社会地位不同在佩玉质料上的区别。《白虎通》说："所以必有佩者，表意见所能。故修道无穷即佩环，能大道德即佩琨，能决嫌疑即佩玦，是以见其所佩，即知其能。故农夫亦佩其耒耜，工匠佩其斧，妇人佩其针镂，亦佩玉也。"这是德行品格和职业不同在佩玉形制上的差别。环是环形玉，当中的空心直径与四周的宽度相等。玦，即环缺一块，因其形状是环形断开，音又与"决"同，故古人常以玦寓决断，果决之意。上文所提"能决嫌疑即佩玦。"其意即从此出。

杂佩，是用多种形状的玉由丝绳等连接起来的一组玉。据说这组玉由珩（héng）、璜、琚、瑀冲牙等组成。珩是上面横着的玉，珩下面丝绳分为三股穿过珠子。中间一股在半截处穿着一块玉石，即瑀。最下端系着一块两头尖中间大的玉就是冲牙。两边的两股丝绳在半截处也各系一长方形的玉，就是琚，末端各系一块半环形的玉，缺口相对，就是璜。为了使璜不至于因前后摇动太大而远离冲牙，也为了使杂佩更加整饰而和谐，便在珩之两端各用一丝绳穿过瑀的中心而拴在两璜上。这样，走起路来冲牙与两璜相撞击，便发出铿锵悦耳的声音，这就要求佩玉的人："趋以采齐，行以肆夏。周旋中规，折还中矩，进则揖子，退则扬子。"（《礼记》）冲乐撞击双璜，所发声响一样，好像同出，并不易确知是哪一璜所发出。故后世有"说双璜"这一演出形式，其名称疑出此，璜又写做簧。

古代还有一些佩饰之物，如容刀、香囊等物。容刀是一种刀饰，香囊是装香草料的口袋。这些都又不常见而易懂，故从略。

第五节　炊具与食器

从文字记载和出土文物两方面来验证，我国最早的饮食器具是陶制品，后来才出现了青铜器、瓷器和铁器。殷商时代青铜器已经被广泛使用，并不断由粗到精、由大到小、由厚到薄。下面介绍几种在古籍中较常见的炊具、食具和酒具。

鼎是古代用来盛肉煮肉的炊具，多用青铜铸成。一般都是三足两耳，两耳可贯木杠以抬动。古代的肉食并不像后世那样切成小块，而是将整个牲畜解为若干部分，有时解为二体、七体、二十一体，随场合而定，甚至还有不解体而煮全牲的时候，因此鼎都比较大。鼎的下面烧火，肉煮熟之后，就在鼎内取食。大贵族每餐都要有好几种肉食，分几个鼎来煮，则叫做"列鼎而食"。列鼎数目要按照等级来定，周礼规定，天子九鼎，诸候七鼎，卿、上大夫五鼎，元士三鼎。春秋战国之际，诸候已不再遵守这些规定，用鼎数目逐步升级，诸候九鼎，卿、大夫七鼎，士三鼎。九鼎、七鼎的称太牢（牛羊豕三牲俱全）；五鼎称少牢（羊豕）；三鼎则只有豕。贵族进餐时，还要鸣钟奏乐，故在形容富贵生活时，常用"钟鸣鼎食"一词，王勃《滕王阁序》中说："闾阎扑地，钟鸣鼎食之家"，就是说这里的居民生活是富裕的。又因为鼎三足而立，故以鼎来比喻三方并峙的局面。

鬲（lì）是煮饭用具。其形状与鼎相近，多半是圆腹，侈口，下有三只空心的短足，与腹相通，为的是最大限度地接受热量，加快饭熟的速度。商周时期，鬲除陶制外，兼用青铜器，鬲也可看做鼎的一种，《尔雅·释器》说："鼎款足者，谓之鬲。"《汉书·郊祀志上》也说："其（指鼎）空足曰鬲"。

镬（huò）是专门煮肉的大鼎。《汉书·刑法志》注说："鼎大而无足曰镬"。指的是大鼎，就形状来看，有点像大锅或大盆。《说文通训定声》说："盖大盆。"确定为大盆。它既大又用以煮肉，古代则用它作为烹人的刑具。《史记·廉颇蔺相如列传》记载蔺相如对秦昭王说："臣知欺大王之罪当诛，臣请就汤镬。"汤镬，就是烧着开水的大锅，可见它还是一种残酷的刑具。

甑是蒸饭的炊具，类似现代的笼屉。直口，或边翻卷，底部有七个小孔可以通气，相当于现代的箅（bì）子。加米于其上。甑放在鬲上，鬲中装水，炊之，蒸之。上下部合成一套就叫甗（yǎn），也有把甑鬲做成一个整体的。

甑更常跟釜（fǔ）配合来使用，盛行于汉代，既有铁制的，也有铜制和陶制的。釜似锅，敛口，圆底，有二耳，可置于灶口，用来煮饭。釜甑常配套使用，故古书上常釜甑连言。《孟子·滕文公上》："许子以釜甑爨，以铁耕乎？"《史记·项羽本纪》："项羽乃悉引兵渡河，皆沉船，破釜甑"。釜甑连言代表炊具，以表示奋战决心，破釜沉舟成语即由此出。

古代的食器种类也很多，跟今天食器差别较大的，古书中又常提到的，分述于下。

簋（guǐ），也写做毁，是盛主食的器皿，盛行于商周时期。古人盛饭不用盌（碗）而用簋，《说文》中虽有盌字，实际上只是一种盛水用的"小盂"。簋的形状侈口，圆腹而圈足，有的足高，口侧附二小竖（pàn）（器物的提系）；有的敛口，深腹，下有三短足，形状似豆；有两耳而方形的。另外还有一种长方形的，叫做"簠"，本体与盖形状相同，各有两耳，用途与簋相同，所以古书上常常簠簋并举。《周礼·地官·舍人》说："凡祭祀，共（供）簠、簋，实之陈之。"郑玄注曰："方曰簠，圆曰簋，盛黍稷稻粱器。"

箪，古时一种竹制或苇制的用以盛饭的器具，类似后世的竹篮。《论语·雍也》中孔子赞美颜回说："一箪食、一瓢饮，在陋巷，人不堪其忧，回也不改其乐。"《孟子·告子上》说："一箪食、一豆羹，得之则生，弗得则死。"后来就常用"箪食壶浆"表示群众欢迎军队的情景，《三国志·蜀志·诸葛亮传》："百姓孰敢不箪食壶浆，以迎将军乎?"考簋、簠二字的字形属于形声字，也应该是竹制品，或以细竹蔑片编织而成的，或由竹筒制成。因为上古做饭先用水煮，然后捞出放在甑上蒸熟，故可用编织物盛装。后来发明了青铜，才逐渐取代了竹子而成为食具。

敦，是由簋演变而成的。现出土的敦大部分是春秋战国时的器物。初有三短足，圆腹，口侧附有衔环的二兽首。盖上有三环，好像无耳的鼎。

豆，是盛行于商周时期的一种器皿，形状似高脚盘，有的有盖，本是盛黍稷的，后来用以盛肉酱或肉羹。篆文中"豆"字是象形字，东周时铜豆很流行。春秋时，器呈半圆形，侧面有两环，高足，加盖成扁圆形；战国时，器形较深而无耳，高足。山西长治分水岭出土的金错夔纹铜豆，深腹带盖，盖上有握，腹间两侧有环形耳，通体刻画各种纹饰。上古时期木制豆叫豆，竹制豆叫笾，瓦制豆叫登。《中山狼传》中有"俎豆于贵家"的话，就是说成为富贵人家俎豆中的食品。

>>>> 第六节　饮酒器

上古的酒器也有多种，常见的有樽，是酒器的总名，作为专名，樽的形制似觚而中部较粗，鼓腹、大口、外侈，高圈足，樽的形制较多，有圆形也有方形的。但以圆形的为常见。樽盛行于商代和西周初期。陆游《杂感》诗中说："一樽易致葡萄酒，万里难逢鹳雀楼。"这里的樽就是总称。

壶，因时代不同，其形制也多异。商代的壶多是扁圆形的，大腹，贯耳（耳像筒子），圈足；周代的壶呈圆形，大腹长颈，有盖，肩上有兽头形衔环的双耳；春秋时的壶长颈鼓腹，肩有双伏兽；战国时期还有方壶。寿县蔡侯墓出土的莲鹤方壶，壶顶莲瓣中的立鹤展翅欲飞，器身有盘曲的大双耳龙纹，四角有立体怪兽，方足下伏有张口的双兽，造型生动，工艺精湛，是一件具有很高审美价值的工艺品。后代的壶则像瓶子。

卣，类似现代的水壶而无嘴。《周礼·鬯人》："庙用修。"下郑玄注曰："修，读曰卣。卣，中樽也。"可见卣是一种中型盛酒器。它的用途是专门盛秬（jù）鬯泡过的酒，在大祭典礼结束后，将酒洒在地上，以享鬼神。卣呈椭圆形，大腹、敛口，圈足，有盖，所有的卣都有梁。《左传·僖公二十八年》："（周王）策命晋侯为侯伯……赐之秬鬯（黑黍酒）一卣。"

彝，是清代金石家定的名。其形状长方有盖，器身有觚棱。流传下来的方彝，大多是商周时期的。湖北出土的曾国方彝，方体有盖，盖有些像屋顶，鼓腹敛颈，圈足直立，四角有棱。

罍，又写做"樏"或"垒"，既可盛酒，也可盛水。樏罍有两种，方形有盖，宽肩小口，深腹圈足，有两耳；圆形的大圈足，两耳，器身下部有个鼻，类似大坛子。《诗经·周南·卷耳》："我姑酌彼金罍，维以不永怀。"

觥（gōng）既是饮酒器，也是盛酒器。《说文》："觥，兕（sì）牛角，可以饮者也。"最早的觥是用兕牛角制作的，牛角成空状可以用来饮酒。铜觥，腹椭圆形，圈足，有流和把手；有角，盖作兽头形；有的器形呈牛角状，器身连着兽首，盖子在腹部。诗经《七月》上有"称彼兕觥，万寿无疆"的诗句，兕觥应该是兕牛角作的饮酒器。"觥筹交错"形容多人聚饮时的热闹情景。

爵，是古代饮酒器的通名。铜器多自名"尊彝""宗彝"而不自名"爵"，宋人把这种器物定名为爵，作为专名。其形制是深腹，前端有流槽，后端有翘尾，槽与口相接处有柱，底部有三只较高的足。既可用来饮酒，也可用来温酒。

觯（zhì），饮酒器，其形制是圆腹侈口，圈足。《礼记·檀弓下》："（晋）平公曰：'寡人亦有过焉，酌而饮寡人。'""杜篑洗而扬觯。"有的形状像现代的水杯。

觚，其名称也是宋人推定的，其容量不到爵的1倍。古书记载颇不一致。觚的形状是长颈、大口，口像喇叭，有觚棱，通腹面部有精细的纹饰。现存的觚是商周时期的。觚是最常见的饮酒器，多与爵配套使用。《论语·雍也》："觚不觚，觚哉！觚哉！"何晏《集解》说："比喻为政不得其道则不成"。可能是孔子看到当时的觚已经与以前的不一样了，觉得它名不副实，并由此联想到当时礼崩乐坏的政治局面。故发生"觚不像觚"的感叹。

斝（jiǎ），古书上也称"散"，现存的斝多是商代的，形状有些像爵，但比爵大，其形状是圆口双柱，旁边有把手，下边有三尖足。斝，既可饮酒，又可温酒。类似现在的大酒杯。

角，定名也始于宋代，角由盛酒器发展为饮酒器，其形制是细腰平底，宽把手，三只尖脚足，口部呈前后两只尖角形，前角略高，后角稍低，下有一个附饰的筒瑚流，宜酌而不宜吸饮。其整体形状与爵相似，但比爵大。传世的角是商代的。据《周礼·考工记·梓人》疏引《韩诗说》："一升曰爵，二升曰觚，三升曰觯，四升曰角，五升曰散（斝）。"可见爵、觚、觯、角、斝都是一类酒器，只不过容积大小不同罢了，但据书上实物考证，上述数据是不准确的。

杯，古时同"桮（bēi）"，是一种盛饮料的器具，既可用来饮酒，又可盛羹。椭圆形，两侧有弧形的耳，后人称之为耳杯，又叫羽觞，原料有玉、银、铜、漆等。《史记·项羽本纪》："沛公不胜桮杓（shuó），不能辞。""必欲烹而翁，幸分我一桮羹。"

第二十讲 古代节日习俗

▶▶▶ 第一节 元 日

中华民族是一个历史悠久的古老民族，有着丰富的文化遗产，并在漫长的历史岁月中，在广大的区域里，在各民族间，形成了许多节日习俗，这也可以称做"节日文化"。我们在阅读古代作品时，会时常遇到关于节日的记载和表述，在今天的习俗中，不时就会遇到这方面的问题。为了粗知其来龙去脉，本讲极为简略地介绍全民族性的一些主要的节日习俗。

元有开始的意思，正月初一就是新的一年的开端，所以称之为元日。即现在的春节，古人非常重视这个节日，这是中华民族最盛大的节日。

据崔寔《四民令》说，古代这一天要清净祭器，祭祀祖先，进酒降神。还要在庭院前燃火放爆竹以驱山臊鬼。据说山臊鬼在西方深山中，一尺多长，人碰上就生疾病，最怕爆竹声，因此人们便燃放爆竹来驱赶。

燃火习俗的另一说法是源于庭燎。所谓庭燎，是指上古时期，朝廷为了照明，在宫廷里点的长明灯火，同时还要饮椒柏酒，从年少到年长依次进行。为什么要饮椒柏酒？据说椒是玉衡星精，人服之后便身轻善走，而柏是仙药。喝酒之后还要服桃汤，到唐代时已改饮屠苏酒。古人认为这样可以压服邪气，镇压百鬼。

古代人认为桃木有避邪的功能，因此在门上放置桃木板，这样也可以使百鬼畏惧而不敢进门。后来在桃木板上刻画图案或写上文字来驱邪避灾，就成为桃木符了。王安石《除日》诗写道："爆竹声中一岁除，春风送暖入屠苏。千家万户瞳瞳日，总将新桃换旧符。"可见宋代依然流行这一风俗。

贴春联、换桃符虽然都在除日进行，但所体现的是元日的风俗。唐代的春节是三天假期。日本僧人圆仁在《入唐求法巡礼行记》（卷一）说："开成四年。正月初一甲寅，是年日也。官俗三日休假。当寺有三日斋。"

有些习俗至今仍在民间流传，不过有些已改变了形式。现在在一些农村地区每过春节，还要在院子里用树枝生火，放鞭炮；有的地方改饮屠苏酒为红糖水，说是为了来年甜美，也都是取其吉祥之意，当然祭祀敬神等迷信活动已逐渐消失。日本人现在也过这个节日，其风俗是在家门口装饰松枝和稻草绳，早上吃年糕，许多人还要参拜寺院和神社。

▶▶▶ 第二节　人日与上元

人日习俗也由来已久，《荆楚岁时记》说：正月初七是人日。董勋问《礼俗》说："正月一日为鸡，二日为狗，三日为猪，四日为羊，五日为牛，六日为马，七日为人。"前面六种是古代的"六畜"，第七日才轮到人，可见古人对于六畜很重视。

到人日这一天，要用七种菜做羹汤喝。还要剪彩人或镂金箔人，贴在屏风上，有的也戴在头鬓上。这些习俗现在不常见了，但人日这个节日的传统仍然保留着。另外的六个日子所属都有变化，唯独人日仍然是正月初七。现在东北农村有的地方流传这样的说法：一鸡、二鸭、猫三、狗四、猪五、羊六、人七、马八、九果、十菜、十一庄稼。所以每年正月初七家家户户都要包饺子，祝贺人日。到正月十一，早晨也要吃顿好饭菜，祈求有一个丰收年。

人日在古诗中时常见到，比较著名的是隋朝薛道衡的《人日思归》："入春才七日，离家已两年。人归落雁后，思发在花前。"

古代的上元节就是今天的元宵节。在上古时期，到了这一天，人们就做很稠的粥来祭祀门户，到唐朝时则改为祭门。首先把树枝插在门上，然后按照树枝所指的方向，用酒、干肉、饮食及豆粥里插箸而祭。当天晚上还要迎紫姑神。据说这个紫姑原来是人家的一个妾，被大妻赶走，正月十五这天愤懑而死。所以世人才做成她的形状放在厕所。在汉朝时，这一天祭祀太阳神，从黄昏要一直祭到天明。这种风俗与后来正月十五这天夜游观灯的习俗有关。这在唐时就很流行了，两宋更盛。在唐诗宋词与而后的戏曲小说中有很多的著名篇章，都对当时车水马龙的繁盛景象作了精彩的描述。

最早表现元宵节的诗歌当是初唐诗人苏味道的《正月十五日夜》："火树银花合，星桥铁锁开。暗尘随马去，明月逐人来。游妓皆秾李，行歌尽落梅。金吾不禁夜，玉漏莫相催。"从后两句可知当时的元宵节没有宵禁，可以彻夜狂欢。南宋女诗人朱淑真的《元夜》一诗写道："火烛银花触目红，揭天鼓吹闹春风。新欢入手愁忙里，旧事惊心忆梦中。但愿暂成人缱绻，不妨常任月朦胧。赏灯那得工夫醉，未必明年此会同。"辛弃疾在其名词《青玉案》（元夕）中写道："东风夜放花千树，更吹落，星如雨。宝马雕车香满路。凤箫声动，玉壶光转，一夜鱼龙舞。"把上元夜之繁华景象、热闹气氛描写得淋漓尽致。

正月十五闹花灯风俗的兴起时间大体可以确定，即在北周年间，大约在公元550年至580年之间。那么，这种风俗又是怎么产生的呢？万物之起，必有所始，闹花灯习俗的产生也一样，必定有个缘由。

233

从这一习俗产生的时间、地域及风俗内容来推测，可能与佛教的流传有关。《涅槃经》说：如来阇维讫，收舍利罂置金床上，天人散花奏乐，绕城步步燃灯十二里。《西域记》说：摩竭陁国，正月十五日，僧徒俗众云集，观佛舍利放光雨花。(参见徐坚《初学记》卷四)"阇维"是梵语，即焚烧火化的意思。《涅槃经》是说，如来死时火化后，将其火化后得到的舍利子装在精美的罂中，安放在金床上。然后仙人（当指佛门弟子）一边散花一边奏乐，并绕城以每一步的距离点燃一盏灯。

古代的"步"是长度单位，唐代的步大约相当于现代的一米四左右。燃灯的距离为十二里，等于六千米，那么大约需要点四千二百八十五盏灯，规模确实不小。释迦牟尼死在拘尸那城附近，这里的城大概便指该城，而十二里很可能是该城周围的长度。在那个时代，这样的城就算很大了。

很明显，这是为释迦牟尼涅槃举行的悼念仪式，但还没有明确记载是正月十五。而《西域记》所说的僧俗共同观看舍利放光的习俗可明确说是"正月十五"了。笔者认为，可能是这两种习俗的合流逐渐形成正月十五闹花灯这一民俗的。

从地点看，这一习俗开始流行于北方，即洛阳及周边州郡。这与北魏、北周时崇尚佛教，而著名禅宗大师达摩、慧可先后在嵩山少林寺传法可能有关。当时禅宗开始兴起，深受百姓欢迎。从习俗内容看，打破一切界限，不也正体现禅宗人人平等、人人都有佛性的观点吗！从以上几点来分析，闹花灯这一习俗的起源与佛教流传当有关系。

这种取消一切束缚、打破一切界限的习俗，时至今日还有余风。笔者孩童时期是在铁岭乡下渡过的，有一句俗语和风情至今记忆犹新，即"正月十五没大小"，平时绝对不许调侃逗笑话的人之间只有在这三天可以随便说笑，没有任何禁忌。百姓中，所谓的大伯子和兄弟媳妇是绝对不可以随便说笑的，更不可逗笑话。但在这三天里却允许，人们谁也不会说什么。若在平时，会被别人指着脊梁骨嘲笑。

由此可见，闹花灯的习俗起源于佛教及佛事活动，时间大约在北魏北周时期。但当这一习俗形成之后，其宗教色彩便渐渐淡化，而成为百姓们的狂欢节。

▶▶▶ 第三节　社日、寒食与清明

社日是祭祀社神的日子。社，主管土地的神。《说文解字》："社，地主也，从示土。"意思是说社神是土地的主人，是主管土地的。《春秋左氏传》上说共工之子句龙是社神。古时从天子到百姓都得封土立社，以祈福护佑。所以有大社、王社、国社、侯社、置社、民社等区别。社日又有春社、秋社之分。立春后第五戊日为春社日（大约在春分后），立秋后第五戊日为秋社日。春社之时，祈神福佑谷物丰收；秋社时收成已定，是收割季节，祭社神是表示感谢神佑之意。社日祭典是颇为隆盛的。杜甫在《遭田父泥饮美严中丞》写道："田翁逼社日，邀我尝春酒"。王驾《社日》诗上说："桑柘影斜春社散，家家扶得醉人归"。可见当时在社日人们都要相聚饮酒的。陆游《游山西村》："箫鼓追随春社近，衣冠简朴古风存。"可见南宋时期这一节日依然很受重视，当春社将来临时，人们吹箫击鼓排演节目准备庆祝。但春社的习俗现在基本没有了，人们似乎忘记了这个节日。

寒食节的习俗现在已经没有了。古人所过的寒食节，即指从冬至后起，过一百零五天，即清明前两天（或前一天）。寒食节的来历有两种说法：一是说晋文公重耳流亡时，介子推曾随之奔波，并背过晋文公，今山西介休县即是介子推背文公休息之处，又曾割股肉给文公吃。晋文公复国后大封功臣，却把介子推遗漏了。有人提到这件事，晋文公便找他，要封他官，他听说后，便背着老母亲逃到深山中。文公找不到，便放火烧山，认为他一定能出来，结果他抱树而死，文公悔而哀之，便命令人民在这一天不能用火。

但《左传》和《史纪》中都没记载介子推被焚之事，《左传》只记："介之推不言禄，禄亦弗及……遂隐而死。晋侯求之不获，以绵上为之田。"而且时间上也不相符。京剧也有《焚绵山》剧目，恐是演义，此种说法不一定可靠。

另一种说法是说周朝时，仲春之月在国都中敲木铎，循查禁火，可能是为了防火的需要吧。到季春之月就不焚火了。而寒食的节气也正值仲春之末。在周代已有这种风俗。唐时，寒食节依然为人所重，韩翃《寒食》诗："春城无处不飞花，寒食东风御柳斜，日暮汉宫传蜡烛，轻烟散入五侯家。"就是借寒食节来讽刺那些权贵的。

寒食节一到，三日内不准生火做饭，都要吃事先做好的冷餐。唐前，人们煮粳米粥或捣杏仁煮作粥。唐朝时改作煮大麦粥，研碎杏仁放里边，再用饧沃之。还有斗鸡、斗鸡蛋的风俗。所谓斗鸡蛋，就是富豪之家吃的鸡蛋都要画上画，先染上蓝或杂色，再在上边绘画，互相赠送，来比谁的做工精。魏晋时，富豪比赛奢侈，画蛋之风也大盛。由于寒食节与清明同时，所以，古人常常把清明和寒食节联系起来。故沈佺期在《岭表逢寒食》诗中说："岭外逢寒食，春来不见饧。洛阳新甲子，何日是清明"，寒食清明并提。《中文大辞典》所引《燕京岁时记·清明》条说："清明即寒食，又曰禁烟节，古人最重之，今人不为节，但儿童戴柳祭扫茔而已。"

清明现在依然很受重视。每到清明，各地人民、尤其是青少年还要去祭扫烈士墓，民间也在这一天去祭扫祖坟。慎终追远是中华民族传统美德之一，因此，这一习俗有道德教育的价值，但清明节的其他习俗大部分都消失

235

了。

>>>> 第四节　上巳与端午

上巳节是三月三日，古人在这一天游春。人们都作郊游，一般是到水滨进行流杯曲水之饮，十分热闹。这种风俗的起因尚不清楚。但早在春秋时，郑国百姓就有这种风俗了。那时是在三月上巳这一天（不一定是三月初三），人们都到溱、洧两条河边去，手持兰花，祓除不祥。以后就逐渐定为三月三日了。据《续齐谐记》记载，晋武帝（司马炎）时，曾问及臣下这个习俗的来历，挚虞和束皙作了不同的回答。结果挚虞因回答不称旨而遭贬斥降职，而束皙的回答因符合武帝的心意，则得到五十斤黄金的赏赐。可见晋代对此风俗便已知其然而不知其所以然了。

实际上，在三月初，黄河流域已春暖花开，人们熬过了寒冷而漫长的严冬，值此风和日丽之时，心情高兴，便都要到郊外游玩一番。约定俗成，渐成惯例，也不一定有什么典故。在唐宋时代，这种风俗仍很风行，从民间百姓到朝廷中的王公大臣、天子皇后，都要游春。在古诗赋中反映游春盛况的篇章非常之多。如魏晋六朝时著名诗人庾信、张华、谢灵运、沈约等都有记述此节的诗赋。最著名的是唐代大诗人杜甫的《丽人行》诗："三月三日天气新，长安水边多丽人。态浓意远淑且真，肌理细腻骨肉匀。绣罗衣裳照暮春，蹙金孔雀银麒麟。头上何所有？翠为㔩叶垂鬓唇；背后何所见？珠压腰衱稳称身……"可见在游春时，到处是雕帷画舫、金珠重玉、罗衣朱唇的豪华美色。群众所喜爱的评剧《杨八姐游春》反映的内容也是在三月三日发生的事情。在日本，三月三日是女孩的节日，女孩在房间里摆饰偶人，较受重视。

端午节的起源则是为了纪念爱国诗人屈原。屈原是战国时楚国的左徒，因为坚持正义，与统治集团内的腐朽势力斗争，遭到失败而被贬为三闾大夫。后来楚国终因执政君臣的昏庸而屡遭惨败，最后连首都郢城都陷落了。屈原悲痛已极，便在五月五日这一天自投汨罗江而死。楚国人民哀悼他，每到一年的这一天，便用竹筒装米，投入水中来祭奠屈原。据说，汉建武年间，长沙有一位叫欧回的人看见一个人，自称三闾大夫，对他说："被大家所祭奠，非常感谢，但常常苦于祭品被蛟龙窃去。可以用楝叶塞上，用彩丝绑上，蛟龙害怕这两种东西。"所以后人不用竹筒装米，改用粽子（古代也叫角黍），即用苇叶或箬竹叶包裹糯米成三角形的一种食品，用丝线缚上，来作祭品，这种风俗一直延续到今天。现在每逢端午节，人们还是要吃粽子的。另外，这天还有许多风俗，如长命缕、插艾蒿、竞龙舟。

此外还有一些忌讳，如这个月中不要盖房子、不晾晒炕席等。所谓长命缕，又叫续命缕、五色丝等，就是把五种颜色的彩线编织在一起，俗语叫做五色线，然后戴在手腕脚脖上，据说可以长寿消灾。这种风俗新中国成立初期在农村的很多地方依旧流行。有时也用彩布、彩绸等做成多种动物，和五色线一起给小孩佩带，也能起长命弭灾的作用。

插艾蒿，即这一天鸡叫前，上山采艾蒿挂在屋门上，有的插在房檐上，可以消除毒气。至于这种风俗起于何时，已难详考了。据《荆楚岁时记》说，有一位叫宗则、字文度的人，常常在五月五日鸡鸣之前采艾蒿，用它来灸穴位，很灵验。于是便在这一天竞采艾蒿，至今未衰。这天清晨，无论老幼，满山遍野采摘艾蒿。山东还有赠送五色线荷包的习惯，青年男女可以互相赠送，以示友好。有的人已不认艾蒿，而多以水蒿当之。笔者曾写诗道："媪翁童稚满山腰，西觅东寻兴致高。可叹世人识货少，尽拿水蒿当艾蒿。"

竞龙舟，是说当时为拯救投江的屈原，人们便争先恐后地划船去救。此俗流传下来，就是今天的赛龙舟。至于忌盖房屋、晾晒炕席之俗，也有一些传说。可能江南之地，每至仲夏之时，气候变化大而多流行病，所以被称为恶月，而多忌讳。现在日本、韩国也过端午节，但内容不一样，日本的五月五日是男孩节，有男孩的人家都要挂鲤鱼旗。

▶▶▶ 第五节　伏日与七夕

伏日就是今天的初伏，也叫头伏。关于伏日的来历，很少有人知道。伏日的风俗至晚在战国时就有了。古人把四季分别配以木、火、金、水，实际上与四季的气候有关，春天草木滋生，故属于木；夏天炎热，故属火；秋天收获而色又近于金，故属金；冬季寒冷，故属水。四时代谢而相生，唯夏秋相代不相生而相尅，春是以木代水，水能生木，夏天是以火代木，木能生火，冬天以水代金，金能生水，秋天则是以金代火，而金正畏火。庚日属金，所以庚日必伏。所谓伏，是金气伏藏的意思。因此古人以夏至后第三个庚日为初伏，四庚为二伏，立秋后初庚为三伏，与今天三伏的时间大致相当，古人每逢伏日吃汤饼以避恶，所谓恶，大概指暑气而言。西汉时，朝廷已经很重视这个节日。

据《汉书》记载，东方朔为郎，伏日这天，诏赐诸郎肉，可是人未到齐，尚未下诏，迟迟不得赐。东方朔着急了，自己拔剑割了一块肉，对同官说："伏日应该早点回家。"端着肉就走了。

有人将此事上奏，说东方朔不守规矩。次日早朝，汉武帝问东方朔说："赐肉为什么不等诏命下来就独自割肉回去？"东方朔回答说："接受赏赐而不等待诏命，是多么无礼；拔剑割肉该是多么雄壮；割肉不多又是多么廉洁；归赠妻子又是多么仁义！"汉武帝一听不禁失笑说："让你自责，反而自夸起来，好吧，回去赠你的妻子去吧！"于是又赐给他一卮酒、一斤肉，让他归赠妻子。从这则故事可以看出，汉代朝廷在伏日是要赐群僚百官肉的。现在农村初伏时也还要吃饼，谓之伏饼。有的地方吃汤面，谓之伏面。

"七月七，牛郎会织女"，这是至今仍在民间流传的一句话。关于牛郎织女的传说起于何时，不好确定。汉末古诗十九首中的《迢迢牵牛星》一诗，对于牵牛星（牛郎）、河汉女（织女）二星宿隔河相望而不得相亲相爱的痛苦情景，作了生动的描述。"迢迢牵牛星，皎皎河汉女。纤纤擢素手，札札弄机杼。终日不成章，泣涕零如雨。河汉清且浅，相去复几许。盈盈一水间，脉脉不得语。"很明显，写的是人间夫妻阻隔相思的情景，可以看出牛郎织女的传说是多么久远了。古人在这天晚上把庭院洒扫干净，放上桌椅，摆上酒脯水果，并向牵牛织女二星洒散香粉，认为二位星神在这天夜里相会。在这一天守夜的人都有所祈求，有祈求富贵的，有祈求长寿的，有祈求生子的，但只能求一样，不能兼求。

这天晚上妇女要结长命缕，穿七孔针，以祈求手巧。七月七日，已被古人描写为夫妇相会的喜庆日子，故古诗赋中多有反映，南北朝时著名诗人谢朓、庾信都曾著有《七夕赋》，此后反映的就更多了，白居易在《长恨歌》中说："七月七日长生殿，夜半无人私语时"，指的就是唐明皇与杨贵妃七月七日晚上在长生殿海誓山盟的情景。李商隐在《马嵬》诗中写道："此日六军同驻马，当时七夕笑牵牛"。安史之乱时，玄宗入蜀，路经马嵬，六军不发，要求处死杨贵妃。而当年七月七日李杨二人在长生殿笑牵牛织女夫妇每年只逢一次，不如他们天天在一起，今日又如何？生离死别，讽刺意味是很足的。

在这类题材中，引人激赏并赋予新意的要属北宋词人秦观的《鹊桥仙》："纤云弄巧，飞星传恨，银汉迢迢暗度。金风玉露一相逢，便胜却人间无数。柔情似水，佳期如梦，忍顾鹊桥归路！两情若是久长时，又岂在朝朝暮暮？"最后两句在传统中翻出新意，夫妻若有真情，离别也不会有什么关系，格调高远而旷达。关于牛郎织女的故事，在民间是家喻户晓、妇幼皆知，流传极为广泛、深远。

▶▶▶ 第六节　中元与中秋

七月十五日为中元节，农村一般称之为鬼节，大概是因为它起因于佛教的缘故。《荆楚岁时记》上说，七月十五日这天，僧尼道俗悉营盆供在寺中。《盂兰盆经》上说，目连看见他死去的母亲转生在饿鬼中，就用钵盛饭去喂他的母亲，饭未入口，就变成火炭，怎么也吃不到口。目连大叫跑来告诉佛祖，佛说，你母罪重，非一人所能救得，应当用十方众生的威神之力。到七月十五这天，为那些七代父母中有遭厄运的，准备百味五果，放在盆中，供养十方大德。佛命令众僧都为施主祝愿七代父母，进行禅定，然后受食。这时，目连的母亲也就得脱一切饿鬼之苦。目连向佛请求，未来世佛，弟子行孝顺的，也应设奉盂兰盆供养。佛言大善。所以后人对盂兰盆广为华饰，极尽工巧。

新中国成立前，这种习俗还很盛行，如电视连续剧《四世同堂》中反映的，为死者做荷灯，燃上蜡烛，放到湖水里去，以求超度。这种迷信活动现在在民间已不见，一般的是吃一顿好饭菜而已，有时则忽略不过。日本关东在七月份，关西在八月份，仍然过盂兰盆节，仪式比较隆重。

中秋者，仲秋也。《梦粱录·中秋》说："八月十五日中秋节，此日三秋恰半，故谓之中秋；此夜月色倍明于常时，又谓之月夕。"所以在这一天晚上，人们常在庭院里摆设水果，饮酒赏月。此俗起于何时，尚难以确考。隋代崔寔《四民月令》始载此节，称为"月节"。但中国唐代对于中秋节还很不重视，倒是邻近的新罗国非常重视中秋，极其热烈。《旧唐书·东夷传》（新罗）条载："重八月十五日，设乐宴饮，赍群臣射其庭。"《中华大辞典》所引《曲洧旧闻》说："中秋玩月，不知起于何时，考古人赋诗，则始于杜子美。"古人咏中秋明月的诗词并不少见，但最为人所传诵的要算苏东坡的《水调歌头》词，其结尾几句说："人有悲欢离合，月有阴晴圆缺，此事古难全。但愿人长久，千里共婵娟。"借中秋明月表达了极为旷达的胸怀，确是高标的千古佳作。

239

中秋节现很受重视，每逢此节，人们在院中摆上各种水果和月饼，家人团聚，尝鲜赏月。

▶▶▶▶ 第七节　重　阳

古人以九为阳数，九月初九，是两个阳数相重，所以又叫重阳节。《荆楚岁时记》说：九月九日这一天，士人都到野外宴饮。《西京杂记》又说：汉武帝宫人贾佩兰九月九日佩茱萸、食饵，饮菊花酒，说可以令人长寿。但却"相传自古，莫知其由"。

关于九月九日这个风俗节日的形成，有两种传说。《续齐谐记》说：汝南桓景，随费长房游学，费长房对他说，九月九日汝南当有大灾难。急令家人缝囊盛茱萸系臂上，登山饮菊花酒，此祸就可以消除。桓景照办，全家坐于山上。晚上回家，见鸡犬一时暴死，费长房说，鸡犬也可代替受灾。关于吃饵的习俗，据《玉烛宝典》说，是因为当时正值谷物粘谷成熟的季节，新熟的粮食味美，人们都要尝新，积久以为风俗，便形成了吃饵（年糕）的习惯。重阳节的习俗现在不太流行。

重阳节赏菊饮酒、插茱萸登高的习俗，在古代已很盛行。晋陶渊明在九月九日这天没有酒，在宅边菊丛中摘菊盈把，坐其侧，很长时间，后来见一个白衣人，乃是江州刺史王弘送酒来了，即便就酌而后归。可见当时在九月九日这一天就菊花饮酒是极受重视的一件事。唐代孟浩然的《过故人庄》尾联写道："待到重阳日，还来就菊花。"王维《九月九日忆山东兄弟》一诗中，表现得更为清楚："独在异乡为异客，每逢佳节倍思亲。遥知兄弟登高处，遍插茱萸少一人。"宋代女词人李清照在《醉花阴》中也要在"佳节又重阳"的时候"东篱把酒黄昏后"，都深刻而具体地反映了这个节日的习俗。

▶▶▶▶ 第八节　冬至与腊日

古代由于天文历法不够发达，故非常重视观察日影，很重视冬至、夏至、春分、秋分这四个时日。冬至这一天，日影最长，即斜度最大，天最短。从这一天起，就开始日渐长夜渐短了。所以古人认为它是阴阳万物之始，阳升阴化之初，故冬至所在之月为建子之月。因此，每逢冬至，朝庭都要举行大典，仪式很隆重。沈约《宋书》说："冬至朝贺享祀，皆如元日之仪。"可见与元日并重。另又有进鞋袜之俗。在中古近古时期，儿妇常在冬至这天做鞋、袜子赠给公婆。还有做赤豆粥的习俗。据说共工氏有一个儿子大逆不道，在冬至这天死了，变做厉鬼，畏赤豆，所以人们做赤豆粥来禳灾。

冬至节在唐代时依然非常隆重。日本僧人圆仁在《入唐求法巡礼行记》（卷一）载：开成三年十一月"廿七日，冬至之节，道俗各致礼贺。住俗者，拜官，贺冬至节。见相公即道：'暑运推移，日南长至，伏维相公尊体万福。'贵贱官品并百姓皆相见拜贺。出家者相见拜贺，口叙冬至之辞，互相礼拜。俗人入寺，亦有是礼。"下面还有很长一段文字记载寺庙中僧人相互道贺的礼仪和语言。在前一天，圆仁记载说："夜，人咸不睡。"这便与除夕守岁相同。圆仁认为，唐朝的冬至与日本的正月初一节日一样隆重。但唐代冬至与春相近的文献很少见，故这条记载对于开阔我们的视野很有价值。

腊日就是现代的"腊八"，至今虽然已经不是大典，但民间仍较为重视。现在农村还普遍流传有关腊月的谣谚，诸如："腊八腊八，冻掉下巴。""小孩小孩你别馋，过了腊八就是年。"前者说腊日天寒，后者说离年已近，均说出一定的道理。关于腊日节日的形成，确实比较复杂。首先在名称上就各不相同。《风俗通》说：夏朝叫清祀，商朝叫嘉平，周朝叫大腊，汉朝叫腊。腊者，猎也，就是在这一天猎取野兽，以祭祀祖先。《玉烛宝典》认为腊是祭先祖，蜡是祭百神，是同日异祭。而《礼记》又说，天子大腊八，是蜡祭八物，即一先啬、二司啬、三农、四邮表畷、五猫虎、六防、七水庸、八昆虫。至于以哪天为腊日，各朝代并不相同，但都是在十二月。

先秦时代具体时日没有记载，《左传》中晋伐虢国向虞国借道，虞君不听宫之奇谏阻，宫之奇说："虞不腊矣！"意思说虞国不等举行腊祭时就要亡国了。但具体日期并没有说。汉朝以戌日为腊日，魏以辰日，晋以丑日为腊日，可见古代的腊日并不确定的，而祭祀的内容也不相同。或打猎祭祖，或祭祀百神。其仪式也相当隆重，从晋代裴秀的《大腊诗》中可窥见一斑。其中有这样的片段："四方来绥，充牣郊甸。鳞集京师，交错贸迁。纷葩相追。掺袂成幕，连袣成帷。有肉成邱，有酒如泉，有肴如林，有货如山，率土成欢。"可以说是庆丰收全民欢乐的节日。

今天民间所过的腊八，大概就是天子大腊八的演变。又说用八种谷物煮成粥，以庆一年的丰收。但现代的"腊八"给人的感觉就是"腊月初八"，可能是演变过程中其他因素都在消失，而固定在腊月初八这一天则使人产生这样的感觉吧。最原始的"葛天氏之民，三人操牛尾，投足，以歌八阙"或许与腊八祭祀习俗的形成有关。

▶▶▶ 第九节 除 夕

"除夕"，顾名思义，就是除去旧岁的晚上。除是除旧布新的意思，因而称这一天为岁除，岁除的夜晚就叫除夕。《吕氏春秋》说，这一天要击鼓驱逐疫疠之鬼，叫做逐除，也叫傩。傩是驱逐疫鬼瘟神等不祥之兆的仪式，在先秦时代是颇受重视的仪式。《论语·乡党》说："乡人傩，朝服而立于阼阶。"乡里人迎神驱鬼，孔子便穿着朝服站在东边的台阶上。可见孔子很重视这种风俗。这一天是新旧两年的过渡，自古而今，备受重视。

《荆楚岁时记》说：岁暮之时，家家都准备丰盛美味的佳肴，相聚欢饮。唐太宗曾作诗说："虽阴穷暮纪，献节启新芳。冬尽今宵促，年开明日长。冰消出镜水，梅散入风香。对此欢终宴，倾壶待曙光。"可见就连古代皇帝也要畅饮守夜而通宵达旦。

关于唐代的除夕风情，日本僧人圆仁在《入唐求法巡礼行记》（卷一）说："（开成三年十二月）廿九日，暮际，道俗共烧纸钱。俗家后夜烧竹与爆声，道'万岁'。街店之内，百种饭食，异常弥满。日本国此夜宅庭屋里门前到处尽点烛也。大唐不尔，但点常灯，不似本国也。寺家后夜打钟，众僧参集食堂礼佛。"后面还有寺庙僧人的一些习俗，非常具体。腊月一般是三十天，但有时候是小月，即二十九天，东北称这种年份为"秃尾巴年"。可见开成三年（公元838年）便属于这种情况。

圆仁所记是他当时亲身经历，可见晚唐时期虽然社会状况不太好，但节日风情依旧。这里的"烧竹"可能是用竹子燃烧生火，同时放爆竹，然后人与人之间相互祝贺"万岁"，街上店铺里也到处是各种食品，十分齐全。这种节日气氛与现代相差无几。

苏轼在《守岁》诗中也写道："儿童强不睡，相守夜欢哗。"写出了宋代人普天同庆的欢乐夜晚的盛况。清代铁岭诗人魏燮均《除夕·其二》诗道："绕灯嬉不寐，儿女候分钱。守岁坐终夜，迎神辞旧年。人多宣吉语，门已换新联。我奉屠苏酒，高堂祝寿延。"写出了当时除夕之夜的风俗，因为距离我们最近，所以和现代风俗几乎一样，我们略作分析。

前两句说儿女们绕着灯跑着玩不睡觉，是在等着分钱。除夕半夜十二点，家长要给儿女们压岁钱，多少没有定数，但一定要给。三四句写半夜时进行的接神仪式，除夕守岁要彻夜不眠，而在十一点后，一般要出去迎接财神。旧时每年的日历上都有财神所在的方位，如"财神正东"等，然后就要到本村庙宇的东方象征性地迎接一下。"人多"两句说人们见面都相互祝贺，一般最常用的语言是"见面发财""万福""大吉大利"等吉祥话。院门口、房门口、里屋门口、车上、碾子、磨、猪圈、鸡架、粮仓等处都要贴上春联。院门、房门等处的对联内容随着主人和时代不断变换，但一些器物和猪圈、鸡架上的内容很少变化。碾子上都是"白虎大吉"，磨上是"青龙大吉"，车上是"车行千里路，人马保平安"，猪圈上是"肥猪满圈"，鸡架上是"金鸡满架"等。最后两句是因屠苏酒祝寿，当时诗人的母亲在世。这些习俗至今还保留着，除夕至今依然是中国最热闹的夜晚，如今中央电视台的春节联欢晚会给这一节日注入新的内容，增加新的喜庆。

第二十一讲　古代的居处与车马

▶▶▶▶　第一节　传说中的巢居与穴处

在中国古老的传说中，有巢居穴处的说法。《庄子·盗跖篇》说："古者禽兽多而人民少，民皆巢居以避之。昼拾橡栗，暮栖木上，故名之曰有巢氏之民。"远古时代人兽杂居，人少兽多，人们晚上睡觉时为避免被禽兽吃掉，便爬到树上去住。这时人类还不是动物界食物链的顶端，有点像现在灵长类动物的生存状态。另外夏季洪水泛滥也给人类生命造成极大的威胁，架木巢居也可稍避洪水。

《韩非子·五蠹》里也有类似的记载："上古之时，人民少而禽兽众，人民不胜禽兽虫蛇。有圣人作，构木为巢，以避群害，而民悦之，使王天下，号曰有巢氏。"这里提的"圣人"就是巢居的发明者——有巢氏。她为人类的安全作出了重大贡献，是人类历史上的一大进步。巢居似乎维持了很长时间，许多史料上记载，结栅而居，上设茅屋，下养牛豕，"家"字的形成恐怕与巢居有关。

巢居与穴居孰先孰后？还是同时并有？古书记载也不一样，项峻《始学编》（见《太平御览》卷七十八）："上古皆穴处，有圣人出，教之巢居。今南方巢居，北方穴处，古之遗迹也。"最早是穴处，以后才知晓巢居，再后来则是南方巢居北方穴处。从今天留下的历史遗迹看，这种说法是可信的。但后来就都在地面上居住了，它标志着人类由采集野果向狩猎和农业生产方面过渡。

巢居在今南洋和两广人们的习惯中还能看到，穴处可从西安的半坡遗址推知其大概。半坡文化距今已有六七千年的历史，它能帮助我们了解古代的村庄形式、房屋建筑的结构形式，以及公共场所的建设情况等。

▶▶▶▶　第二节　原始社会中的民房

从西安半坡遗址看，当时住房分为方形和圆形两种，其基本特征是相同的，都是半地穴式的建筑。其中都有一个圆形或方形的火塘，在火塘和门口之间用两道低矮的墙做成一个方形的门槛。门口都朝南。

方形房子共发现十五座，又有长方形和方形两种，大部分都是半地穴式，也有少数是从地面上建筑起来的。半地穴式的房屋结构比较简单。建造时，先在平地上挖半米至一米左右深的土坑，坑壁即为墙壁，再在中间挖一个方形或圆形的小坑，做火塘（俗称灶坑）。火塘两边有两根或四根柱子支撑屋顶，然后在地面四周再有橡木铺成斜坡状，最后抹上十至十二厘米厚的草泥。火塘旁边有圆柱形烟囱通向屋顶处。门口有一条狭长的斜坡状或台阶状的门道，有的还有土门槛。在门口通道上用木头脚架抹泥搭成棚子，这样既可防雨雪侵袭，又可使居处隐蔽安全。其防雨功能类似后世建筑的雨搭，直到今天，楼房建筑一般在正门前还要建此种设施。

长方形房子比方形出现的稍晚一些，门口开在较长的一边。屋内左边大约有五分之二的地方高出其他部分约十厘米左右，大概是人睡眠之处，其作用相当于土炕。这种房舍是半坡先民最有代表性的一种建筑。房子门道上的棚架部分据张震泽考证，应叫做窒皇，因古代墓葬中通向墓室的斜道部分叫做窒皇，其作用相仿。《左传·宣公十四年》写楚庄王欲伐宋国，为了寻找借口，便派使者经由宋国去齐，使者果然被宋国杀了。楚庄王本来就急于兴兵，因此"楚子闻之，投袂而起，屦及于窒皇，剑及于寝门之外，车及于蒲胥之市。"杜预注说："窒皇，寝门阙"。也是由堂到寝室门的甬道。

另一种方形房子是从平地建起，构造较为复杂。其外形复原后可能与现在民间两边出檐的草房相仿，在四周墙脚和中间隔墙部分全用粗柱子支撑房架，粗柱子中间再用细木柱、木枝等物排满，缠以葛藤，最后用草泥涂抹。墙厚大约十六厘米。根据遗址中木柱的排列情况，可以推知其结构就是"人字架"两边出檐式。可见此种建造模式在五六千年以前就被先民们使用了。

共发现三十一座圆形房屋，结构上也可以分为地上式和地穴式两种。其建筑材料也都是木柱和草泥。木柱排列很密，直径约五米的房子大约就要六七十根壁柱，半尺多远一根，中间夹杂一些小木棍、木枝之类的东西，用藤葛缠绕，再抹上草泥。屋子里立二根、四根或六根木柱支撑房顶，周围也用密密的橡木放射状地排列，再铺上木枝，抹上草泥。屋内有一灶坑，门口到灶坑有通道，两边略高，似乎是住人之处。这种房子地穴式类似圆锥体，地上式类似蒙古包。在每个房屋旁还有一个或几个大小不等、有方有圆的地窖，相当于今天的菜窖或储藏室，用以收藏各种生活资料，多是口小底大的圆形坑，口小易盖，底大多储。

半坡遗址除民宅外，还有一座大房子，面积约一百六十平方米，坐落在村中心。大概是氏族成员集体活动的场所，类似后来的大礼堂，一些群众性的公共事务都在这里进行。《左传》中多次提到的乡校，《诗经·豳风·七月》中的"跻彼公堂"大概都指这类房子说的。

在村子周围挖有一条宽、深各五至六米的大沟，其作用相当于现在的围墙，既可防野兽的骚扰，又可御其他部落氏族的侵略，同时，雨水大时，还可排泄积水。村边大沟上架设一两座小桥连接外地，以便外出采集和渔猎等活动。村子中间还有一两处小沟，可能是家族之间的分界。如果把各个房屋复原，便是一个很典型的原始村落。房屋大小不等，相间错落。由此推知，当时人们吃用的大部分资料可能是集体劳动获得的，而房屋建造则主要靠个人的劳动，否则这种不同等级的住房便难以进行说明。家庭劳动力多而壮的，建造的房屋就高大宽敞一些，如地面上的大型方房或圆房，反之则简陋一些，只能盖成地穴式的小房。

半坡遗址尚未发现水井遗址，可能当时饮河水。半坡遗址就坐落在浐河岸边。另外，从当时整个关中地区仰韶文化遗址分布的情况来看，也可推知当时人们都饮河水，他们尚没有掌握打井、汲取地下水的知识，因此各个遗址都在渭水及其支流浐河、灞河、泾河等河流的两边，绝无例外。

▶▶▶▶ 第三节　商周时代的民房

古代社会，科学技术发展非常缓慢，人们的生活条件，尤其是居住条件的改善速度也非常迟缓。直到商代，尚无大的改善。但从《藁城台西商代遗址》一书的介绍来看，商代民房的建筑比起西安半坡遗址来，还是有了一定的进步。其最显著的特点是板筑、土坯砌筑技术的使用和水井的建造两点。

1956年以来，在河北省藁城县台西村发现了商代遗址，出土了商代中期的重要文物。这个遗址共发现十二座房的遗存，只有一座"半地穴"式，其他十一座都是地面上的建筑。房子大小、样式不一，东西南北屋都有，残存的结构较为明晰，有一间的，也有两间、三间的，布局、排列有一定的秩序，墙壁最高的有三点三八米，是迄今为止我国商代考古中发现的房子墙壁中保存最为完整的一例。

其中最有代表性的是二号房子。这座房屋是长方形，东西向（相当于现代的厢房），南北两间式住宅，南北长十点三五米，东西宽三点六米，中间筑有一道山墙，将整个房屋隔成两室，中间的山墙没有门；说明两室不相通。北边的那间屋叫堂间，屋门开在西壁的南端，门宽为零点五米，门道内侧筑有土门槛，房子内长四点二米、宽二点三米，无东墙。有两个柱洞，一个在房檐偏北处，另一个在北墙东端，一半在外，一半嵌入墙内，洞的直径都半尺多，深一米，是个木柱子的遗迹。这两个木柱洞就是房檐的位置。

南边那间叫寝间，稍微大一些，屋门在东墙的南端，门宽为零点六米，房子内长四点三五米、宽三点一米。中部偏北地面上也有一个柱洞，深二十厘米，洞底用碎陶片掺草泥夯成陶基。这三个柱洞壁上都残留树皮，足见使用圆木并不剥皮，司马迁说尧舜时的建筑是"茅茨不剪，采椽不刮"（《太史公自序》），是真实的。发掘情况表明，建造这座房子时，曾平整地基，挖去地面上约零点五米的活土层，再填入纯净的暗褐色胶性土，边填边用小石夯砸实。用小石夯夯砸地基和墙壁是我国早期建筑的特点。

在地基上用木板做成夹槽状，两侧用木桩子衬住，然后装用胶性土，夯实，再将木板拆去，就成一座土墙，上半部用土坯砌筑而成。墙厚四十至七十厘米。从残存的土坯来看，其规格是长三十九厘米、宽三十厘米、厚六厘米，比现在农村土坯略大一些。从此，板筑和土坯砌筑就成为我国古代建筑的主要方式。而土坯的使用还为用砖做建筑材料提供了启示。墙壁建成后，内外再抹上一层厚约三厘米的草泥，并用火将屋内地面和墙壁烘干，不但墙壁坚硬而且防潮。

这座房子山墙的形状已看不清，但参照七号房子的山墙，可知其在离地面一点二米处还有一个宽二米多的窗户，与之相对的另一山墙上离地面二点三米处有一个不大规则的方孔，高四十厘米左右、宽二十多厘米。从而可以推知有窗户的山墙那边是住人的房间，带有不规格小口的山墙那边是生火做饭的处所，类似今天的厨房，农村也叫"外屋地"。那个小口即是风窗。

如上文所述，古代社会中，人类文明的发展速度非常缓慢，从古籍的记载中我们可以知道，周朝，最起码是西周时的民房基本上还是这种形制。西周初期的《七月》诗有这样的诗句："穹窒熏鼠，塞向墐户。嗟我妇子，曰为改岁，入此室处"，第七章还有："我稼既同，上入执宫功。昼尔于茅，宵尔索綯。"联系上面谈到的民宅，对这些诗句便易于理解了。天气冷了，人们要把房间通道的棚架搭好修复，再把屋内老鼠熏跑，把北窗堵上，再用泥巴把柴门抹上。

"穹窒"一词众说纷纭，解释不一致。有的说"穹"与"烘"音近相通；"窒"与"室"形近而误，"穹窒"即"烘室"，烘干屋室熏跑老鼠，这种解释不太贴切。张震泽解释为修复通门口通路的棚架（名叫窒皇，见前文），这种解释还是比较合理的。至于"我稼既同"几句，是说奴隶们到官府去修造宫室的情景，可能就是修造上文提到的大房子之类的建筑物。这诗也说明当时的宫室建造所用的也是木架和绳索之类的材料。把实物和文字记载参照来理解，对我们了解古人的生活情景会有很大帮助。

>>>> 第四节　古代宫室与贵族住宅

宫室二字即房屋的意思，《尔雅·释宫》说："宫谓之室，室谓之宫"，但分开解释二字则不同，宫指房屋建筑的整体，室则指住人的地方，所以围墙可叫宫墙而绝不能叫做室墙。进屋可称入室，不说入宫（后来的入宫指进入皇宫，并非进屋之意）。

春秋战国时各诸侯大夫的住宅建筑格局是什么样的呢？《公羊传·宣公六

年》有一段话较为准确地勾勒出当时贵族住宅的大略。这段话写晋灵公派人去刺杀执政大臣赵盾的情形："于是使勇士某者往杀之。勇士入其大门，则无人门焉者（此处门字为动用，指守大门）；入其闱（二门），则无人闱焉者；上其堂，则无人焉；俯而窥其户，（盾）方食鱼飧。"再参照一些古书上的记载，我们可以体会出当时宫室格局的大体情况。

从上文可以看出，住宅由院墙围着，大门里面有屏，有叫萧墙，即今天之照壁。《论语·季氏》中孔子说："吾恐季孙之忧不在颛臾，而在萧墙之内也。"萧墙之内就是住宅本体，也就是家庭内部。所以后世把内讧称做祸起萧墙，或称为萧墙之祸，其本义即起源于此。周代的大门一般都是三开间，中间是明间，即门，左右各一间为塾，可能是住守卫人员的，类似今天的守卫室。这是大门。进门后就是庭院。但要进入住宅，则还有一道门，即上文所说的"闱门"，也就是内门。如今的"闱门"指女眷所住之处，古代不是这个意思。进第二道门后，便进入内庭。内庭的主体建筑分为堂、室、房三部分，都建在高台之上。

第五节　堂与室

进入二门之后，有一高出地面几尺的台子，台子的高度由主人的地位决定。诸侯之堂为七尺。高台上最前面的部分就是堂。堂的东、西、北三面是墙，正面没有墙。由四根大柱子支撑房盖，中间的两根柱子称东楹、西楹，后世称对联为楹联即本于此，因楹上经常写上警语。堂东西两面叫序，称东序、西序。堂的正面两边是台阶，分主阶和宾阶。主人和客人上堂时，要走不同的台阶。

堂是平时活动、接待宾客之所。《孟子·梁惠王上》："王坐于堂上，有牵牛而过堂下者，王见之。"可见堂正面无墙，故可看见堂下的情况，而且堂也并不太高，才可以与牵牛者进行交谈。《礼记》："天子之堂九尺，诸侯七尺，大夫五尺，士三尺。"梁惠王是诸侯，堂大概是七尺吧！古代一尺大约二十三厘米，因此，七尺之堂也就是一米六十多一点。堂既然在高台之下，就必须有阶梯，堂前东西各一个阶梯，称东阶、西阶。古人在室外尊左，因此为表尊敬，宾客都要走西阶，故又称西阶为宾阶。《史记·魏公子列传》中写赵王迎接魏公子信陵君的情况时说："赵王埽除自迎，执主人之礼，引公子就西阶，公子侧行辞让，从东阶上。"由此可以看出赵王对信陵君的礼遇和公子的谦虚知礼。堂的边叫做廉，廉必须是直的，不能枉曲，后来称公正无私清正为"廉"即本于此。

堂的后边是室和房。室在中间，房在两侧，称东房和西房，也叫阁或厢，但后世的阁与厢的意义又有了转变。室和房都有户（户字篆文作户，是单扇门之义；门字篆文作門，是对开的双扇门）和堂相通。

室是居人之所，故除户之外还有窗，称为牖，户在东，牖在西。因为室在堂后，要入室必须经过堂，要到堂必须登阶而上。所以孔子称赞子路时说："由也，升堂也，未入于室也。"这是比喻，说子路的学问已经到达一定的高度，已经登堂，但尚未到"家"。成语"登堂入室"即由此而来。

东房的后边还有小门和阶梯可通向后庭。室的后墙有一后窗称为"向"。"闺门"是介于大门与堂之间的一个层次，实际上相当于后来的二道门，是进大门后又经过的一道关卡，这是讲究的宅院都有的。闺门之内才是主人的起居之所，深邃而安全。故后世把内宅称为闺。枚乘《七发》说："今夫贵人之子，必宫居而闺处。"以后专指女子的处所（如说闺阁、香闺等），则是内寝之义的再引申。

我们弄清了门、堂、户、室的位置关系之后，在阅读古书时，就方便多了。如《左传·庄公八年》记载齐襄公被杀的经过时说："费请先入。伏（齐襄）公而出，斗，死于门中；石之纷如（齐臣）死于阶下；遂入，杀孟阳于床，曰：'非君也，不类。'见公之足于户下，遂弑之。"作者是按照事件进程写的，在地点上则由外入内。费战死在大门，石之纷如战死在阶下，也就是堂下庭中，孟阳冒充齐襄公被杀于室内床上，但行刺者发现他不像齐襄公，又在户下发现了齐襄公的脚，终于把他杀死了。这就充分表现出了当时战斗激烈迅速的程度。

再如《论语·卫灵公》中记载了孔子接待师冕时的情景："师冕见。及阶，子曰：'阶也'。及席，子曰：'席也'。皆坐，子告之曰：'某在斯，某在斯'。"师冕是一个盲人，孔子到堂下去迎接他，所以上阶梯时，孔子告诉师冕这是阶梯；到堂上让座时，又告诉他这是席；坐定后，又告他某人所在的位置。他们并没有入室，因为孔子没有说"户也"。文章非常简洁地写了升阶、就席、入座这三个关键动作，反映出孔子爱护他人的品格。

▶▶▶ 第六节　庭院与室内

庭又写做廷，指的是从大门到堂之间的空间，也可理解为围墙内除堂室建筑而外的其余部分，相当于后世的院子。《左传·定公四年》写楚国申包胥去秦国求救兵的情形时说："（申包胥）立依于庭墙而哭，日夜不绝声，勺饮不入口，七日。"《史记·伍子胥列传》记同一事件却说："包胥立于秦廷，昼夜哭，七日七夜不绝其声。"可见当时庭与廷的意思是一样的。后来才有了分工，朝廷一般不写做朝庭；家庭也不能写成家廷。由于庭是群臣朝见君王的地方，故又叫朝，后世称为朝廷。但先秦时庭的本义不局限于此，一般住宅的院子也称为庭。如《论语·季氏》："（孔子）尝独立，鲤（孔子的儿子）

趋而过庭。"另《左传·宣公二年》晋灵公因熊掌不熟而杀了厨师："置诸畚，使妇人载以过朝"，朝也就是庭。"庭"指一般庭院，也可指朝廷。

庭中要植树，《周礼·朝士》："掌建邦（国）外朝之法。左九棘，孤卿大夫位焉，群士在其后；右九棘，公侯伯子男位焉，群吏在其后；面三槐，三公位焉，州长众庶在其后。"棘树、槐树是王公大臣列位的标志，所以后世用棘、槐代指朝廷中高的官位。《陈书·侯安都传》："位极三槐，任居四岳。"任昉《桓宣城碑铭》："将登槐棘，宏振纲网。"说的就是这个意思。棘就是酸枣树。三国时曹植《槐树赋》说："羡良木之华丽，爱获贵于至尊。凭文昌之华殿，森列峙于端门。"晋郭璞也曾写诗赞美枣树（枣古写做朿，与棘通）："建国辨方，外朝九棘。因材制义，赤心鲠直。蔼蔼卿士，亮此衮职。"宋代的苏轼还专门写了《三槐堂铭》一文。如果明白庭中植棘、槐的制度，上述诗文便不难理解。

庭中为了夜间照明，还要设庭燎。庭燎也叫烛。《说文》："烛，庭燎大烛也。"烛和庭燎都是火炬，但庭燎立在地上，据说是用苇薪制造的，所以叫大烛；小烛可以用手拿，据说是用麻秸做的。我们阅读古书中见到的"举烛"指的就是小烛，而不是今天的蜡烛。

庭燎的数量也有规定，古文献上说天子百燎，公五十，侯、伯、子、男三十（见《大戴礼记》）。《国语·晋语》中说："（周襄王）馈九牢，设庭燎。"《韩诗外传》中说："齐桓公设庭燎，为士之欲造见者。"由此还可以看出庭燎的作用并不单单是为了照明，也成了接待来宾礼仪的一部分，就像今天接待外宾鸣礼炮一样。

堂在庭之上，所以古代堂上之人与庭上之人的地位是不一样的。地位高的在堂上，低的居庭。宾客受礼遇要上堂，随从人员则不能上去，留在台下。毛遂促成赵楚联盟，"毛遂按剑历阶而上"楚王叱曰："胡不下！吾乃与而（你）君言，汝何为者也！"最后楚王、平原君、毛遂三人在堂上歃血为盟。清楚地说明了庭堂的位置。平原君作为宾客，当然要上堂；毛遂作为随从人员，只能站在庭上等待，可见堂上与庭上是有地位之分的。

室，有四个角，角又叫隅。《论语·述而》中说："子曰：'……举一隅不以三隅反，则不复也。'"如果讲解了室内的一个角，而不能类推室内另三个角，智力就太差了，不该再重复地进行讲解了。四个角都有专名，《尔雅·释宫》曰："西南隅谓之奥，西北隅谓之屋漏，东北隅谓之宧，东南隅谓之窔。"奥、窔都有幽深黑暗的意义。因为阳光自南面窗户和门照射进来，室内北面亮而南边的两个墙角反而幽暗，故名。四角中以西南角（奥）为最尊，父母在世之人，坐卧是不能在西南角的，即"夫为人子者居不主奥。"（《礼记·曲礼上》）。奥之所以最尊，还因为它是室内祭祀之所，据说祭祀户神、灶神、门神等都在奥进行。

由于奥最尊，相应地，在室内坐西向东的位置也就最尊。《鸿门宴》说："项王、项伯东乡（向）坐，亚父南乡坐。亚父者，范增也。沛公北乡坐，张良西乡侍。"鸿门宴虽然是在军营中进行的，但礼仪座次却完全按照室内的规矩进行安排。项羽为王，最尊，所以坐在西边面向东的位置，范增是谋士，坐在第二等尊位，坐北向南的位置上。刘邦在项羽的眼目中还不如范增的地位，故让他坐南向北，而张良则只好坐东向西陪着。座位顺序表明地位的尊卑。古人在座位上是很讲究的。东西南北、上下左右都与人的地位有关，阅读古书时，要注意这些问题。

殿，因宫殿常常连称，现已结合成一个词。殿在秦代以前就是堂。《初学记》引《苍颉篇》曰："殿，大堂也。商周以前，其名不载。"可见商周前还没有殿这个名词，大的堂就叫殿，所以殿堂在秦以前所指的事物是一样的。至秦始皇时，始曰："作前殿，上可以坐万人，下可以建五丈旗。"这才正式有了殿之名。汉代有许多殿，诸如甘泉殿、函德殿、凤凰殿、明光殿、皋门殿、麒麟殿、白虎殿、金华殿等。由于殿位置高又宽敞，正面又没有墙，所以很凉爽，南朝宋何尚之《华林清暑殿赋》才说："动微物而风生，践椒涂而芳溢。……暑虽殷而不炎，气方清而含育。"汉代的殿并不专指帝王处理政务朝见群臣之处，到后来才逐渐演变成专指帝王所居和庙宇里供奉神佛的主要建筑物，如太和殿、大雄宝殿等。

▶▶▶ 第七节　都邑与城郭

城市的出现是人类社会进步与文明的重要标志之一。中国到底是在什么时代才出现城市的，至今仍是学术界探讨的一个重要课题。我国的城市恐怕至少已有四千年的历史了。《初学记》引《帝王世纪》说："伏牺都陈，神农亦都陈，又营曲阜。黄帝都涿鹿，或曰都有熊；少昊都穷桑，颛顼都高阳，帝喾都亳，一曰蒲阪。禹本封于夏，为夏伯，及舜禅，都平阳，或在安邑。汤都亳（注曰：殷都有三亳，穀熟为南亳，偃师为西亳，汤都即南亳也，或云西亳）至仲丁迁嚣（注曰：或曰敖，今河南之敖仓也）河亶甲居相，祖乙居耿，及盘庚五迁，复南都亳之殷地。周文王都酆，武王都镐，周公相成王，以酆镐偏处西方，方贡不约，乃营洛邑。"

这段话叙述了古代帝王世系及建都的地址，与《史记》中的记载基本相同。除上文所说的酆、镐城的遗址早已发现外，商的都城也有发现，甚至还发现了夏初的都城。考古工作者在郑州人民公园发现了一个遗址，其文化层分为上下两层。上层出土器物同安阳殷墟出土的一样，属于商代后期，而下层文物根据地层迭压关系，毫无疑问是商代前期的。这个遗址被命名为郑州商城遗址。它引起了学术界的关注，郭沫若亲临遗址，并为之赋诗："地上古城深且厚，墓中遗物富而殊。郑州又是一殷墟，疑本仲丁之所都。"仲丁是商代第十一个君主。他的都城在"嚣"，也就是敖。20世纪70年代在这里发现了宫殿遗址和两个青铜方鼎，更证明这里肯定是都城。鼎在奴隶制社会是王权的象征。

1983年考古工作者又在河南偃师发现了一座商代古城，总面积约一百九十平方米，定名为"偃师商城"。偃师商城是目前已知的最古老的商城，它可能是商都诸亳之一的西亳。如果这种推论成立，那么"郑州商城"就是仲丁所都的敖。郭沫若的判定可能是正确的。上文提到"禹都阳城"，相传在嵩山脚下的登封县境内。后来在名叫王城岗的高地上，真的找到了一座夯土造就的古城遗址，并有其他遗物，虽然其规模不一定是夏禹时的都城，但这座古城距今已有四千余年，正是夏代建国初期，所以说我国城市建设至少已有四千年的历史。由此可知《帝王世纪》和《史记》中关于古都的记载并非子虚乌有，所记更早的古都也有可能真实存在过，只不过我们至今未发现罢了。

都邑与城郭都是指城市而言，但两者又不同。都邑是从内容方面来区别的，而城郭则是从形式上来划分的。《春秋左氏传》说，凡邑有宗庙先君之主曰都，无曰邑。又《释名》说，都者，因君所居，人所都会也。邑犹邑，聚会之称也。可见都邑的区别在于有没有国君的宗庙，有则为都，无则为邑，与规模大小并无关系，直到今天，这种意义也还是存在的。一个城市是不是都城，就看它是不是国家政权的所在地。

据说，历史上各朝代都城的名称也不一致，尧舜以前已不可考，夏禹商汤时叫邑，周叫京师。《公羊传》说："京师者，何也？天子之所居也。京，大也；师，众也。言天子所居，必以重大言之也。"以后的京城也常叫京师。

城郭是从形式上来区别的，城是内城，郭是外城，城小而郭大。管子曰："内为之城，外为之郭。"《尔雅·释名》云："城，盛也，盛受国都也。郭，廓也，廓落在城外也。"《吴越春秋》曰："鲧筑城以卫君，造郭以守民，此城郭之始也。"归纳上述说法，可见城郭之区别有二：一是大小内外之分；二是建筑目的、居民不同。城是内城，居住的是国君和王公大臣；郭是外城，居住一般市民、手工业者及奴隶等，这种说法是可信的。管仲曾提出过按照等级、职业的不同划分不同居民区的意见。从出土文物也可以证明这一说法。郑州旧城是秦汉时的古城址，建国初期，在郑州旧城南，发现了铸铜作坊遗址；城西，发现制陶遗址；城北，发现制骨作坊遗址（参见《文史知识》1985年第8期）。这几处手工业作坊都在城外，证明上述说法是正确的。

在许多古籍中，常常提到城郭。汉乐府《战城南》中说："战城南，死郭北，野死不葬乌可食。"《庄子》里说："孔子谓颜回曰：'家贫居卑，胡不

251

仕乎？'颜回对曰：'不愿仕，回有郭外之田五十亩，足以给饘粥，足以给丝麻，鼓琴足以自乐，回不愿仕也！'"这些诗文里提到的城郭我们便易于理解了。

▶▶▶ 第八节　古代车马略谈

古代陆上的交通工具主要是马车。虽然很早有了牛车，但不为人所常用，而且被认为是卑贱的。《周易·系辞下》："服牛乘马，引重致远，以利天下。"是把牛车马车并提的。魏晋后还有乘坐羊车的。如晋武帝司马炎荒淫透顶，在宫内专乘羊车，任其信步，停在何处就在那里宫妃处过夜，结果使久居深宫的嫔妃在自己门上挂上羊爱吃的植物，以邀君幸。但乘牛车、羊车毕竟不太普遍，尤其先秦时更少见，所以略去不谈。

马车不但是古人主要的交通工具，而且是战争中的主要武器。《左传》所记的大小战争中，大规模战争几乎都是车战，因此古书中关于车与马的记载到处可见，俯仰皆是，故谈一谈这方面的情况。

先秦古籍往往车马连称，说马往往也包含车，说车也包含马。古人驾车以四匹马为常，称为驷。《诗经》《左传》中描写的马车绝大部分是四匹马的。《小雅·节南山》："驾彼四牡，四牡项领"，《大雅·烝民》："四牡彭彭，八鸾锵锵。"《郑风·清人》："清人在彭，驷介旁旁。"也有驾两匹马的，称做骈，骈即二马并列之义，魏晋后兴起的骈文，即从此义引申而来。套三匹马的叫骖，骖还有一个意义，即指驾车时套在两边的马。《楚辞·九歌·国殇》中说："左骖殪兮右刃伤"，指的就是驾在两旁的马，因为左右对举，前文并有"霾两轮兮絷四马"的诗句，足以证明，当时参战的战车是四匹马的。汉代时，天子的车有时套六匹马。

古代的车是一根辕，前端高昂，故又谓之轩辕。靠辕的左右两匹马叫服马，外侧的左右两匹马叫骖马，因骖马在外，战争时容易被树木等挂住，《左传·成公二年》齐晋鞌之战中，齐侯败逃，晋大夫韩厥紧追不舍，齐侯的车"将及华泉，骖絓（挂）于木而止，"险些被俘。古人尚左，所以左骖就比右骖尊贵一些。如遇特殊情况需要解下一匹马时，则解左骖，以示尊重。《韩非子·外储说》说："（晋文公）解左骖而盟于河。"结盟杀马也要先杀左边的，可见其尊贵的程度。

车以四马为常，古人常以驷来计算车辆。如果说有马千驷，就包含一千辆车，反过来，如果说有车千乘，也就意味着有四千匹马。又因为乘代表四匹马，久而久之，乘就成了一个特殊的数词——四。《左传·僖公三十三年》记载秦军要偷袭郑国，被郑国商人弦高在途中遇见，他便机智地用郑国国君的名义"以乘韦先，牛十二犒师"。乘韦，就是四张熟牛皮的意思。

第九节 车上的主要部件

车上部件较多，这里介绍几种主要的。车厢部分叫车舆，车厢的两侧立着木板或栏杆，可以凭倚，叫做輢。车厢的长度据孔颖达说："四尺四寸而三分。"车厢前边"横一木，下去车床三尺三寸，谓之为式；又于式上二尺二寸横一木，谓之较，较去车床凡五尺五寸。於时立乘，若平常则凭较，故诗云'倚重较今'是也"（司马光《资治通鉴》周纪）。式就是轼，可见轼离车床约七十厘米（周制每尺约二十三厘米），轼上还有一横木叫做较，平时站着乘车时就靠着较，较离车床约一点三米，正好依靠。不过"较"在古书中不常见，"轼"则常见。古人乘车时，如果遇到需要尊敬的人，就要手扶轼，俯身低头表示礼貌。《史记·魏世家》载："（魏文侯）客段干木，过其闾，未尝不轼也。"《左传·庄公十年》载曹刿"登轼而望之"。

古人从后边登车，车后边的板或横木上有一缺口，是登车处。车上有一根绳，供人们上车时用手拉，叫绥。《礼记·檀弓上》载："鲁庄公及宋人战于乘丘，县贲父御，卜国为右，马惊败绩。公队（坠），佐车（副车）授绥。"鲁庄公因马惊从车上掉下来，后边保护他的副车上的人便把绥递给他，让他拉着绳子上车。古人的一举一动都有礼的要求，上车也有讲究。所以《论语·乡党》中说："升车必正立执绥。"上车拉绳子时，身体还要保持端正的姿势。

车辕是一根直的或稍曲的木杠，又叫辀，既可起掌握行车方向的作用，又可起传动的作用。后端连在车轴上，前端上拴着一横木叫轭，又叫衡（横）。由于轭要卡在马脖子上，起到现在马夹板的作用，所以要做成相对的两个弯曲的杈状，即"∧"形，有些像牛鞅子。古代马脖子上套的皮圈也叫鞅子，即今天的马套包。轭和辕连接处有销子，大车的销子叫輗（ní），小车的销子叫軏（yuè），拔掉销子，辕和轭失去联系，车就无法行走。《论语·为政》说："大车无輗，小车无軏，其何以行之哉？"即指此。《左传·隐公十一年》："郑伯将伐许，五月甲辰，授兵于大宫，公孙阏与颍考叔争车，颍考叔挟辀以走。"颍考叔与公孙阏争一辆车，竟抱着车辕跑，这是多么有趣的情景啊！

车轮主要由三部分构成。围在外框的部分叫辋，正中间的部分叫毂，毂的中间有孔，车轴就贯穿在孔中。车毂较长而露在外面，所以古人在形容车多时，往往用"车错毂击"这个词。《史记·苏秦列传》中说："临淄之途，车毂击，人肩摩，连衽成帷，举袂成幕。"《楚辞·国殇》中有"车错毂兮短兵接"的诗句，都是表示车辆之多和战斗的激烈。连接车辋和毂的长木条叫辐条，成放射状排列，故"辐辏"和"辐射"二词都是由辐条安装的形状引申出来的。一般的车都是三十根辐条，《老子》说："三十辐，共一毂。"但据出土实物考察，战车上的辐条一般为十八至二十根。

车轴穿过车毂还要出去一部分，叫做軎（wèi），軎里再插上一个铁销子，才能挡住车毂，使车轮不能脱落，这个销子叫辖，现代汉语统辖、直辖等词即源于此。把辖取下，车便无法行走，古人留客多把车辖摘下。《汉书·陈遵传》说："每大饮，宾客满堂，辄关门，取客车辖投井中，虽有急，终不得去。"古车车毂较长，达四十厘米，再加上軎，长十三点五厘米，总长度为五十三点五厘米。这样就可以起到稳定车的作用，增加安全感，但有时也碍事。《史记·田单列传》载："燕师长驱平齐，而田单走安平，令宗人尽斩其车轴而傅铁笼，已而燕军攻安平，城坏，齐人走，争途，以軎折车败，为燕所虏，唯田单宗人以铁笼故得脱。"田单预见到的碍事，事先准备，才得以逃脱。车舆上还可以立盖，好像大伞，故有称"冠盖"。舆的四周还可以安上帷子，叫车帷，据说是女人乘的车。《诗经·卫风·氓》中说："淇水汤汤，渐车帷裳。"淇河大水浸湿了车上的帷子。帷再加上顶，就像现在的车棚子，叫幔，又叫幰。幔是需要很多布的，《梁书·王志传》说："门下客尝盗脱志车幰卖之，志知而不问，待之如初。"门客盗车幔卖钱，想必是比较值钱。

>>> 第十节　战车与车战

车是古代战争中的主要工具，从商朝到战国期间，作战的主要方式是车战，攻防的主要武器是战车，军队的主力是车兵。《六韬·虎韬·军用》篇在论述"三军器用，攻守之具"时，排在最前面的就是"陷坚陈，败强敌"的各种战车。中国象棋中最机动、威力最大、横冲直撞的就是"车"，大概就与这段历史有关。

中华民族的重要发祥地是黄河流域的中原大地。这一带地势平坦开阔，适宜于车战。但车之起源很早，据谯周《古史考》曰："黄帝作车，少昊氏略驾牛，禹时奚仲驾马。"黄帝号称轩辕氏，是因为他造了车。但黄帝是传说中人物，确切年代不可考，最迟在夏商之际已经出现了车，因在甲骨文中，车与衣、甲、弓、矢并列记载，且成为战利品，这里的车应该是战车。在安阳殷墟中也好几次剥剔出完整的殷代战车，而且与其他多种兵器同时出土。

考古学家据此得出结论："晚商的考古材料证明，当时的兵种至少有车兵和步兵两种，并且是以车战为主的。"商汤灭夏，所使用的主力是"良车七十乘"（《吕氏春秋·简选》）；周武王灭殷，使用的主力是"戎车三百乘"（《史记·周本记》）。春秋有名的大战争多数是车战。

车战成为当时作战的主要方式，主要原因有二：一是战车的速度快、机动性强，冲锋时破坏力大，用当时的青铜兵器来对付这种猛冲的战车群是相当困难的；二是中原大地平坦宽阔，适宜于战车的奔驰驱逐。如果防守战，把战车横排，横排列为一列，敌方则很难从正面逾越；如果是冲锋战，给马披上甲，在车辖上装配上矛刺或利刃，冲阵时杀伤的威力是颇大的。因此说当时战车有很大的攻击力和防御力。

周代的车战很讲究编制，每辆战车为一"乘"，包括车上的甲士和附属的徒兵（西周时每乘十人左右，春秋时增至七十二人）；若干乘组成一"偏"，每两偏组成一"两"。有了严格的编制，作战时还要掌握合理的编队，车与车之间要保持合理的距离，既不能使自己的战车之间互相干扰，又不能留下空隙被敌人穿插破阵。据《六韬·犬韬·均兵》说："五车为列；相去四十步。左右十步，队间六十步。"有了这样的编队，还要保持合理的队形，这就要求御者要有娴熟的驭马技术，使战车能"进退中绳，左右旋中规"（《吕氏春秋·造威》），才能使编队不乱，就像现在空战中的飞机编队一样，步调一致，协同作战，才能取得胜利。

秦汉时期，以车战为主的战争形式不见了，这是我国战争史上的一大转变。这也是有历史原因的。一是地理环境的变化，秦汉时，战争地域已扩大到华北山地与江南水域地区，在这些地区，战车当然无用武之地。二是随着科学技术的发展，钢铁制造的兵器出现了，强有力的弩已应用于实战，著名的鄢陵之战中，养由基的箭已经可以射穿七重甲衣，这时，拿盾牌、穿甲胄的战车上的甲士已不能再像以前那样有恃无恐地冲锋了；三是战争形式变化了，随着阶级关系发生变化，野战减少，攻城拔邑的战争增多，攻坚战当然需要由步兵来完成。

在以后的历史中，车战虽然消失，战车在战争中的主角地位消失了，但战车却始终没有完全被淘汰。战车作为运输的主要工具，一直被使用着。历代军事家利用战车克敌制胜的战例也是非常多的。甚至还可以"以车为卫，则非三代弛车出战之法，然自足以御敌制胜也。"（《武经总要》）

▶▶▶ 第十一节　御者及其他车上人员

车和古人生活关系极为密切，而在战争中车的作用相当大，所以御者御车的技术就显得特别重要，而成为一种专门的技术。先秦太学即天子的"辟雍"和诸侯的"泮官"中所开设的六门功课是礼、乐、射、御、书、数。其中"御"是一门很重要的课程，而且分为"鸣和鸾、逐水曲、过君表、舞交衢，逐禽右"（见《中国古代教育史资料》第19页）五门课程，可见其教学内容是很细致的。

255

《左传》在描写重大的战争时，总是要先交代双方主将的御者，可见御者在战争中的地位。古人乘车在一般情况下是御者在中，他把八根马缰绳（辔）分左右拿在两手，用拉紧和放松来指挥、协调马的行动。所以马跑起来才能动作一致，用力均匀，好像翩翩起舞一样，有一种节奏韵律的美。《诗经·郑风·大叔于田》中写道："执辔如组，两骖如舞"，说的就是这种情况。赶车打马的工具有两种，竹条的叫策，皮条的叫鞭。"鞭策"一词就是从此引申来的。

车上的人员配备是平时每个车上三个人。尊者在左，御者在中，骖乘在右。（也就是陪乘人员）《史记·信陵君列传》写信陵君"从车骑，虚左，自迎夷门侯生。侯生摄敝衣冠，直上载公子上坐。"上坐就是车之左坐。虚左表示信陵君的礼贤下士。作战时，在右边的人叫车右，其任务是战斗进行时，执戈御敌；如车遇险阻时，就下去推车，并要负责车上主帅的保卫工作。车上的尊者如果是国君或主帅，则和御者交换位置，即御者在左而主帅居中。

了解了这些知识，便容易理解《左传》中的鞌之战。在这场战争中，作者重点描写了晋国的主帅郤克车上的三个人。郤克是主帅，故居中。解张是御者，故换在左边，郑丘缓是车右。安排清楚位置和职责，就容易读懂了。战争最激烈、最紧张的时候，主帅郤克受了伤，不能击鼓发令，这不能不影响整个军队的士气。在这关键时刻，御者解张把缰绳都并在左手里（左并辔），右手拿过鼓槌（右援枹）继续击鼓，可见御者平时是两手分执左右辔的。而车右郑丘缓则是："自始合（开始交战），苟有险，余必下车推车。"由于他们这样同仇敌忾，各尽其职，紧密配合，相互鼓励，才取得了战斗的胜利。

车的种类。古代的车因原料、用途不同，可分为几种。栈车，是车舆用木条编织的轻便车，又叫輴。《左传·成公二年》写："丑父寝于輴中，蛇出于其下，以肱击之，伤而匿之。"輴车有缝隙，蛇才能从下边钻上来。辎车是用来装货物的，有帷幔可以遮蔽风雨，以后军用物资称为"辎重"即源于此。还有一种温车，也叫辒辌车，是一种较高级的卧车，配有帷幔，上开窗，可根据气温随时关闭，可温可凉。秦始皇在出巡途中而死，丞相李斯为了稳住局势，防天下有变，密不发丧。每天随行官员朝请如常，因为帷幔障蔽，所以真的保住了秘密。这样，以后辒辌车就成了专用的丧车。还有一种安车，是用一匹马拉的小车，可在舆内安坐。对客人用安车迎、送是一种很高的礼节。

古代为传递消息法令而设置了驿站，驿站专用的车叫传车，比较轻快，先秦时叫馹，有急事时便可用传车，《史记·范雎列传》："于是秦昭王大悦，乃谢王稽。使以传车召范雎。"

第二十二讲　古代饮食

▶▶▶▶ ## 第一节　古人就餐习俗

　　古人每日两餐，早饭在九点左右，名"朝食"，也叫饔或飨。《项羽本纪》中说："旦日飨士卒，为击破沛公军"。旦日是太阳刚出来之时，本不是早饭时刻，项羽是要提前开饭，表示他急不可待的心情。晚饭在申时左右，即四五点钟。晚饭叫餔食，也叫飧。饔和飧就是一整天的饭食，故二字连用主要代表自己做饭吃，实际是表示自给自足之意。《孟子·滕文公上》："贤者与民并耕而食，饔飧而治。"飧字在《说文》中做"飱"，"食之余也"，即剩饭，可见古人晚饭一般都吃剩饭。因炊具笨拙，做一顿饭需要很长时间，用的柴火也很多，所以早饭多做一些，晚上便不用另做。

　　《左传·僖公二十五年》："昔赵衰以壶飧从径，馁而弗食"。既言飧，赵衰带的也是剩饭，但还舍不得吃。《说文》："饔，孰（熟）食也"，意思是现做好的饭。古代照明困难，只能顺应自然，必须"日出而作，日入而息"，两餐之间有六七个小时，便是一天的工作时间，一般不能睡午觉，孔子对学生宰予"昼寝"很生气，说他："朽木不可雕也，粪土之墙不可污也。"就因为这种情况。

　　古人席地而坐，吃饭时把肉从镬（或鼎）中取出后，放在一块砧板上，这板叫俎，把俎移到席上，用刀割着吃。刀、俎配合使用，缺一不可，所以用以比喻宰割者。《史记·项羽本纪》中樊哙说："如今人方为刀俎，我为鱼肉。"即用比喻义。项王赐给他一个猪大腿，于是"樊哙复其盾于地，加彘肩上，拔剑切而啖之"。他是闯进帐的，地位又低，自然没有席和俎，所以只好把盾牌扣过来当俎，用剑当刀，吃的有声有色又合乎"礼"。

　　饭是在甑中蒸熟后，以匕取出，盛在簋簠里，放到席上。古人吃肉用辅助工具匕、栖、叉等，吃饭则主要用手捏。《礼记·曲礼上》："共饭不泽手。"孔颖达疏曰："古之礼，饭不用箸，但用手，既与人共饭，手宜洁净，不得临时捼莎（两手相摩揉。泽即捼莎）手乃食，恐为人秽也。"箸，后来也写做筯，即筷子。可见古人用手抓饭吃。古代的饭能够捏成饭团，然后用手拿着吃。今天日本还保留此种习惯。

　　酒贮存在罍中，临喝时注入樽、壶，放在席旁，然后用勺斗器斟入爵、觚、觯等饮酒器中，饮罢，放回席中再斟。可见罍的作用相当于今天的酒坛子；樽、壶相当于今天的酒壶；爵、觚、觯等相当于今天的酒杯或酒盅。

257

古人吃饭，最初食器直接放到席上，后来有了托盘，长方形或圆形，四足或三足，叫做"案"，也就是食案。食器放到案上，然后放到席上再进餐，案的作用就有些像北方农村的炕桌。当然比炕桌小而轻，故可以举起来，所以才会有孟光"举案齐眉"的故事。

▶▶▶ 第二节 米饭类主食

商周时期已经把饮食分为两个基本的组成部分。在正式的场合，分的还要细致。《礼记·内则》上分为四个主要部类，即食、膳、馐、饮。《周礼》所记膳夫的职责也是掌王之食、饮、膳、馐。这里的食，是谷物做的饭；饮，是酒浆之类饮料；膳，是六畜为主的牲肉制成的菜肴；馐，是粮食加工精制的点心。可见食和馐是主食，膳则是副食。

古人非常重视主食，而主食又以五谷为主，我国自周朝以来就重视稼穑，诗文中关于粮食的记载很多。粮食作物被统称为五谷或六谷。五谷、六谷各所包含的品种，历来说法有分歧，较普遍的说法是五谷为黍、稷、麦、菽、麻，六谷再加上稻。麻因为麻子可以充饥，故也被算在五谷之内。

黍即黍子，颗粒像谷子，黄色，磨出米来很黏，故叫黄米。稷即小米，又称其作物为谷子，我国西北地区最适合种植谷子。因偏旱，谷子耐旱，在相当长的历史时期里，谷子是人们最重要的食粮，受到人们的重视。因此，谷子就作为整个粮食作物的代表和总称，稷也特别受到礼遇，被尊为五谷之长，并和"社"（土神）一起构成"社稷"一词来代表国家。

《白虎通·社稷》："王者所以有社稷何？为天下求福报功。人非土不立，非谷不食。土地广博，不可遍敬也；五谷众多，不可一一祭也。故封土立社示有土尊；稷，五谷之长，故立稷而祭之也。"

古代黍与稷还经常连称，《诗经·小雅·出车》："黍稷方华"，《小雅·信南山》："黍稷彧彧"，《诗经·豳风·七月》："黍稷重穋"，类似这种现象，其他文献中还有许多。因为这两种作物相近而作用都很重要的缘故，古代招待客人一般都用黍。《论语·微子》记载子路遇见隐者时，隐者"止子路宿，杀鸡为黍而食之"，唐诗人孟浩然在《过故人庄》诗中头二句就是"故人具鸡黍，邀我至田家"，可见杀鸡煮黄米饭是招待客人的上等饭菜。

麦有大麦、小麦之分，大麦古代叫麳，也写做牟，《孟子·告子上》："今夫麳麦，播种而耰之。"《诗经·周颂·思文》中则说："贻我来牟，帝命率育。"菽，即大豆，又是豆类的总称。麻，指麻子，叫做黂苴，又叫枲。《七月》中说："九月叔苴"即拾麻子。又"禾麻菽麦"，可见麻子是为贫苦人家所食用的下等食物。

除五谷外，古书中还常见粟粱稻禾等。粟是黍的籽粒，《诗经·小雅·黄

鸟》："黄鸟黄鸟，无集于谷，无啄我粟"的粟，是指黍粒，粟又用于粮食的
总称，如"治粟都尉"。西汉晁错的《论贵粟疏》中的粟便是总称。粱是稷
的良种，黄粱又是粱中上品，黄粱饭被称为美餐。中原地区稻的种植比上述
作物稍晚一些，约起于周代。稻类也有黏与不黏的区别，"稻"原指黏的，
不黏的叫粳，与我们今天的习惯称法恰恰相反。现在北方农村称黏稻米为粳
米。

粱与稻都是"细"粮，故经常连言，以代表精美的食物，也可代表富裕
的生活，杜甫在《同诸公登慈恩寺塔》中说："君看随阳雁，各有稻粱谋"，
龚自珍也说："著书都为稻粱谋。"禾本来专指稷，后来成为粮食作物的通
称。以后又成为稻的专称，现在也仍然如此。

古人以饭食为主，主要是饭和粥。上古时期还没有现代意义的磨，所以
一般贫苦人就吃皮粮（连皮煮食），即《尚书》中所说的"粒食"。富贵人家
则用石器将谷物的皮捣掉，叫做舂。《风土记》说："精折米，十取七八。"
谷物能出百分之七八十的米，其精细程度已经接近现代的水平。当然，米舂
得越细越好，所以孔子才说："食不厌精。"人们做饭一般都用鬲，水多米少
则成粥，稍稠一些叫饘，如果把米从米汤中捞出，用箅子放甑或甗中蒸熟，
就是饭，其做法与今天相类似。

糗是炒熟的米麦等谷物，如现在的炒米、炒豆、炒玉米等。炒熟后，再
碾成粉，也叫糗。《国语·楚语》："成王闻子文之朝不及夕也，于是乎每朝设
脯一束，糗一筐以羞（馐，赠送食品）子文。"糗还叫餱粮。《诗经·大雅·公
刘》："廼裹餱粮，于橐于囊"。"粮"也是干粮，《周礼·廪人》："凡邦有会同
师役之事，则治其粮与其食。"《庄子·逍遥游》："适千里者，三月聚粮"。上
例均说明，走远路或行军，必须备粮，即干粮，与糗餱同类。粥，古人也喝
稀粥，有时"以羹浇饭"叫做饡，有些像现在的烩饭，但古文中不多见，故
从略。

▶▶▶ 第三节 面食与点心

以上介绍的主要是米饭。古代也吃面食，主要是饼。古代饼不是烙的，
是把麦、米、稻、黍等捣成粉末后，加水团成饼状，然后用甗蒸熟而成。麦
的面粉做的叫饼，米的面粉做的叫餈。饵与饼、餈是一类，即粉饼。《急就
篇》注曰："溲米而蒸之则为饵。"即把米粉湿润团捏起来再蒸为饵。以后引
申为食物的总称，凡食物皆曰饵，如果饵、药饵等。又以利诱人也叫饵。

"饼"是会意字，"并"在一起而可吃之物，即指用水和面后做成的食
品。开始时指所有的经过加工后的面食品。饼在唐代已经有很多明堂，有胡
饼、蒸饼、煎饼、环饼、汤饼、薄饼、鬲饼、烧饼、笼饼等。

"胡饼"当是从少数民族传入的，个大，每个用面半升，是隋唐时期最流行的食品之一。据日本僧人圆仁的《入唐求法巡行礼记》卷三记载，会昌元年（公元841年）"立春节，赐胡饼、寺粥。时行胡饼，俗家亦然。"在立春时，朝廷向寺庙赐胡饼，而普通百姓家也喜欢吃这种食品。时至今日，依旧流行"立春"吃春饼的习俗，很可能即发源于此。

胡饼中有一种胡麻，类似今天的芝麻烧饼。白居易《寄胡麻饼与杨万州》诗道："胡麻饼样学京都，面脆油香新出炉。寄于饥馋杨大使，尝看得似辅兴无？"此诗为我们了解当时胡麻饼的常识提供了文字资料，可知这种饼是用炉火烤出来的，表面一定很脆，京师中最有名的胡麻饼是辅兴坊烤的。辅兴坊在宫城和皇城中间的安福门到西面的开远门大街的北面，是贵族居住区，也是非常繁华的地区。1969年新疆吐鲁番阿斯塔那唐代墓葬中出土一个直径近二十厘米的大饼，即唐代胡饼之实物，类似如今依然在新疆地区流行的素馕。

胡饼还可做成一种叫做"古楼子"的食物。据《唐语林》卷六说："时豪家食次，起羊肉一斤。层布于巨胡饼，隔中以椒豉，润以酥入炉。迫之，候肉半熟，食之，呼为'古楼子'。"（《说库》上册）根据这几句话，可知其做法当是这样的：先切一斤羊肉，均匀地分布在一张大胡饼中间，在饼和羊肉间加入调味品胡椒和豆豉。再用油酥滋润，然后用炉火烤，待羊肉半熟时，出炉食用。这种食品可能便是现代"夹肉大饼"的祖宗。

蒸饼，从字面看，好像是蒸的饼，但据史料记载分析，当是今天的馒头之类。《朝野佥载》卷五载，长安有一个专门经营蒸饼的专业户叫邹骆驼，经常推小车在街市上卖蒸饼。一个卖蒸饼的人能够被人们记下名字，一定是当时的名牌风味小吃制造家。也可以想象当时在街头巷尾都有出摊卖食品的，也有推车到处流动的。

唐代还有一种叫"饆饠"的食品，也属于饼类，是唐代新引进的。有人考证说是一种带馅的面点，可能类似今天的馅饼。李匡乂在《资暇录》中说："毕罗者，蕃中毕氏、罗氏好食此味。今字从食，非也。"指出这一食品的发明人是姓毕的和姓罗的两个人，从"毕罗店"的名称看，很可能这是一对夫妻。饆饠在长安很流行，有许多专卖饆饠的铺子和专门经营此物的店铺，也算是当时的特色风味店，生意一定很火。

羞是点心之类，有百羞之称，其制作自然是多种多样的。以谷物为主体加工的美味食品，可以放在笾里，"羞笾之实"即后世的点心。《楚辞·招魂》中说："粔籹蜜饵，有餦餭些"。这是在古代文献中最早的关于点心的记述。粔籹，环饼，吴人称做膏环，据《齐民要术》记载，膏环是用米粉含糖，做成环状，在油里煎炸而成的，类似今天的炸糕。蜜饵是加蜜的饵饼。餦餭就是饴糖块。战国时糕点的制作已经达到一定的水平。

第四节　副食中的肉

　　上古饮食中的副食主要是肉类和羹汤。商周时期人们的菜食主要是肉类和水产品。这是因为当时的狩猎业在整个社会生产中还占有一定的比重，故人们吃肉的一个重要来源是猎取野生动物。另一个原因就是当时蔬菜的种植能力还相当差，人们所食的菜类，人工栽培的少而野生的多。贵族以一些蔬菜做配料，穷人则只能食野菜。

　　肉由于做法和用途不同有很多名目。《说文》曰："肴，杂肉也；腌，渍肉也；膰，宗庙熟肉也。"《榖梁传》曰："脤者，俎实祭肉也，生曰脤，熟曰膰，盖社肉也。"

　　古人肉食按照种类分，最重要的是牛、羊、猪，其次是狗。古代以牛羊猪为三牲，祭祀或宴会时三牲齐备叫太牢，只有猪羊叫少牢，太牢是最隆重的礼。牛是大牲畜，繁殖慢，故牛肉比较珍贵，所以历代统治者都有杀牛的禁令。《礼记·王制》规定："诸侯无故不杀牛，大夫无故不杀羊，士无故不杀犬、豕，庶人无故不食珍（珍奇之物）"。郑玄注曰："故谓祭享"。可见若不是祭祀，随便吃点好东西是要受到限制的。

　　当然，这种限制只能是"礼"上的规定，实际上还是随便杀吃的。郑国商人弦高就曾以"牛十二犒师"，供秦国军队宰杀吃。《孟子·梁惠王上》："鸡豚狗彘之畜，无失其时，七十者可以食肉矣。"豚是小猪，彘是一般的猪，孟子中曾几次提到猪，可见当时猪已是一般人食用的普通食物。猪肉中以豚为美，因为豚是小猪，肉鲜而嫩，《论语·阳货》记载阳货给孔子送豚，当时是较贵重的一种礼品。羊，也以小羊为美，名为羔，《七月》："朋酒斯飨，曰杀羔羊。"故古书常羔豚并称，如《后汉书·仲长统传》："良朋萃止，则陈酒肴以娱人；嘉时吉日，则烹羔豚以奉之。"

　　古人还常吃狗肉，《孟子》中狗、鸡、猪并提，《礼记》中也犬、豕并提，可见在古人心目中，狗、鸡、猪是同类的供肉食之动物。由于食狗肉者多，屠狗也就成为一种专门的职业，例如，《史记·刺客列传》中写的刺客聂政，就因家贫，"客游以为狗屠"，刘邦大将樊哙也"以屠狗为事"。

　　除上述家畜的肉食外，贵族还吃一些飞禽走兽和山珍海味，古籍中常见的是熊掌、鳖肉、鱼肉等。这些食物很珍贵，统治集团内常有人为争夺这些珍品而丧生。《左传》宣公四年记载，楚国送给郑灵公一个大鳖，郑的子公和子家二人就因没吃到鳖肉这种"异味"，合谋杀掉郑灵公。另一则故事为专诸为吴国公子光谋杀吴王僚，就是利用了"炙鱼"的异味，藏匕首于鱼腹而取得成功。《左传》宣公二年晋灵公因厨师炖熊掌没熟而杀掉他，这主要表明统治者的荒淫残暴，另一方面也说明熊掌这种食品的珍贵。

◥◥◥◥　第五节　副食中的羹

羹在古籍中出现得最多，又是社会各阶层普遍食用的主要佐餐食品，故重点介绍一下。

上文说的炙、醢、脍、脯等都是肉制品，乃贵族之食物，一般平民百姓是很难享用的。穷人吃的菜除野菜外，就是羹。用现在的话说就是"汤"。现在菜肴中羹比汤稍微稠一些，羹就是比较稠带芡的汤，可以由多种原料制成，用肉做成的叫肉羹，用菜做成的叫菜羹。

由于用料不同，羹还有许多名目，《礼记》说："脯羹、鸡羹、折稌、犬羹、兔羹、和糁不蓼。"这几种都是肉羹，古人做羹时也勾芡。古代无磨，不能把粮谷磨成面，只能用碾棒等石器把谷物捣碎，成为很细碎的小颗粒，就叫糁，现代人也把碎米叫米糁子。做羹时，要加上糁以和味。蓼是一种植物，叶有辛香味，"和糁不蓼"就是说羹中勾上糁芡，就没有蓼的辣味了。

各种菜或野菜都可以作羹，如藜菜、蓼菜、芹菜、葵菜、苦菜等。汉古诗《十五从军征》的老军人回家后。家中一片荒凉，只好"春谷持作饭，采葵持作羹。"

羹是上下普遍食用的食物。《史记·五帝本纪》中说："尧之有天下，粢粝之食，藜藿之羹。"《左传·隐公元年》记郑伯赐颍考叔饭食时，颍考叔把肉留下，并说："小人有母，皆尝小人之食矣，未尝君之羹，请以遗之。"可见郑庄公赐给颍考叔吃的是肉羹，因此其中的肉才可以留下来。

《说文》中说："羹，和五味也。"作羹要调五味。先秦其他肉食，如炮、烤、炙、烹等做熟的肉都是白肉，烹饪时，不加作料，吃时再蘸酱或盐。而制羹时是煮肉汁，主要是汁，所以制作时，要加作料，在加调料时，要用类似现在汤匙的器皿，往羹里加调料的动作就叫调羹，即给羹调味之义，久之，便称使用的工具为"调羹"。古人吃羹是先调好五味后上席，但为照顾口味不同，案边仍备盐与梅，好像今天餐桌上放酱油、醋一样。

"羹和五味"，先秦的五味，即是酸、甘（甜）、苦、辛（辣）、咸。但较早古籍中烹饪调味时主要用酸咸二味，酸取于梅子，咸取于盐，所以盐、梅几乎成了烹调的同义语。《尚书·说命》："若作和羹，惟尔盐梅。"以后人们才发明了人造酸味调料——醯（xī）即是醋。苦味的调料主要是苦酒；辣味主要是姜，南方也用花椒，当时还没有辣椒；甜味主要是饴、蜜，饴是麦芽糖，蜜是蜂蜜，当时还没有甘蔗糖。中国的制糖工业是唐代由印度传入，首先在扬州开始生产的。

羹在人们生活中占有极重要的位置，它要求具有较高的烹调技术，因而作一手好羹也是家庭主妇的职责。古代一般妇女出嫁后，脱掉嫁妆就要为公婆作一次羹汤。中唐诗人王建《新嫁娘》诗道："三日入厨下，洗手做羹汤。未谙姑食性，先遣小姑尝。"所表现的就是这一习俗。

汉以后羹的做法有了很大发展。《齐民要术》中记载了二十八种羹的做法，各种禽畜类的肉，头蹄下水都可以作羹。应着重提的是胡羹和莼羹。

胡羹，从西域传来，以羊排骨、羊肉为主料，用葱头、胡荽、石榴汁为调料，是体现西域特点的风味菜，有点类似今天的羊汤。莼羹是以鲤鱼、莼菜为主料，煮沸后，加上盐豉（豆制品）制成的。因为西晋名士张翰在洛阳做官时，"见秋风起，因思吴中菰菜，莼羹、鲈鱼脍"而弃官回家，于是使莼羹成为江东、吴中的名菜。隋唐后，随着烹饪技术的进步，羹在菜肴中的地位逐步下降，但却始终为人们食用着。

▶▶▶ 第六节　饮料与酒

饮，是古代饮料的总称，据说可分为七种类型，即清醴，清澄的甜酒；医，带糟的醪酒；浆，淡酒的饮料；酏，薄粥；醷，酸梅汤；滥，冰冻冷饮；水，清凉白水。归纳起来，除酸梅汤、薄粥外，几乎都是酒。我国酿酒具有非常悠久的历史。关于酒的发明，《世本》中说："仪狄，始作酒醪，变五味。少康作秫酒。"另外还有"杜康造酒"的说法。酒当是劳动人民在长期的生产实践和生活实践中创造的，这些人只不过是古代的造酒专家而已，至今无法证明酒是哪一位具体人创造的。

中国至商朝就已经饮酒成风，著名昏君纣王便"以酒为池，悬肉为林"，"为长夜之饮"（《史记·殷本纪》），并终于因此亡国。在出土的殷商文物中，饮酒器甚多，也是商人好饮酒的物证。在以后各代历史中，都有贪杯好饮之士，历代文人大部分都能喝酒，女文人也喝酒，并且在作品中写酒。酒，几乎成为古代文学中一个"永恒的主题"。

古人喝酒的方式有很多的讲究，《初学记》引《韩诗》曰："夫饮之礼，不脱屦而即序者谓之礼；跣而上坐者谓之晏；能饮者饮之，不能饮者已，谓之醧，齐颜色，均众寡，谓之沉；闭门不出客者谓之湎。故君子可以宴，可以醧，不可以沉，不可以湎。"这段话说得比较精彩，对今天仍有借鉴意义，故简释之。古人在席上饮酒，因此需要脱去鞋袜，然后彬彬有礼地喝酒叫宴；能喝的多喝，不能喝的不喝，叫做醧；无论什么人都平分秋色，不管醉与不醉，都喝一边多叫做沉；关上门不让客人走，硬留人喝酒就叫做湎。前两种习惯是值得肯定的，后两种习惯则应该反对。"沉湎"一词也由此而生。

古代的酒度数不高，不是烈性的，一般都是黍子或高粱（秫）煮烂后加上酒母酿成。酒的浓烈程度不同，就有不同的名称。酿造一宿即成的叫醴，味甜，现在的糯米酒、醪糟即与醴相似，只是原料不同。经过多次酿制而成的酒叫酎。酎比醴度数高。最烈的酒叫醹、醇，这是酿好后不掺水的酒，味道纯正。酒酿好后要过滤，叫做滤。没经过滤的酒叫醅，也叫浊酒，过滤后的酒就清了，称为清酒。杜甫晚年多喝浊酒，在《客至》中说："樽酒家贫只旧醅"，在《登高》中又说："潦倒新停浊酒杯"。《羌村三首》说："手中各有携，倾榼浊复清"。可见浊酒质量低于清酒，价钱大概也比较便宜。浊酒中有杂质，放的时间长了就会变酸，所以古书中常有"酒酸不售"的记载。

▶▶▶ 第七节　唐代的酒

唐代后，酒的酿造技术更高，酒的种类大体可分成三类，就数量来说，与今天差不多。小品中所说的"三盅全会"是指白酒、果酒和啤酒。但隋唐时期没有啤酒，其三类是指黄酒、果酒和洋酒。

唐李肇在《唐国史补》中谈到当时名酒时说：

酒则有郢州之富水，乌程之若下，荥阳之土窟春，富平之石冻春，剑南之烧春，河东之乾和蒲萄，岭南之灵溪、博罗，宜城之九酿，浔阳之湓水，京城之西市腔，蛤蟆陵郎官清、阿婆清。又有三勒浆类酒，法出波斯。三勒者谓庵摩勒、毗梨勒、诃梨勒。

这段话中包括了这三类酒中的一些名牌。"河东之乾和蒲萄"很明显是果酒，"三勒浆"是外国酒，即所谓的"洋酒"，其余当都是黄酒。"烧春"及这时其他典籍中还出现过"白酒"和"烧酒"的字样，好像是今天烧酒之类，即所谓的蒸馏酒，但那时是否有蒸馏酒生产，学术界意见并不统一。

黄酒又可分为"清酒"和"浊酒"两类。区别是制造工艺不同，清酒比浊酒麻烦，故价格也贵。用今天的话来说，清酒是高档酒，而浊酒就是低档酒。浊酒带一定的渣滓，或酒糟未过滤净，有时在饮酒前，临时挤压过滤。过滤后的酒便是清酒。李白喝的酒几乎都是清酒，如"金尊清酒斗十千"（《行路难》），这是价格昂贵的名酒；"风吹柳花满店香，吴姬压酒唤客尝。"（《金陵酒肆留别》）这是当面压制的清酒。

新酿制的浊酒当有一层微微的绿色，大家都熟悉的白居易《问刘十九》一诗说"绿蚁新醅酒"，可知在酒的上面漂着一层微绿色的像蚂蚁大小的酒渣。黄酒中也有红色的。李贺《将进酒》诗："琉璃钟，琥珀浓，小槽酒滴真珠红。"当时也有人习惯将酒烫热了喝。在严寒的冬天，有时甚至把酒烫得要沸腾了才喝，讲究的还要加进点东西。

据《清异录》记载，中唐名相裴度便"盛冬常以鱼儿酒饮客。其法：用龙脑凝结，刻成小鱼形状，每用沸酒一盏，投一鱼其中。"这种饮酒方法类似现代的喝啤酒加冰糖，但实质内容上却不一样，因为玛瑙是一种非常高级的滋补品。

葡萄酒的酿制方法很可能是唐太宗引进的。"太宗破高昌，收马乳蒲桃。种于苑。并得酒法，仍自损益之。造酒成绿色，芳香枯烈，味兼醍醐。长安始识其味也。"（《南部新书》丙卷）从这则材料来看，唐太宗对葡萄酒的加工酿造有相当大的贡献。

▶▶▶ 第八节　饮茶习俗漫谈

中国人饮茶的习惯比饮酒晚多了，隋朝到初唐时期，饮茶的习惯在北方还没有形成。随着南北文化的交流，南北方人民在生活习俗等方面也在不断相互融合，南方人饮茶的习惯逐渐影响到北方。唐玄宗开元年间，随着生活水平的普遍提高，人们生活的情趣更加丰富，同时也由于佛教地位的提高，僧人坐禅需要饮茶，于是饮茶便逐渐向全国范围普及开来。正是在这样的氛围下，才会出现茶叶专家和专著。也正是因为有了此书，我们才可以对唐时中国茶叶生产的分布情况有一个大致的了解。

饮茶习俗走进千家万户，与佛教的流传有一定的关系。唐人封演《封氏闻见记》卷六载："开元中，泰山灵岩寺，有降魔大师，大兴禅教，学禅务于不寐，又不夕食，皆许其饮茶。人自怀挟，到处煮饮，从此转相仿效，遂成风俗。自邹、齐、沧、棣，渐至京邑城市，多开店铺，煎茶卖之，不问道俗，投钱取饮。其茶自江淮而来，舟车相继，所在山积，色额甚多。"可知当时饮茶风气的兴起确实与禅宗的兴盛有一定的关系。这也促进了茶叶的商品化生产。

据《茶经》记载，当时茶叶的生产已有相当的规模，人工栽培的茶叶树已遍及今四川、陕西、河南、安徽、湖北、湖南、江西、浙江、贵州、福建、广东等省和广西壮族自治区。在列出茶叶产区后，陆羽还按照地区，把茶叶分为"上""次""下""又下"几个等级。该书把峡州茶、光州茶、湖州茶、彭州茶、越州茶列为"上"等。或因有局限，或当时福建等地的茶叶质量确实不高，故陆羽还没有对福建等岭南地区的茶叶给予重视。

其后几十年，到穆宗时期，人们似乎更注重茶的品牌，因此出现了一些名茶。李肇在《唐国史补》中说："风俗贵茶，茶之名品益众。剑南有蒙顶石花，或小方，或散芽，号为第一。湖州有顾渚之紫笋，东川有神泉、小团、昌明、兽目，峡州有碧涧、明月、芳蕊、茱萸簝，福州有方山之露牙，夔州有香山，江陵有南木，湖南有衡山，岳州有灉湖之含膏，常州有义兴之紫笋，婺州有东白，睦州有鸠坑，洪州有西山之白露，寿州有霍山之黄牙，蕲州有蕲门团黄。"

到中唐时期，茶叶生产已经被统治者高度重视，具体表现就是茶叶生产与盐铁一样，被纳入国家统一管理统一收税的范畴。中唐后，茶叶已正式纳入贡品。宋人钱希白在《南部新书》戊卷中说："唐制，湖州造茶最多，谓之'顾渚贡焙'，岁造一万八千四百八斤。焙在长城县西北。大历五年后始有进奉。"年产量达到一万八千多斤，确实是一个大型的茶叶生产基地。在大历五年（公元 770 年）开始向朝廷进奉茶叶。茶叶成为贡品，当以此年为始。十五年后，开始征收茶叶税。

▶▶▶ 第九节　陆羽与《茶经》

提到茶，就不能不说一说被后人奉为"茶圣"或"茶神"的陆羽和他的《茶经》。陆羽，字鸿渐，复州竟陵（今湖北天门）人。传说，他幼年时为僧人收养，后来曾作过优伶，可知其出身很苦。从天宝十三年开始，陆羽为考察茶叶生产和分布情况，出游巴山峡州。

一路上，他逢山采茶，遇泉品水。肃宗乾元元年（公元 758 年），到达升州（今江苏南京），寄居栖霞寺，一边采茶，一边研究，一边整理资料。皇甫冉《送陆鸿渐栖霞寺采茶》诗道："采茶非采菉，远远上层崖。布叶春风暖，盈筐白日斜。旧知山寺路，时宿野人家。借问王孙草，何时泛椀花。"为考察茶叶而攀登山崖，有时要借宿到山间百姓之家，是很辛苦的。

上元元年，陆羽来到苕溪（今浙江吴兴）隐居，自称桑苎翁，与女诗人李季兰、僧人皎然友好，坚决拒绝政府的征召，专心致志撰写《茶经》。《茶经》共分三篇，对茶的源流与分布、饮法及茶具都进行了极其详细的论述，为我们留下了宝贵的茶文化遗产。

陆羽的好友僧人皎然有一首《寻陆鸿渐不遇》诗："移家虽带郭，野径入桑麻。近种篱边菊，秋来未着花。叩门无犬吠，欲去问西家。报到山中去，归时每日斜。"以前读此诗时感觉陆羽是一个淡漠高雅之人，以为其每天去游山玩水，现在看起来理解得不对，原来他每天到山中去，就是去采山茶或取泉水作为研究的标本。要攀登山崖，要深入溪谷，挺艰辛的。

陆羽也能诗，但传世诗只有两首，都是写茶的，其中一首云："不羡黄金罍，不羡白玉杯。不羡朝入省，不羡暮登台，千羡万羡西江水，曾向竟陵城下来。"不羡慕金钱，不羡慕宝玉，不羡慕地位，不羡慕功名，只羡慕最适合煎茶的好水，这种品格就够称"茶圣"。

▶▶▶ 第十节　唐人饮茶方式与习俗

唐人饮茶，如果从方式上区分，主要有两种：一种是将茶末放在壶缶等器物中，用开水冲泡后，就可以饮用了。大体与现代人饮茶的方式相近，不同的是唐人放置的是茶末。而我们今人是茶叶，是叶状的。这种方式叫"淹茶"，今天叫"沏茶"。另一种是所谓的"煎茶"。关于煎茶，《茶经》中有较详细的描述。《隋唐五代社会生活史》中也对煎茶法作了较详细的解说，很通俗明白，今录下：

所谓煎茶法，大致可分为这样几个步骤：首先是把饼茶炙干、碾碎、罗好，使之成为极细的粉末。所谓"碾成黄金粉，轻嫩如松花"，说的就是这种茶末。第二步是煎水。煎水首先是要找好水。据张又新《煎茶水记》，当时南方煎茶用的七种水，按等级高下依次为"扬子江南零水，第一；无锡惠山泉水，第二；苏州虎丘寺泉水，第三；丹阳县观音寺水，第四；扬州大明寺水，第五；吴淞江水，第六；淮水最下，第七。"找到好水后把它放在茶釜中煎，这时要注意煎的"汤候"。陆羽认为煎水过程中有三沸："其沸如鱼目微有声，为一沸；缘边如涌泉连珠，为二沸；腾波鼓浪为三沸"，到第三沸就是"水老"而"不可食"了。前述李群玉诗中又有"滩声起鱼眼，满鼎漂轻霞"，说的就是第一沸即"鱼目沸"。第三步，当水出现一沸时，适量加入食盐以调味；到第二沸时，先留出一瓢汤来，随即用竹夹搅动釜中水，使水的沸度均匀，然后用小勺取一定量的茶末放入，同时再搅动。第四步，在搅动的过程中水继续沸腾并浮出泡沫，这种泡沫一般称为"汤花"，这时把水初沸时舀出的一瓢水投入釜中，以缓和水的沸腾并培育出更多的汤花。然后将釜从火炉上拿下。第五步，向茶盏中分茶。分茶的妙处在于分汤花。汤花有三种：细而轻的叫"花"，薄而密的叫"沫"，厚而绵的叫"饽"。一般说来，一壶水一升为一釜，一釜茶汤可分为五碗，不能再多，多就没有味道了。至此，煎茶分茶全部结束。

这段文字对煎茶技术要求及制作全过程描述得非常具体，令人喉舌生津。看来我们现代饮茶基本都是"淹茶"而不是煎茶。

第二十三讲　古代常用器物

▶▶▶▶　第一节　圭表与日晷

圭表是我国人民根据日影观测时间的最古老的仪器之一，在原始社会可能就出现了。上古之时，人们缺乏天文历法知识，只能观象授时，根据日、月、星的运转变化，体会一年四季气候的变化，并依据这些变化来从事农牧业生产。但对日、月、星运行规律的观测只能得到相应的时间周期，却无法测量一天之内时间变化的规律。随着历史的发展，人类社会生活的内容越来越丰富，这就需要把一天的时间过程也测量出来。初民在实际生活中，看到太阳升起、运行、降落的每时每刻，由于照射角度不同，树木等投影的长短方向也不一样。日久天长，发现其还有一定的规律，于是便有人把竹杆子或木桩子立在平地上，观测太阳运行时投影的变化来计算测量一天之内的时间，这就是人类文明史上出现的第一个圭表，这个人可以算做伟大的发明家。所立测日影的木杆就是表，显示投影的平地就是圭。但由于没有文字记载，圭表产生的确切年代和发明家的名姓已无从考证。但有一点应该相信，即圭表产生的年代是相当久远的，甚至可以推测到黄帝以前。

圭表有两种主要形式和用途，下面分别介绍。

最初的圭表是在平地上立一直杆，观察其投影的长短、方向来确定一天内的时间。早晨日出东方，影投向西而长，随着日升运动，影渐短而偏北移，中午日正南而最高，则影正北而最短，然后又依次向偏东方向移动并影渐长。根据日影的这种运行规律，就可以大体上测定出一天之内的时间，可见这种记时方法主要是根据影子的长短来测定的。这种方法有两个弊端：一个因为季节渐变，影子方向长短也渐变，记时的精确性不能不受到影响，而且受到地域的影响，此地的数据到彼地则不适用；再一就是技术性较强，往往全凭观察者的经验。虽然后来人们为了加强精确度，对圭和表都作了加工，对表的长度进行规范，周代表长，规定为八尺，把圭作成石的，甚至磨光刻度；但仍难以克服以上的缺点。圭表的另一用途就是可以用来测定四季节气，根据日升、日落时投影角度的移动规律及影长可分四季。如《周礼》中说："日至之景，尺有五寸"，意思是说夏至中午，表影长正好一尺五寸。另外，用这种圭表还可以测定方向，将日升、日落时表影两个顶端的点连成一直线，就是正东正西；画垂直线便是正南正北，这种圭表是粗俗的、低级的，在古代文献中，竿、臬、髀、碑、椑（bēi）等字都是表的别称。

另一种圭表就是王应麟在《小学绀珠》中所说的日晷，也叫做日规。日晷也是以观测太阳照射物体的投影来测定时刻的仪器，它与前一种圭表的不同是：它测时是依据日影的方向，而不是日影的长度。日晷计时器还可分两种：太阳影投射于地平面上的（即圭与地面平行），叫地平日晷，刻度是不均匀的；太阳影子投射在平行于赤道的平面上的叫赤道日晷，刻度是均匀的。赤道日晷直观来看，圭是斜面的。

日晷出现较早，最迟在秦汉之际就有了，上限则不可考知，但因它就是前一种圭表演变而来的，故估计有很久的历史，这是有实物为证的。1897年在内蒙古的托克托城（呼和浩特南）出土了一个石制的日晷（现藏于北京中国历史博物馆），这是现存最早的日晷。根据其标写数码的文字都是秦汉之际的小篆，再参照其他出土情况，可以断定是西汉时期制品。它把一圆周分成一百个等分，说明古人把一昼夜时间分为一百刻，每刻十四点四分钟，这与漏刻所分的刻数一样。后来一刻是十五分钟，那是为了计算时间的方便才规范化的。应该是明代以后的事，古人所说几刻，就是几个刻度之意。每刻就是十四点四分钟。再按照等分，画出一至六十九个小孔，其他三十一个未画出，因为太阳的射影并非一整周，空白的地方是太阳投影不到的地方，也就是夜间。圆心有一个大孔，为立表之处（表可能用木杆做成），随着太阳的移动，表的投影也在圭（石盘）上移动，每移动一个分点（即小孔），就是一刻。根据其把圆周分为一百等分这一点，可知其是赤道日晷。这种计时器测定时间是较为精确的。但也有很大的局限性：一是无法测定夜间的时刻；二是如果阴天，则失去作用。因此它就要和漏刻配合起来使用。

中国历史上使用日晷的年代较长。《汉书·律历志》记载：汉武帝太初元年，议造汉历，"乃定东西，立晷仪，下漏刻，以追二十八宿相距于四方，举终以定朔晦分至，躔离（日月星辰运行的度次）弦望。"可见汉代官家修历已正式使用日晷，实际上它使用的上限还要早得多。从此之后，一直到清代，都没废弃此物。我们今天仍然可以看到在故宫太和殿前的汉白玉基座上，斜立着一个中心竖着一根铁针的圆形石盘，这就是清代用的赤道日晷。

▶▶▶▶ 第二节 漏 刻

漏刻之漏是指漏壶，刻是指刻箭。漏刻是与日晷参照使用的一种计时器，它产生和使用的年代也很久远。《漏刻经》云："漏刻之作，盖肇于轩辕之日，宣乎夏商之代。"（转引自《初学记》）。从仰韶文化时代就存在陶器和箭这两种漏刻的主要物件来看，这种说法也是可能的。夏商之际就普遍使用了，至周代则出现了专职人员。《周礼·夏官·司马》说："掌挈（提，挂）壶以令军井，挈辖以令舍，挈畚以令粮。凡军事，悬壶以序聚橐（旧时巡夜者击以报更的木梆）；凡丧，悬壶以代哭者。皆以水火守之，分以日夜。"很明显，说的是夜间报更是靠"悬壶"来排定顺序时间的。为了防止冬天水冻不漏，"及冬，则以火爨鼎水而沸之，而沃之。"冬天时还要时常用鼎烧开水加入，以免冻冰。

春秋时期，漏刻就已经能很准地记时了。《史记·司马穰苴列传》中记载了这样一件事：齐景公时期，齐燕交兵，齐国连连失利，于是任命治军严谨的司马穰苴为新元帅，并派庄贾去监军，司马穰苴与庄贾相约第二天午时三刻（即十二点）到军营受命。第二天，司马穰苴早到，等待庄贾。可是午时三刻到了，庄贾还没有来，司马穰苴便"仆表，决漏"，怒斩庄贾，军营肃然。

最初的漏壶是沉箭漏，依靠漏水后水位的沉降来观察刻箭上露出的时刻。现存最早的漏刻是西汉时的三个单壶沉箭漏。这种漏刻有一个明显的缺点，即壶内盛水的多寡影响滴速，水位高时，压力大，就滴得快；反之，就慢，影响记时的准确性。为了克服这个缺点，人们又发明了浮箭漏。在漏壶下面再置一个接水壶，壶中放一可以浮起的刻箭，漏壶水漏入接水壶，随着水位的上升，刻箭便浮起，显示出时刻。这样，上面漏壶中始终可以盛满水，基本上解决了滴速不匀的问题。

接水壶的设置显然是一个进步，但只一个漏壶还难以解决滴速不匀的问题，因不能一个人经常在其侧加水，于是人们便发明了二级、三级乃至四级漏壶，使漏壶逐渐完善。东汉张衡在《漏水转浑天仪注》中说："以铜为器，在迭置差，实以清水，下各开孔，以玉虬吐漏水入两壶。"可见东汉已经使用二级漏壶。晋代的漏壶则是"累简三阶，积水成渊，乘机赴下，"（《古今图书集成·历法典》）这是三级漏壶。唐代使用的则已经是四级漏壶了。宋代杨甲《六经图》中收录的唐代吕才的漏刻图是四级漏壶。中国历史博物馆存有一套元代延祐三年（公元1316年）的四级漏壶，故宫博物院也保存着清代一套四级漏壶。

还应提一提宋代燕肃发明的莲花漏。这种漏壶是在平水壶之上溢加一个分水管，水位超过分水管，则从分水管流出，从而保证了水位的稳定，同时解决了因水位高低引起滴速不同和因加水不均引起滴水不同的两个问题，结构又比较简单。这种漏刻因刻箭顶端有一朵莲花，故名莲花漏，此物发明出来后，很快风行全国。

漏刻和人们的生活息息相关，而且代表着时间的流逝，故古人在诗词中常常提到它，甚至还有一些文人墨客为之制铭作赋，晋代陆机和南朝梁代鲍照两位著名文人都为漏刻作过赋。陆机《漏刻赋》中说："寸管俯而阴阳效其诚，尺表仰而日月与之期。玄鸟悬而八风以情应，玉衡立而天地不能欺。即穷神以尽化，又设漏以考时……夫其立体也简，而效绩也诚。其假物也粗，而致用也精。积水不过一钟，导流不过一筵。而用天者因其敏，分地者赖其平。微听者假其察，贞观者借其明。信探赜之妙术，虽无神其若灵。"高度赞扬了漏刻对于人类生活的重要作用。

>>> 第三节 香篆与其他计时器

香篆又名更香，主要是夜间记时用的。香篆是用燃烧性能均匀的木料做成盘香，弯曲成"福""寿""囍"等字样。有的制得很长，可燃烧几天甚至十几天；有的在其上画有更次的标志；有的还在更次处镶嵌小金属珠，燃烧某更天时，金属珠就落到铜盘里，发出清脆的响声，以报更。在英国伦敦科学博物馆里，现在还保存着香盘上"寿"字形，罩子上有双喜字样的中国香篆。香篆的价格便宜，使用方便，平民百姓也可使用，并且携带方便，车上、船上、旅游在外均可携带使用，类似后代的怀表。由于有上述优点，故受到17世纪末来华传教士安文思的赞扬，他说："华人亦有夜验更筹之法，已由此发展为该国一新奇工业。彼等将剥离锉碎之木材，捣为粉末，调为糊状，然后制成各式盘香"。"以此计时，至为可靠，吾人从未见其有大差误……此发明可代自鸣钟，所不同者，自鸣钟机件复杂，价且至昂，除富有者外，无法购置。此则至简易价廉之物，一盘可用二十四小时，所费不过三文。"（见李约瑟《中国科学技术史》四卷）。

王应麟在《小学绀珠》中记载了四种计时器，除上述三种外，还有辊（gǔn）弹。辊弹是用长竹管作成"之"字形，往里投圆铜弹，以计时。其方式比较烦琐，又不常见于古籍，故不详谈。另外还有盂漏计时、燃烛计时、机械计时等方法。

机械计时器可以追溯到唐代。唐代梁令瓒发明的开元水运浑天仪就包括机械记时的部分，但它不是独立的计时器，而是与其他天文仪器结合在一起，成为整个浑天仪的一个组成部分。至宋代，苏颂等人研制成水运仪象台，大大地提高了机械计时装置的功能。水运仪象台有一个"铜壶滴漏"式的机械装置：木架上设二槽，高的是天池，低的是平水壶，平水壶中的水流入整个机械的原动轮——枢轮的水斗。枢轮由三十六个水斗和钩状铁拨组成，用水力来推动。枢轮上的"铁权""格叉、铁拔子"等机件构成一个巨大的机械擒纵器，与现代机械钟表里的关键机件——锚状擒纵器（俗称卡子）——的作用十分相似。水运仪象台的"昼夜机轮"部分即属于机械计时器的一部分，这部分机械可以按照时刻由一小木人击鼓，表示一刻，摇铃则表示一小时，敲钟则表示一个时辰（两小时），并示牌报告时辰，击钲报告更次，可见其功能之多。因此，可以认为水运仪象台中的擒纵器就是现在钟表的祖先，英国的中国科技史专家李约瑟也承认在14世纪欧洲发明钟表装置以前，中国"就已有了装有另一种擒纵器的水力传动机械的时钟"（见《中国科学技术史》四卷）。

元代著名天文学家郭守敬把机械计时器从天文仪器中分离出来，制造了大明殿的机械水力计时器——"灯漏"。元顺帝时"宫漏"则添加了更多的技巧装置，却被明太祖以"奇技淫巧"的罪名销毁了，说明了统治者的愚昧无知和昏庸。明代后，西洋的钟表开始传入我国，纵观古代计时器的发明、发展、成熟的历史，充分显示了我国古代劳动人民的聪明才智。

▶▶▶ 第四节　席与筵

古代的坐具也有几类，首先是席。席在现代是用芦苇、竹篾等编织而成的铺垫用具，主要是用来睡眠的，如炕席、凉席等。古代"席"的概念，无论原料和用途，要比现代宽泛得多。《释名》曰："席，释也，可卷可释也"，这是从性状上说的。席的名称种类也很多，《周礼》曰："王府掌王之衽席，司几筵，掌王几王席之名物。凡太朝觐，设莞席粉纯，加缫席画纯加次席黼纯，诸侯祭祀，席蒲筵缋纯。"（转引自《初学记》）据下文注释说，纯是边缘即席边之义，次是兽皮作的席。这段话的大意是：王府要掌管王的筵席等服务性工作，侍奉几筵等名物，朝廷有大会诸侯之时，（王）要设白绣边的莞席，上加画有云气花边的蒲若编的五彩席，其上再加边上画有花纹的桃枝编织，并衬有兽皮的席。诸侯祭祀，则设蒲席。于此可见，国君、诸侯所用之席是有区别的，而且在不同场合、不同仪式上所用之席也各有不同。一般铺两层席子就比较讲究了，国君则铺三层席，更显得尊贵。席所用原料也是多种多样的，古籍中较为常见的有莞（guān）、簟（diàn）蒲等。莞是用一种类似水葱的细植物编织的（疑其原料即蓑衣草），较细而软的席子，一般都铺在上边；簟是竹席，编织也较粗，常铺在下边。蒲席是蒲草编织的。席的长短不一。长的可坐数人，短的只坐一人。《初学记》转引《三礼图》说："士，蒲筵，长七尺，广三尺三寸，无纯。"这个规格可能是长席。古人席地而坐，席最主要的作用就是垫坐，有人甚至随身携带。周斐《汝南先贤传》曰："郑敬以茅葭为席，常随杞柳之阴"。可见其形制较小，其作用相当于今天的坐垫。古人坐席，也有一些"礼"的要求。一是"席不正，不坐"（《论语·乡党》），所谓席正，就是席的边缘要与四面墙壁的下边平行。《晏子春秋·内篇杂上》说："客退，晏子直席而坐。"直席就是正席，以表示庄重。再就是坐必须有席，否则就算违礼。《晏子春秋·内篇谏下》："景公猎，休，坐地而食。晏子后至。左右灭葭而席（拔倒芦苇权且当席）。公不说，曰'寡人不席而坐地，二三子（指别的大臣）莫席，而子独搴草而坐之，何也？'晏子对曰：'臣闻介胄坐陈不席，狱讼不席，尸在堂上不席，三者皆忧也。

故不敢以忧侍坐。'"晏子是以礼的要求来回答的。

古人又常常筵席连称，筵是竹席。古人饮食就在席上进行，所以筵席一词逐渐演变成汤菜宴席之义。

古人睡觉也铺席，故有"寝不安席"之语。晋傅玄还专门在席周围写了铭，以激励自己，左边写"闲居勿极其欢"，右边写"寝处勿忘其患"；后面左边是"居其安无忘其危"，右边是"惑生于邪色，祸成于多言"。这些名言对于我们现在来说，也还有一定的借鉴意义。

▶▶▶ 第五节 床榻与几案

床、榻在古代都是坐卧两用的器具，但用来坐的时候更多一些。床在秦汉之前有很多名称。扬雄《方言》说："齐鲁之间谓之箦（zé），陈楚之间谓之笫（zǐ）"。关于床榻的区别，服虔《通俗文》曰："床三尺五曰榻板，独坐曰枰，八尺曰床。"可见床与榻在形制与用途上基本是一样的，只不过有大小之分罢了。古人一般把床都安置在室内，所以《左传》庄公八年描写齐襄公被刺的几个地点处有："遂入，杀孟阳于床"一语，可见孟阳就是冒充齐襄公躺在床上的，"遂入"一语是指入室之义（详见《古人的居处与车马》）。《诗经·小雅·斯干》说："乃生男子，载寝之床。"很明显，这里的床也是卧具。在室外住宿有时也用床，《左传》宣公十五年："宋人惧，使华元夜入楚师，登子反之床，起之。"可见子反也是卧在床上的。但床用于坐具时更多，《孟子·万章上》："舜在床琴。"这句话说舜坐在床上弹琴，床是坐具。

楚汉战争中，郦食其去见刘邦，"入谒，沛公方倨床使两女子洗足而见郦生"，刘邦表现出一种傲慢的情态，后被郦食其言辞所动，才"两女辍洗来趋风"（李白诗句），这里的床也是坐具。另外，汉乐府诗《孔雀东南飞》中刘兰芝说："阿母得闻之，槌床便大怒"。《史记·酷吏列传》所说："数年，（朱买臣）坐法废，守长史，见（张）汤，汤坐床上，丞史遇买臣弗为礼。"这两处所说的床都是坐具。东汉末年后，又出现了一种"胡床"。胡床可以折叠，床面用绳带交叉贯穿而成，好像今天的马札、折叠椅，故又称之为绳床、校（交）椅，后代的木制"交椅"即由胡床演变而来。

由于胡床轻便，携带搬动也较为方便，《南齐书·张岱传》说："后（颜）延之于篱边闻其与客语，取胡床坐听。"目前我国发现的最早的木制床是从河南信阳长台关一个战国楚墓中出土的，是一张保存完好的漆木床，周围有栏杆，两边还留有上下床的地方。涂黑漆，并装饰红色方形云纹，六条床腿雕刻成长方形云卷，有较高的审美价值。

榻与床差不多，也是可坐可卧的。皇甫谧《高士传》说："管宁字幼安，

273

自越海及归，常自坐一木榻，积五十多年，榻上当膝处皆穿。"可见管宁之榻是坐具。而且坐榻姿势与坐席一样，仍然是两膝着地，脚背朝下，臀部落在脚跟上，这是古代规范的坐法。是"礼"的要求。现在我国人已不这样坐着了，但日本仍保留这一习俗。因两膝着榻，才能使榻板穿漏。坐胡椅则不这样，而是与我们今天坐椅子的姿势差不多。榻也是一种卧具，"徐孺下陈蕃之榻"的榻就是卧具。

几也是室内陈设器具，长方形，不高，类似我国北方农村用的炕桌而更狭长一些。几的主要作用是人们坐累时，倚伏其上休息。《庄子·徐无鬼》："南伯子綦，隐几而坐。"《诗经·大雅·公刘》："俾筵俾几，既登乃依。"意思是让家人为宾客准备好席、几，客人登上了筵席就靠在几上。

由于几是人所凭依的，杖是老年人走路的辅助工具，都是老年人所用之物，故几杖往往连称，《礼记·曲礼上》说："谋于长者，必操几杖以从之。"说明老年人倚几是世之常情。

帝王赐人几杖是表示养尊敬老，也是被赐者的一种荣耀。《陈书·王冲传》："文帝即位，益加尊重。尝从文帝幸司空徐度宅，宴筵之上赐以几。其见重如此。"如果不是老年人，平时倚靠在几上就是懒散不严肃的表现，不符合"礼"的要求。《孟子·公孙丑下》载："孟子去齐，宿于昼。有欲为王留行者，坐而言，不应，隐（依）几而卧。客不悦，曰：'弟子齐宿（恭敬）而后敢言，夫子卧而不听，请勿复敢见矣。'"几除可依伏休息外，也可在上吃饭、看书、写字。或搁置东西。《释名·释床帐》："几，庪（guǐ）也，所以庪物也。"河南信阳长台关楚墓中也曾出土了一张几。

案分为食案和书案两种。先有食案，古人吃饭最初直接把餐具放在席上饮用，后来逐渐文明开化，就制造了一种托盘，圆形或方形的，有四足或三足，足也很矮，先把餐具放在盘上，再摆在席上，这就是食案。《汉书·外戚传》说："许后朝皇太后，亲奉（捧）案上食。"《后汉书·梁鸿传》也说："为人赁春，每归，妻为具食，不敢于鸿前仰视，举案齐眉。"可见案一定小而轻。实际上这种案类似我国北方农村办喜事时通用的圆盘或方盘。

书案是长方形，两端有宽足向内曲的弧形，不高，其形制和作用有些像几，所以在古书中常见"伏案"一词。因为坐在席子上，所以高度要与之相适应。南北朝时，因为人们开始坐胡床，类似今天的椅子。坐具高，案足也逐渐增高而变直，其形状则有些像现代的办公桌，《失街亭》中孔明见由街亭送来的图本，"孔明就文几上拆开视之，拍案大惊。"这里的文几和案是一物，都是文书案，其作用完全等于现在的办公桌。

第六节　幕帐与屏风

帷幕与帐实际上可视为一物，类似现在的各种帐篷。《释名》曰："帷，围也，以自障围也。幕，幕络也，在表之称也。"《说文》上说："在旁为帷，在上曰幕。"由此可见帷幕合而为帐，帷和幕是指帐的不同部位而言。《释名》对帐的解释是："帐，张也，张施于床上也。"帐的定名是由施于床上得来的，但帐的词义绝不局限于此，凡有顶的帷幕都可称为帐。

古代帐的种类繁多，从用途上可分为如下几种：有行军中使用的帐，称军帐；有张设于殿堂上的帐；有用于飨神或丧礼的帐；有用于一般衙署的帐；也有平常家居时床上所用的坐帐。《史记》曰："汉六年正月，封功臣。张良未尝有战功，高祖曰，运筹帷帐中，决胜千里外，子房之功也。"这里的帷帐显然是军帐。刘歆《与扬子云书》曰："萧何造律，张苍撰历，皆成于帷幕，贡于王门。"这里的帷幕指的是衙署中所设之帐。

古书中多见的还是坐帐或床上之帐。《史记》曰："汉孝文帝所幸慎夫人，帷帐不得文绣，以示敦朴。"《魏书》也说："魏太祖雅性节俭，帷帐坏则补纳"，这是私人用的形制较小的帐，所以才能自己补纳，更小型的就是一人的坐帐，王子年《拾遗记》说："汉武帝李夫人死后，常思梦。命工人作李夫人形（塑像），置于轻纱幕里，婉若生时，帝大悦。"这个轻纱幕就是最小型的坐帐。《孔雀东南飞》中刘兰芝给焦仲卿留下的纪念品之中的"红罗覆斗帐，四角垂香囊"，斗帐也是坐帐，而且有配饰。这种帐具有保暖、避虫、挡风、防尘等多种功能，在室内也是美的装饰。

汉魏时，人在生活中多用坐帐，以上所引两例都出自汉代。这种坐帐有些像倒扣着的斗，《释名》说："小帐四斗帐，形如覆斗也"，平时家居所用坐帐都属于此类。但这种"斗帐"的具体形制只能从考古发掘中所得的实物及有关这方面的画像进行了解。河南洛阳涧河西岸一座大型砖室墓中出土了一套曹魏时期的完整的斗帐铁制构架，全套共九件，都由垂直或斜交的圆铁管柱构成，每节铁管柱各长十六厘米、直径四厘米。这些铁管构件复原后，正是一具四角攒尖的斗帐。在其中一件帐钩上刻有"正始八年八月"的铭文，这年即公元 247 年。在汉朝至南北朝的墓室壁画中和画像石中可以见到斗帐的图像。东北地区的东晋墓中，有很多画着墓主人在斗帐中端坐的壁画。

以上介绍可以使我们对斗帐的形制和用途有一个基本的了解，实际上，一般百姓及下层人士是很难如此讲究的，斗帐之类什物的使用只能是大家闺秀、名门贵族的用品。而一些帝王更加以此来夸富显贵，除上文提到的汉武帝外，后赵统治者石虎在帐的使用上也极为奢侈。据《邺中记》记载，石虎所用帐因季节而变，"冬月施熟锦流苏斗帐，四角安纯金龙头，衔五色流苏。或青绨光锦，或用绯绨登高文锦。或紫绨大小锦，絮以房子锦百二十斤，白缣里，名曰覆帐。帐四角安纯金银凿镂香炉以石墨烧集和名香。帐顶上金莲花，花中悬金薄织成绲囊，囊受三升，以盛香。帐之四面上十二香囊，彩色亦同。春秋但锦帐，里以五色缣为夹帐。夏用纱罗，或縠文丹罗，或紫文縠为帐。"

随着时代的推移，人们的生活习俗不断改变，隋唐之后，床已成为专门睡觉的家具，供人坐的功能由椅子所代替，相应的斗帐也逐渐不用了，但可以认为，现在人们普遍使用的蚊帐就是古代斗帐的"后裔"。

屏风也是室内陈设的用具之一，多数摆在床后，用来挡风或遮人视线，多用竹、木作框子。蒙上绸子或布，高级一些的要在上边画画或题字，宋词中描写屏风的词句甚多。屏风又叫扆（yǐ），《释名》曰："屏风，障风也，扆在后，所依倚也。"《礼记》曰："天子灵扆，南向而立。"郑玄注解扆就是屏风，天子住室的门牖之间要放置屏风。屏风不仅用于帝王之家，而且一般王公大臣、儒者士流、名门闺秀、贵族妇女等也常常使用。屏风更多的是摆设在贵族妇女的房间床后，是一种重要的装饰品。儒者士流设屏风，以增斯文之气质。《三国志·毛玠传》说："初，太祖平柳城，班所获器物，特以素屏风，素冯（凭）几赐玠，曰：'君有古人之风，故赐君古人之服。'"一"特"字和曹操的话都可以说明屏风和几是古代风雅之士所用之物。名门闺秀、贵族妇女用屏风更为普遍，不仅可加强室内的装饰美，也可使闺房里显得深邃幽静，增加一种妩媚、神秘感。由于屏风常与女性为伴，故多引起文人才士的讴歌。南北朝诗人庾信就有两首咏屏风的诗。其一说："三危出凤翼，九阪度龙鳞。路高山里树，云低马上人。应岩泉溜响，深谷鸟声春。驻马来相问，应知有姓秦。"其后诗、词、曲中关于屏风的描写更为常见。

▶▶▶ 第七节　镜与镜台

镜子古名叫鉴，《广雅》曰："鉴谓之镜。"镜子究竟起源于何时，不可详考，但是在商代已经使用铜镜子。战国时代铜镜已普遍为人们所使用。著名的邹忌讽齐威王纳谏的故事中，就有邹忌回家照镜子反复与徐公参照的情节，这则故事出自《战国策》，记载的是战国时的事，可以证明战国已普遍使用镜子。战国末年韩非子也说："古之人目短于自见，故以镜观面，"韩非所说的"古人"，大概不会指春秋战国时代的人。铜镜，一般都作成圆形，正面照人，背面铸有钮和花纹。战国时铜镜已颇美观轻巧。1976年安阳商代古墓中出土的四面铜镜已很精巧。唐宋之后，打破了方形和圆形的格局，出现了八棱、菱花、八弧、海棠花等新形制，图案也比以前更为生动活泼、丰富多彩。古代铜镜新铸出来时，表面无光泽，不能照人，必须经过磨光或涂上反光的材料才能用。《淮南子·修务》记载，汉代用的反光涂料是"玄锡"，据近人研究，玄锡就是水银。可见以水银作为反光材料，在我国已有悠久的历史。清代中叶以后，我国才出现了玻璃镜子。

古人常常以镜子能真实地显示事物的原形来比喻国君或国家政治的昏明。《韩非子》曰："目失镜则无以正须眉，身失道则无以知迷惑。"《吕氏春秋》说："万乘之主，人之阿亦甚矣。而无所镜，其残亡无日矣！孰可当镜，其唯士人乎！镜明己也功细，士明己也功大。"在这些言论中，明镜的比喻义都是很明显的。在一些古籍中，总结前代得失时，也常用这种说法，如《尚书》里说："桀失玉镜，用其噬兽"，"秦失金镜，鱼目入珠"等，其中玉镜、金镜都是比喻开明的政治措施，如果真的以为丢失了玉镜、金镜，则谬之千里。而以镜为喻最有名的还是唐太宗思念魏征时说的一段话，魏征死后"上（唐太宗）思征不已，谓侍臣曰：'人以铜为镜，可以正衣冠；以古为镜，可以见兴替；以人为镜，可以知得失，魏征没，朕亡一镜矣。'"这段话深刻而富有哲理，故为古今所激赏。如果一个人能经常像照镜子那样对照检查自己的言行，明于知己，严于律己，善于采纳别人的意见，就一定会不断地进步。

正因为如此，古今有一些文人学士为镜子吟诗作赋，但最能体现镜子公正无私、不徇私情、如实反映事物本来面目这种品格的诗句要数晋代傅咸《镜赋》中的几句："不有心于好丑，而众形其必详，因实录于良史，随善恶而是彰。"

镜台为架镜之具，也是古人陈设品之一。其原料、形状不一。《魏武杂物疏》说："镜台出魏宫中，有纯银参带镜台一，纯银七子贵人公主镜台四。"这里说的是纯银制作的，另外也有"玳瑁细漏镜台""玉台镜""铜台镜"的记载。其形状据南齐谢眺《咏镜台》的诗句"玲珑类丹楹，迢亭似玄阙。对凤临清水，垂龙挂明月"来考虑，有些像现在的梳妆台。玲珑类丹楹，是说镜台两边所立的框架像楹柱一样，颜色是红的，"迢亭似玄阙"一句说镜台下边的主体部分像黑色的城阙一样，阙正是两边高中间低呈凹形的建筑物，对凤应该是镜台上的装饰品，垂龙是镜上两架柱之间的饰物。如此看来，古代的镜台确实是很美丽的。唐宋代以后，由于桌椅的普遍使用，坐具增高，随之出现了高镜台，其式样与近代的化妆台已经相近。

▶▶▶▶ 第八节　旗与剑

据古文献记载，中国的旌旗是黄帝创建的，《列子》曰："黄帝与炎帝战，以雕鹖鹰鸢为旗帜，盖旌旗之始也。"可见旗帜是因为适应原始部落的

277

战争需要而产生的。随着历史的发展，人口越来越多，况且又都集中在水草丰茂、自然资源充足的区域里，这样，就会为争夺自然资源而产生一些摩擦和矛盾，激烈了就会发生战争。每一部落的首领为了能统一行动，集合本部的人，就要有一种标志，于是就用木杆挑起一种东西来，这便是旗帜。《释名》说："旗，期也，言与众期于其下也"，是有道理的。旗帜既起集合队伍的作用，也可以指挥队伍，又是区别不同部落的标志。古代的旗帜质料、形状各不相同，每个部落都有自己的旗帜，就像现在各国都有自己的国旗一样。

进入奴隶社会后，建立了等级制，旗帜也开始有了等级，不同级别的人要有不同形制的旗帜。周代的司常掌管"九旗"，据说是："日月为常，画日月于其端，天子所建，言常明也。"诸侯之旗则是"画作两龙相依倚，通以一赤色为之，无文采。"（见《初学记》卷二十二）军将之旗要画熊虎，军吏之旗要画鸟隼，可见天子、诸侯、军将、军吏等不同等级的人在旗上的图案有严格的区别，在形制大小上也有规定。《广雅》云："天子之旌高九仞，诸侯七仞，大夫五仞，士三仞。"除此而外，旗的种类和形状很多，此处不详谈。

刀剑一直是重要的兵器之一。剑出现得早，传说也比较多，比较常见的有三种。《越绝书》记载了一则故事：楚王召见风胡子，让他到楚国去见欧冶子、干将，并使之造了三把铁剑，一把叫龙泉，一把叫太阿，一把叫工市。这几把剑软硬适度，既不弯又不折，纹饰精美，都是宝物。晋郑二国听说这三把宝剑，求之不得，便兴师动众地包围楚城，楚王拿着太阿剑登上城墙一挥，晋、郑围城的军队便"士卒迷惑，流血千里，晋郑之头皆白"。这便是后世常提的龙泉、太阿宝剑名称的由来。唐诗人郭震所作的《古剑篇》中歌颂的就是龙泉，晋张协也为太阿剑作过铭。

第二个传说见于《吴越春秋》，吴人干将与欧冶子是一师之徒，吴王阖闾让他造两把剑，一把叫干将，一把叫莫耶（莫邪）。莫耶是干将的妻子，干将造剑的时候，铁怎么也化不成水，他们夫妻俩"断发剪指，投之炉中"，铁才化成液体，铸成了阴阳二剑。阳叫干将，上面有龟的纹样；阴叫莫耶，上有自然铸造的纹理。干将匿藏起阳剑，而把莫耶献给了吴王阖闾。以后又演化成干将夫妻为楚王造剑，三年乃成，楚王因其隐藏阳剑不献而杀了干将，以后其子赤鼻以献剑为由杀死楚王为父报仇，并三头合葬一墓的故事，即鲁迅先生《故事新编》中《铸剑》的题材来源。

第三个传说也出自《吴越春秋》。越王允常聘欧冶子"作名剑五枚，一曰纯钩，二曰湛卢，三曰豪曹，四曰鱼肠，五曰巨阙。"秦国善于鉴别宝剑的薛烛分别给予极高的评价。千字文中"剑号巨阙"的"巨阙"出自此处。以后各种关于名剑的说法还很多，但影响较大的是这三种。

我们可以看到，这三则故事有一个共同的特点，就是造剑的工匠都是吴越人，工作地点也都在吴越，锻造这些剑都花费了较长的时间。其实，这些传说是有历史事实为根据的。

吴越之地在长江下游一带，水泽多，无法进行车战而利于水战。《左传》中所记的车战大部分在黄河流域一带进行。水战多近战，需要短兵器，剑的作用大，这就促进了铸剑工业的发达。出土文物可以证实这种情况。山西源平峙峪出土的吴王光（即公子光，阖闾）剑，湖北襄阳蔡坡 12 号墓出土的吴王夫差剑，河南辉县发现了另一把夫差剑，质量都很高。另外，又发现了两把越王剑，湖北江陵望山 1 号墓出土了越王勾践的剑，藤店 1 号墓出土了越王州句剑，特别是前者，出土时尚完好如新，锋刃锐利，制工精美，全剑长为五十五点七厘米，剑基缠缑还保留着清晰的痕迹，剑格饰有花纹，并镶嵌着蓝色琉璃，剑身布满菱形的暗纹，衬出八个错金的鸟篆体铭文，"越王鸠浅自作剑"七个字，鸠浅就是那位卧薪尝胆、终于灭吴复仇的古代英雄勾践。这把剑刃部不是平直的，而有两处向外凸出，能加强刺杀威力，质量最高，代表了吴国工匠的最高水平。战国纷争，越灭吴后，又为楚国所败，六国终归于秦，吴越之剑为宝物，随主人兴衰辗转流离，所以从楚地、秦地出土吴越利剑是不足为怪的。由此可见，上述诸传说颇含历史的真影。

在中国历史上，剑的出现比这还要早得多，《管子》说："昔葛天庐之山，发而出金，蚩尤受而制之，以为剑铠，此剑之始也"。蚩尤是黄帝时期，与之争帝位的一位造反者，善战，说他造剑，也有可能，但只不过是一种粗俗的石制兵器而已，不可能是金属的。1956 年在长安张家坡的西周墓里，出土了一把短短的青铜剑（报告中称为匕首），全长不过二十七厘米，形状如柳叶，装柄部分略瘦，上面有两个纵列的圆孔，是使用时固定木柄用的。短剑器是用来防身的。《释名》曰："剑，捡也，所以防捡非常也。"故春秋以前的剑都是极短的匕首型兵器。上文提到的西周剑，其形状倒有些像后世的柳叶尖刀，并不是用来作战的武器。

刀的出现大体上与剑同时，郭子横《洞冥记》上说："黄帝采首山之金，始铸为刀。"历代有许多宝刀名，如吴刀、赤刀、容刀、鸾刀、郑刀、西戎利刀、昆吾割玉刀、鸣鸿刀、百辟宝刀等。但在初期，人们携带的短柄兵器大部分是剑而不是刀，所以在古籍中很少有关宝刀的记载。军士配刀大概开始于东汉，"鸿门宴"上几个主要人物使用的全是剑，舞的是剑，割肉的也是剑，按的还是剑，这不是巧合，说明汉初配的多是剑。至三国时，情况有了变化，《三国志·吴书》说，东吴大将凌统的父亲为甘宁所杀，常想复仇。一次二人在吕蒙家喝酒，将酣之时，凌统拔刀起舞，想借机刺杀甘宁，甘宁早有准备，也拿双戟舞，后为吕蒙所劝开。由项庄舞剑到凌统舞刀，十分生动地反映了在两汉四百年间，军队中装备的主要是短柄格斗武器，从剑转变到刀的过程，近年来发现的大量考古资料也可以粗略地勾画出这一变化的轮廓。

>>>> 第九节 十八般兵器概说

"十八般兵器"是在古代小说中经常出现的名称，因而颇为人们所熟知，那么，十八般兵器都是什么呢？它们的形成又怎样？

"十八般兵器"的说法由来已久，它是从"十八般武艺"一词演变来的。"十八般武艺"一词最早见于南宋华岳编的一部兵书《翠微北征录》。他说："臣闻军器三十有六，而弓为之首；武艺一十有八，而弓为第一。"华岳是武状元出身，一定博览了不少兵书。从他这句话里得知，南宋时的军用器械有三十六种，而武艺则是十八种。但这十八般武艺的具体内容却没有说。至明代时，"十八般武艺"已经作为武举考试的科目。据谢肇淛《五杂俎》中记述，明英宗正统十四年（公元1449年）因军事紧急，开武科而招募天下英雄，"山西李通者行教京师，武其技艺，十八般皆能，无人可与为敌，遂应首选。"这"十八般武艺"的具体内容是："一弓、二弩、三枪、四刀、五剑、六矛、七盾、八斧、九钺、十戟、十一鞭、十二锏、十三挝、十四殳、十五叉、十六耙、十七绵绳套索、十八白打。"这十八般武艺是演练兵器的技艺，故前十七种都是兵器名称，而第十八"白打"即是徒手格斗，用今天话说就是"徒手拳术"。

280成书于元末明初的《水浒传》第二回在描写九纹龙史进跟王进学习武艺时，也提到了"十八般武艺"这一词语，其内容是"矛锤弓弩铣，鞭锏剑链挝，斧钺并戈戟，牌棒与枪朴。"与前一种说法有一定出入，已经全部变成兵器的名称，但因铣是一种金属管状射击武器，在宋代还没有，在元代也很少见，故可能是后人增补的。由此可见，"十八般兵器"是由"十八般武艺"演变而来的，一直流传至今。现在这一名词已为武术界所广泛使用，说法较多，较常见的是："刀枪剑戟，斧钺钩叉，镗棍槊棒，鞭锏锤抓，拐子流星。"

综上所述可知，"十八般兵器"并不是一个准确的、科学的军事术语。它早已不用来装备军队，随着火器的使用，冷兵器被淘汰而处于次要地位。这"十八般兵器"已成为武术中使用的器械。还应指出，这十八般兵器即使在古代，也并不能囊括所有的武器，上文提到的南宋华岳在《翠微北征录》中，就说"军器三十六"。除此而外，还有各种甲、胄、盾、牌等防护兵器，各种战车、云梯等也都属于兵器。

第二十四讲 古代婚姻

▶▶▶▶ 第一节 古代婚姻形式的演变

人类从动物界分离出来，经历漫长的历史岁月而到今天，并将延续下去，这种永远无限的人类历史的发展，不能不说是人类婚姻活动的结果。恩格斯曾明确指出，人类有两种生产、一种是人类的自身生产，即种的繁衍；另一种是人类的物资生产（生活资料衣、食、住及为此所必需的工具生产）。而且"一定历史时代及一定地区内的人们生活于其下的社会制度，是由这两种生产所制约"（《家庭·私有制和国家的起源》）。人类的婚姻活动也有一个从愚昧到文明的不断进化的历史过程。

原始社会的婚姻情况已经不可考知。但根据其生产力水平的发展状况，也可以推知大概情形。据考古发掘证明，大约在公元前一万八千年的旧石器时代，人们已经懂得利用火，把生食变成熟食，促进了大脑的发达，对人类历史进步起到重要的推动作用。燧人氏即发明火的第一个专家，此时人类刚刚懂得利用石头制造刮削器和砍砸器，社会生产力极为低下，石器也不可能建造众多的房屋供人居住，所以，人类必须群居而生，必须依靠群体的力量才能活下去；否则，无法抗拒豺狼虎豹等猛兽的侵袭。这样的巢居穴处就决定了当时的婚姻状况只能是整个群居部落（或原始游群）的男女之间相互自发地发生性行为，并无什么父母、子女、亲戚等概念，处于一种混乱的状态。《吕氏春秋·持君揽》中说"其民聚生群处，知母不知父，无亲戚兄弟男女之别"，指的就是这种状况。所谓的"父子聚麀（yōu 母鹿）"，即比喻父亲和儿子与同一女性发生性行为，也是指的这种杂居群处的群婚制，这种婚姻状态在原始社会中存在相当长的历史时期。

生产力在发展，人们的伦理观念也逐步产生。到了新石器初期，距今约一万年前，群婚制便逐步过渡到血族婚制。所谓血族婚，就是兄妹婚，即在氏族内部不允许父母与子女通婚，而只允许同辈中的男女兄妹间互相占有。可见这时已有了辈分的观念，这种婚姻首先是以同胞兄妹之间的婚姻为基础的，又逐步扩大到堂兄弟姊妹、表兄弟姊妹之间的集体群婚。这种婚制的特点是：父亲为集体父辈，母亲为集体母辈，子女为集体子女，母亲知道谁是自己的亲生子女，子女也知道哪位是自己的生身母亲，其他母亲则是"庶母"，但父亲却无法知道自己的子女，子女更无从知道自己的生身父亲。所以，整个母系氏族的婚姻特点都是子女知母而不知父。中国古代神话中的伏羲、女娲、童男童女等拯救人类的故事都反映了血族婚的历史内容。他们之间都有双重关系，从血缘关系看是兄妹，从婚姻关系看是夫妻。伏羲和女娲在汉代图像中是人首蛇身、两尾相交的图形。"两尾相交"是夫妻关系的象征，"蛇身"则可能是"龙"图腾的演化形式。这种婚姻形式在我国西南少数民族中还有一些残余，在永宁纳西族的几个部落中，新中国成立前还有过同母异父兄弟姊妹之间互相结成夫妻的情况。

在长期的历史实践中，人们逐渐认识到血族婚对所生子女不利，影响了他们的健康和智力，于是开始排斥同胞兄妹为婚，这是人类婚姻史上的又一大进步。亚血族婚就是族外婚，就是不同氏族（姓）的兄弟和姊妹互相配偶，姊妹的子女之间也就自然地派出了婚姻关系，要与另一群子女结成配偶。这种婚制的进一步发展就形成了对偶婚制。因为族外婚迫使青年男女必须到别的氏族去获得妻子和丈夫，这种选择的过程就必然形成一对一的对偶制，而不同于以往的自然结合的群婚制，这样，异姓男女一对一的配偶，在或长或短的时期内实行同居。这个时期婚姻的主要特点是要求男子从女方居住，所生子女随母亲，双方亡故，埋在各自本氏族的基地上，配偶不能同葬。

这种情况在西安半坡遗址中可以得到证明。半坡遗址是比较完整的母系氏族社会晚期的一个部落，其中地穴式、地上式、方式、圆式等各种小房屋便是男女配偶所居之处，这足以证明此时人类已经从那种群处杂居的群婚中脱离出来，而进入到一对男女单独居住的对偶婚阶段。可见，人类的婚姻状况也要受到生产力水平的制约，没有单独的住处是无法实现对偶婚的。部落中间的小土沟可能是小家族的分界线，可知同一部落中的住户也有远族、近族的区别。此时大概是对偶婚的形成阶段。其墓葬情况也说明了这一点。这里的墓葬大都是同性葬，即男性与男性葬在一起，女性与女性葬在一起，每个墓穴一般有二三人，可能为一母所生。此期人也大部分知母不知父。《诗经·大雅·生民》中写周代始祖后稷是姜嫄所生，但却没有指出她的父亲。《生民》载姜嫄是因为没有孩子而去祭祀，祈祷求子，在回来的路上，踩了帝的足迹的大拇趾印而"震动有娠，乃周人所由以生之始也。"（见朱熹《诗集传》）这就反映了母系氏族婚姻知母不知父的特点。这以后就逐渐向父系氏族制转化了，大多数学者认为，这个时期大约在虞夏之际。尧把自己的两个女儿娥皇、女英许给舜，便是这种转变的反映。这件事虽然属于历史传说，不能作为信史来看待，但其中也含有历史的真影。

古人在长期的历史实践中，总结出"同姓不婚，其生不蕃"（《左传·僖公二十三年》）的经验教训是十分正确的。从今天的遗传学角度来说，也有科学道理。因为血缘关系相近的青年男女结婚，对后代的体质有不良的影响。古人虽然无科学认识，但他们能够指出："内官不及同姓，其生不殖，美先尽矣，则相生疾，君子是以恶之"，也就非常难能可贵了。这种朴素的认识对整个中华民族的健康发展起到有益的作用。基于这种认识，在先秦时代就非常忌讳同姓为婚，在礼法上已有规定。鲁昭公娶吴女为夫人，两国都是姬姓，为避免非议，只好称吴女为"吴孟子"，不敢名言姬姓，但当时人仍讥讽他不知礼（见《论语·述而》），到了封建社会，便用法律条文规定下来。《唐律》一百八十二条规定："诸同姓为婚者，各徒二年。缌麻以上，以奸论。"（《唐律疏义》卷十四）同姓（指同一宗族）通婚，男女双方都要定罪，如果是近支没出五服的，则以奸论罪。通奸要流放两千里，强奸要绞死。要求是非常严格的，这种婚姻法规也为后世的婚姻法所合理继承，今天的婚姻法中也有不允许血缘关系较近的男女通婚的规定，这都是保证整个民族健康发展的有利措施。

缌麻是五种丧服的最后一种。古礼规定，按照与死者的血缘关系的远近亲疏，其亲属要穿不同形制的丧服。五种丧服是斩衰（才，chuī）、齐衰、大功、小功、缌麻，即今天所说的五服。

▶▶▶ 第二节　母系向父系氏族制转化时期的婚姻

以上几种婚姻形式都是母系氏族制。随着历史的发展，母系氏族制逐渐转化为父系氏族制。这是一场重要的变革，不能不引起社会秩序和社会观念的变革，在这种转变过程中，曾出现了抢婚制和伴战婚制。《易经》上有这样的描述："乘马斑如，泣血涟如。匪寇，婚媾"（《归妹》），"见有"负涂（土），载鬼一车；先张之弧，后说（脱）之弧。匪寇，婚媾。"（《睽》上九）这种现象显然是假劫真婚，是女方出于自愿的，所以爻（yáo）辞才说："匪（非）寇，婚媾"。这不是强盗抢劫女子，而是婚姻形式。《诗经·大雅·绵》篇是歌颂周祖先古公亶父的，说他"陶复陶穴，未有家室。……至于岐下，爰及姜女，聿来胥宇。""及"的篆字像一只手从后抓人衣襟，追赶抓住之意，可见古公亶父在岐山之下以劫婚方式娶姜氏女为妻，而开创周氏基业。魏晋之后，我国爨（cuàn）族仍在实行这种伴战婚。据曹树翘嘉庆《滇南杂志》记载："将嫁女三日前，（女家）执斧入山伐带叶松，于门外结屋，坐女其中。旁列女渐数十缸，集亲友执瓢、杓，列械环卫。婿及亲族新衣黑面，乘马持械，鼓吹至女家，械而斗。婿直入松屋中挟妇乘马，疾驱走。父母持械，杓米渐洗婿，大呼亲友同逐女，不及，怒而归。新妇在途中故作坠马状三，新胥挟之上马三，则诸亲族皆大喜……新婿入门，诸弟拖婿持妇扑跌，人舍一巾一扇乃退。"这是模拟抢夺的风俗，成为结婚仪式中必要的仪式和程序。与封建社会中恶霸劣绅强行抢占民间女子的性质是根本不同的。由此可知《易经》中的描述和古公亶父的"乃及姜女"的抢婚大概也是这种类型

283

的婚姻。

　　佯战婚的产生有其深刻的社会历史根源。人类社会由母系氏族向父系氏族转化，当然首先取决于社会生产力的发展而带来的生活方式的变化，与此同时，也引起了社会观念的重要变化。男从女居，是以女子为主，男子处于从属地位，而生产方式的变革则使男子上升到主要地位，这就要求改为女从男居，这确实是"人类历史所经历的最急进的革命之一"，这不能不引起当代的一场从社会实践到思想意识的变革。女到男家为当时的传统势力和风俗习惯所不允许，而社会现实又要求必须这样做。于是，有的部落之间便用战争的手段来抢夺对方的妇女，分配给自己部落的男青年们，这种战争起初有抢夺妇女的目的，这是不应该排除的。这种战争表现不一定太残酷，因为本氏族的子女不能通婚，所以本族子女被其他部落抢去为婚，而本氏族也用同一手段再去抢另一氏族子女为婚，倒成为这种婚制的必要途径。所以，战争的双方都不会进行更激烈的冲突，女子也不会拼命地抵抗。久而久之，便形成了一种风俗，即便在男女同意的爱情基础上，也要实行这种假抢真婚的形式。这样既可维护旧传统和旧习惯，又可实现把女方娶到家中的目的，可以收到两全其美的效果。佯战婚大概就是这么产生的。这种方式在地域上广延开来，在时间上传承下来，就形成了一个历史时期的婚姻形式。因此说，佯战婚的产生是历史的必然，它对于人类婚姻的发展是有贡献的。

▶▶▶ 第三节　从一夫多妻制到一夫一妻制

　　从母系氏族向父系氏族的转化完成之后，个体家庭就产生了，随之而来的私有制也出现了，于是人类社会进入阶级社会。在阶级社会的初期阶段——奴隶社会，女子的社会地位急剧下降，逐步成为男子的附属品。再加上部落之间的频繁战争对男子的毁灭、对女子的掠夺，就使夫权的发展恶性膨胀，女子的命运越来越操控在丈夫手中。这种局面带来的结果是，贵族男子娶正妻往往只是为了政治利益的需要，并非真正出于爱情。为了满足情欲的要求，于是便用娶妾的方法来弥补，这样，就出现了一夫多妻制。这种制度与亚血族婚姻余风的结合，就形成了周代社会中婚姻制度的媵妾制。

　　媵妾制是春秋时期诸侯娶妻的制度。诸侯娶妻必须是诸侯之女。被娶之国除嫁出女儿为正妻外，还要用这个姑娘的侄女（哥哥或妹妹之女）和妹妹各一人随嫁，另外还要有两个和女方同姓的诸侯国送女儿陪嫁，也各以一个妹妹和侄女随从。这样，诸侯娶妻，一次便娶九人，其中以正妻为嫡夫人，其他八人都叫"媵"，而不是正妻。但因其都是诸侯宗族所出，所以都比较尊贵，其地位仅次于正妻，与妾大不相同。妾则是卑贱的，只是以色伎供主人享乐。战国之后，媵的制度就消失了。

封建社会是多妻制和一夫一妻制并行的。前文已经对一夫多妻制产生的根源作了分析，还应补充非常重要的一点，就是妇女从属于男人与私有制几乎是同时出现的。女人地位的急剧下降使之成为男子的一种特殊财产，这样，贵族男子便把她们当成会生育的财产来看待，所以贵族富户们在占有其他财产的同时，当然也可以多占有这种特殊的财产，这便是多妻制和后来买卖婚姻产生的重要根源。这种制度严重地阻碍社会的文明和进步。

在漫长的封建社会里，这种极不合理的婚姻制度却一直被承认。实质上，在封建社会中，按照地位的高低、财产的多寡来决定其占有女性的多少。皇帝地位最高，财产也最多，所以占有三宫六院七十二嫔妃，昏聩淫逸的君主甚至可能多到几千人。公卿贵臣也是三妻四妾，地方上的小官吏和地主富商也以纳妾为荣。穷人却终身无力娶妻。东北解放初期的民歌《扛活难》中有句歌词说："地主老财呀！三房四房小啊，穷人一个也没闹着，这是为哪遭！"即是对这种婚姻制度的极为悲愤的血泪控诉。

封建社会中的一夫一妻制也有其不合理性，其主要表现是男尊女卑。其产生的根源与多妻制一样，都是夫权恶性膨胀、女子被当做财产来对待的必然结果。与外族通婚的制度出现了对偶婚，再进一步发展，就从长期同居发展成为一夫独占的性质。对偶家族制所产生的父权，在一夫一妻制的社会中巩固下来。丈夫不但控制整个家庭的财产，同时控制自己的妻子和儿女。这样，女子出嫁后，从自己的父系转移到丈夫的家族中去，改变了从属关系，她失去了从父方应得的权力后，在丈夫家族中并未得到任何权力上的补偿。可以看出，一夫一妻的婚姻受到社会制度的十分有力的制约。妻子和财产都为丈夫所有，她与其他财务的不同点在于它是用来传宗接代、生儿育女的。妻的地位也就取决于是否生育子女，如不育，就要被弃；如生女不生男，就要被轻视。妻子的地位始终处于被强制的状态，这就是封建社会男尊女卑观念形成的原因。

▶▶▶▶ 第四节　古代婚姻的社会作用

人类历史进入奴隶社会以后，阶级的出现给世间的一切事物都或多或少地染上了阶级的色彩，婚姻也不例外，统治阶级对婚姻是颇重视的，这表现在对整个婚姻仪俗的关注及对个别具体婚姻关系的利用上，而真正以爱情为基础的婚姻则主要在民间。

婚字最初写做"昏"，姻同"因"，张揖《广雅释诂》说："因，友、爱、亲也。"昏是黄昏，姻有亲近之意，婚姻本意就是在黄昏之时，男女青年相约期会，相亲相爱而结为伴侣的意思。在《诗经》中有大量的例证。《陈风·东门之杨》说："东门之杨，其叶牂牂。昏以为期，明星煌煌。"就是男女青

285

年以黄昏之时为相约之期，会见时，星星已经出来了。《邶风·静女》："静女其姝，俟我于城隅。"也是说一个青年女子约一个小伙子在城墙角见面。《郑风·野有蔓草》更进一步写男女青年在野外邂逅相遇而幽会的情景。这些诗都真实地反映了当时下层百姓男女青年自由求爱的情况。上层社会则不然，《毛诗正义》中孔颖达说："夫妇之性人伦之重，故夫妇正则父子亲，父子亲则君臣敬。是以诗者歌其性情阴阳为重，所以诗之为体多序男女之事。"统治阶级认为婚姻是家庭的基础，婚姻安谐与否将会影响到家庭及国家天下的整个社会秩序，所以他们从整个社会的礼法建设角度来重视婚姻问题，这样，越是上层人物，青年男女自由选择配偶的权利就越小，或者干脆没有。有国则先考虑国之利益，有家则先考虑家之利益，很少考虑青年男女的个人感情，统治阶级利用婚姻关系来为自己的利益服务，不知葬送了多少对青年的爱情。在封建社会中，上至国家皇帝，下至祖宗家长，每一层次中都有利用婚姻关系来为集团利益服务的情况。其主要表现形式就是将公主嫁给少数民族的首领，即"和亲"政策。利用公主嫁给贵戚重臣及子弟的方式，以巩固统治；攀高门结权贵以升官发财，制定礼法条律来保护贵族的婚姻特权等。

"和亲"政策起自汉朝。刘邦自平城脱险后，便采取把汉族女子嫁给匈奴为阏氏的和亲政策，从此成为汉朝的一项基本国策。匈奴与汉朝有了亲属关系，即和睦相处了。著名的王昭君的故事就是反映这种历史事实的。匈奴实行的是转房制，单于死了之后，他的接班人不但继承王位，还要继承他的妻子，不论兄弟或者父子。这与汉族风俗大相抵牾，所以，这是去"和亲"的汉族女子最痛苦的一件事情。王昭君在呼韩邪单于死了之后，又转嫁给呼韩邪单于的长子为阏氏。

封建社会中，皇帝与重臣之间也都利用婚姻关系来巩固自己的统治，扩大自己的势力，唐太宗就是利用这种手段。唐初，政局尚未稳定时，有人传说尉迟敬德要反叛，太宗就要把女儿许配给他为妻，被尉迟敬德婉言拒绝了。尉迟敬德富贵不弃糟糠之妻，其志甚可贵。唐中叶，公主一般都嫁给王公贵族之家，以家庭门第为标准，不重视本人才貌，重臣武将都和皇帝有亲属关系，对于政权的稳定是有好处的，唐宪宗看到权德舆的女婿孤独郁才华出众，很有感慨，觉得一国之君所找的女婿反而不如权德舆，于是命挑选王公、大夫子弟中有文学才能而又风流典雅之人为婿，后选杜佑之孙悰为婿，把岐阳公主许配他为妻。自此以后，唐王室为公主择婿才以才学品貌为标准，而不以权势地位为重。这种做法一直被延续下来。

封建社会里，由于婚姻大权掌握在男女双方的家长手里，为家庭利益，大都尽量攀高结贵，注重门第。六朝时门阀贵族之间更是这样。北魏孝文帝拓跋宏就是如此，据《资治通鉴》一百四十卷载："魏主雅重门族，以范阳卢敏，清河崔宗伯、荥阳郑羲，太原王琼，衣冠所推，莫非清望，帝亦以其女为夫人。"皇帝纳这四大姓之女为夫人，可以结交这四大望族，以巩固其地位。这四大族也因此成为皇亲国戚而显贵。当时，谁要能与这几大姓结成婚姻，则是极为荣耀之事。东晋时期著名政治家谢安的侄女，女诗人谢道韫品貌端庄又有诗才，因门第相当嫁给著名书法家王羲之之弟王凝之为妻。王凝之十分迂腐，无真才实学，谢道韫终身忧郁不乐，生活苦闷，有人写实同情她的遭遇："兄为神笔弟何呆，彩凤随鸦心自哀。佳句已足谢安叹，倩郎又令众儒塞。气夺强盗保身节，名高柳絮舞风来。可怜道韫娇聪女，郁郁终身配蠢材。"

这种以结亲大族为荣的风气在唐代仍很盛行。中唐时，丞相薛元超临终时说自己一生有三大憾事，其中之一就是未娶五姓女为妻。这种恶劣风气一直延续了千余年，直到今天，仍可嗅到余臭，而且加入了组织关系网的行列，是一种可厌恶的腐朽风气。

▶▶▶ 第五节　封建婚姻对妇女的迫害

自从人类社会从母系氏族制转入父系氏族制，女子的社会地位由中心变为从属以来，再也没有抬头，越来越沦为社会的最底层。她们不但要受"三纲五常""饿死事小，失节事大"等封建礼教这类"软刀子"的迫害，同时还要受到封建婚律的摧残，婚律规定："妻犯七出者出之：一无子，二淫佚，三不事姑舅，四口舌，五盗窃，六妒忌，七恶疾"（《唐律疏议》第 267 页），可见对妇女规定的苛刻程度。男子却可以随意弃妻。封建礼教和婚律交互织成一张密网，牢牢地束缚了青年男女的自由爱情，真正是"由婚姻为墙基，族姓为砖石，而纲常名教则为之泥土，粘合而成一森严至大狱。家长其牢头，多数青年男女其囚徒也……男子遂无人非囚徒，亦无一人非牢头，其女子始终为囚徒之囚徒。"（《师复文存》）这种对妇女的摧残，宋代以后更甚，而以明清最残酷，无数的贞妇烈女都是最可怜的牺牲品。

《儒林外史》中所描写的王玉辉之女，丈夫死后，因要守节竟活活饿死。更有甚者就连小女孩也不放过。海瑞是一个有名的清官，但也是极端残忍、冷酷无情的封建家长。据说他有一个"五岁幼女"，因接受一个男孩给他的食品便被他大骂一顿："女子竟能漫取童饵？能即饿死，方称吾女"，竟逼迫这个尚不懂事的五岁女孩活活饿死（俞樾《茶香室续钞》卷四引《书影》），年幼无知的孩童都必须要恪守"男女授受不亲"的古训，可见惨无人道的礼法本质。但各朝各代都涌现出众多的男女青年为争取幸福美满婚姻而进行不屈不挠的斗争，我国古代许多优秀文学作品痛快淋漓地揭露了封建礼教的罪恶，并热情地歌颂了男女青年的反抗和斗争精神。《孔雀东南飞》中的刘兰

287

芝不畏强暴、忠贞如一，为抗议封建家长拆散自己的婚姻而"举身赴清池"，其丈夫焦仲卿也"徘徊庭树下，自挂东南枝"，是一幕可歌可泣的爱情悲剧。《西厢记》中崔莺莺也敢于冲破门第束缚而与张君瑞私订终身。许许多多青年男女形象是封建礼教罪恶的揭露者和控诉者，他们都是封建礼教罪恶的公证人。

>>>> 第六节　封建婚礼的主要形式

　　中国是文明古国，又是著名的礼仪之邦。在古代有很繁缛的礼仪形式，据《周礼》记载，礼分五种，即吉礼、凶礼、军礼、宾礼、嘉礼。婚礼是嘉礼的一种，但因其是成男女、合阴阳的大事，故备受重视。所以婚礼在古礼中是很隆重繁杂的。婚礼的主要仪式记载在《仪礼·上昏礼》一节中，因为这种礼仪在汉民族两千多年的婚姻历史中，一直起主导作用，至今尚有影响，故介绍一二。

　　据《士昏礼》载，从订婚到结婚有六道程序，即所谓"婚由六礼"：下达纳采、问名、纳吉、纳征、请期、亲迎。

　　所谓下达纳采，按照郑玄注就是："将为婚，必先媒通其言，乃后使人纳其采择定礼。用雁为挚，取其阴阳往来之义也。"用今天的话说，就是先请媒人对女方通信说亲，若女方有意，则送一只雁表示求婚。下达一词也反映了男尊女卑的观念，男子为阳为上，女子为阴为下，所以男向女求婚通言就称下达。雁的选择反映了古人的阴阳观念。古人认为万物皆分阴阳。而阴阳合又声万物。天为阳、地为阴，男为阳、女为阴，雁是候鸟，冷则南翔，热则北归，因寒暑而往来于南北之间，故用雁象征顺合阴阳之义。

　　下达纳采的过程很复杂，女方主人家中的陈设，主宾相见的位置，登堂所走的阶次、顺序都有一定的规定，交雁要在两楹之间。因其繁杂而无更大的意义，故略去不谈。

　　第二个程序是问名。问名时，男方也要送一只雁给女方，同时向女方询问姓名及生辰八字，即所谓庚帖。若女方已同意这门亲事，则要将自己的庚帖交给男方。男方再根据女方的姓氏八字（即所生年、月、日、时辰，皆按照干支计算，每项二字，如甲子年、乙丑月等，即八个字），再与男方的姓氏八字参照进行占卜算卦，即所谓合婚。如果卦中有相克之处，便不能成婚。相克也有许多名目，什么"五鬼绝命婚"等，这种风气直到新中国成立前夕，在我国许多农村还在流传，不知破坏了多少姻缘。在今天的落后地区，尚有影响。农村一些老人中至今还相信十二属相相克相灭的说法。什么"羊鼠一旦休，白马怕青牛，蛇虎一刀错，龙兔泪交流，金鸡怕玉犬，猪猴不到头。"这便是流传于东北的十二属相相克的韵语，即把十二属相两两相对，如属于相克属相，老年人就反对成婚。实际上这是毫无科学道理的，十二属相的产生与十二地支有关，十二地支的产生又与月亮绕地球运行十二周即十二个月而大致为地球绕太阳公转一周（即一年）这个周期有关。十二属相的产生还应当与初民的观象授时，观察动物活动来确定时间的观念有关（参见《天文与历法》一章），这是一个十分复杂的问题。属相与人的命运无关，更与婚姻无关，这是现代社会中人人相信的事实。

如果合婚的结果是吉，则要去女方报喜。"婚姻之事于是定也。"这就是纳吉。纳吉一般是送一只雁，有时也要送一定的礼物，如首饰、衣料等物。俗称"过小礼"。

纳吉后，男方还要选择一个日期进行订婚，即纳征。这次所送的礼物不是雁，而是用玄纁、束帛、俪皮。俪皮是两张鹿皮，束帛是一束丝织品，每束五匹，每匹都要从两端卷起，又称两端。据贾公彦说："凡于娶礼，必用其类五两十端也，言必两者欲得其配合之名，十象五行十日相成也。士大夫乃以玄纁束帛，天子加以毂圭，诸侯加以大璋。"可见订婚礼物的多寡、形式与男方的社会地位有关。这种仪式俗称"过大礼"。

请期是第五个程序，由男方占卜，求得吉日良辰，然后通知女方，征得同意，俗称"送日头""提日子"，即定结婚日子。

最后一个程序是亲迎，是最隆重的礼节。到了婚期，双方都要事先做好准备，一般的都提前一天或两天，农村名之曰"起桌"，即要有酒席了。男方要在洞房外陈列三鼎：一鼎中盛有去蹄的小猪、两叶肺子，小猪要分两半合起；一鼎中盛十四条鱼；一鼎中盛干兔肉。为什么要肺子呢？郑玄注说："肺者，气之主也，周人尚焉。二者，夫妇各一耳。"肺是呼吸器官，周人崇尚气节，孟子就提出过要养浩然之气，当然这里是指道德情操，属于精神概念范畴，并非呼吸的物质之气，但也有这种见解的影响在内。在正常情况下，每鼎鱼要放十五条，这里减成十四条是为了成双数，"欲其致偶也"。同时，还要"设馔于房中。醯酱二豆，菹醢四豆，兼巾之。黍稷四敦，皆盖。……尊于房户之东，无玄酒。篚在南，实四爵合卺。"（《仪礼·士昏礼》）

新郎亲往迎接新娘，乘黑漆的车，有人执烛前导，后跟两辆黑漆车，从人穿黑色礼服。给新娘准备的车也是这样规格，但要有裳帷，带有篷顶。新娘打扮好，面朝南站在房中，由乳娘、丫环陪着，迎亲车到后，新娘父亲穿黑色礼服在门外迎接，按照一定的礼节程序把新郎迎进家中，新郎仍要把一支雁交给女方，行礼而出，自西阶而下，新娘随行。女方父母并不送出门。

到门外后，新郎要亲自驾车，并把绥（登车时拉的绳）递给新娘，请新娘上车后，委派专人代替自己赶车，新郎乘自己车先在家门外等候。新娘到达后，由新郎接进家门，按照规定举行仪式后，还要设宴共食，即《礼记》所说的"共牢而食，合卺而馨。"共牢就是同吃一牲体之肉，既鼎中所煮的小猪之肉，卺，实际上相当于现代农村用来舀水的水瓢，是由一匏剖开两半而成，夫妻各用一瓢舀酒来进行漱口。取其夫妻同舟共济、同甘共苦之意。后世的交杯酒即从此而来。宴后，新郎新娘脱去礼服入洞房，新郎亲手摘下新娘的缨饰，即所谓盖头，婚礼即告完成。"

婚后还有一些礼节。第二天早晨新娘要拜见公婆，唐代诗人朱庆余在《闺意呈张水部》中写道："待晓堂前拜舅姑"，虽属比喻，但也可知其为唐代的风俗。三天后，新娘要下厨房亲手给公婆做一顿羹汤。唐诗《新嫁娘词》说："三日入厨下，洗手做羹汤。未谙姑舅性，先遣小姑尝。"十分生动地反映了这一习俗。

以上是自先秦开始的两千余年中，中国汉民族婚姻仪式的主要过程。这只是一个总体的粗线条的勾勒，在不同的历史时期，呈现出不同的面貌，在不同的地域里也各有特点，而且我国是一个多民族的国家，少数民族的婚姻风俗更是多种多样，绝不是这里的内容所能囊括的。而且《士昏礼》真正在统治阶级里成套地执行，大约是在东汉时期，在其后漫长的历史岁月中，尤其是战乱之时，人们生存尚难维持，哪里还顾得上什么"六礼"。在兵灾匪患之际，很多女子为了免于祸难，急于出嫁，便往往"以纱縠蒙女首，而夫氏发之，因拜舅姑，便成妇道。"（杜佑《通典》卷五十九）。到宋代，为了减少程序，而将"六礼"改为四个程序。《宋史·礼志》载："是庶人婚礼，并'问名'于'纳采'，并'请期'于'纳成'"，只保留了纳采、纳吉、纳征、亲迎四个步骤。

这种传统婚姻礼俗现在尚有影响。现在青年男女结为夫妻，大致也要有这几个过程。首先要托媒说亲，相当于"那采"，女方同意后，进行相亲，若中意，则要给女方一定的礼物，俗称"过小礼"，相当于"纳吉"；然后男方与家长、媒人等还要带一些礼物到女方家订下婚约，相当于"纳征"，商定婚期（请期）后，就迎娶成婚了，即"亲迎"。当然，今天要到政府去登记，一般都不是迎娶新娘，而改为女方"送姑娘"。有时男女自相恋爱结成姻缘，也要托请一媒人，即古代遗风的影响。烦琐礼仪习俗有很多都是应该扬弃的，现在举行的集体婚礼就是对此的改革。

▶▶▶ 第七节　古代婚姻的类型

从遥远的古代群婚制到现在文明社会的一夫一妻制，人类的婚姻发展史呈现出多种形式，每一种婚姻形式都有其存在的前提和原因，它们展示了婚姻习俗发展的痕迹。从构成婚姻的手段、方式和性质来看，我国曾存在过的婚姻形式大致有以下二十种。

原始群婚：即原始部落或游群中的男女群居杂处，随意自发地相互发生性行为，是人类社会早期的婚姻形式，是愚昧不开化的表现（见前文）。

血族婚：即人类有了辈分的观念，同胞兄弟姐妹互相发生性行为，是一种集体群婚制（详见前文）。

亚血族婚和对偶婚：这是人类婚姻史上的一大进步，即排斥同胞姐妹兄弟互相通婚，而是一群同胞兄弟姐妹分别到外族去得到丈夫或妻子，这是母系氏族社会晚期的婚姻形式。

媵妾婚：春秋时，诸侯娶妻的婚制，是一夫多妻制与亚血族婚遗风的混血儿，是特定的历史阶段的产物，存在了几百年。但这只是各诸侯国国君的婚姻制度，不具有普遍性。

掠夺婚（也叫佯战婚，俗名抢婚）：这是由母系氏族社会向父系氏族社会转化时期所兴起的一种婚制。这种婚制直到近代还在一些少数民族的习俗中保留着。新中国成立前，云南的景颇族、傈僳族和傣族还都实行这种佯战婚。青年男女事先预定好时间、地点，双方做好准备，二人相期而遇。男子便抢劫女子，女子伪作呼救，家人邻居前来营救，男子带着事先约好的伙伴，把姑娘抢走，再派媒人向女家求婚，付彩礼。这是事先导演好的婚姻喜剧，是以男女双方自愿结合的爱情为基础的。台湾高山族的鲁凯人新婚时，新娘要被三条麻绳绑起来并藏在隐蔽处，新郎要找到新娘，并割断绳子，才可以带走。过去的瑶族迎亲，也有在晚上举火把模拟杀抢战斗的方式，战斗中男女溜走，然后举行宴会。

买卖婚：把妇女当成特殊财物的结果。男子出钱买女子为妻或为妾，这种婚制害了很多妇女，现代婚制中仍有这种婚制的暗影。

服役婚：男方到女方服若干年劳役，这是古老婚俗的遗风。服役一般都有年限。等于男方用服劳役的方式代替向女方过礼。我国拉祜族的婚姻里，就有夫到妻家"上门"十五年的传统，有时不仅带生活工具，还要带生产工具，十五年后，再带妻子儿女回到男方家庭。

表亲婚：姑舅表亲兄妹结婚。汉民族中多是姑母做婆，舅母做婆者少。傈僳族中舅母做婆较多。他们的谚语说："树最大的是杉木，人最大的是母舅"，正是强调舅父儿子取姑母女儿的优先权。舅父之子不聘，姑母家女儿才能另嫁高门，这是女儿要嫁给娘家以求补偿的婚制。

交换婚：两个氏族之间交换。以人换人，不问爱情，是变相的买卖婚，但可以少花钱，旧社会的穷苦人常采用这种婚制。

转房婚：又称逆缘婚，就是兄弟间、父子间继承妻室，姐妹间继承夫室的婚姻。春秋时期各诸侯国的统治者经常发生所谓"烝""极"等行为，已有转房制的因素在内。这种婚制的产生大概有两种原因：一是多妻制所造成的，父亲或哥哥年迈取少妻，死后为儿子或弟弟继承，年龄上相仿，形成收继者的多妻。另一种出于不让家财外流，其根源在于把妇女看成私有财产。

匈奴转房制是因为畜牧业流动性大，为了本族财产和血缘不出问题，才由子弟继承。景颇族、佤族中也有这种婚俗。

招养婚：即"入赘婚"，赘婿多因家贫，在封建社会被人轻视，法律也歧视赘婿。汉武帝时，因匈奴犯边，汉天汉四年（公元97年）"发天下七科之适"，也就是发配七种人去边防作战，据张晏说，这七科的前三科是"吏有罪，一；亡命，二；赘婿，三"，由此可见其被歧视的程度。

招养夫婚：实质是一夫多妻的变异形式，妻子因夫病子多，生活困难，再招养一个丈夫共同抚养家口，在民间得到承认，是"服役婚"的变种。农村也有称之为"拉帮套"的。

典妻婚：是买卖婚的派生，即受生活所迫，把妻子租给别人，在一定时期内再领回。典妻风在宋代开始流行，元代更盛行，明清沿袭下来，是封建婚制一种积弊。一般来说，典妻之主人主要是用来生孩子的。

冥婚：又称嫁殇婚或娶殇婚，即人死后联结的一种婚姻，是古老的封建加迷信的婚俗形式。这是男女双方用死者的婚姻来结交权贵，扩大势力范围的一种表现。周代已流行，但被列为禁止的范围。

童养婚：买卖婚的一种。即男方父母买一女孩，将其养大后，嫁给自家之子。是歧视、虐待妇女的一种婚俗。三国时已经开始。新中国成立前，这种婚俗还大量存在着。

指腹婚：即在婴儿未出世时，双方父母便指腹认其为婚。大约起于六朝时代，是重视门第的一种反应。

共妻婚：在旧社会流行于西藏的婚俗。大多是兄弟共妻，兄为主夫，弟为副夫，所生子女按照顺序从属于兄弟的名下。长子长女归长兄，次子次女归次兄。

"阿柱"婚：一种临时婚制。新中国成立前，在我国少数民族地区存在过。"阿柱"是亲密的朋友之意。云南纳西族就有这种婚俗。异性男女自由结成不定期的寓居侣伴，彼此之间称"阿柱"而不称夫妻。男子晚上到女家住宿同居，白天回自家干活。

试验婚：正式结婚前先进行同居的一种婚俗，过去在西南少数民族中，这种婚姻形式较多，是一种自愿婚的萌芽。佤族、怒族、布朗族、景颇族、哈尼族都有各自不同的试婚阶段。

自愿婚：是男女在志趣相投、相亲相爱的爱情基础上，自愿结成夫妻的婚姻形式，是人类婚姻史上发展到较高阶段的婚姻形式，也是现代社会中最主要的婚姻形式。